LETRAS MEXICANAS

Jardín de Francia

ELENA PONIATOWSKA

Jardín de Francia

FONDO DE CULTURA ECONÓMICA

Primera edición, 2008

Poniatowska, Elena
    Jardín de Francia / Elena Poniatowska. — México : FCE,
2008
      430 p. : ilus. ; 23 × 17 cm — (Colec. Letras Mexicanas)
      ISBN 978-968-16-8583-6 (empastada)
          978-968-16-8582-9 (rústica)

      1. Crónica 2. Entrevistas 3. Literatura Mexicana — Siglo XX
I. Ser. II. t.

LC N6555   Dewey M864 P649j

Distribución mundial

Comentarios y sugerencias: editorial@fondodeculturaeconomica.com
www.fondodeculturaeconomica.com
Tel. (55) 5227 4672 Fax (55) 5227 4694

fce Empresa certificada ISO 9001: 2000

Diseño de portada: Teresa Guzmán Romero / Pablo Rulfo
Fotografía de Elena Poniatowska: cortesía de la autora

ISBN 978-968-16-8583-6 (empastada)
ISBN 978-968-16-8582-9 (rústica)

Impreso en México • *Printed in Mexico*

PRÓLOGO

El 19 de marzo de 1953 publiqué un primer artículo en el diario *Excélsior* sin saber que esa pequeña entrevista determinaría mi vida. Toda mi cultura era francesa. Pertenecía a la Parroquia Francesa, era guía de los *scouts* de Francia (que dirigía la luminosa Marie Louise Signoret) y enseñaba catecismo a las "gacelas" y a los "lobatos". Preparé a varios niños para la primera comunión en la Parroquia Francesa en la esquina de Bolívar y Venustiano Carranza y reí con ellos en torno a la fuente de la ranita. Quise mucho a los *Barcelonettes*.

No sólo rezaba, también bailé en el Club France, en la calle Francia, con los hijos de las grandes familias de la colonia francesa, y monté a caballo en el Club Hípico Francés. El francés es mi idioma materno. Fui por primera vez a la escuela pública en Vouvray, una diminuta ciudad que produce vino en el valle del Loire, llamado con justa razón Jardín de Francia. De la escuela, recuerdo el temor, que siento hasta la fecha, de no estar a la altura.

En México también seguí hablando francés. En esa época, Francia tenía un ascendente enorme en la vida cultural de México. Los médicos Ignacio Chávez, Manuel Martínez Báez, Raoul Fournier y Gustavo Baz se reunían a celebrar el 14 de julio con vinos y quesos franceses. Resultó natural, por lo tanto, que durante mis primeros años de reportera en *Excélsior* y en *Novedades* me inclinara por Francia a través del Instituto Francés de América Latina (IFAL), un faro para muchos. Me convertí en entusiasta propagandista de la colonia y de la Parroquia Francesa, sobre todo de los *scouts* y del IFAL, y escuché con arrobo a conferenciantes de la talla de Alfonso Reyes, Alfonso Caso, Pablo Martínez del Río, Jacques Soustelle, Roger Caillois, Fernand Braudel, François Perroux, Max Pol Fouchet, Jacques Maritain, Jules Romains y otros que prácticamente se la vivían en el edificio de la calle de Nazas, como Jomi García Ascot. Ninguno rechazó mis preguntas y esas conversaciones fueron mi aprendizaje. Jean

Marie Marini me dijo que le tenía "horror a lo negro y a lo feo" y por eso pintaba rosas. "También encuentro horrible maltratar a un ser humano, hacer de él una caricatura. Créame usted, la vida no es tan buena como para darse el lujo de pintar un hombre en su peor momento." Pensé que yo tampoco presentaría a un entrevistado en su penumbra, intentaría retratarlo a la luz de México, que en esos años era la región más transparente del aire, como la bautizó don Alfonso Reyes.

En 1954, gracias a un viaje del IFAL a Francia, pude conversar con amigos y conocidos de André Poniatowski, mi abuelo, autor de dos libros: *De un siglo al otro* y *De una idea a la otra*, y amigo de Debussy y de Valéry así como del general Weygand, que según la *Petite histoire* fue hijo de la emperatriz Carlota. Con estas entrevistas crecieron flores en mi cabeza y me abrí a la vida y a preguntarme qué diablos iba yo a hacer en esta gran aventura en la que todos tenemos una razón de ser. No intuí que seguiría preguntando toda mi vida para saber de qué se trata, por qué y para qué estamos aquí y por qué somos tan distintos y sin embargo tan iguales. Sigo haciéndome las mismas preguntas y sigo buscando la respuesta.

Ojalá estos artículos, escritos en los cincuenta, tengan algo del jardín que es Francia.

E. P.

JARDÍN DE FRANCIA

Las tinas de París, T'Serstevens y Michèle Morgan

LOS POETAS PODRÁN DEDICAR ODAS A TINAS Y CAÑERÍAS DE LA CIUDAD LUZ

En París me causaron profunda admiración cuatro cosas: la puntualidad, la buena educación, el pensamiento claro y cartesiano y, por último, las tinas. Junto con las tinas habría que mencionar a los elevadores, pero a ellos y al señor Otis les rendiremos un homenaje posterior.

La tina, como todo el mundo lo sabe, es un gran recipiente cóncavo para la higiene personal que debería ser utilizado a diario. Su cupo normal es de una persona pero en las tinas francesas cabe toda una biblioteca. Su altura es por lo general de cincuenta a sesenta centímetros, pero en las tinas de París se le cierra a uno el mundo. Adentro, el agua llega sin dificultad hasta la barbilla, y el bañista, rodeado por paredes blancas, no puede ver el horizonte. Un niño de cuatro años se ahogaría sin remedio en una tina francesa. Llaves de todos tamaños y medidas y tubos flexibles forman una aglomeración de arterias cubiertas de indicaciones y flechas: frío, caliente, regadera, templada, cerrado, abierto, izquierda, derecha, drenaje.

La primera vez que me metí a la tina decidí probar el agua caliente. Después de leer detenidamente las instrucciones, le di vuelta a la llave de la izquierda y del tubo salió un líquido incendiario en cuyos vapores casi me asfixio. Me dediqué entonces a la llave de agua fría, al fin que dicen que es muy buena para la salud. Frío, el tubo estaba lleno de trozos de hielo (era invierno). El templado quedó en calidad de terreno por explorar. No me atreví a moverle nada, lo dejé en manos de un físico o un ingeniero químico. ¿Regadera? ¡La regadera! La regadera, esa maravillosa invención, rápida y eficaz que en México hacía mis delicias me hizo levantar afanosamente la cabeza al techo, pero nada. ¿Hacia la pared? Tampoco. Regadera, ¿dónde estás? Era mi única salvación. ¿Brotaría como fuente del centro de la tina? La regadera era más que invisible.

De pronto un tubo de metal como una boa constrictor de anillos plateados captó mi atención, un tubo flexible, colgado de un clavo con una especie de girasol en su extremo: la regadera. ¿Cómo no lo vi antes? Lo tomé con la mano izquierda, y con la derecha busqué la palanquita o la llave correspondiente a la regadera. Derecha, izquierda, abierto, cerrado, templado y después de varios minutos de investigación, mi esfuerzo se vio coronado por un chorrito de agua, sólo comparable al de la canción de Cri-Cri: "Allá en la fuente había un chorrito, se hacía grandote, se hacía chiquito". Y a base de ese chorrito, utilizado lo mejor posible, conseguí lo que aquí en México se llama un baño caliente. ¡Adiós, regadera vivificante que en mi país surge con máxima potencia, como una furiosa catarata que azota la espalda! ¡Adiós, agua que nos cubre enteros, con ruido de catarata de Niágara y desaparece rápidamente en una atarjea niquelada en un extremo de la tina! ¡Adiós, fricción de toalla cuya eficacia hace saltar fuera de la regadera con el entusiasmo del primer despertar y la esperanza del desayuno que espera a su vez nuestra nitidez y nuestra frescura!

Los cuartos de baño de México se componen de agua en cantidad astronómica, de jabón y de toallas que secan rauda y velozmente. En París las toallas son unos cuadritos de tela raquítica, una especie muy rara de la toalla (como si fueran sus parientes pobres), que secan con toda la languidez de sus últimos años.

Pero hablemos de tinas y no de procesos bañísticos. Las tinas de los hoteles de lujo de París son modernas y excelentes, pero el cuarto de baño de la casa donde viví parecía más bien un salón de baile. Acostumbrada a los cuartos de baño pequeños, donde todo se halla al alcance de la mano, patiné en el de París. El baño en París era más extenso que la Alameda y patiné de la tina al lavabo. Eso sí, para rellenar el espacio se encontraba una silla metálica, un enorme canasto para la ropa sucia, una especie de escalera también de quirófano, ¿será para tirarse un clavado a la tina?, y una mesa instrumental en la que acomodé jabones, colonia y pasta de dientes.

Unos amigos que viven en un departamento de dos cuartos me explicaron: "Cuando invitamos a amigos a cenar, metemos a los niños en el baño". Pensé que eran infames aunque no me atreví a decirlo pero ahora me lo explico. En un baño francés caben muchísimas personas, se podrían instalar camas con sus respectivas mesitas de noche. Todo es antiquísimo y cada objeto usado es del tiempo de Napoleón III. Los excusados son todavía de cadena; jalas la cadena y crees que va a caerse el edificio por lo estentóreo del jalón del agua. A toda la casa la invade un escalofrío y el ruido de ultratumba con el que regresa el agua a la caja da pavor. Pero ejerce un atractivo tan grande que los poetas bien podrían inspirarse en las tinas y dedicarle una oda a las cañerías de París.

Hay tinas históricas. ¿Cómo olvidar la tina en que Carlota Corday asesinó a Marat, la tina de plata de Gambetta? Años después, la tina famosa cayó en manos del duque de Morny, que lejos de encontrarla vulgar se la regaló a su esposa, la princesa Sofía Troubetskoy. A María Félix, que se mandó hacer una cama de plata, le sugerimos una tina del mismo metal.

Sé que los franceses tienen la reputación de usar sus tinas como bibliotecas, sombrereras, alacenas, vinatería y guardarropa. No me consta, pero tampoco podría negarlo.

A. T'SERSTEVENS, AUTOR DE *MÉXICO, PAÍS DE TRES PISOS*

Un hombre pasea en mangas de camisa por las calles de México. Visita mercados y museos, platica con los "marchantito, para usted muy baratito" y con los "ándele, es el último huerfanito…"

En Cuernavaca, en Tepoztlán y en Tula se maravilla. A su lado va una joven danzarina, también asombrada: Amandine, pintora: "Los temas de mis próximos cuadros estaban en México esperándome", sonríe.

"Tengo tres nombres: A. (nombre que nadie conoce, porque no quiero decirlo aunque esté en mi pasaporte), André para las mujeres y Ángel para mis amigos."

A. T'Serstevens, en sus libros y pláticas, ha proclamado que su vocación es ante todo de hombre y no sólo de escritor. Se niega a ser un simple funcionario del pensamiento; todas las poses del letrado le parecen ridículas. Emplea su talento en lograr que su vida sea la más perfecta obra de arte. Suponemos que ha podido alcanzar este fin supremo, ya que él mismo declara: "Es mi propia vida la que considero un bello libro".

¡QUÉ MALA ILUMINACIÓN!

"México es una ciudad muy mal iluminada. El Museo de Antropología en la calle de Moneda es maravilloso pero intenté leer los códices y no pude hacerlo a causa de la mala luz."

T'Serstevens ama la vida en todas sus formas: las grandes amistades, la naturaleza, las artes y los viajes. André piensa que el amor es el único arte digno de ser alentado y confiesa que a él le debe todo lo que es.

Es un apasionado huésped de la tierra y, como tal, es nómada curioso e incansable peregrino. Ha recorrido a pie todos los caminos de Italia y Francia, esas praderas verdes limitadas por suaves colinas donde el tiempo se detiene. Sus libros nos dan cuenta de otros viajes: Tahití, España, Yugoslavia, y afirma que los habitantes le han entregado sus más íntimos secretos y sus más escondidos pudores.

"Para mí el colmo de la miseria es ahorrar", dice T'Serstevens, quien no cambiaría su oficio de escritor por nada en el mundo. Rodeado de amigos y acompañado por su mujer, siente que ella le da equilibrio. Ambos adoran a los animales y desearían tener un velero de treinta toneladas para viajar con ellos ya que el héroe de T'Serstevens es Noé.

T'Sterstevens escribe un libro sobre México. Además de recurrir a la mafia intelectual, se dirige a los papeleros y a los vendedores de flores, habla con los árboles del Paseo de la Reforma y con las nanas que por allí empujan cochecitos de niños y quizá también con los mordelones, las exóticas y los merolicos de barrio. En los museos busca la intimidad de las piedras arqueológicas y en el cielo despejado la novedad mexicana de antiguas constelaciones. Y camina por todas partes, por la Catedral y la calle de la Amargura, con la vivaz Amandine que sigue cadenciosa sus pasos apresurados.

LOS OJOS DE MICHÈLE MORGAN

Dos ojos enormes, claros, traslúcidos.
"Pero si esos no son ojos."
Como atraídos por un imán, los miramos de nuevo:
"Sí son ojos; pero qué extraños".

"Son los ojos de Rubén Darío."

"Son los ojos del mar."

"Son ojos de ciego."

A la tercera mirada: "¡Son los ojos más maravillosos del mundo!"

Seguramente en esos ojos pensaron los poetas cuando escribían: "Ojos claros, serenos…" y "Tu pupila es azul y cuando miras…"

Son los ojos de Michèle Morgan.

Michèle tiene una voz de tonos bajos, toda la gama de los sentimientos humanos se expresa en ella con las inflexiones más dulces y pienso que no sabe irritarse. Equilibrada, no quiere y desquiere según su humor, ni es la actriz centrada en sí misma que olvida pensar en los demás. En el *set* todos le dicen: "Michèle". Al pasar escuché a un tramoyista: "¿Dónde está la Michèle?" Cuando actúa, vive su papel y cuando no, vive como el poeta "la formidable vida de todos y de todas".

Al iniciar la conversación habló de su papel preferido: "Es el de Juana de Arco, en la película del mismo nombre, el más bello personaje de teatro universal. Actuamos Martine Carol, Claudette Colbert y yo. Mi papel sólo abarca un periodo de vida de la santa, desde la consagración en Reims hasta la caída en Compiègne, en el momento en que Juana de Arco duda de su misión divina. El fracaso temporal la devuelve al común desamparo de los hombres; no es más que la pastorcita de Lorena, abandonada por sus compañeros de armas en manos del enemigo, pero ocurre un hecho portentoso que renueva su fe: la resurrección de un niño, 'L'enfant de Lagny', que vuelve a la vida durante unos minutos, el tiempo necesario para ser bautizado. Este milagro se debe a la intervención de Juana".

VIAJES

"Vine a México a filmar *Los orgullosos* (el título en Francia será *Alvarado*) en dos versiones, española y francesa, dirigida por Yves Allégret. Creo que las escenas de exteriores en Puerto Alvarado son magníficas porque logramos una excelente fotografía.

"Antes, estuve en Hollywood, de 1940 a 1945. Allí filmé cinco películas en inglés, entre otras, *Juana de París* con Paul Henreid. No me gustó Hollywood porque no me dieron buenos papeles. Se puede estar en el país más bello del mundo, pero si las circunstancias son desfavorables, el país pierde su encanto. ¡Las circunstancias, sabe usted! Italia y México son los países que prefiero. Para mí un país es sus habitantes y los mexicanos me han tratado muy bien."

VIDA DE ACTRIZ

"Nací en Neuilly, París. Desde chica me atrajo el teatro. Recuerdo que a la hora del recreo, imitaba a las actrices del momento: Gaby Morlay y Danielle Darrieux. Seguí un curso con René Simon, y el director Marc Allégret me dio mi primer papel con Raimu. Desde entonces trabajo en el cine y aprendo mis papeles a medida que avanza la película."

La asedian los periodistas y Michèle se ofusca. "¿Está usted casada?", le preguntó uno de ellos, y le atribuyó la respuesta: "Sí, señor, en París todas las mujeres somos casadas". Michèle desmiente indignada: "¿Cómo iba yo a responder de tan mala manera si amo a Henri Vidal y me enorgullece ser su mujer?"

Michèle Morgan practica varios deportes (por eso su rostro es de durazno) pero, según ella, todos mal. Su preferido es la natación. Su modista favorito, Hubert de Givenchy, la viste hace años y no usa sombreros. "Me gustan en las demás mujeres pero a mí me encanta que mi cabello brille al sol."

El director de escena tocó a la puerta del camerino. "Michèle, al *set*". "Para ser bella, hay que ser feliz, y para ser feliz hay que amar", me dijo tendiéndome la mano en son de despedida. Y salió al *set* caluroso, en el que los actores viven una vida ficticia por la que dan todo y prefieren a la realidad.

Lady Patachou: Henriette Billon

—¡No me gusta acostarme tarde! —exclama Lady Patachou.

—¡Ay, Lady Patachou! Entonces para qué escogió usted este oficio.

—Si no lo escogí, me cayó encima.

Lady Patachou cantaba en su pastelería del viejo Montmartre, célebre no sólo por sus *éclairs au chocolat,* sus tartaletas de fresa y sus merengues, sino por su *Pâte à chou* (pasta para hacer ese pastelito de crema llamado *chou*). Cantaba entre bizcochos como niña golosa; de allí salió su carrera. La conoció Maurice Chevalier y los periodistas la nombraron Lady Patachou, para darle en la torre a las *ladies* inglesas.

En este momento Lady Patachou está muy de *vedette*. En su cuarto de hotel lleno de rosas y con su bata de encajes, se siente nerviosa.

—Hasta que no haga mi debut, no estoy en paz. ¿Es buena gente el público mexicano?

—Sí, Lady Patachou, no se preocupe, los mexicanos son unos santos.

—Es una incógnita debutar en un país nuevo y siento algo de angustia. He bajado ya tres veces sola al cabaret donde voy a cantar. Mido las distancias entre las mesas y el micrófono, me pongo en el lugar del espectador, camino por todos lados. Apenas regreso a mi cuarto de hotel y ya quiero volver. Ojalá ya fuera mañana, porque después podré conocer este país tan interesante... Bueno, si les gusté a los norteamericanos, también espero gustarles a los mexicanos...

(El *Times* concedió toda una página a Lady Patachou.)

—Claro, Lady Patachou, somos más simpáticos y mucho más cálidos.

Los norteamericanos llamaron a Lady Patachou *sunshine girl* (muchacha de sol). Es verdad, a Lady Patachou la dora el sol. Trae consigo al París alegre de las grandes avenidas, el de los enamorados que se besan en las bancas del Jardin des Plantes o cuelgan del cielo como los amantes de Chagall, el de los gendarmes que huelen a queso y los regañan. Trae consigo al París de las floristas, de la *baguette* recién salida del horno, del vino tinto y los quesos apestosos. Trae consigo a las viejitas con sombrero de fieltro negro que hacen sonar su rosario en la iglesia, a los guardias suizos que hacen resonar su bastón al lado de cada banca a la hora de la limosna. Trae al París diáfano de las dulces melodías como *Alouette* y *Auprès de ma blonde* y baladas de la vieja Francia como la de los tres jóvenes tamborileros.

NO COMPRENDO A LOS DESENCANTADOS

—¿Qué piensa del existencialismo?

—No entiendo a los existencialistas. Vivo sin darme cuenta de que existo y no me gusta que me lo recuerden de la manera como lo hacen los jóvenes rebeldes y desencantados. Como no los comprendo, no puedo juzgarlos. Soy como esas campesinas que van por la vida sin cuidarse de lo que piensan los demás. En vez de discutir prefiero cantar. Y cuando me escuchan y se alegran, estoy contenta. Detesto lo que no es natural.

LA MAFIA DE LA CANCIÓN

—Maurice Chevalier es un *brave homme* (un buen hombre). Es el jefe del batallón de todos los que siguen nuestra carrera. Además lo quiero mucho.

"Edith Piaf hace su trabajo de modo diferente al mío. Ve el lado dramático de la vida. Siempre la están abandonando sus amantes. Es una trágica de la canción. Yo veo el lado alegre de la vida; a veces también el cómico. Es cuestión de temperamentos. Edith puede cantar cualquier cosa; es una gran señora de la canción.

"Jacqueline François es mi mejor amiga (me encanta que me pregunte de ella). Su voz es una de las más bellas del mundo. Es la típica *Chanteuse de Charme*. Canta melodías henchidas de amor.

"Fui secretaria de Charles Trenet en 1939. Sus muecas y gestos me hacían reír; es un hombre de buen humor."

UNA CAMISA BLANCA

Le pregunté a Lady Patachou si cree que es necesario ser motivosa y enseñar los pechos para cantar.

—Me visto con una camisa *chemisier* blanca y una falda. Mi *tenue de scene* es creación de Christian Dior; no por eso deja de ser una camisa y una falda. Mi maquillaje tampoco difiere del cotidiano. Me consideraría falsa si usara otra indumentaria. No podría cantar con uno de esos "tubos" que parecen metidos con calzador. Me muevo mucho y sólo me siento a gusto en falda y blusa. No critico a las "enseñadoras". Mi estilo corresponde a mis canciones.

CANCIONES DE LADY PATACHOU

—El verdadero espíritu francés se encuentra en las canciones que nos han heredado los poetas de Francia como Charles Trenet. Muchos poemas de Jacques Prévert se convierten en canciones. ¿Cómo no va a ser bonita una balada con palabras como las de *Las hojas muertas, Bésame, Bárbara* o *La vida en rosa*?

"La canción francesa nunca ha sido falsa; sigue su curso como un río caudaloso. Mis canciones describen calles, placitas, Montmartre, la rue Lepic. Yo lancé *Dominó, À París* y *Mon homme,* que Mistinguette creó hace treinta años."

—Lady Patachou, ¿podría usted darme una foto?

Mientras la busca, tararea la música de Charles Chaplin, *Candilejas*.

—Sabe usted —grita desde el otro cuarto—, quiero hablarle de Judy Garland y de Danny Kaye. Para mí son los mejores artistas norteamericanos, mejores que Dinah Shore, Doris Day o Kay Star. Danny Kaye es genial.

"Lo que más quiero en el mundo es a mi hijo Pierre, que se quedó en París con su papá. Tiene seis años y es rubio. ¿Quiere ver su foto?"

Pierre es igualito a Henriette Billon, rubio como los campos de trigo de Francia, *la blonde Loire* de Péguy, los duraznos y la arena de los Champs Élysées, como el "orito" de las pastas de los libros antiguos que se venden en las orillas del Sena.

Armand Hoog, crítico

●

UN SARTRE FALSO

Cuando se queda quieto un momento, con las manos enlazadas delante del cuerpo, Hoog compone con su sola presencia uno de esos larguísimos retratos en que Amadeo Modigliani puso tanta melancolía exasperada.

—No me pregunte por favor qué pienso del existencialismo, ¿qué voy a pensar? Ha sido deformado por todos. No se trata de un sistema filosófico sino de una actitud ante la vida, generalmente falsa y sobre todo exterior. Yo diría que el existencialismo es un aroma repelente que algunas personas se han puesto en el espíritu. Y no crea que son los franceses los únicos responsables de tal exageración. La boga del existencialismo proviene más bien de los Estados Unidos, sí, no se asombre usted, de esos turistas norteamericanos que van a parar a Saint Germain des Près conducidos por malévolos guías que señalan: "Miren, ése es el famoso Café Flore. Vean a aquel señor que escribe absorto entre nubes de humo en la mesita del fondo y le da tragos a su copa de armagnac, ¡es Jean-Paul Sartre!" Efectivamente, en la mesa del fondo un señor de baja estatura, regordete y estrábico se parece a Sartre, pero no es el célebre autor de *El ser y la nada,* sencillamente porque Sartre nunca está ya en el Flore ni en Les Deux Magots. Pero los turistas toman fotos del señor que se gana la vida pareciéndose a Sartre y vuelven a los Estados Unidos encantados de haberlo conocido con su pipa característica, su aire absorto y su eterna copita de armagnac.

SURREALISMO

—Creo que el movimiento surrealista francés es tan valioso como el romanticismo del siglo pasado. Además de producir un enorme repertorio de obras de arte, el surrealismo ha generado fenómenos notables. Como usted sabe, Francia tiene ahora un diputado surrealista en la Asamblea Nacional cuyo coche fue diseñado por Fernand Léger. Este diputado dice discursos surrealistas y cobra una dieta surrealista. Más interesante resulta saber que en La Sorbona hay un profesor surrealista, el filósofo Bachelard, una de las mentes más lúcidas de la Francia contemporánea. Considero que la obra de Henri Michaux le ha dado a este movimiento su mejor grandeza.

HOOG, CRÍTICO LITERARIO

"El amor que sentimos por una obra de arte es nuestro mejor instrumento de juicio. A mí no me gusta criticar lo que no entiendo ni hablar de aquello por lo que no siento nada. Por eso mi trabajo crítico se reduce a elegir obras que me satisfacen y a divulgarlas lo mejor que puedo. No crea usted, mi oficio es ingrato, sobre todo cuando formo parte de un jurado. Me quedo siempre con la conciencia intranquila y mentalmente arranco de tantas obras mediocres la ostentosa fajilla del Prix Goncourt, de la Academia o de Théophraste Renaudot."

A la hora de partir, Armand Hoog afirmó que para él no hay nada mejor que vivir con la mujer que uno ama y escribir lo que uno quiere. Como buen amante y conocedor del surrealismo se manifestó en contra de la razón y dijo que había que abolirla, haciendo uso de la razón misma.

El hombre que ríe: Henri Salvador

●

Lo encontramos con bufanda, saco y chaleco en el Teatro Insurgentes. Envuelto en lana, contrasta con las mujeres palmera que trotan por los pasillos, palmeras o tal vez plumeros, en todo caso muestran piernas, panza y ombligo bajo el sintético atavío hawaiano.

Entre estos inesperados fragmentos de paisaje tropical, Henri Salvador es un hombre que de todo ríe ruidosamente. Tiene los ojos muy separados el uno del otro y por lo visto es friolento. ¿O será que tanta desnudez le crea un complejo personal de envoltura? Lo cierto es que parece un tren blindado abriéndose paso en una selva.

—¿Qué opina usted, señor Salvador, acerca de estas palmeras ambulantes?

—Pienso que este ideal de vida no es el mejor. No hay nada sublime en bailar can-can o hawaiano, pero qué quiere usted, no todos podemos pagarnos el lujo de ser sublimes. A la mejor en uno de esos bailes de revista, alguna corista logra pescar un millonario y eso sí es de lo más sublime. Lo único malo de las mujeres de Music Hall es que llegan a creer que lo más importante en la vida es su belleza. En una corista, créalo o no, lo que vale es la inteligencia. Suzy Delair, por ejemplo, ascendió de corista a gran *vedette,* gracias a su inteligencia. También hay algunas medio "piratonas" que llegan a conseguir lo que quieren.

MUJERES FEAS

—¿Y no le parece triste que alguien sea tan feo como un sapo?

—No, no es nada triste. Una mujer puede ser horrible, pero si es inteligente, uno olvida su fealdad. Cada ser humano tiene algo que dar, pero en general las muy guapas no tienen nada que decir y aburren de tanta belleza. Hay muchos hombres que creen que una mujer es un objeto de exhibición. Les encanta, por ejemplo, entrar en un restaurante del brazo de algo fulminante, platinado o pelirrojo para que otros exclamen: "¡Miren nomás qué cuero!" Y eso, si son bien educados porque, de lo contrario, no quiero repetirle lo que dicen.

MUJER IDEAL

—Para mí el colmo de la miseria sería cualquier separación de Jacqueline, mi esposa. Es la persona que más me importa en el mundo. Mi tipo de mujer es Katheryn Hepburn. También me gustan Joan Crawford y Ava Gardner.

Henri Salvador canta *Juanita Banana* y *Chanson Douce* en bares llenos de humo y sonrisas forzadas. Allí compone su música, entre un mar de murmullos y de copas que chocan entre sí, el chirrido de la puerta sobre sus goznes, el sonar del dinero en la caja registradora y el grito de la cajera que fuma. Allí creó *Ma Doudou* y *Une abeille et un papillon* que trata de una abeja que no le hacía caso a un gusano pero apenas se transformó en mariposa voló hacia él. La moraleja es que el amor embellece al hombre.

—Hago dos clases de trabajo —afirma Henri—. Mis canciones de radio difieren totalmente de las del escenario. En la radio canto *chansons de charme,* baladas suaves de abuelita, y en el escenario me vuelvo pícaro e intento divertir. ¡A veces lo logro! Por ejemplo, hago una parodia de esas aburridas cenas de familia, sabe usted, en las que a la hora del café sacan el álbum familiar para enseñárselo al pobre invitado. En mi *sketch* desfilan todos los miembros de la familia, la tía Úrsula, la prima Raquel, el sobrino Gustavo (invariablemente un idiota) y el público ríe. También tengo preparado otro *sketch*, "El hombre invisible", en el que aparezco solo en escena.

EL TEATRO MARGO

—Fui al Margo anoche y constaté que es tan fascinante lo que sucede en el escenario como fuera de él ya que dialogan a gritos espectadores y coristas. A María Victoria, por su trasero y sus caderas, le gritan: "¡Vuelta! ¡Vuelta!" Quieren verla de perfil y de espaldas. El Margo me recordó el ABC de París, pero su único defecto es no tener continuidad.

"Pérez Prado ha descubierto un ritmo extraordinario. El mambo tiene acentos de angustia que me impresionan. Me han dicho que existe un nuevo ritmo llamado "tepo". Para mí, uno de los mejores ritmos es el del *be-bop*, norteamericano."

SER LO QUE MÁS SE DESEA

—Sí, soy existencialista, pero un verdadero existencialista. El existencialismo que prefiero es el que lleva a un hombre a ser lo que más desea. El existencialista depende de uno mismo, logra hacer algo en la vida gracias a sus propios méritos. A muchos les convendría ser existencialistas para descubrirse a sí mismos.

"Me interesa el futuro. Quisiera vivir en el año 2000 para ver los resultados de la era atómica. Me gusta el átomo, lo quiero.

"En mis ratos de ocio compongo, leo y olvido lo que hago, puesto que son ratos de ocio. No me gustan las novelas porque detesto lo que no es verdad. Prefiero una buena biografía, concisa y fuerte, que describa las pasiones de un hombre que ha logrado algo en la vida. Mis autores son Aldous Huxley, Marcel Proust, Paul Valéry y André Maurois. ¿Qué ensalada, verdad?

"Cuando canto me suceden cosas extrañas. Si me sé una canción de memoria, casi puedo decirla al revés. Un día, mientras cantaba *Le petit souper aux chandelles* (La cenita con velas) pensé en mis cuentas del mes. '¡Ay, qué caro me cuesta el pianista! A X le debo dinero. ¿Y cómo se le ocurrió a Jacqueline comprarse ese sombrero tan caro y tan feo, además?', y sufrí un olvido que hizo que mi propia mujer tuviera que soplarme la letra. Por eso pienso que ningún artista debe ocuparse de cosas tan ajenas al arte como llevar la ropa a la tintorería o hacer la compra."

Francia no quiere un pastel:
habla Robert Gouy

Robert Gouy es corresponsal del *Journal de Genève,* que goza de renombre internacional debido a la imparcialidad de sus artículos de fondo, considerados una de las fuentes de mayor credibilidad en el mundo.

El *Journal de Genève,* fundado en 1826, acaba de dar una información completa acerca del problema de la península de Indochina. El general Paul Girot de Langlade, comandante en jefe de las tropas francesas en Camboya, recibió personalmente a Robert Gouy, quien visitó los puestos de avanzada.

—Hace mucho que los franceses se dieron cuenta de que no pueden comerse el pastel de Indochina y ya no ven en ella una colonia. Su resistencia actual es parte de su lucha contra el comunismo. Efectivamente, si Indochina pasara a manos comunistas, sucumbirían Birmania, Siam y la India. Francia nunca emprendió una guerra colonialista; su objetivo era combatir el comunismo mundial.

"En la revista *Life* aparecieron artículos tendenciosos acerca de la actitud de los franceses en Indochina. No son los periodistas norteamericanos los más indicados para opinar sobre la ligereza de los oficiales franceses, ya que sus informaciones adolecen casi siempre de la misma superficialidad.

"En Indochina no es posible confrontar dos ejércitos ni llevar a cabo una verdadera guerra. El alto mando militar francés opone a las guerrillas enemigas una táctica semejante a la suya. Los vietnamitas conocen a la perfección su territorio, extenso y pantanoso, poblado de una vegetación exuberante, y se mueven como pez en el agua. Van de una aldea a otra y amenazan a los nativos con quitarles casa, caballos, reses y semillas, y muchas veces se los llevan a ellos de rehenes. Atemorizado, el nativo hace todo lo que le piden porque en caso contrario lo clavan en la puerta de su casa. Entonces, el Viet Minh comienza su lento y áspero proceso de catequización moral y política. Lo escuchan y lo obedecen no por convicción sino por miedo.

"Francia adoptó el único método posible: arrancar al Viet Minh su poder de intimidación sobre el nativo. Las tropas francesas recibieron la orden de crear nuevos pueblos y facilitar la agrupación de poblaciones vulnerables por su aislamiento. Los franceses creen que cuando el Viet Minh encuentre conglomerados decididos a defenderse (las casas se construyen en torno a un torreón fortificado en el que vigila el jefe del pueblo) y no familias aisladas, tendrá que retirarse. Esta organización de ciudades en torno a una fortaleza proviene de la Edad Media y recuerda la organización feudal.

"La agrupación de nativos se ha efectuado sin coacción alguna. Sus tierras son intercambiadas y sus plantaciones de arroz se reemplazan por otras cercanas al pueblo.

"Es de interés primordial para la futura paz del mundo que Francia salga de una Indochina pacífica y libre. Mi mayor deseo y el mayor deseo de muchos es que los Estados Unidos comprendan que ayudar a Francia materialmente equivale a liquidar el problema indochino.

"La futura paz internacional depende de Indochina. Los Estados Unidos han adoptado hacia Francia una actitud de paternalismo crítico sin comprender que la ayuda más eficaz y operante es de orden material. Es urgente extirpar ese cáncer que roe los tejidos que es la guerra de Indochina, que estorba a la paz del mundo."

Las cien rosas rojas de Rubinstein

"No, yo no toco para los conocedores que saben demasiado y han oído mucho. Toco para el público anónimo y general. Me siento feliz cuando puedo colocar en el espíritu de alguien una brizna de emoción. Si en una sala enorme una sola persona descubre la música gracias a mí y comprende que su espíritu puede reposar en ella, entonces creo que he cumplido mi vocación de artista.

"No, no toco para los *connaisseurs*. No toco para el espíritu crítico sino para el que se abre y despierta al arte. Por ejemplo, una de las cosas que más me halagan es que la sirvienta que sube a darme el desayuno se detenga con su charola en la puerta para escucharme tocar *sur un petit piano méchant* (un pianito de segunda), como dicen los franceses. No sabe ni quién soy; sin embargo, se queda parada, y no por mí, sino por lo que toco. Tengo ganas de abrazarla pero claro que no lo hago; la pobre tiraría su charola. Cosas como ésta y cartas sencillas y alguna vez un gran ramo de rosas rojas son la mejor recompensa al mensaje que transmito. Soy, si usted quiere, un fiel servidor del arte mundial.

"Siempre recordaré la carta de una mujer que nunca había gustado de la música, y un día, después de ir a fuerzas a uno de mis conciertos, comprendió de golpe la vida del espíritu y el misterio que encierra. Me escribió agradeciéndome el descubrimiento de un mundo que le era desconocido. La música es humana, toca nuestras fibras más sensibles y brota de la vida misma.

"En cuanto a las rosas rojas, las recibí en París; más bien las recibió mi mujer. Di un concierto a beneficio de los músicos retirados (un día yo mismo seré un músico retirado), y obtuve una enorme cantidad de dinero. Los músicos quedaron sumamente agradecidos. Al día siguiente, ¿qué es lo que vemos llegar al hotel? Un ramo de rosas tan enorme que no sabíamos dónde ponerlo. En París, solamente una persona rica puede permitirse mandar una docena de rosas; un enamorado perdido manda dos o tres docenas, pero nadie puede mandar más de cien rosas rojas.

"¿De parte de quién? De parte de los músicos retirados. Mi mujer se desesperó. 'Mira, Arturo, en lo que fueron a gastar su dinero', y yo también lamenté que hicieran semejante locura. Sin embargo con el ramo venía una carta explicativa. 'Por favor no se enojen. Les va a parecer ridículo, pero les estamos tan agradecidos que cada uno de nosotros quiso mandarle al menos una rosa.'"

MIENTRAS MENOS SE HABLE DE MÚSICA, MEJOR

Arturo Rubinstein no es un artista a quien se le puede preguntar cuál es su músico preferido, por qué es romántico o en qué tonalidad debe interpretarse a Liszt o a Schumann. Tampoco es fácil hablarle de su *toucher,* su modo de posar sus dedos tan suavemente sobre las teclas, rozarlas apenas para después atacarlas con vigor. No se le puede preguntar qué piensa acerca del efectismo teatral o la técnica pianística, de cómo le hace para que cada nota se destaque nítidamente, sonora y redonda hasta en los pasajes de veloz e intrincado virtuosismo. Nada de eso vale la pena porque Rubinstein no tiene músico preferido, ni opina sobre los grandes movimientos musicales. Rubinstein considera la "música" como una esfera, redonda y total, un círculo cumplido, espiritual y humano.

"Lo mejor que se ha dicho sobre música le corresponde a Nietzsche. Él hizo una famosa división de las artes. Por un lado están las artes llamadas descriptivas, apolíneas, y por otro, la música, único arte dionisiaco, o sea directo, que vive de sí mismo. La música no se puede definir. Su creación encierra un compacto misterio. La música nos sumerge en algo que no puede limitarse. Hay que sentirla.

"Por eso odio a los conocedores. Prefiero a las personas que nunca van a un concierto y sin embargo lograron componer una tonadita, una cancioncilla, una frase musical que silban distraídos. De ella pueden decir: 'Esta es obra mía'. Y se emocionan con su leve creación y la acarician. Si revelo la música a un oyente, estoy feliz porque más tarde podrá inventar sus propias melodías.

"En cuanto a los compositores preferidos, no los tengo. No, no es Chopin. Me gusta lo que toco en el momento mismo en que lo toco. Cada compositor me gusta en diversos momentos y de distinto modo. A veces estoy loco por Mozart y quisiera tocar sus veinte conciertos de un hilo; luego es Schubert, luego Chopin y no faltan ocasiones en que me dan ganas de aventarlo y pensar que jamás lo tocaré otra vez. Si alguien dice que tiene un compositor favorito tenga usted la seguridad de que miente. Porque en cada músico hay algo que despierta sentimientos nuevos. Es como la vida.

"Con Beethoven me siento purificado y me elevo. Como Chopin es más apasionado, me emociono y llego al arrebato. La vida es grave y frívola y la música en sus diferentes momentos también lo es.

"Rubinstein vive en Beverly Hills, con su mujer Hella y sus cuatro hijos. Dice que la vida allá es mortalmente aburrida pero muy lujosa, y el sol brilla durante el año entero. Los artistas de cine se portan mal porque se divorcian por un cepillo de dientes.

"Desde los diecisiete años quise tener una hija, Eva, aun sin casarme quería tener una hija. ¿Por qué? Porque una hija es la mejor amiga de un artista. Participa en la vida de su padre, se relaciona con su mundo, sus viajes, sus cansancios. Un artista es como un niño, abierto a todas las emociones. Yo tengo la suerte de tener una afinidad muy grande con Eva y también con Hella, mi esposa, que todo lo comprende.

"También tengo una gran afinidad con México. Siento por él un amor y un agradecimiento particular. ¿Sabe por qué? Porque en 1919, cuando vine por primera vez, sin fama ni reconocimiento, me recibieron como a un hermano, y di veintiséis conciertos. No había entonces nada de esnobismo. Me abrieron los brazos porque yo era parte del jurado de un concurso de música en el que vi a intérpretes extraordinarias, una niña turca de doce años que llevó Nadia Boulanger para que yo la escuchara. También conocí a una muchacha italiana, Maria Tipo, que va a iniciar una gira mundial.

"La vida de un artista no es tan fácil como se cree. Hay tantas cosas que el público no ve. Los viajes en avión, los hoteles, las restricciones personales, los malestares, gripes e indigestiones. Pero ni modo, imposible llegar al escenario y anunciar: 'Hoy, mi querido público, tengo dolor de muelas o recibí malas noticias; así que les tocaré mañana'. El público compra sus entradas y quiere que su pianista toque. Además, en esa vida de giras tiene uno que ser sumamente filosófico y diplomático. No puedo beber nada (a veces un traguito de vodka), porque es malo para mis dedos. Se me ponen de algodón."

POLONIA

—Señor Rubinstein, cuentan que Paderewski, después de tocar un concierto ante los reyes y el primer ministro de Inglaterra, se volvió hacia su auditorio y dijo: "Sé que un concertista nunca debe dirigirse al público, pero no puedo resistir la tentación de contarles lo siguiente: una vez se les pidió a todos los países del mundo que escribieran una obra sobre el elefante. Muchos sabios se reunieron y después de algún tiempo Francia produjo una *plaquette* ilustrada, *El elefante y el amor;* Italia entregó un grueso volumen, *El elefante y las Bellas Artes;* Inglaterra dedicó un tomo de la enciclopedia a *El elefante en la historia del Imperio británico;* Alemania produjo dieciocho tomos titulados *Breve introducción al estudio del elefante;* Estados Unidos entregó *Los hábitos alimenticios del elefante,* y Rusia: *Los orígenes rusos del elefante.* Finalmente, Polonia escribió un tratado: *El elefante y la independencia de Polonia".* ¿Qué piensa usted de la historia que contó Paderewski?

—En efecto, Polonia es una inmensa aspiración de libertad, es la nación que más ha luchado por su independencia y Paderewski tuvo razón al contarla a su público. Mi amor por Polonia es tan grande como el de Paderewski. Ahora soy ciudadano norteamericano, pero mi mujer y yo extrañamos nuestra tierra natal y esperamos volver a ella.

Con su pelo blanco, su rostro cálido y su risa frecuente, Rubinstein es un hombre accesible y fácil de entrevistar. Nunca hay en él un gesto de rechazo o de mal humor, quizá porque la entrevista se hizo en mi casa y en francés. Rubinstein tocó en el mismo piano de media cola en el que tocó Paderewski y en el que toca mi padre. Rubinstein, según él mismo cuenta, es como una tienda abierta: todo el mundo puede entrar y pedir lo que quiera. La gran aspiración de su vida ha sido establecer entre el músico que toca y la gente que lo escucha una corriente de emoción y de fraternidad humana.

Todos mueren tarde, menos los universitarios: doctor Fernand Braudel

Considerado jefe de la escuela moderna de historia francesa, orientada hacia estudios económico-sociales, el doctor Fernand Braudel visita México por primera vez, pero aquí están varios de los que fueron sus discípulos en La Sorbona: Pablo González Casanova y Ernesto de la Torre Villar. Invitado por la Universidad Nacional Autónoma de México, la Secretaría de Educación Pública y El Colegio de México, Fernand Braudel es tan accesible como el mar tranquilo de la madrugada cuando las olas lo invitan a uno al chapuzón y al juego.

A los 21 años, Braudel viajó al norte de África y su estancia se prolongó nueve años. Descubrió a lomo de camello una civilización mediterránea, entre rezos islámicos y extensos desiertos, y allí escogió su tema "Felipe II, España y el Mediterráneo en el siglo XVI" o el tema lo escogió a él. A partir de 1927, se convirtió en un rito anual consultar los Archivos Nacionales de Simancas, en Valladolid. El ceremonial de lecturas empezaba por el cuidado reverente para separar las desgastadas hojas de los legajos del siglo XVI. A cada vuelta de las apergaminadas hojas caía la arena dorada que cuatro siglos antes sirvió para secar la tinta. Con celo religioso, Braudel conserva no sólo las informaciones extraídas de los documentos, sino la arena, que guarda en una pequeña bolsa.

La tesis doctoral de Braudel es un volumen de 1 160 páginas, editado en 1949: *El Mediterráneo en la época de Felipe II*. Obra maestra, Mario Monteforte Toledo, Wenceslao Roces y Vicente Limón la traducen para el Fondo de Cultura Económica. Aparecerá también otro libro suyo sobre *La expansión del capitalismo moderno hasta el siglo XVIII*, y el doctor Braudel tiene en preparación una *Síntesis, coyunturas y estructura del siglo XVI*.

A Braudel le son familiares todas las lenguas europeas y habla un español dulce y acuático que fluye suavemente entre sus labios, ¿o debería yo llamarlos litorales?

Gracias a su prodigiosa memoria y al resultado de horas y días dedicados a la relectura de sus fichas recogidas durante más de quince años, al descubrimiento de archivos y a la escritura de por lo menos cuatro diferentes versiones escritas dentro de los campos de concentración —Maguncia y Lubeck— en los que lo confinaron durante seis años hasta el fin de la segunda Guerra, *El Mediterráneo en la época de Felipe II* vio la luz en 1949, cuando contaba con 47 años de edad y era casi un desconocido. Lucien Febvre, otro historiador francés, también encarcelado, reconoció el rigor de investigador y la capacidad de Braudel mucho antes de la guerra. Ambos amigos se cartearon desde sus distintos campos de concentración y Febvre animó a su amigo: "Usted no es un simple buen historiador sino un verdadero gran historiador, rico, lúcido, amplio (…) tenga confianza en sí mismo y en el futuro". El éxito de *El Mediterráneo en la época de Felipe II* le dio la razón a Lucien Febvre. En otra carta que Fernand le dirigió a su esposa Paule, le dice: "Felizmente mi imaginación no me deja solo nunca; tú la conoces, me ha servido ahora como un bello recurso. Todos los cuentos que no les puedo contar a mis hijas, me los cuento a mí mismo dándole vueltas al alambrado de púas de la cárcel".

Oriundo de Lorena, muy cerca de Alemania presenció desde niño el intercambio de costumbres alemanas y francesas y conoció bien la naturaleza: "Lo que otros aprendieron en los libros —dice Braudel— yo lo sé desde niño a través de fuentes vivas (…) Fui y sigo siendo un historiador de estirpe rural".

Mediterráneo, asoleado, azul como el mar, a Braudel no le molesta mi obvio desconocimiento de su especialidad. El único historiador que conozco, además de los maestros del Liceo Franco Mexicano, es Jacques Pirenne. Sin embargo, a Braudel no parece importarle mi ignorancia y, sin más, da informes sobre el mar.

EL MEDITERRÁNEO, MI GRAN AMOR

—Amo apasionadamente al Mediterráneo, tal vez porque, como tantos otros y después de tantos otros, he llegado a él desde las tierras del norte. Le he dedicado largos y gozosos años de estudio en que, a cambio de ello, un poco de esta alegría y mucho de su luz se habrán comunicado a las páginas del libro, que muy pronto podrán leer los mexicanos.

—¿Qué informes históricos puede darnos el Mediterráneo?

—Todos. Ese mar sigue siendo el más valioso de los documentos para ilustrar su vida pasada.

—Hubiera yo pensado que el Mediterráneo era más bien un tema para los geógrafos.

—El Mediterráneo es el mar de los olivos y los viñedos, tanto como el de los estrechos barcos de remos o los navíos redondos de los mercaderes, y su historia no puede separarse del mundo terrestre que lo envuelve, como la arcilla que se pega a las manos del artesano que las modela. *Laudo la mare a tente'n terra* (Elogia el mar y quédate en la tierra), dice un proverbio provenzal. Cuesta trabajo saber, exactamente, qué clase de personaje histórico es este Mediterráneo...

—Es un gran personaje, doctor Braudel. Seguramente usted, además de historiador, ha tenido que ser geógrafo, oceanógrafo, geólogo y quizá hasta poeta...

—El Mediterráneo es un personaje histórico que no hay por qué definir, se le reconoce a primera vista.

PREGÚNTEME LO QUE QUIERA

Gracias a Jean Sirol, consejero cultural de la embajada de Francia, pude entrevistar tanto a François Perroux como a Fernand Braudel; pero Braudel, risueño y travieso, me dijo: "Hágame una entrevista distinta, pregúnteme de lo que usted quiera, cualquier cosa". Sus ojos sonreían.

Cohibida, lo escuché responder a un cuestionario absurdo que sin embargo pareció divertirle.

—¿Quiénes son sus amigos aquí en México, doctor Braudel?

—Don Manuel Pedroso, amigo dilecto, que ha leído el libro, se preocupa por él y conoce, a fondo, la historia y la literatura francesa; don Felipe Teixidor, bibliógrafo de primera; el doctor Arnaldo Orfila Reynal; Eduardo Villaseñor; Jesús Silva Herzog, ¡qué hombre admirable!; Alfonso Reyes; Jaime Torres Bodet; Pedro Bosch Guimpera; José Miranda, especialista del siglo XVI mexicano; el doctor Arturo Arnaiz y Freg, y todos los jóvenes que me siguen.

"A quien más admiro es a Jaime Torres Bodet, mexicano de primer orden. Ya quisiéramos nosotros los franceses pedírselo a los mexicanos para presidente de la República francesa, después de Vincent Auriol."

Después Fernand Braudel discurrió largamente en torno a mis preguntas:

"Sabe usted, en Francia las mujeres mueren tarde, los hombres más tarde aún y los universitarios no mueren nunca. Los universitarios esperan tener 87 años para retirarse. Foucart, uno de nuestros profesores, cuenta exactamente con ochenta y siete años y todavía da su cátedra en la Facultad, y después de darla corre como si tuviera veinte años a tomar el metro. Yo me quiero morir lo más tarde posible, como todo buen historiador, pero antes de chochear. Ahora sólo cuento con poco más de medio siglo. Un italiano, Alberto Tenenti, escribió un libro, *La vida y la muerte en el siglo XVI,* que estudia los treinta y seis modos de morir. Habla de esos famosos *ars moriendi,* que ayudaban a la buena gente para que se fuera de este mundo sin mayores angustias, olvidándose de mujer e hijos y de bienes terrenales. ¡Ay de aquel que se lamenta y no quiere irse! Su alma está en manos del demonio. Su muerte es dolorosa. Ya lo habrá visto usted en las estampas terroríficas que decoran esa clase de libros. Pero olvidemos la muerte, mientras llega.

"Como maestro yo enseño lo menos posible. Prefiero investigar a dar conferencias. Estudio con mis alumnos, que desgraciadamente son del sexo masculino. A veces encuentro en mi clase una muchacha muy guapa, y entonces trato de casarla con alguno de ellos, porque, entiéndame usted, un historiador y una historiadora juntos hacen un buen trabajo en todos sentidos. ¡Pero mis alumnos son unos tontos! Escogen casarse con bailarinas o algo por el estilo. Uno de ellos, uruguayo, se casó con una danzante, y ahora la lleva a los archivos. Durante los periodos de vacaciones, se van a estudiar a Chiogia, Venecia. Examinan fichas, fotografías y la vida económica del siglo XVI. (Para mí los más bellos archivos del mundo son el Archivo di Stato y el Archivo dei Frati.) He descubierto que es muy difícil estudiar solo. Por eso tengo varias personas que estudian y trabajan conmigo. Sólo últimamente han comenzado los intelectuales de Francia a trabajar juntos. Antes cada quien se aislaba. Al reunirnos hemos obtenido resultados sorprendentes, nos hemos universalizado. Consultamos documentos, hacemos cálculos, en fin, todas esas cosas tan difíciles de explicar a ustedes las mujeres. Yo tengo una persona que trabaja conmigo en Bristol, otra en Amberes, otra en Venecia, otra en Simancas, otra en Lisboa, otra en México, otra en Uruguay, en España, en Lima, en Alemania, y una más en Constantinopla (una joven muy bonita que se ha especializado en danzas folclóricas, no exactamente en economía, pero no importa). No, no le voy a decir los nombres de todas estas personas, ¡es un secreto!

"Me gusta trabajar con gente joven. En primer lugar porque tienen *la flamme* (el fuego sagrado) y en segundo lugar porque son exigentes y me vigilan. Me gusta este trabajo 'microsocial' en común con hombres que no son de la misma nacionalidad.

"Como historiador razonable comprendo las cosas cuando me suceden personalmente. En el pasado, cuento con 48 horas de miseria total. ¡Fueron las primeras horas que pasé encarcelado! Después me quedé encerrado en una celda seis años y no me fue del todo mal. ¡Creo que el colmo de la miseria es sufrir por un hijo! Un hijo enfermo o una decepción nos hieren irremediablemente.

"El ideal de felicidad terrestre es ser amado. ¿Dónde quisiera vivir? En lo que se refiere a esta pregunta no estoy completamente desprovisto de nacionalismo. Quiero vivir en París, en la Rive Gauche, pero por lo visto no soy el único en quererlo, porque jamás encuentra uno alojamiento en esa margen del Sena. André Malraux es mi escritor favorito porque no he terminado de quererlo. Gauguin y Van Gogh son los pintores que más admiro. Si Gauguin me hubiera pintado, no vendería el retrato aunque tuviera ojos color de rosa, pantalón verde y un *pullover* colorado (por cierto que tengo uno, pero a mis hijas no les gusta que me lo ponga). Mi músico favorito es el casi desconocido Erik Satie. Oigo frecuentemente su *Muerte de Sócrates* y siempre adquiere un nuevo significado. Hubiera querido ser Waksman, el descubridor de la estreptomicina. ¿Y lo que quisiera ser? El descubridor de la próxima estreptomicina. ¡Los sabios tienen actualmente demasiada suerte! ¿Mis héroes? Quiero a los hombres que han emprendido grandes cosas pero no han tenido éxito, los que han intentado hacer algo grande como Piri Reis, que intentó conquistar a los portugueses en el Mar Rojo, pero fracasó y el sultán lo mandó matar. Quiero a los que no tienen suerte. Adoraría yo a Napoleón si hubiera permanecido subteniente. Para mí los héroes no son los que actúan, sino los lúcidos, los que saben ver, los que ponen su mirada clara sobre los acontecimientos. ¡Estos son mis héroes, los lúcidos! ¿Mis héroes de ficción? Los de Stendhal, porque saben morir alegremente, todos juntos, en cinco líneas al final del libro como sucede en *La cartuja de Parma*. ¿Mis heroínas literarias? Las que no han sido descritas o analizadas a fondo, porque así dejan lugar a una interpretación personal. Me encanta *Doña Bárbara* de Rómulo Gallegos, a quien leí en la cárcel. ¿La cualidad que prefiero? La misma en los hombres y en las mujeres, la inteligencia, porque poseyéndola las demás cualidades pueden adquirirse fácilmente. Los imbéciles son cobardes o envidiosos y otras cosas más. Por lo general, la gente no es ni inteligente ni tonta y esto es lo peor de todo. Detesto a los tristes, porque creo que la tristeza es un modo abusivo de atraer la atención, una forma cobarde de interesar a los demás. Hay que abrirse. ¡La vida está hecha de felicidad y hay que almacenarla! Cuentan que en una charla, alguien dijo: 'Yo sólo puedo dormir dos o tres horas por noche' y don Miguel de Unamuno le respondió: 'Pues yo duermo toda la noche y al día siguiente estoy más despierto que otros'. Hay que estar bien despierto y no en esas neblinas de tristeza lacrimosa. El mundo se compone de momentos maravillosos. ¡Sí, hasta en la cárcel hay momentos que no cambiaría yo por un imperio! ¿La virtud que más quiero? La sinceridad. El aceptarse a sí mismo tal como se es. ¡No representar una comedia!"

Fernand Braudel es fundador de la Escuela de Altos Estudios de Ciencias Sociales. También dirigió la revista *Annales* y encabeza la *Maison des Sciences de l'Homme*. Considerado "Príncipe de la Historia" o "Premio Nobel de Historia", tiene la sabia virtud de no tomarse en serio.

Jean Vilar

Mientras que en el Paseo de la Reforma los granaderos con sus macanas blancas se alinean alrededor de la embajada de los Estados Unidos y Lázaro Cárdenas se dirige hacia el zócalo porque encabeza una manifestación de cincuenta mil simpatizantes de Cuba, Jean Vilar, en su camerino de Bellas Artes, se pone la peluca que ha de convertirlo en Mercadet, el embaucador de Balzac. Afuera suceden cosas importantes: los pueblos de América Latina se unen a Cuba; en Europa hasta la prensa derechista (reaccionaria, como le dicen) censura al gobierno norteamericano. En las calles y en las plazas públicas de toda la República mexicana se movilizan espontáneamente hombres y mujeres: "Fidel, Fidel, ¿qué tiene Fidel, que los americanos no pueden con él?", cantan jubilosos en 1959. Bellas Artes, blanco y asentado, mira sin inmutarse a los manifestantes que blanden sus carteles frente a los anuncios luminosos del INBA. Adentro, Jean Vilar vuelve a probarse las patillas, Germaine Montero enfunda su vestido de terciopelo verde, Nicole Gueden se afea al cubrirlo el rostro con una pasta beige, y Mario Pilar, Georges Riquier y Jean Topart, los acreedores de Mercadet, aparecen transformados en verdaderos dibujos de Daumier. En el lunetario, las acomodadoras con una mano preparan los prismáticos, las lámparas de bolsillo, los programas, y con la otra alisan su pelo de eterno permanente. Afuera, los estudiantes y los intelectuales se reúnen en un clima poco común en México. ¡Han pasado tantas cosas importantes desde que Gagarín dijo que viéndolo bien "la tierra es azul"! Y francamente da un poco de flojera (para no usar otra palabra) abandonar el gran teatro de masas, el de a de veras, el que vivimos en ascuas, para subir las empinadas escaleras de Bellas Artes y ver teatro francés.

—¡Ay, mira de lo que nos vamos a perder! ¡Qué lata sentarnos aquí en Bellas Artes! Yo quiero estar allá afuera.

¡He aquí donde se produce el milagro! Jean Vilar trae la manifestación a Bellas Artes con su escenario que se avienta en medio de los espectadores. He aquí a un hombre que ha actuado al aire libre, en las fábricas, en el campo, en las minas, en los suburbios de París, en los hospitales, en los manicomios, en el Palacio de los Papas de Avignon; Vilar, el creador de un nuevo modo de hacer teatro, el populista, el divulgador, este hombre que logra que seis mil personas al día se interesen en los clásicos y conozcan a Brecht, Gide y a T. S. Eliot; Vilar, el que sabe hacer teatro de masas, triunfa a pesar de que allá afuera la muchedumbre se agolpa en una gran manifestación pro Cuba. Su teatro es tan vivo como la vida, tan necesario como los gritos de los que desfilan, y en verdad podemos decir que el Teatro Nacional Popular (TNP) es un servicio público.

De las dos conferencias que dio Vilar, sin duda alguna la mejor (gracias al público) fue la de la Sala Manuel M. Ponce. Allí estaban Francisco Monterde, Ofelia Guilmain, Wilberto Cantón, Augusto Benedico, Amparo Villegas, Antonio Passy, Diego de Mesa, Juan Soriano, Raúl Ortiz y muchachitas de pelo negro y lacio, actores descamisados, *beatniks* miembros de St. Germain des Près entre los que la perfumada y peinada Nadia Haro Oliva brillaba como un sol de medio día.

Vilar, con calcetines caqui y esos gruesos zapatos de suela crepé que acostumbran los franceses, sin corbata y con el rostro cansado, dijo que el TNP se inauguró con *Mère Courage,* que a él le fascina Brecht, pero que está en contra de los brechtianos, y que no creía en la revolución del teatro. "La sociedad no se transforma en el teatro, sino en la calle." Alguien insistió: "Pero ¿qué no podría cambiarse a la sociedad con grandes obras de teatro?" "No, no. Cuando hay una transformación de la sociedad, hay entonces un cambio en el teatro. La revolución no se hizo porque Beaumarchais escribiera *Las bodas de Fígaro,* sino por la toma de la Bastilla. ¿Cómo llevar a Brecht a escena? Leer, releer y leer todo lo que Brecht ha dicho sobre la obra, porque son muchas sus acotaciones. Brecht escribió sobre los principios del comediante, del actor, y es indispensable leerlo. Debemos lograr que a través de Brecht el espectador le tenga horror al fascismo; ése es el último mensaje de la obra."

"El teatro es un problema de carácter social. Cuando un director de compañía quiere hacer teatro debe saber exactamente qué cosa quiere presentar a su público." "¿Y en México, señor Vilar?" "Hay que tomar contacto con la raíz misma de México, es decir, con los hombres que trabajan la tierra y con los que están en las fábricas. Esta fórmula no es original; ya Racine lo había dicho en

1655 al escribirle a un abate amigo suyo: 'Personalmente, les aconsejaría a los directores de escena que hagan teatro yendo de la provincia a la capital'."

Y como la mayoría de los oyentes eran actores o aspirantes, Vilar habló de su trato con los integrantes de su *troupe:* "El director de escena debe darles la mayor libertad posible a sus actores" (sonrisas de aprobación entre los actores, genios reprimidos). "El primer ensayo se hace en un cuarto pequeño, sin tensión ni formalismos. 'Take it easy.' El director mira a sus actrices y se felicita de su buen gusto, y cuando una actriz es un poco vieja, la ve con más ternura aún (risas). Pero por lo general, las cosas no transcurren de ese modo, y a la primera advertencia, los actores piensan: '¡Ya va a empezar a molestarnos con sus directivas!' Lo que quiero dejar muy claro es que los actores no son robots en las manos del director, sino hombres y mujeres normales a quienes hay que cuidar y conocer para hacerse su amigo y llegar inclusive hasta la intimidad."

Son las doce, y en el *lobby* del Hotel Marlowe, Jean Vilar platica con sus actores. Sentado, con las piernas estiradas y las manos en los bolsillos, habla de las platerías de la avenida Juárez. ¿Qué será mejor comprar, ceniceros que son sombreros de charro o medallas de la Virgen de Guadalupe? De pronto, entra una parvada de mujeres lavadas y sin tacones (Vilar las besa en la mejilla): Nicole Gueden, su pelo rubio enmarañado; Marcelle Ranson, que arrastra los pies, y la gran actriz Germaine Montero hacen su entrada. Entre ensayo y ensayo se dan una escapada a Taxco, a Toluca, a Cuernavaca y, a diferencia de la compañía de Jean-Louis Barrault y Madeleine Renaud, que después de la función asisten a *soupers* exclusivos, Vilar y sus comediantes no aceptan más que las recepciones indispensables: las de la embajada de Francia.

Hoy más que nunca, Jean Vilar parece comido por la polilla. Desvelado, el pelo escaso, todavía le queda maquillaje sobre la oreja, y sus calcetines caqui son los mismos de ayer. Se sienta a mi lado, las largas piernas cruzadas, encorvado, y recuerdo las palabras de Dullin: "Cuando sepas mantenerte derecho no estarás mal".

—Señor Vilar, ¿qué piensa usted de Gagarin?

—(Sonríe.) *J'aimerais bavarder avec lui* (Me gustaría platicar con él).

—¿Y Rusia?

—Fuimos la segunda compañía francesa en ir a Moscú donde son tan aficionados que los boletos se venden hasta en las paradas del metro. Aunque muchos rusos estudian francés en la escuela, antes se les explica la trama de las obras para que puedan seguirla con facilidad.

—Muchos pudibundos miembros de la colonia francesa pensaron que usted era comunista y por eso se abstuvieron de venir a Bellas Artes.

—No pertenezco a ningún partido. Tengo mis ideas políticas, claro está, pero nunca las he mezclado con mi labor dentro del teatro.

—Personalmente, en el caso de Cuba y en el de Argelia, ¿cuál sería su opinión?

—(Sonríe.) Es usted tenaz. Yo estoy porque todos los pueblos se liberen.

—Algunos mexicanos tampoco asistieron porque al oír eso de TNP creyeron que se trataba de un partido político como el PRI.

—¿Qué es el PRI?

—Es el partido en el poder y muchos mexicanos quisiéramos que otros partidos pudieran oponérsele como el PAN, con el admirable don Manuel Gómez Morín a la cabeza...

(Resulta saludable pensar que Jean Vilar, que hace una labor social y cultural inigualable al llevar teatro "bueno" a las grandes masas, no se preocupe por pertenecer a partido alguno. Es muy fácil ser revolucionario y gritar, pero ¿quién tiene como Vilar una obra verdaderamente popular y humana que lo respalde? La revolución, por consiguiente, está en la persona y en la obra de cada quien, en su propia vida.)

—Señor Vilar, ¿no cree usted que va a ser difícil para los autores de teatro reflejar la época de los cohetes a la Luna?

—¿A qué se refiere?

—Cuando vi al extraordinario Marcel Marceau, pensé que imitaba cosas que ya nadie conocía, como cuando sube esa vieja escalera de caracol. Algunos números tienen el encanto de un libro de estampas.

—¡Marceau! ¿No le parece a usted mucho lo que hace? ¡Darle su lugar al mimo en el siglo XX! Eso bastaría para que lo considerara valioso. Lo admiro. En cuanto a lo que me decía usted de los autores futuristas, el teatro depende de ellos. ¿Y qué tendríamos nosotros que ver con los platillos voladores? Los problemas del mundo no cambian. Sólo cambia la manera de solucionarlos. Podríamos ir a Saturno dentro de poco, pero nunca se podrá ir al reino de los muertos ni al espacio que precede al nacimiento. ¡Si no, las obras maestras no serían eternas!

Vilar me contesta con frialdad. A veces guarda silencio o sonríe abruptamente. Es asombroso pensar que se pueda simpatizar con un hombre sólo por su sonrisa o por su silencio. Vilar no ve la necesidad de quedar bien y no ha concedido más entrevistas que ésta. En Francia sólo habla con periodistas especializados y la publicidad del TNP difiere de la de cualquier otro teatro. No sabemos con quién está casado Vilar, ni conocemos detalles acerca de su vida íntima porque la protege de las miradas de los periodistas.

—Señor Vilar, también se ha quejado el público (que a su vez, debe haberlo decepcionado) de que su repertorio no era atinado. ¿Por qué no escogió *El avaro* de Molière? ¿O Marivaux? ¿O *El Cid*?

—Como usted sabe, México ha recibido ya la visita de varias compañías francesas: la Comedia Francesa, Jean-Louis Barrault; y yo, viendo esto, quise enriquecer la paleta y mostrarle al público el mayor número de obras posible; en resumen, ampliar su repertorio. Si antes habían visto a Claudel, Shakespeare y Lope, quise traer a Gide, Pirandello y Balzac, porque inclusive en Francia no son obras comunes y corrientes. Creo que las obras francesas deben continuarse como en un ciclo y no machacarse.

—Es que el público es fiel al dicho: "Más vale malo por conocido que bueno por conocer" (creo que así va, porque nunca he podido aprenderme los dichos de memoria). ¿Por qué en su repertorio tan internacional no ha puesto obras de Calderón, Lope de Vega, Valle Inclán?

—Hace dos años iba yo a poner en escena *El Alcalde de Zalamea* pero mi propósito se cebó. En cuanto a Lorca, Valle Inclán, todo se ha hecho ya en Francia.

—Es que el teatro clásico español es maravilloso.

—Sí, es un gran teatro. Yo he tratado de poner obras que provienen de los horizontes más diversos.

—¿De todos los colores?

—¡Me basta con que transmitan ideas generosas! ¡Allí están Brecht y Claudel, Eliot y Balzac!

—¿Y Sartre y Camus y Koestler, Malraux y Genet?

—¿Genet? (Ríe.) *Genet me gêne* (Genet me molesta).

—¿Por qué?

—Técnicamente me molesta.

—¿Y Anouilh?

—Como autor teatral me disgusta aunque es mi amigo y me escribió una carta afectuosa e inteligente. Anouilh, como hombre, está siempre dispuesto a reconocer la superioridad de los demás.

—¿Y los norteamericanos? ¿Steinbeck? ¿Tennessee Williams? ¿Saroyan? ¿Arthur Miller?

—Me gustaría poner una obra de Miller. ¡En cuanto a los demás, no abandonaría a Esquilo, Shakespeare, Lope de Vega, Racine, Corneille y Aristófanes por ellos! Las obras de teatro de los Estados Unidos son típicamente eso: norteamericanas. Todo parte de diálogos realistas, breves, tomados de la boca misma de una taquimecanógrafa o de un carnicero.

—¡Y todos hablan igual!

—No, no hablan igual, pero si lo que importa es hacer un retrato exacto del hombre y de su condición, y si ese retrato conmueve, entonces el teatro norteamericano es bueno. Personalmente no creo que el teatro sea sólo "un retrato de la sociedad". ¡Ése ni siquiera es su fin! Por eso su pregunta acerca de cómo teatralizar platillos voladores y cohetes a la Luna no tiene sentido. El realismo es bueno para las novelas. Pero el contacto emocional en el teatro no nace del realismo, sino de la cadencia, del ritmo, del canto de la propia obra. El teatro es un santuario en donde la emoción es soberana.

—Entonces ¿a usted no le llena el teatro norteamericano?

—Me llena el ambiente de teatro en Nueva York, por ejemplo. Es un medio inteligente. Estuve tres horas con Strasberg, un hombre apasionado, y repasamos varias grandes escenas, dialogamos. Este también es el medio de Arthur Miller y de la ex señora Miller. ¿Usted está enterada de que Strasberg fue el *coach* de Marylin Monroe, verdad?

—Pero ¿no cree usted que el teatro norteamericano está más cerca del cine que del teatro?

—Sus medios de expresión son cinematográficos. Recurren al *langage parlé* y al hecho actual.

—¿Y usted por qué no hace cine?

—Mi rostro se mueve demasiado (ríe). En realidad porque no tengo tiempo. Hace seis meses, el primer asistente de René Clair me ofreció uno de los papeles principales en la película *Mourir un peu*. No pude aceptar, y ahora lo hace Charles Boyer.

—En la conferencia en Bellas Artes habló usted de los actores "narcisistas".

—A diferencia de lo que se cree, los actores no pueden ser "narcisos" ni mirarse todo el día en el espejo. ¡Ningún actor tiene el derecho a pensar que la obra pesa sobre sus hombros; al contrario, también el que tiene que dar tres respuestas es indispensable! En cuanto a la actitud del actor, los "grandes" actores —pienso en este momento en Gérard Philippe— se entregan con más fervor que los demás a las causas populares. El actor que no cree que el teatro esté ligado a los movimientos sociales, a la resistencia civil, se equivoca. Me importan mucho las convicciones políticas de mis actores, y prefiero hacer teatro con amateurs, con hombres que no piensan que la obra es su propiedad, que con "grandes nombres" que quieren comerse la obra.

Jean Vilar, el hombre de teatro más importante en Francia después de Louis Jouvet, se ha consagrado a los mejores descubrimientos teatrales, y dio a luz, por decirlo así, a un público de gente sencilla, que además de admirarlo se solidariza con él a tal punto que su mejor ayuda frente a las autoridades, frente a los escépticos, frente a las múltiples dificultades que a diario afronta un teatro, es ese público que lo acompaña; esos jóvenes conquistados que lo aplauden ya no en Francia, sino en diversos países del mundo.

El teatro popular francés: Leon Gischia

"Vilar —dice Gischia— me llevó al teatro y sólo he trabajado para él. Gracias a la amistad y a la confianza que nos liga hago mis maquetas cuando ya se han distribuido los papeles y el director inicia su puesta en escena."

Leon Gischia —uno de los pintores más serios de Francia— le da mucho de su talento al teatro y es así como la escenografía de las tres obras de Vilar —*Henri IV* de Pirandello, *Le Faiseur* de Balzac, y *Edipo* de Gide— han salido de sus manos. Esta escenografía obtuvo grandes elogios en México, y Juan Soriano —otro préstamo de la pintura al teatro— no cabe en sí del entusiasmo por Vilar y por Gischia.

—¡Qué maravilla! Creo que Jean Vilar es el hombre de teatro más importante de Francia, después de Louis Jouvet. ¡Te imaginas lo que es llenar el Palacio de Chaillot, con tres mil butacas, dos veces al día y darle los clásicos franceses al pueblo! ¡Qué ganas de que en México pudiéramos representar para obreros y campesinos a Calderón, Quevedo, Guillén de Castro, el Arcipreste de Hita!

Tuve la oportunidad de entrevistar a Leon Gischia en París, gracias a su prima hermana en México, Marie Lartigue (secretaria del consejero cultural de Francia, Jean Sirol). Me habló de la Escuela de París, de las corrientes abstractas, pero más que de pintura se apasionó por el Théatre National Populaire, con el que trabaja desde 1945. Hizo la escenografía de *Asesinato en la catedral* de T. S. Eliot, *Ricardo III* de Shakespeare, *El Cid* de Corneille, *La muerte de Danton* de Büchner, *Parsiphae* de Montherlant, *El príncipe de Hamburgo* de Heinrich von Kleist (¡ay, Gérard Philippe!), *El avaro* de Molière, *Ruy Blas* de Victor Hugo, *La villa* de Paul Claudel y *El triunfo del amor* de Marivaux.

En un arranque de sinceridad, Gischia declara:

—Me da tanta alegría lograr una buena escenografía como un buen cuadro. Y quisiera no limitarme a la escena; me gustaría decorar la sala entera y vestir a cada uno de los espectadores.

"Cuando estoy frente a mi caballete trato de crear la ilusión del espacio y, por consecuencia, de la dimensión. En el teatro, trabajo con dimensiones verdaderas. Vuelven a plantearse los problemas propios de la pintura, porque también el teatro le da al espectador una visión de lo que sucede tras de la escena. Pienso en un color, una forma que basta para provocar la ilusión de un pequeño o de un gran universo. Odio los escenarios previsibles."

(Las escenografías de Gischia son también triunfos de Jean Vilar. Los espectadores recuerdan los estandartes del príncipe de Hamburgo, los desfiles de María Tudor y las banderas de Lorenzaccio, y en medio de ellos, como un arcángel, la blanca figura de Gérard Philippe. En el Théatre National Populaire, Leon Gischia suprimió la cortina que dividía a actores y espectadores y agrandó el escenario, de suerte que la obra se convierte en un espectáculo en el que también participa el pueblo.)

Aunque Leon Gischia ya no es un hombre joven declara:

—Un arte no es joven si no se arriesga. El arte viejo aspira al descanso y a la seguridad que dan las reglas establecidas y se duerme sobre sus laureles.

Partir es morir un poco, un consuelo de sedentarios, dice Jean Sirol

—Si yo fuera una mujer guapísima, si por lo menos acabara de cruzar el Atlántico a nado, si pudiera explicarle la teoría de la relatividad o si mis brillantes ideas políticas estuvieran a punto de iniciar una revolución mundial, tendría sentido entrevistarme, pero no soy más que Jean Sirol y me siento abrumado. Compréndame, soy un hombre común y corriente, que desde hace unos veinte días necesita nuevos anteojos; de veras, mi vista se acorta y a mí me gusta mucho mirar. En realidad lo único importante que he hecho en mi vida es contemplar.

Llueve, truena, pasan los años, tiembla la tierra y Jean Sirol permanece en México, inamovible. Es el más firme pilar de la embajada de Francia en nuestro país. Recibe a los que llegan, despide a los que se van y se queda siempre. Conoce México como los dedos de su mano, intuye los íntimos mecanismos de nuestra política y los secretarios de Estado van a su casa a deleitarse con su *pâté de foie gras* rociado con el más dulce de los Sauternes. Doctor en economía, en historia del derecho y en ciencias administrativas (porque en Francia para enseñar en una Facultad hay que tener tres doctorados), Sirol imparte la cátedra de historia de las doctrinas económicas y políticas en la Facultad de Ciencias Políticas de la UNAM.

—En mi cátedra de historia de las doctrinas económicas y políticas, en la Escuela de Ciencias Políticas, doy clases de hora y media, cuatro días a la semana. Tengo 120 alumnos en el primer año de ciencias políticas. Don Luis Garrido hizo el favor de invitarme y acepté con mucho gusto porque di esa misma cátedra en Toulouse y en París.

LOS ALUMNOS MEXICANOS SON BUENOS

—La minoría de los alumnos mexicanos está formada por un grupo de excelentes alumnos inquietos y estoy contentísimo con ellos pero hay una mayoría que lastra a los demás con una preparación insuficiente. En todos veo buena voluntad y deseo de aprovechar. ¡Para mí la UNAM ha progresado un cien por ciento en 20 años!

"¿Qué sería de mí si sólo hubiera conocido mi país de nacimiento? ¿Sabría yo lo que es el Ródano sin haber visto también el Níger y el Usumacinta? Últimamente he estado en París y con toda razón puedo decirle que lo he visto con ojos más ávidos y experimentados. Además, en este viaje estuve rodeado de amigos mexicanos, y lo que ellos veían y admiraban enriqueció mi condición de francés.

"Como usted sabe, México acaba de inaugurar su Pabellón en la Ciudad Universitaria de París.

"Para mí, el mejor discurso fue el que pronunció en un francés excelente el rector Nabor Carrillo. Declaró que se regocijaba de fundar en París una casa para maestros y estudiantes mexicanos. La Casa Mexicana de la Ciudad Universitaria de París albergará a estudiantes becados en Francia y a veinte profesores huéspedes entre hombres de ciencia y artistas que quieran estudiar en París.

"París es la única ciudad de mundo que tiene ochenta y cinco teatros abiertos todas las noches. Es así como Nabor Carrillo, Carlos Graef Fernández y yo vimos *Christophe Colomb* de Claudel, con Jean-Louis Barrault y Madeleine Renaud. Después fuimos a felicitar a Barrault y ¿a quién vimos venir? Nada menos que a Paul Claudel rodeado de sus nietos. También vimos *Tartufo* en la Comedia Francesa. ¡Quien no ha visto a Molière en la Comedia Francesa no sabe lo que es! Y aunque se diga que los clásicos aburren, encuentro que no hay nada más joven y más apasionante que esta obra escrita hace tres siglos.

"¿Cómo no íbamos a ir a conciertos, siendo que Nabor Carrillo es el hijo del descubridor del sonido 13? El Festival Beethoven, el pianista Jankoff, el Cuarteto Húngaro… Comprobé que todos los carteles de las salas Pleyel y Gaveau anuncian nombres extranjeros en un noventa por ciento. París vuelve a ser lo que era, un *carrefour* de naciones."

Jean Sirol dice que lo que más le ha impresionado en París es la cantidad de ideas encontradas. En *La Nouvelle Revue Française* polemizan Montherlant y Maurice Saxe, mientras que el gran católico Gabriel Marcel le responde a Jean-Paul Sartre. París es un géiser de distintas verdades que brillan en la noche como luces de bengala.

—Difundir a Francia en México y enviar y recibir becarios de nuestros dos países ha sido la tarea más cercana a mi corazón.

"Durante mucho tiempo fui el único encargado del Instituto Francés de América Latina, el turismo francés, el cine y la prensa. Encontré gran simpatía por todas las cosas de Francia. Para los jóvenes mexicanos ir a Francia resultó tan bueno como para los franceses venir a México.

"A través de sus laboratorios, Paul Antebi envía a médicos mexicanos a Francia y propicia que médicos franceses trabajen en grandes hospitales mexicanos como el Instituto Nacional de Cardiología fundado por Ignacio Chávez.

"Los alumnos tienen naturalmente una inquietud intelectual, y esto hace, hoy día, que les interese lo que pasa en China, en la Unión Soviética, en los Estados Unidos y en Vietnam. Hace poco el padre Felipe Pardiñas, jesuita, fue a China y publicó en *Novedades* artículos fascinantes. Si a este jesuita que escribió con toda honradez lo que vio y sintió lo califican de comunista pro chino, no sólo será una aberración sino una estupidez."

—Pero ¿no hay un sentimiento muy antinorteamericano en la Escuela de Ciencias Políticas?

—Muchos estudiantes han visitado universidades norteamericanas y dicen que son centros de estudio de primer orden con bibliotecas notables y comparto su opinión. Si no están de acuerdo con la política de Johnson en Vietnam, es normal que lo digan. Si los propios senadores norteamericanos lo critican, no veo por qué los mexicanos no.

—A De Gaulle le pusieron en México *el Macho,* porque es valiente. Hizo frente casi solo a la invasión alemana, salió con unos cuantos soldados a Inglaterra para dirigir la resistencia y los mexicanos lo consideran un héroe porque no le tiene miedo a nada.

La danza, trance personal:
Sylvia Arfa de Bonneau

—La señora embajadora la está esperando, pase por favor.

Un mayordomo gordito nos conduce hasta la sala. Un gran fuego en la chimenea, unos sillones, dos perros salchicha con abrigos a cuadros escoceses como las faldas que usa el duque de Edinburgo, el esposo de la reina Isabel de Inglaterra, unas rosas en jarrones de cristal y un maravilloso broche de perlas barrocas en la solapa de un saco negro. Al lado de la joya, madame Bonneau, sonríe:

—Qué frío hace ¿verdad? (Últimamente el "¡Qué frío hace!" ha sustituido al "¡Cómo está usted"!)

—Aquí no, señora, al contrario.

Madame Bonneau le pone más leña a la chimenea y luego nos enseña unos retratos de niños: "Son mis papás. Me gusta que estén retratados de niños, así mis hijos se dan cuenta de que sus abuelos fueron niños como ellos. Bueno, ¿de qué le hablo? Cuando no se trata de un personaje, las entrevistas deben divertir y ahora me siento desprovista de todo, un poco como una mesa sin nada encima. Yo no he hecho nada para cambiar el curso del mundo y no me considero un personaje".

—Madame Bonneau, ¿cuáles son sus lecturas predilectas?

—Yo leo un poema en busca de una frase que lo justifique. Siempre hay frases que nos conmueven y a mí lo único que en realidad me importa es esa frase, que resume en mi espíritu el poema entero. Mis poetas predilectos son Paul Éluard, Aragon, Baudelaire, Verlaine, François Villon, Omar Khayam. Fíjese usted, en lo que también me gusta:

Quand vous serez bien vieille, au soir à la chandelle,
Assise auprès du feu, dévidant et filant,

Direz chantant mes vers, en vous émerveillant:
"Ronsard me célébrait du temps que j'étais belle".

. . . .

Vivez, si m'en croyez, n'attendez à demain:
Cueillez dès aujourd'hui les roses de la vie.

"A Lamartine le perdono todo por *Le lac*. También he leído en español versos de Alfonso Reyes. Para mí la poesía debe cantar. Si canta en mí, la conservo toda la vida. Por ejemplo, a veces puedo decir ciertos versos como si fueran una canción. Cuando era muy pequeña, una profesora de ballet me invitó a verla al teatro y llevé unos gemelos muy malos y no lograba captar su cara entre las demás. De repente, logré enfocarlos, como Colón ante la costa de América, y vi la sonrisa de mi maestra. Me impresionó tanto que toda la vida he conservado esta imagen. La vi muchas veces después, despintada, ya vieja, enojada o alegre, pero nunca desapareció esa sonrisa de mi recuerdo. Creo que tengo un espíritu fotográfico. Veo a la gente una vez, me gusta, y la sigo viendo así el resto de mi vida.

"Nací en Constantinopla y siempre quise ser bailarina. Mi padre era musulmán y nunca me lo permitió. Sin embargo, creo que tengo más disposición para el baile que para cualquier otra cosa. Aprendí a caminar bien y a tener ademanes armoniosos así como otras niñas aprenden a tocar a Debussy, a recitar a Verlaine y a servir el café después de la comida. También toco el piano. Me encanta la música, pero mi pasión es el baile. Ahora practico el ballet porque me lo recomendó el doctor Velasco Zimbrón. Si no hago ejercicio diario puedo quedarme coja. Y lo he comprobado, porque apenas dejo de bailar, mi rodilla se niega a obedecer. Estoy condenada a cadena perpetua si no bailo."

MÉXICO Y LA DANZA

"México atraviesa ahora por una etapa de intensa actividad dancística. Se está constituyendo lo que puede llamarse la gramática del baile, algo semejante a lo que ocurrió en Francia en el siglo XVI. El rey Luis XIV fue un entusiasta danzarín. 'La Royale' (un paso de baile) era uno de sus lances predilectos y la danza llegó a ser el más expresivo y elegante lenguaje cortesano. Entonces se dieron nombres adecuados a los pasos y a las actitudes que integran en el mundo entero la nomenclatura oficial de todas las escuelas de ballet: *pas de quatre, rond de jambe, entrechat, jetté.* Marius Petipas, el célebre profesor de danza, los implantó en la Corte de los Zares. En Francia se enriqueció el repertorio coreográfico cuando se incluyeron en la primitiva danza cortesana, demasiado hierática y refinada, elementos populares de distinta procedencia: *pas de bourée, pas de Basque,* danza auvernesa y tarantella italiana. Estas innovaciones fueron muy mal vistas, como siempre ocurre, porque la nobleza las juzgaba demasiado plebeyas, pero eran un elemento indispensable sin el cual el arte de la danza jamás habría llegado a ser lo que es porque no hay arte verdadero que no se nutra y se renueve con los hallazgos del genio popular.

—¿Y usted, madame Bonneau, cuando baila a solas en su estudio no siente la nostalgia del público que llena las salas de los teatros y participa en la creación del artista?

—La danza, como todas las formas del arte, es un trance personal. Como todas ellas también aspira a la comunicación. Y nada hay que regocije más a un creador que reflejarse en otros. Cuando yo bailo sola siento que en mí se realiza el milagro de la danza y no necesito aplausos. Sólo un espejo.

Sylvia Bonneau tiene medallas y condecoraciones cintilantes de pedrería que el emperador Nicolás regaló a su padre y que ella pone sobre sus vestidos. Entonces es una aparición rutilante de las mil y una noches que atraviesa los salones con la gallarda elegancia de las damas de otro tiempo. Para ella recordamos las palabras que nos dijo Ignacio Asúnsolo, que acaba de esculpirle un busto: "Francia nunca ha estado, en México, mejor representada".

Descubrir la verdad tomando café:
François Chevalier

Todos los días, hacia las cinco y media de la tarde, la calle de Nazas, a la altura de Sena y Rin, se vuelve intransitable. Muchísimas personas bajan de los camiones de la línea Juárez-Loreto y coros de estudiantes se detienen en el número 43, en la Casa de Francia, o sea, en el Instituto Francés de América Latina (IFAL). Allí, mientras los alumnos de primer año se esfuerzan en pronunciar correctamente "Monsieur et Madame s'asseoient au salon, Monsieur lit son journal, Madame prend sa couture", los más adelantados discuten textos de Bossuet y Molière o resuelven intrincados problemas de física nuclear.

Las aulas del IFAL cuentan con estudiantes de todas las edades. Nadie raya las mesas ni dibuja corazones en la pared pero el IFAL es muy alegre. Su cafetería atrae a jóvenes y viejos que hablan mucho y consumen poco. Los filósofos discuten el último cisma existencialista, los artistas se pierden en el caos de la pintura moderna y aventuran la idea de que Picasso se divierte confundiendo a los críticos con descomunales tomaduras de pelo. Los que quieren descubrir la verdad miran en el fondo de la taza los dibujos del azar. Otros hablan en voz baja del amor y del sentido de la vida.

Ramón Xirau, Carlos Fuentes, Jaime García Terrés, Víctor Flores Olea y Enrique González Pedrero toman parte en las actividades de esta Casa de Francia, que sabe interesarse en las cosas de México.

EL IFAL ACOGE A 3 134 ESTUDIANTES

—El IFAL se fundó en 1944 —informa su actual director, François Chevalier—. Su primer director fue Paul Rivet, el gran antropólogo americanista.

Después vinieron Robert Escarpit y Jean Camp, hasta que hace cuatro años llegó mi turno. Antes de ser director hice mi tesis que se convirtió en un libro enorme lleno de fotografías, mapas y estadísticas. Las fotos son mías. Recorrí México de un extremo al otro, y el resultado fue *Problemas agrícolas e industriales sobre la tierra y la sociedad en el México de los siglos XVI y XVII*.

Efectivamente, además de escritor, Chevalier es un excelente fotógrafo. Conoce México a la perfección porque no hay una sola región de nuestro territorio que no haya sido alcanzada por sus botas de explorador. Se ha especializado en las haciendas, que conoce al dedillo. En compañía de amigos mexicanos, escala montañas, cruza arenales, atraviesa ríos a nado y duerme en los nidos que las tortugas cavan en la playa. Para visitar a los huicholes, en el estado de Nayarit, recorrió más de 200 kilómetros a caballo a lo largo de una costa despoblada. En las noches, veía brillar al borde de los esteros los ojos de los cocodrilos, mientras coyotes y lobos aullaban a lo lejos.

—Michoacán es para mí la región más bella de México y he vivido en comunidades que no permiten a los blancos quedarse más de veinticuatro horas; si uno se excede tal vez podrían ocurrir cosas desagradables. Los habitantes de estas zonas se nutren de miel y de huevos de tortuga. En las playas de Michoacán, las ballenas y las orcas son más bellas que en otros mares; la arena es amarilla y el agua transparente. Pude ver peces y pájaros inimaginables porque los hombres aún no destruyen la obra de la naturaleza, ya que pocas veces se acercan a la costa.

"Desgraciadamente (Chevalier suspira), el IFAL no me deja mucho tiempo para tales excursiones. Esta semana, por ejemplo, saldré a París en compañía de 128 estudiantes. Iremos en dos aviones especiales repletos de orquídeas y banderas mexicanas, para regalarlas a nuestros amigos de Francia. Los que participan en el viaje habrán de visitar alguna de las grandes universidades y tendremos ocasión de detenernos en la Costa Azul y dar una vuelta por Italia. La duración del viaje será de seis semanas.

—El nivel cultural del IFAL es elevado. Competimos con el inglés, pero el francés resulta indispensable para la formación intelectual de cualquier persona. Entre nuestros estudiantes, contamos con 47 médicos recibidos y 48 estudiantes de medicina; 24 arquitectos y 41 estudiantes de arquitectura; 37 abogados y 70 pasantes de derecho. Nuestros cursos permiten obtener la maestría en la Facultad de Filosofía y Letras, y la Universidad de París confiere títulos de bachillerato a través nuestro. Contamos con profesores mexicanos eminentes como Manuel Cabrera, que acaba de ser nombrado director de la Casa Mexicana de París, J. López Vázquez, Oswaldo Robles, Samuel Ramos, Rafael Segovia, Jesús Silva Herzog, Arturo Arnaiz y Freg y, desde luego, Alfonso Reyes. El eminente jurista español Manuel Pedroso está con nosotros. Marc Jost imparte un curso de teoría de la psicología industrial y dirige el Laboratorio de Psicología Industrial, único en su género. Se aplican métodos semejantes a los de Francia y los Estados Unidos a fin de racionalizar la actividad de cada operario, evitar procesos inútiles y exceso de movimientos durante el desempeño de su trabajo.

El IFAL representa entre nosotros la universalidad de la cultura de Francia y en el umbral de su puerta acogedora, podemos ver con el pensamiento la figura amable y sonriente de François Chevalier, que nos invita a pasar, con un hermoso gesto de cortesía francesa.

Erongarícuaro resucita
gracias a Michel Cadoret

A orillas del lago de Pátzcuaro, en Erongarícuaro, trabajan 200 mexicanas bajo la dirección del pintor Michel Cadoret, uno de esos franceses a quienes no les importa la fama ni el dinero; dedica lo mejor de su vida y de su arte a la búsqueda infatigable del misterio poético mediante los colores y las formas porque la poesía es, a fin de cuentas, según las palabras de Octavio Paz, la última y radiante forma del conocimiento. El poeta es como el suelo en el que florecen las grandes civilizaciones.

Perdido en el mapa de los viajes, Erongarícuaro, conocido gracias a Lena Gordon y sus textiles, esperaba la visita de Michel Cadoret para volver a la vida después de un sueño secular. Y este artista francés se sintió feliz cuando vio que entre la multitud de caminos de la tierra y del mar, había uno que desembocaba en ese paisaje humilde. Lo primero que detuvo su atención fue una iglesia dormida que ya no pudo apartar de su pensamiento. El pueblo entero parecía colgar de la iglesia que llena la mitad de la plaza y que adelanta su ábside, como la popa de una embarcación, poco antes de que la tierra caiga en el lago. Como tantos otros monumentos de México, la capilla de Erongarícuaro estaba en perfecto trance de olvido aunque al toque de las campanas los campesinos acudieron en masa para llenar la nave. A alguien se le ocurrió tapar los arcos enormes que ofrecían una dura y cerrada superficie, las viejas paredes no daban señales de vida, ignorantes de la presencia de los hombres, y Cadoret quiso poner entre el edificio y los fieles un intermedio, un claro lenguaje de pintura que les hablara otra vez como una Biblia popular y se quedó en el pueblo de la iglesia amodorrada.

En su mente surgió un plan para reconstruir y dar vida a la capilla. Debió de hallarse sin duda en uno de esos peculiares estados de espíritu que guiaron las manos de Matisse al decorar la iglesia de Venecia y que obligaron a Rouault, a Léger, a Lurçat y a Lipchitz a dar lo mejor de su trabajo para la iglesia de Asís. Con la ayuda del arzobispo de Morelia, de Jaime Torres Bodet (en ese tiempo director de la UNESCO), de Henri Laugier, del embajador Bonneau, del doctor Lucas Ortiz y de amigos mexicanos, norteamericanos y franceses, y con el producto de la venta de sus propios cuadros, inició su obra de restauración. Para ello, también colaboraron algunos vecinos de Houston, lugar donde Michel es apreciado gracias a la publicación del *Libro de arte de Houston*. A cambio de su ayuda, Cadoret distribuyó entre sus amigos todos los cuadros que había pintado.

Sobre los muros resanados de la iglesia de Erongarícuaro, Cadoret ha pintado escenas del Apocalipsis, que son las que mejor responden a la atmósfera y al estilo de la capilla. Allí vemos a la Virgen que sube al cielo con el Niño en brazos y el menguante de la luna a sus pies. La bestia de siete cabezas, una especie de serpiente que representa los pecados capitales, se alza contra ella. Al ser atacada, la Virgen entrega el Niño a los ángeles que habrán de llevarlo al seno del Padre. Otro panel representa el bautizo de Cristo, y otro más el de las Bodas de Canán.

En Erongarícuaro, las mujeres tienen grandes aptitudes para las artes manuales. Cadoret logró que las campesinas interpretaran sus diseños con sedas de colores. Les dio total libertad para escoger los tonos del hilo y las puntadas. El trabajo resultó un acierto. Desde entonces, Michel Cadoret desborda su talento en faldas, manteles y prendas de vestir. Su producción es solicitada por Lord & Taylor y Neimann & Marcus.

—Las de Erongarícuaro son unas costureras mucho más diligentes que las francesas y más modestas que las españolas. En una ocasión en que debía yo entregar unas complicadas tapicerías y estaba seguro de no terminar a tiempo, me alentaron: "Ya verá usted cómo sí se puede", y bordaron día y noche sin parar hasta terminar. Tal vez no sea conveniente decirlo, pero los beneficios materiales del trabajo fueron a parar íntegramente a las manos de estas prodigiosas tejedoras.

Familia de árboles: Robert Block

"Encuentro los árboles después de atravesar una llanura quemada por el sol.

"Se apartaron del borde del camino a causa del ruido. Habitan los campos sin cultivar, cerca de una fuente que sólo los pájaros conocen.

"De lejos, parecen impenetrables. Cuando me acerco, sus troncos se separan. Me reciben con prudencia. Puedo descansar y refrescarme, pero adivino que me observan y desconfían."

—¡Qué bien comenzar la entrevista con una cita de Jules Renard! Más adelante sabrá usted por qué. Ese pasaje en letras pequeñas pertenece a "Una familia de árboles".

—Pensé que le gustaría a usted, Robert Block, pintor de árboles por excelencia. A mí también me fascinan los árboles. Nada hay más hermoso que tenderse al pie de un árbol y mirar hacia arriba su copa verde y las sombras y luces entre sus ramas.

—Luces y sombras, qué curioso. "Luces y sombras de México" se llama una colección de dibujos míos, admirablemente reproducidos y editados por Daniel Jacomet, que enriquece un texto espléndido del sabio antropólogo Jacques Soustelle.

—¿Y por qué luces y sombras?

—El título de ese álbum podría servir para mi propia historia, si algún día llegara a escribirla (¡Dios me libre!) y que tendría que llamarse "Sombras y luces de mi vida". Pero esto a nadie interesa; esté usted tranquila, no voy a contarle nada.

—¡Por favor!

—Voy a hacerle una confidencia. Yo nací, al igual que mis abuelos, con un alma campesina y abierta a todos los caminos y no con la de un ciudadano sedentario. Soy un hombre del campo y no de la ciudad.

—¿Usted, un hombre del campo, aquí, en pleno Paseo de la Reforma y con este negocio de refinadas y exquisitas mercancías?

—Sí, ríase usted. Cuando digo esto, mis amigos me miran de pies a cabeza irónicamente y sueltan la carcajada. Y sin embargo, no ignoran la naturaleza de mi vida cuando el demonio de dibujar se apodera de mi espíritu, cosa que por lo demás sucede con frecuencia. Imagínese usted que, sentado en mi silla plegadiza, con mi carpeta de dibujo (que por otra parte es de madera), mi hoja de papel o mi placa de cobre sobre las rodillas, con un pañuelo en la cabeza bajo el sombrero de petate y un trozo de papel sobre mi nariz —polo de atracción solar sostenido por mis anteojos—, me pongo a contemplar el paisaje, el paisaje de este México extraordinario lleno de encanto y de contrastes, que desarrolla ante mis ojos sus vastos horizontes, sus montañas, sus volcanes, su naturaleza exuberante o desesperada. Nada existe entonces para mí sino la atmósfera que me envuelve, la luz que me embriaga, resplandeciente o sombría, el viento que me estremece, la polvareda de oro que se levanta hasta el cielo o que se arremolina a lo largo de los caminos y los llanos.

—Señor Block, sospecho que usted ha equivocado el camino; usted, por encima de todo, es un poeta. Pero no, la que se equivoca soy yo. Usted hace poesía con sus dibujos, porque la poesía es finalmente ese lugar fuera del espacio y del tiempo al que siempre llegan los verdaderos artistas siguiendo los más diversos caminos.

—Pero yo también sostengo con mis amigos los árboles —vestidos de hojas y de lianas, o desnudos y desecados por la edad— interminables y tranquilos coloquios, pero cuando debo volver a la ciudad, que pude olvidar por unas cuantas horas, dejo de ser súbitamente el hombre de la naturaleza. El complicado mecanismo de mi cerebro, que había descansado en la serenidad de mi alma extasiada, olvida de golpe el sencillo esquema de mi corazón y todo se altera en mi cabeza como un robot descompuesto. Vuelvo a ser un hombre de mi tiempo, un hombre que los demás han fabricado a su antojo.

—¿Y qué hace usted en tales condiciones?

—Entonces trato de crear lujosas prisiones o lugares de ensueño (como usted prefiera) mediante sutiles recursos e incesantes refinamientos, para fabricar en fin de cuentas un poco de belleza artificial. ¡Qué prueba más dura para una imaginación henchida por la contemplación de la naturaleza!

(Miro su tienda en la calle de Nazas, llena de hermosos objetos ofrecidos al comprador sobre anaqueles de vidrio, y lo miro a él, encerrado durante toda la semana en esta jaula de cristal.)

Robert Block ha quedado silencioso, ensimismado en sus paisajes interiores, embebido en la contemplación de su recordada naturaleza. Observa las volutas de humo de uno que otro fumador, más transitorias que las nubes del cielo. Frente a él, una mesa rústica alude claramente a los árboles, a pesar de todas sus mutilaciones y nada nos parece mejor que concluir con las últimas frases de Renard, ese espíritu gemelo al de nuestro gran dibujante y artista:

"Comprendo que los árboles deben ser mi verdadera familia. Pronto olvidaré la otra. Los árboles me adoptarán poco a poco, y para merecerlo, aprendo lo que hace falta saber:

"Ya sé mirar las nubes que pasan. Sé quedarme en mi sitio.

"Y casi sé callarme."

Henri J. Planten: nadando con Picasso   •

—Por favor, lo más importante es difundir que yo no soy tan importante como esta exposición.

—Sí, sí, señor Planten, estamos convencidos de que usted no es tan importante, pero dése cuenta de la importancia de esta entrevista. Rouault, colgado en el muro tras de nosotros, se estremece; Chagall, un poco más lejos, sonríe con visible placer, ¿y Picasso?

—Suelo ir a nadar con él. Nada rodeado de sus hijos, allá en Vallauris. Hasta en el agua, sus ojos no pierden esa aguda claridad que nos atraviesa como pez espada. ¿Su mujer? Françoise Gillot lo abandonó porque ya no quiso vivir en compañía de un monumento nacional. Qué tonta, ¿verdad? Finalmente, Picasso es un mito.

"Con Pierre Bonnard me paseaba yo por los campos del *midi* bajo el sol provenzal. Bonnard era dulce y bueno como ese sol, pero sólo le interesaba la pintura. Es natural, pero yo, como comprador, conozco sólo el aspecto desagradable de los pintores, el vanidoso y voraz. Prefiero no hablarle de eso porque las relaciones de los pintores y los galeristas son estrictamente privadas. Esta es la primera entrevista que me hacen. En Francia no lo permito."

Henri J. Planten nació en Holanda, y desde los 20 años tuvo su galería de arte en Francia, pero contrariamente a lo que dice no es sólo un comprador de cuadros, sino un amigo personal de los pintores. Tiene una casa de campo en Biot, y de allí va a Vence para ver a Chagall, que cuenta con 70 años y acaba de cortarse el pelo. Planten afirma que a Chagall, como a todos los artistas europeos, le impresionó México, sobre todo el arte maya.

—Conozco a Joan Miró a través de sus pleitos con Salvador Dalí. "Dalí —dice Miró— es un pintor de corbatas." Sólo cinco o seis personas tienen la dirección de Rouault; es un hombre difícil. En cambio Dufy viaja con singular alegría a pesar de su edad avanzada. La madre de Utrillo, Suzanne Valladon, es una extraordinaria pintora, así como Marie Laurençin, pero no creo que las mujeres cuenten mucho en la pintura francesa.

"Para mí, la Galería de Arte Mexicano que dirige Inés Amor es la mejor. Inés ha sabido hacer amistad con los artistas, y su calidad humana, en los momentos difíciles de confusión y desconcierto, es esencial."

Y Rouault, Matisse, Picasso, Léger, tras nosotros, asienten y bajan la cabeza.

Vocación de apóstol contemporáneo: el abate Pierre

El 4 de enero de 1954, un bebé de tres meses murió de frío en un automóvil abandonado en el que su madre encontró refugio. Indignado ante la miseria de los suburbios de París, el abate Pierre hizo un llamado por radio. Días después, hombres y mujeres que nunca dieron su nombre vaciaban sus roperos: joyas, ropa, velices, enseres. Descolgaban su abrigo, quitaban la colcha de su cama y salían a entregárselos al cura. Muchos se presentaron con muebles, llantas, techos de plástico y hasta escaleras portátiles para la construcción.

Tuve el privilegio de entrevistar al abate Pierre en París. Aceptó gracias a mi amistad (a través de la colonia francesa) con los Grouès, sus parientes y mis compañeros en los Scouts de France.

—Cuando lancé mi SOS, presencié el espectáculo más inaudito. Un hombre llegó con un bulto de ropa, lo dejó y emprendió la retirada; de pronto dio media vuelta, se quitó el abrigo y lo puso encima de lo que ya nos había dado. Le grité: "¡Se va usted a congelar!" Y contestó: "Hay otros que sienten más frío que yo". También recibí la carta de una anciana: "Padre, lo escuché en la radio y aunque no tengo recursos económicos busqué y rebusqué y de pronto mis ojos se detuvieron en mi anillo. Ya estoy vieja. ¿De qué me sirve? Y si la venta de este anillo permite que una madre de familia alimente a sus hijos, no tengo derecho a quedarme con él". Me dio el único objeto que para ella tenía valor: su anillo de bodas. También recibí cartas en las que había diez timbres de a quince francos.

"Una tarde, un hombre me tendió un paquete envuelto en periódico. Parecía un libro. Le pregunté qué era y no quiso responder. Cuando lo abrí —y esto me ha sucedido dos veces— encontré un millón en billetes de diez mil francos. Recibimos tantas y tantas cartas, que contenían cheques y billetes, que en menos de dos semanas juntamos millones y más de trescientas mil cartas. El banco en el que abrimos una cuenta (para que todo fuera público y bajo control) me anunció por teléfono que habían llegado más de ciento cincuenta millones de francos. En mes y medio, conseguimos más de quinientos millones."

EL REGALO DE LOS BUENOS PARA NADA

El apóstol de la caridad —como suele llamarse al sacerdote— causó una revolución en Francia y fundó una de las obras que más asombro han causado: "los compañeros de Emaús. De los hombres y mujeres de los que ya nadie espera nada, ha surgido una ciudad. Construyeron casas, fabricaron muebles y ayudaron a sus semejantes. Estos "buenos para nada" lograron edificar casas para familia enteras. El abate Pierre sólo les demostró que los amaba y que por lo menos alguien en el mundo creía en ellos. Y eso bastó para devolverles su dignidad. Al abate Pierre lo que más le importa es el hombre, cualquiera que sea su religión, su raza, su condición social, y sabe que antes de hablarle a un hombre de Dios y los valores espirituales, hay que darle de comer.

—Ya en diciembre de 1953, cerca de dos mil personas sin techo se hacinaban en la *banlieue* parisina. Después de la guerra, la reconstrucción de 460 000 inmuebles apenas llegaba a 30%. Propuse, por mediación del senador Léo Hamon, un proyecto: pedí 1 000 millones de francos para la construcción de viviendas populares. A raíz de la muerte del recién nacido lo invité a asistir al sepelio. Una semana después, una mujer envuelta en su propio abandono murió en París. Lancé el eslogan: "Esto no puede continuar" y produje el manifiesto del 1º de febrero de 1954.

"Yo había garabateado diez frases, y después de convencer a un amigo en la radio estatal, aceptó transmitir mi mensaje que leyó un locutor al final del noticiero. Lo hice también en Radio Luxemburgo: 'Tú que sufres, seas quien seas, entra, duerme, come, recobra la esperanza, aquí te amamos'.

"La temperatura de la compasión que marca cero grados subió. En unas cuantas horas las donaciones se acumularon en la puerta del Hotel Rochester, en París. Posteriormente, 6 000 parisinos participaron en una reunión en la sala de un cine. Puso en marcha la operación "Alivio" y la estación de trenes de

Orsay sirvió a la vez de centro de operaciones y de almacén. Algunas estaciones del Metro se abrieron para recibir en la noche a los pobres, los puestos de policía se convirtieron en centros de atención y 85 restaurantes sirvieron comidas gratuitas.

"Otros compañeros y yo que nos denominamos 'Emaús' comenzamos a mendigar por las calles parisinas. Un ex presidiario de Cayena, cuyo único móvil era reincorporarse a la sociedad, me dio la genial e inédita idea de ganar el pan con nuestro propio trabajo y no a través de la caridad. Pronto aprendimos una materia que no figura en la universidad: la pepena, y nos volvimos pepenadores. Así, por la reventa de objetos abandonados-reparados-vueltos-a-usar obtuvimos otras ganancias."

UNA RESPUESTA INMEDIATA

A raíz de su llamado radiofónico, el abate Pierre obtiene 120 millones de francos e igual cifra en toneladas de ropa. Transcurren 65 días para terminar 51 nuevas viviendas ubicadas en Plesis-Trévise y cuatro meses más tarde el programa de construcción cuenta con 250 casas de interés social.

El abate Pierre dirige proyectos habitacionales y colabora en la renovación de inmuebles en Francia. En 1970, la "Sociedad Emaús" se lanza a construir una ciudad. El sitio, de 13 hectáreas, se ubica en la región parisiense Noisy-le-Grand. Los míseros cuartuchos que poblaban el lugar son reemplazados por casas de interés social.

Con el paso del tiempo, Francia adquiere nuevos retos: los "nuevos pobres" no sólo son los sobrevivientes de la guerra, sino los minusválidos, ancianos, desempleados, familias de inmigrantes que manchan los pulcros espacios del primer mundo.

Francia padece una onda fría que cobra nueve víctimas, siete de ellas indigentes. Esta noticia pronto es archivada como tantas otras desgracias. Sin embargo, el abate Pierre vuelve a la carga. Anima a instituciones de asistencia privada a protestar. Hace falta más acción y menos contemplación.

"Afinar los oídos y abrir bien los ojos", reclama el abate Pierre, porque ¡qué detestable es la indiferencia ante los problemas de los demás! "Cuando en el mundo los hombres mueren de hambre, cuando en Francia mueren de frío, yo grito a los que nos gobiernan: 'Ustedes son culpables de no atender a las personas en peligro y nosotros somos sus cómplices'."

Henri Grouès, como se conoce al abate Pierre, cuenta entre otras virtudes con una apariencia —como lo describe Roland Barthes— que tiene todos los signos del apostolado: la mirada bondadosa, la tonsura franciscana, la barba misionera, una chamarra de sacerdote-obrero y el báculo del peregrino. Reúne la tradición con la modernidad y aunque el hábito no hace al monje, en este caso Henri Grouès tiene por principal hábito estar al día y caminar al lado de los desposeídos.

NUESTRA COBARDÍA ES INMENSA

Le pregunto al sacerdote francés: "Abate Pierre, ¿por qué predica que nuestra cobardía humana es inmensa y que usted mismo es un cobarde?" Y me respondo: "Porque un día el cura de una parroquia vecina me mandó llamar y me llevó a ver a una familia que vivía en un remedo de tienda de campaña. El padre por la noche entraba a gatas a su 'casa' después de ir a buscar trabajo. Cuando abrí el carnet de familia en la parroquia, observé que tres hijos debían integrar aquella familia, pero dos habían muerto y ahora el cuarto estaba por nacer. Vivían en el lodo, cobijados por un pedazo de tela agujerada. Comprendí, entonces, cosas terribles: que todos aquellos que pretenden ser apóstoles, como yo, tienen que poder decirle a esta mujer: '¡Levántate, toma tus cosas y a tu hijo, ven conmigo, esta noche dormirán en un cuarto decente y yo tomaré tu lugar en la tienda de campaña!' Y si no pueden decírselo, los apóstoles son unos farsantes porque si voy a hablarle de la misericordia divina a esta madre —que ha visto morir a dos de sus hijos, y que sin duda piensa que el niño que crece dentro de ella también morirá de hambre y de frío— y no cambio su situación, soy un farsante. 'Todo lo que me dice el señor cura es muy bonito pero en realidad miente porque me deja aquí, mientras él regresa al calor de su cuarto…' La mujer tiene razón. Si no somos capaces de canjear nuestra comodidad por la miseria ajena sólo somos farsantes."

Como se ve, el abate Pierre no tiene pelos en la lengua. Y como él mismo informó: "Soy un poco mexicano. Mi padre vivió en Saltillo durante dieciocho años. Y tengo un primo en la ciudad de México que se llama Grouès como yo".

SOCORRER A LOS SEMEJANTES
SIN EXIGIR ABSOLUTAMENTE NADA

—André Malraux escribió alguna vez que no podía imaginarse a Dios pero que había comprendido lo que es Satanás o el diablo cuando vio los campos de concentración...

—Sí, pero Malraux debería mencionar también la tortura del hambre porque dos terceras partes de la humanidad viven en una situación infrahumana. Además de la presencia de Dios, hay otra presencia muy terrible que podemos llamar diabólica y es la que el hombre inflige a otros hombres al mantenerlos en condiciones de miseria y esto sucede en el mundo entero. No hay imagen más terrible que la de un niño desnutrido.

—¿Más que los campos de concentración?

—Igual que los campos de concentración.

Cuando entrevisté al abate Pierre, ya estaba muy enfermo. Nunca ha tenido buena salud y apenas iniciada su obra, "Los ropavejeros de Emaús", tuvo que guardar cama cinco largos meses. La gente creyó que la obra no seguiría adelante, pero la semilla germinó y los franceses respondieron al llamado.

El lema de "Los ropavejeros de Emaús" es: "Ante todo, tengan ustedes los unos para los otros una caridad perseverante, porque el amor borra una multitud de fallas... Que cada uno ponga al servicio de los demás el don que ha recibido".

"Al que hay que atender primero es al que sufre."

Su mala salud quizá sea una de las razones por las que el abate Pierre se dedica a vivir y a trabajar tan de prisa. Sus teorías, su entrega a los pobres, su frase acerca de que es mejor construir viviendas para los que mueren de frío que levantar iglesias, han revolucionado a París y a Roma. El abate Pierre socorre a todos sin exigirles nada, ni siquiera gratitud.

El abate Pierre vino a México, procedente de Montreal, a pasar cinco o seis días con la rama mexicana de su familia: los Grouès. Su viaje fue largo porque antes voló a la India y a Líbano. En la India, el primer ministro Nehru lo recibió en dos ocasiones, y en Líbano, Chehab le confirió la Medalla de Oro del Mérito Libanés. En Líbano, el abate Pierre señaló que el camino a seguir está en servir a los pobres.

Entonces se hablaba mucho de la competencia entre los Estados Unidos y la Unión Soviética y, contrariamente a lo que puede pensarse, el abate Pierre declaró que el destino de la humanidad no está a merced del conflicto entre el Este y el Oeste sino en el conflicto personal de cada individuo, o sea, aquel que opone la riqueza de unos cuantos a la pobreza de la mayoría. "La miseria —dijo el sacerdote francés— es mucho más terrible que la bomba atómica." A la opinión pública y a los comunicadores que pretenden santificarlo declaró: "Ustedes, periodistas, están encaprichados conmigo, no sé por qué. Escriben que hay que canonizarme, pero puedo decirles ahora mismo que me preocupan poco, porque en realidad no estoy convencido de su competencia en la materia".

LA OBRA EN MEAUX DEL ABATE PIERRE

El abate Pierre y sus pepenadores han conmovido a París con la presentación de la película *Los ropavejeros de Emaús* en el teatro de los Campos Elíseos. La prensa destacó la obra del sacerdote (que fue diputado de la Asamblea Nacional) y hoy se consagra a un grupo de ropavejeros que lograron construir viviendas con chatarra.

El problema que más preocupa al abate Pierre es el de la miseria: padres de familia que no ganan lo suficiente para mantener a su mujer y a sus hijos, jóvenes que no encuentran trabajo, muchachas que se tiran a la calle. En París, la falta de espacio vital es apremiante. En la noche del 4 de enero de 1953, un bebé de tres meses murió de frío en una carcacha. Este drama hubiera pasado como agua si H. A. Grouès no lo grita a los cuatro puntos cardinales y sigue a pie el pequeño ataúd. Pocos días antes, el Consejo de la República había rehusado una petición de créditos para construir alojamientos a familias que duermen en los túneles del metro.

El del abate Pierre es un centro en el que los pobres socorren a otros más pobres. Lo único que él pide es que ellos mismos construyan su casa. Y poco a poco, el abate Pierre ha llevado a pordioseros, malhechores y borrachos a la recuperación de sí mismos.

Emaús parece *Milagro en Milán* (miles de pobres se disputan el primer rayo de sol). El abate Pierre les ofrece razones para vivir: el riesgo cotidiano y la esperanza compartida, pero son libres, si así lo quieren, de volver a su vida anterior.

El abate Pierre pepena al lado del ex convicto y de la prostituta, el borracho y el suicida, el que pide limosna y el sifilítico, y les da una esperanza. Por lo pronto les enseña a regocijarse con los tesoros que encuentran en la basura.

Entre los trabajadores de Emaús no hay distinción de raza, religión o política. Su único afán es construirse un techo. El que antes era un renegado se convierte en un salvador. Para salvar a los demás, no hay que ser ni bueno, ni rico, ni caritativo; tan sólo es necesario comprender el significado inmenso de la palabra salvar.

Antes de ocupar sus asientos en la premier de gala de *Les Chiffoniers d'Emmaüs,* los espectadores depositaron víveres de toda índole en dos camiones a la entrada de los Campos Elíseos. El público, elegantísimo, ya no salió tan sonriente de la función sino avergonzado, y los más sensibles, visiblemente acongojados. Entre los asistentes estaban el actor Jean Marais, Eddie Constantine —que cantó antes de la proyección de la película— y muchos habitantes del *XVIème arrondissement,* la colonia más exclusiva de París.

A mí la película me afectó.

Sin embargo, quedé a las órdenes de la primavera que tanto se hace del rogar. La anuncian unos brotes de color en las ramas secas de los árboles y ayer no llovió pero el frío sigue y los peatones caminan veloces por las calles de París.

La mujer de los 40 rostros:
Suzy Solidor, la voz marina de París,
detesta las canciones modernas

Suzy Solidor es la única persona en Europa que tiene 150 retratos de ella firmados por Dufy, Foujita, Von Dongen, Chapelin Midi, Vertes, Touchagues, Jean-Gabriel Domergue, Marie Laurencin, Picabia, Jean Cocteau, Kiesling, la duquesa de Noailles, Mariette Lydis… Sobre Suzy han escrito Jean Cocteau, Francis Carco, T'Serstevens, Maurice Magre, Joseph Kessel y quién sabe cuántos más. Amiga de múltiples escritores (entre los que se cuenta la novelista Germaine de Beaumont), Don, el retratista, la "japonizó" en un libro: *Cuarenta pintores y un solo modelo*. Por coincidencia, además de los 40 retratos de Suzy Solidor, la obra costó 40 francos y llevó el subtítulo de "La mujer de los 40 rostros".

SUZY Y EL SENA

La entrevisté en su departamento de la avenida Nueva York, en Passy, que cae directamente sobre el Sena. Posaba para su centésimo quincuagésimo retrato. Se había sentado cerca de la ventana, con un chal en los hombros; miraba hacia el Sena. Su casa nos pareció extraña pero no desprovista de encanto. De los muros colgaban una multitud de retratos suyos en todas las poses imaginables, y sobre las mesas pululaban una cantidad de objetos pequeños, de esos que siempre teme uno romper. Taburetitos, tapetes posados sobre una inmensa alfombra, biombos, drapeados colgados de los biombos, lámparas con gruesas pantallas, un piano con una mantilla encima y un gran jarrón de flores completaban el decorado junto a los *poufs*, y las cortinas bordadas. Imaginé (porque no lo vi) la presencia de un gato persa y de alguna sirvienta nerviosa, para completar el cuadro. Eran las tres de la tarde y las ventanas estaban abiertas.

Suzy Solidor me llamó desde la ventana.

—Pase usted, señorita. Venga a asomarse, el día está precioso. Vea el "barco mosca" que atraviesa el Sena en este momento. Mire qué bonito se ve recién pintado. Debe de haber sido un barco viejo que renovaron. Hace veinte años que vivo sobre el Sena porque necesito la luz del sol y el sonido del agua. Sabe usted, nosotros, los que vivimos de noche, tenemos ansia de sol, de luminosidad, de aire puro. Y por eso no quiero desperdiciar los días de la primavera. ¿Le gusta el Sena?

—Sí, señora.

—Soy Mademoiselle Suzy Solidor.

Suzy Solidor tiene una voz baja, casi ronca. En la noche se dirige hacia su cabaret de la Rue de Balzac, Chez Suzy Solidor, en cuyas paredes también cuelgan cuadros suyos. Allí canta todas las noches. Acaba de crear "El pescador y el mar", inspirada en *The Old Man and the Sea* de Ernest Hemingway. Las palabras son de Alsiari y la música de Jeanine Remignard, su acompañante de siempre.

CANTA POR LOS MARINOS

—Abrí los ojos sobre el mar y toda mi infancia se vio acariciada por el canto de las olas que luchan contra las costas y los acantilados de mi país: Bretaña, país amargo y atormentado, huraño y secreto, que guarda leyendas que adoro. Soy descendiente de un corsario de Saint Malo; desde pequeña supe que tenía un carácter indómito e ideas de fugarme en barco para hacer grandes viajes. A los 15 años, quemada y curtida como un viejo lobo de mar, corría en la playa, mis piernas largas sobre la arena húmeda y el viento del mar entre mis cabellos. Esos vientos me traían cartas del mundo entero, el cual me importa un comino. Abrí mi cabaret La Vida Parisiense y entoné con mi voz gruesa y cálida canciones sombrías de marineros que suelen cantarse en la proa de los barcos.

—¿Cómo empezó el cabaret?

—Era yo anticuaria y tenía una tiendita aquí en París y un día el pintor Von Dongen me descubrió cuando tarareaba una canción mientras ponía los objetos en su lugar. Me pidió que la cantara completa y lo hice con la naturalidad que caracteriza mis interpretaciones. Von Dongen me dijo: "Canta con tus entrañas en vez de cantar con tu cabeza", pero añadió: "Tu voz es interesante" y volvió con frecuencia para escucharme. Luego me pidió que posara para él. Vea usted el cuadro, aquí lo tengo colgado. Cada vez que necesitaba de una modelo me mandaba llamar. ¿Le hacía falta una espalda, un seno, un vientre, un brazo en el aire? Yo posaba. ¿Unas piernas? También iba yo. Después de un tiempo abrí La Vie Parisienne y tuve mucho éxito.

—¿Y qué canciones canta en la actualidad?

—Fíjese que de cien canciones que recibo, tan sólo escojo seis o siete. En mi repertorio tengo una canción de Dolores Castegnaro, *La Cholita*, que habla de México. Tengo otras: *Escala, El ratoncito de la ópera, Ahí viene el viento, El barco español,* de Leo Ferré; *El paraguas* de Georges Brassens, *El salvaje* de Bonneau. He cantado a Prévert, a Maurice Donnay, a Jean Cocteau, pero todos los cantantes recurren a ellos y por eso me gusta lanzar a compositores desconocidos. Tengo una serie de saudades o cantos brasileños que son más bien tristes, pero mi especialidad son las canciones marítimas porque ante todo soy una mujer de mar.

—¿Personalmente, ha compuesto alguna canción?

—Sí, una o dos, pero es una labor mortal porque algunas veces las palabras no concuerdan con la música y otras a la música le falta el ritmo suficiente para darle énfasis a las palabras. Lograr una canción perfecta siempre me ha costado un trabajo increíble. Por eso canto las canciones de los demás. Pero más que cantarlas, las digo. Hago pequeños *sketches,* mímicas, escenografías. Intento contar una historia o expresar un sentimiento. Nada de valsecitos dulzones con palabras de hace un siglo: *chambrette, coquette, amour toujours,* bla bla bla. No tienen significado alguno y toda canción debe tener un interés en sí. Puedo cantarle ahorita, si quiere, pensamientos que surgen en mi mente acerca del Sena y el "barco mosca" que vimos pasar, los *quais,* Passy, la Rue Berton que conozco y me fascina. Y mis palabras serán poéticas y tendrán sentido.

—¿De *Melancolía* y las canciones que canta Edith Piaf, que piensa?

—Ya me aburrí de las canciones que plantean problemas que se resuelven con alcohol, amores fracasados, ebriedades, canciones mórbidas donde sólo hay cadáveres. No me gusta la desesperación ni el amor mal correspondido y menos me gusta cantarlos. Mis cantantes favoritos son Yves Furet, estupendo cancionista que abandonó la Comedia Francesa y, entre las mujeres, Léo Marjane.

"Siempre uso el mismo modelo para mis interpretaciones. Es una especie de túnica griega, cortada en diferentes telas y diferentes colores." (T'Serstevens dice de Solidor: "Está hecha para cantar esas canciones de marineros que llevan en sí la nostalgia de lo lejano, saben a yodo, a salmón y a betún. Me hacen pensar no en una mujer sino en un joven marinero que guarda en los ojos el azul del mar, y sobre su rostro, largo y flaco, el lirismo de los grandes viajes". Y Jean Cocteau, de la Academia Francesa, pondera: "Cuando prende sus reflectores, cuando se apoya sobre el piano y surge de ella una voz que brota de las zonas más íntimas de su ser, cuando domina este elemento que da miedo como las olas del mar, entonces me inclino. Constato que la técnica de Solidor obliga al público a callarse. Mademoiselle Solidor, con sus poses de prisionero de Puget y de esclavo de Miguel Ángel, hace que la pequeña sala atenta aclame su voz 'salada'…")

—¿Y no la obsesiona su propia imagen al verse tantas veces retratada?

—¿Obsesionada? Por ningún motivo. Mis retratos ni siquiera los miro. Sin embargo, apenas me falta uno de ellos, lo extraño. Soy como la madre que tiene muchos hijos que acaba por no verlos, pero si falta uno de ellos lo sabe y se inquieta. Por ejemplo, me vislumbro con la chaquetita roja con la que me pintó Jean-Gabriel Domergue, con los rasgos de Dufy, el sombrero de Foujita.

Y surge la mujer de los cuarenta rostros que ha sido interpretada por tantos pintores. Como ella misma lo dice, con el sombrero de Foujita, la mirada de Marie Laurencin, el pelo rubio que le dio Von Dongen, los brazos que le hizo Vertes, la boca de Picabia, la sonrisa de Mariette Lydis, ¿en cuál de ellos está la verdadera Suzy Solidor? Nadie lo sabe, porque todas sus facetas, la de la risa, la del ensueño, la de la melancolía, le pertenecen; pero los pintores no pueden sino transcribir un rostro, acercarse peligrosamente al alma detrás de la fachada sin llegar a más porque entre ellos y el modelo, hay un obstáculo: el de la interpretación personal.

El director del diario *Le Monde*, Hubert Beuve Méry: "México está presente en Francia por el esfuerzo de Torres Bodet"

¿Cuál es el papel de un periódico en la vida de un país? Guiar la opinión pública con informaciones imparciales y verídicas. ¿Y el papel de un periodista? Adquirir la cultura necesaria para escribir de modo inteligente, conciso y claro y, sobre todo, tener conciencia de su terrible responsabilidad para no desviar jamás su línea de pensamiento y mantenerse, es decir, mantener el ideal político por el que lucha. Creo que ningún periodista político, ningún editorialista tiene derecho a la oscilación, a menos de que sus informaciones sean totalmente neutras. Pero el articulista que tiene una opinión verdadera, una actitud definida tiene que mantenerla contra viento y marea. Por estas y otras razones vimos a Hubert Beuve Méry, director del diario *Le Monde,* que siempre se ha mantenido firme en sus ideales, y fue sin duda el diario más serio y más leal durante los años de posguerra en Francia.

Todas las oficinas de directores de periódicos son iguales. Tapetes entre gris y beige, un enorme armario con vidrieras en el que se guardan los ejemplares más valiosos del periódico. Sobre las paredes una gráfica de la circulación desde el primer número y los retratos de los fundadores enmarcados en horribles marcos cafés. Las paredes también oscilan entre el gris y el beige y sobre diferentes escritorios las lámparas ultramodernas parecen flores atómicas del planeta Marte, cuyo tallo flexible se dobla para todos lados.

Sentado en un gran sillón de cuero, en uno de esos despachos unidos a través del mundo por su impresionante semejanza, Hubert Beuve Méry nos recibió con cierta sequedad. Entrevistar a un director de periódico es algo que no le deseo ni a mi peor enemigo. Desde el primer momento juzga con severidad las preguntas y a quien las hace.

—Sepa usted que es la primera persona a quien le concedo una entrevista desde que he nacido.

—No es posible (yo lista para recibir cualquier elogio). Pero, ¿por qué señor director?

—Pues porque Valdetta, que solicitó la entrevista, me hizo llorar. Me dijo que era usted una pobre jovencita muy trabajadora que tenía puestas todas sus ilusiones en su carrera, que tenía que mantener a cinco hermanitos, a sus padres y a una hermana mayor que no ha logrado casarse. Y pensé que por una vez en mi vida tendría yo que ser bueno y alentar a una periodista joven que viene de México. En realidad soy un oso gruñón pero Valdetta logró convencerme.

—¿Y también me va a dar una fotografía?

—Sí, pero muy pequeña, porque no tengo más que la del pasaporte. (Es el momento de comenzar: una entrevista, recordamos con pánico, debe ser rápida y concreta. Pero la primera pregunta es una nulidad, la segunda está peor tantito y ni hablar de la tercera. Sin embargo tengo que salir del paso.)

—Señor Beuve Méry ¿cómo llegó usted al periodismo?

—Para ganarme la vida cuando era estudiante escribía yo artículos en revistas científicas y jurídicas en Praga, donde me quedé once años estudiando derecho. Después, el embajador francés en Praga me pidió una colaboración regular para *Le Temps*.

De *Le Temps* emana *Le Monde,* que ahora dirige Beuve Méry. *Le Temps,* periódico que perteneció a toda la dinastía Mille (Henri Mille es ahora el director de la revista *Match*, tan popular que se vende en todos los países del mundo), siguió trabajando durante la ocupación alemana, pero en 1944 surgió un nuevo *Le Temps* que cambió de nombre aunque conservó su mismo personal. Y ese periódico adquirió el nombre de *Le Monde* en manos de Hubert Beuve Méry. *Le Temps* era un diario sin matiz político, imparcial, que se limitaba a dar información diaria sobre la situación mundial. *Le Monde* evolucionó, y aunque en los primeros años conservó una actitud neutral ante los hechos que comentaba, más tarde comenzó a insistir en lo que creía ser el interés de Francia, y no el de Occidente o el de Europa Oriental. Siguiendo esa línea de pensamiento apoyaba o no al gobierno. Un ejemplo de esta actitud es el caso de Indochina. En la inmediata posguerra los Estados Unidos eran profundamente anticolonialistas y no apoyaban de modo alguno el esfuerzo francés en Indochina. Sin embargo, era el único lugar del globo donde una nación occidental combatía con las armas al comunismo. En los primeros años, *Le Monde* subrayó la dificultad de tal esfuerzo pero después de tres o cuatro años, cuando Francia perdía cada año todos los oficiales que se formaban en la escuela militar de St. Cyr y un sinnúmero de soldados, *Le Monde* fue el primero en declarar que era una locura proseguir semejante guerra.

Después de hablarnos de la actitud de su diario *Le Monde,* Hubert Beuve Méry enumera los atributos del buen periodista.

—Señor Beuve Méry, ¿cuál es su concepto de periodista?

—Puedo definirlo de modo sencillo. El papel del periodista es saber para poder enseñar y estar informado para poder informar. Su misión es conocer la verdad para poder divulgarla y, sobre todo, tener un enorme respeto por la verdad. Creo también que para ser periodista se necesita un mínimo de educación y, sobre todo, una conciencia y una preocupación por lo que va a provocar lo que se escribe. La verdad no debe ser dicha de cualquier modo y en cualquier momento. Mi concepción, como puede usted ver, es sana y elemental. Lo que más pido a mis colaboradores y a los redactores de *Le Monde* es brevedad y concisión. No pueden ser periodísticos esos largos culebrones, llenos de fórmulas ya hechas, de frases de relleno y de descripciones superfluas. En su información diaria, el periodista no debe regodearse en sí mismo escribiendo largos textos, que no son más que literatura.

—Pero la literatura es padre.

—Si usted hace periodismo, no puede hacer literatura.

—¿No cree usted en la literatura a partir del periodismo?

—No. Son dos cosas bien distintas.

—¿Y en el periodismo literario?

—Creo que hay grandes escritores que escriben artículos periodísticos pero creo que el periodismo es el periodismo.

—¿Y cómo anda la libertad de prensa en Francia?

—Aquí en *Le Monde* es total. Puedo decirle que en Francia no hay censura política. El único límite es la sanción jurídica que se aplica, por lo general, a personas concretas. Un juicio por difamación es lo único que puede obstruir la libertad de prensa.

—¿Difamar a un entrevistado?

—Un entrevistado está en su total derecho de demandar al periodista que lo difama y un periodista tiene la obligación de revelar sus fuentes.

—¿Siempre?

—Siempre.

—¿Pero cuáles son los factores que impiden el desarrollo de un periódico?

—Claro, un periódico puede ver su libertad lesionada y enfrentarse a corrientes opuestas, a la tiranía política de los estados totalitarios y autoritarios. Otras fuerzas dañinas radican en las condiciones económicas difíciles que el periódico atraviesa en alguna época pero puede superar a base de esfuerzo y de trabajo y no de ayudas externas.

—¿Pero cuál es la política de su periódico *Le Monde*? Bueno, pero antes de hablarme de la política, hábleme de la vida de su diario y de quienes lo hacen, su personal. ¿Qué número de ejemplares tiran ustedes?

—Sacamos de ciento sesenta a ciento setenta y cinco mil ejemplares. (*Le Monde* publica diariamente el número de ejemplares vendidos el día anterior.) Mi personal, como lo llama usted, se compone casi de los antiguos redactores de *Le Temps*. Aunque ahora su número disminuye por razones de edad. Como el número de los lectores se ha triplicado, el número de redactores y de jefes de sección ha aumentado de treinta a setenta. ¡Setenta redactores! Fíjese usted, casi todos los periodistas de *Le Monde* son gente joven y prometedora y su entusiasmo es contagioso. En cuanto a la formación del periódico, creo que hay dos elementos primordiales: que todos los artículos se ubiquen siempre en el mismo sitio dentro de la hoja del periódico. Es una regla de oro. Cada lector tiene su articulista predilecto y a veces es lo primero que busca. Por eso no debe cambiarse el lugar del texto. Que el lector sepa que en la página dos, en el rincón izquierdo de la parte baja de la hoja, encontrará el artículo de su periodista favorito. Y que los encabezados sean breves. Yo siempre he eliminado los adjetivos. Creo que no tienen cabida en un periódico. Un diario tiene que llamar la atención sin caer en los superlativos y tampoco en lo sentencioso. Debe leerse con facilidad. El lenguaje debe ser claro, como son claras sus preguntas, Mademoiselle Poniatowska.

—¿Y la política de su diario, señor Hubert Beuve Méry?

—¡Ah, sí! Podríamos llamar nuestra política interna de centro izquierda, o sea, una política laborista más amplia que en Inglaterra. Es decir que nuestra actitud está en contra del bloque comunista, totalmente pétreo; pero tampoco estamos a favor del desenfrenado capitalismo norteamericano.

—Y de los periódicos latinoamericanos, ¿qué piensa usted?

—No puedo dar una opinión porque las relaciones —sobre todo a causa de la distancia— no son lo bastante estrechas como para permitir un juicio.

Pero puedo decirle que México está muy presente en Francia, gracias a la inteligencia del ex director de la UNESCO y actual embajador, don Jaime Torres Bodet. ¿No le parece a usted un hombre excepcional, Mademoiselle Poniatowska?

—Sí, por algo el apellido Bodet es francés.

El primer ministro Churchill deja Downing Street, pero seguirá en la Cámara de los Comunes

●

Ayer, 6 de abril de 1955, en Downing Street, Churchill ofreció a la reina Isabel y al duque de Edimburgo su cena de despedida. Por primera vez en la historia de Downing Street se reveló la minuta a la prensa: sopa de tortuga, salmón fresco, cordero con colecitas de Bruselas (son pequeñitas y buenísimas, se derriten en la boca), duraznos con crema, café y licores. Entre los invitados, los nombres más ilustres de Inglaterra: sir Anthony Eden (que le gusta mucho a mi mamá y hoy será nombrado primer ministro de Gran Bretaña por la reina Isabel) y lady Eden, el mariscal Montgomery, la marquesa de Salisbury, el duque y la duquesa de Norfolk, María, duquesa de Devonshire, la duquesa de Westminster, ¡cuántas duquesas!, los señores Atlee y Morrison, jefes de la oposición, y el señor Butler.

Dos largas mesas atravesaron el inmenso comedor churchilliano. La reina en su lugar de honor, al lado de sir Winston, un sir Winston triste e inmóvil que no sonrió una sola vez, ni siquiera al recibir la ovación de más de doscientos ingleses que esperaban verlo asomarse al balcón de su casa. El duque de Edimburgo presidió la otra mesa, al lado de lady Churchill. Durante el curso de la cena, la soberana (que cumplirá 29 años el 21 de abril) se levantó, copa en mano, y declaró: "Quiero hacer una cosa que probablemente muy pocos de mis predecesores han tenido la ocasión de hacer: brindo por la salud de mi primer ministro, Sir Winston Churchill".

El mariscal Montgomery le confió a Churchill:

—Yo no bebo ni fumo y soy eficaz cien por ciento.

Churchill respondió:

—Yo, en cambio, fumo demasiados puros, bebo mucho brandy y por ello conservo mi eficacia a doscientos por ciento.

Es verdad, Churchill pertenece a los pocos hombres que saben conservar su eficacia. Mezcla la audacia hecha de desenvoltura, vitalidad, tradicionalismo y curiosidad con un espíritu libre e indomable. Este gran personaje, uno de los más relevantes de nuestro siglo, dijo en los años de guerra palabras de trágica sobriedad: "No tengo nada que ofrecerles más que sudor, penas, lágrimas y sangre. Iremos hasta el fin. Combatiremos sobre los mares y los océanos; combatiremos en los aires, en los vientos. Lucharemos sobre nuestras playas, en nuestros campos y en nuestras ciudades; lucharemos en nuestras colinas. La inmensa Londres puede fácilmente devorar todo un batallón enemigo. Nos batiremos en cada una de sus calles, porque preferiríamos ver a Londres reducida a cenizas que sometida a la esclavitud". Y cuando la Real Fuerza Aérea, todavía muy joven y muy débil, logró salvar a Inglaterra del peligro de la invasión nazi, Churchill pronunció estas palabras que ya pertenecen a la historia: "Jamás en la historia de las guerras tantos hombres les habrán debido tanto a tan pocos".

A Churchill se le dio el Premio Nobel porque su obra literaria es una obra de acción. Su premio debería llamarse Premio Nobel de Acción.

En 1953, le entregaron el Nobel con una cita que subraya que en "Churchill escritor cada palabra equivale a la mitad de una acción", elogio que le valió los celos de muchos escritores. La obra de Churchill se compone de treinta y seis volúmenes, entre los cuales, además de las famosas *Memorias,* se encuentra la vida en cuatro tomos de su abuelo Marlborough.

Ayer, jueves, Churchill presidió su último consejo de primer ministro. Una multitud compacta se reunió en Downing Street y tuvo que esperar varias horas para captar el rostro siempre rosa de Churchill que se dirigía al Palacio de Buckingham. Salió por fin con su sombrero de copa, su bastón con pómulo de oro, su saco negro y su pantalón rayado según la tradición, su inmortal nudito de tela que él llama corbata (azul marino con puntos blancos) y, claro está, los ingleses no dejaron de aplaudirle de Downing Street al palacio de Buckingham. Él sólo les hizo esa señal famosa durante la guerra: la V de la victoria.

La audiencia con la reina duró exactamente cuarenta y dos minutos. Churchill no quiso aceptar el título de conde que reciben los primeros ministros al dejar su puesto. Al bajar de su coche, en Downing Street, miles de personas se precipitaron encima de él y una gordita ya vieja lo abrazó diciendo: "Good Old Winnie". Todo el público gritaba: "Discurso, discurso", pero Winnie, el rostro bañado en lágrimas y tratando de esconder su emoción, se negó y les hizo otra vez la señal de la V de la victoria.

Churchill no ha vuelto a salir de Downing Street y, sin embargo, muchísimos espectadores fervorosos se estacionan en la acera frente a su casa.

Las naciones del mundo le han manifestado su admiración: Edgar Faure, presidente del Consejo Francés, le dijo: "Le ha añadido usted a la historia del mundo páginas inolvidables". Eisenhower: "Aceptamos que se retire pero no aceptaremos jamás que nos prive de sus consejos. El mundo libre todavía necesita de su gran experiencia, de su sabiduría y de su gran valentía". Conrad Adenauer escribió: "Churchill es la encarnación del espíritu del Occidente de nuestros días". Montgomery: "Sir Winston Churchill es uno de mis mejores amigos, y el inglés más grande". Moscú sólo anunció en la radio y sin comentario alguno la dimisión del primer ministro.

¿Y ahora? ¿Qué hará Churchill? ¿Pintará en algún lugar de descanso pequeños paisajes al estilo de Cézanne? ¿Añadirá otro volumen a los treinta y seis tomos ya escritos? No, Churchill seguirá influyendo con su voluntad y su poder a Inglaterra y al mundo.

La actriz de más éxito en París, Nicole Courcel

Cuando París entró al Teatro Sarah Bernhardt para ver debatirse a sus dos ídolos Simone Signoret e Yves Montand en un drama de Arthur Miller que habla de brujas que hechizan a los puritanos del siglo XVII, no imaginó que saldría hablando de una tercera actriz. En *Las brujas de Salem,* o *The Crucible,* de Arthur Miller, Nicole Courcel encarna a la poseída por el demonio: Abigail. La versión de Marcel Aymé, traductor de la obra, acentúa la infamia de la posesión y el papel de Nicole Courcel es extenuante. Sin embargo sale airosa de la prueba. Encontró en Raymond Rouleau un excelente director pero un director que forma a sus actores a base de latigazos (claro está, mentales). Rouleau le señaló: "Para que el teatro se le dé, es necesario que usted sufra".

Entrevisté a Nicole Courcel durante el entreacto en su camerino del Teatro Sarah Bernhardt (que empiezo a conocer de memoria de tanto visitarlo). Vestida con un sayal de lana negra, una cofia blanca Quaker, ensayaba sola sus ademanes de loca, sus gritos desaforados y las mentiras que diría en el escenario, pero para contestar a mis preguntas se sentó en una silla y me miró como una niña que se saca diez en la escuela y nadie castiga nunca. Contestó con aplicación y sus respuestas resultaron tan razonables que me sorprendió descubrir que los actores del Sarah Bernhardt tienen una conciencia profesional que los vuelve inmunes a la celebridad. Disciplina, uno, dos, uno, dos, la escuela es dura, la maestra severa, ante todo hay que aprender la lección: nada más demandante que ser actor. "Si el éxito se te sube a la cabeza estás perdido."

—Cuando tenga yo tiempo libre, mi mayor deseo será ocuparme de la juventud delincuente.

(El Teatro Sarah Bernhardt está tan lleno de sentimientos nobles, de grandeza y de honor, que produce una ligera desconfianza. Ya en otra ocasión, Simone Signoret me respondió que lo que más le interesaba era la salvación del mundo, y su marido Yves Montand y ella firmaron la Carta de la Paz.)

—¿Usted quisiera ocuparse de drogadictos?

—Sí, pero por el momento soy demasiado egoísta para hacerlo, porque me trato muy bien a mí misma y todavía no sé hacer lo mismo con los demás. Llegará el momento en que tenga tiempo libre y podré entregárselo a la juventud delincuente.

—¿Nos ocupamos demasiado de nosotros mismos?

—Bueno, es mejor ocuparse de sí mismo que estar a cargo de los demás.

—¿Como su personaje?

—¿Abigail? Es una campesina marcada por el destino desde su infancia. Es una oprimida. El mío es un papel antipático y duro, pero me atrae. Empecé mi carrera hace seis años, ahora tengo 23. Mi primer papel se lo debo a Jacques Becker. En un periódico leí que solicitaban jóvenes para la película *Rendez-vous de juillet* que refleja a la generación francesa de la posguerra. Filmé escenas en cafés llenos de humo en St. Germain des Près. Después de la prueba, Becker me dio el papel, aunque papá se enfureció porque quería que continuara mis estudios.

El padre de Nicole es el periodista Jean-Jose Andrieu, pero el mayor orgullo de Nicole es haber llegado a la cima por su propio esfuerzo. No le hizo la corte a ningún director y tampoco buscó el camino fácil. Como era de buena familia, dejó la protección de su casa y conoció las interminables esperas en la parada del autobús que contrastaron con sus viajes a Londres cuando montaba a caballo en Beechwood Park y jugaba hockey.

—¿Qué películas ha filmado?

—*Papá, mamá, la sirvienta y yo,* con Robert Lamoureux. Fui una sirvienta poco común. También actué en *La María del puerto,* con Jean Gabin, dirigida por Marcel Carné; *Los clandestinos,* con María Mauban y el ex marido de la Greco, Philippe Lemaire. Estudié teatro con René Simon durante ocho meses. Desde muy pequeña quería ser actriz pero sólo comencé a los 17 años, y ahora cuento con una docena de películas y dos obras de teatro, ésta en que me ve usted ahora y *Zoé,* una muchacha que a todos dice lo que piensa. ¡Se imagina qué catástrofe! Trabajo intensamente porque se lo debo al público. Cada mañana recito dos veces, con un lápiz atravesado en la boca, versos de nuestros grandes poetas. Recito sin inflexiones (es la mejor manera de colocar la voz) y la respiración que tomo entre cada verso me da el ritmo y el aliento, sin el cual no puede haber una buena dicción. Mis poetas preferidos son Rimbaud, François Villon y Paul Fort, aunque conozco de memoria párrafos enteros de Marivaux y de Racine. Leo en voz alta (ayuda enormemente a la dicción) a Balzac, Stendhal, Eric Maria Remarque. No vaya usted a creer que digo versos de Prévert, esos son groserías ensartadas una con otra. Tuve dificultades con mi voz ronca y cascada. Saber respirar es el yoga del arte dramático. Respiro, cierro los ojos e intento no pensar en nada. Para mí nada es más importante que sacrificarme por mi profesión.

"Enflaco o engordo a voluntad porque ya me conozco y consigo la silueta que exige el papel. Antes, en papeles de joven enamorada, tenía yo más parentesco con la mujer fuerte del Evangelio que con una frágil novia a punto del desmayo. Abigail, por ejemplo, es regordeta y tuve que engordar. Adoro las papas fritas, el Chianti y los pasteles. Soy, aunque usted no lo crea, una verdadera campesina. Me gusta más filmar en exteriores que en el *set* porque me sientan el aire y el sol. No soy el tipo sofisticado."

(En efecto, Nicole Courcel parece una espiga de trigo, con algo de azul y de amapolas. Tiene el perfil rectilíneo de los asirios y su mirada brilla. Su lozanía es la del agua y el sol.)

—Me gustaría filmar en México por la luminosidad de su país. Allá, según me han dicho, las películas se hacen al aire libre. Aquí en Francia, casi todo es de cartón y nos la vivimos en el estudio.

—Pero el paisaje de México no es como el de Francia, Nicole. Sólo la luz del crepúsculo suaviza montañas y colinas, esconde peñascos y oculta tierras indómitas y llanuras rebeldes.

—Eso no me importaría con tal de estar al aire libre. Le tengo aversión al *set*… Vivo a 140 por hora; creo que en la vida todo lo debemos merecer, los buenos papeles, la buena suerte, la felicidad. Nada es gratuito y no tenemos derecho a hurtar. El talento es un don y estoy dispuesta a reconocerlo en todos los que lo tienen. El talento es. Me encantaría escribir un libro. Ojalá pueda yo merecerlo.

La voluntad de hierro de Nicole Courcel hizo que los más severos críticos doblaran la cabeza. A su tenacidad, ella la llama "orgullo". Los que la conocen la quieren porque no ha recurrido a ninguna bajeza para llegar a la fama. En la gala de la Unión de Artistas, Nicole Courcel dio prueba de su valentía ejecutando sin red un número de trapecista en la barra más alta que hizo que se estremecieran los trapecistas profesionales.

Monjas en bicicleta; la URSS
se abstiene; tres nuevos inmortales

•

Los sacerdotes con sus sotanas negras y sus boinas vascas caminan veloces por la calle y, ¡oh, sorpresa! hay monjas en bicicleta, envueltas en faldones negros que no les impiden pedalear. Las hermanas de San Vicente de Paul deambulan entre un susurro de cuentas de rosario. Miran a los transeúntes a los ojos con una penetrante mirada de solidaridad. Los sacerdotes y las monjas de Francia caminan junto a la multitud y participan en la vida diaria de los hombres. Quizá esto sea lo más bello de la religión en Francia: el clero no se aleja de lo humano ni esconde la cabeza como el avestruz sino que muestra su rostro listo para recibir y para dar. Las hermanitas de la caridad curan las más atroces enfermedades porque saben que el amor de Jesucristo asume las peores bajezas.

Una reportera con olfato periodístico no debe perderse en divagaciones sobre la primavera a punto de estallar y su efecto sobre las monjas y por eso informo que en Francia ha sorprendido mucho que la URSS rehusara participar en la Feria de París en la que sus productos (agrícolas y técnicos) debían, por primera vez, "oponerse" (al exponerse) a los de los Estados Unidos. Esta feria en la Puerta de Versailles tiene a dos ilustres huéspedes: los Estados Unidos y la URSS. Sin embargo, el gobierno de Moscú notificó al comité organizador su abrupta decisión de retirarse, y la noticia causó estupor, ya que el comité organizador impone una estricta neutralidad política y pidió a los soviéticos una explicación. La respuesta fue breve: "El espacio destinado a los expositores soviéticos es insuficiente". La URSS obtuvo 2 900 metros cuadrados; los Estados Unidos no gozaban más que de 1 100 metros.

Por lo que se refiere a literatura, los tres nuevos académicos de la Lengua, Jean Cocteau, Daniel-Rops y el general Bouysson, están felices con sus laureles literarios. Jean Cocteau se refugió en el Midi, después de su nombramiento, "para descansar de tanta gloria". De Daniel-Rops se cuentan varias historias, entre otras, que un hombre se le acercó a la señora Rops, envuelta en un magnífico abrigo de pieles, y acarició suavemente el abrigo, diciéndole con voz melosa: "Dulce Jesús… dulce Jesús"… (Rops es el gran escritor católico del momento. Su *Jesús en su tiempo* es un best seller.)

La recién estrenada película de Sacha Guitry, *Napoleón,* ya suscita polémicas. Los críticos concuerdan en que Guitry se burla de la historia. Y jugar con la historia de Francia es un pecado imperdonable. Sin embargo, la historia no juega con Sacha Guitry. En la presentación de "gala" de la película, el presidente Coty lo felicitó personalmente; el general Koenif, ministro de la Defensa Nacional, le dio un apretón de manos, pero sin comentario alguno; su ex mujer Jacqueline Delubac lo abrazó, y Lana Marconi, su actual esposa, explicó que Guitry le había sentenciado: "He tenido muchas mujeres pero sólo tú serás mi viuda".

Cuesta más trabajo entrevistar a María Félix en el Hotel George V que al sabio Louis de Broglie, creador de la mecánica ondulatoria, y uno de los hombres esenciales de nuestra época. Y me pregunto, ¿cuál de los dos será más útil a la humanidad?

Christian Dior, el modista, es un hombre tímido que se sienta al borde de la silla como un escolar en espera de que le den la orden de que se retire. Últimamente pronunció una frase célebre ya en todos los círculos sociales: "Para tener éxito en reuniones de sociedad, hay que escuchar lo que uno ya sabe con cara de sorpresa".

Mientras esperaba yo las primeras campanadas del Sábado de Gloria, recogí noticias del mundo político, el mundo literario, el mundo de los chismes para *Novedades* pero fueron menos importantes que las hojas de los árboles que cubrieron París.

El abate González de Mendoza, que se "amobló los aposentos del cerebro", en París

•

En México, en varias presentaciones de libros, José Luis Martínez me había dicho al oído:

—Mira, allí está el abate González de Mendoza. Es uno de los hombres más cultos de México. Tiene semblante adusto, pero atrévete: pídele que te conceda una entrevista.

Y después de asaltos al Abate, después de rogarle y de insistir y de recibir siempre una dulce pero eficaz declinación, aquí en París, acaso para que lo deje en paz, me dio el sí anhelado.

El Abate, que ha escrito unos dos mil y pico de artículos, sabe lo que es el periodismo. Lo que se lee hoy, mañana envolverá las legumbres del mandado o parará en un basurero. ¡Triste y fugaz destino para un periódico! ¡Y más triste aún el de un entrevistado! Pero la vida está hecha de concesiones y nosotros tenemos la alegría de ser hoy su concesionaria.

El abate González de Mendoza se llama José María (por el abuelo) Judas Tadeo (no Judas, a secas, sino Judas Tadeo, porque este apóstol, después de la traición del Iscariote, recibió la promesa de que quienes llevasen su nombre no morirían sin honor) Melchor (por devoción materna a la Epifanía) Adelaido (por parte de su madrina) Agripino (por el día de su nacimiento) de la Santísima Trinidad (por triple protección). Pero en México sólo le conocemos un sobrenombre: el Abate.

—Señor González de Mendoza, ¿por qué le dicen a usted Abate?

—Historia vieja. Recitaba yo a menudo aquel poema de Rubén Darío donde figura "el abate joven de los madrigales"; sazonaba la conversación con citas latinas, fruto de la pedantería propia de la mocedad; en fin, el poeta Rafael Heliodoro Valle publicó una linda crónica de Tepotzotlán en que hablaba de cierto eclesiástico apellidado de Mendoza y Mendoza; y en todo ello tomó pie el ingenioso Manuel Horta para apodarme así. Cuando empecé a escribir en los periódicos firmé crónicas teatrales, críticas de libros, etcétera, con el seudónimo de Clitandro, como el personaje del misántropo de Molière. Eduardo Villaseñor me dijo: "Déjese de alardes eruditos. En México nadie sabe quién es Clitandro, toda su vida será usted el Abate, así es que váyase resignando". Usé entonces uno de mis varios nombres y apellidos: Melchor de Navamuel, y otros seudónimos. Pero Eduardo Villaseñor estaba en lo cierto: seré el abate Mendoza hasta el fin de mis días y aún más allá, si no me traga el olvido.

—Señor Abate, cuénteme de su vida.

—¿Mi vida? Supongo que no querrá usted que comience como la canción: "Nací en un bosque de cocoteros, una mañana del mes de abril". Déjeme dar un buen salto en el tiempo. Llegué a Francia por primera vez en 1923 y me quedé ocho años. Vine a la Sorbona, no para estudiar una carrera sino para "amoblarme los aposentos del cerebro", como decía Cervantes. Le debo a Francia el amor a la claridad de pensamiento, a la claridad de expresión. Francia educa la inteligencia, y el genio francés, alumbrado por la razón, imparte el gusto por todo lo que es claro, por todo lo que es elegante. Lo mejor de París es su genio elegante y claro. A ver, Elena, la voy a examinar a usted. ¿Quién dijo eso?

—No lo sé, pero París no es una ciudad muy razonable que digamos. Nomás vea usted al gobierno que cae cada dos días.

—Es razonable con algo de locura. Y así debe ser la vida, y si una ciudad posee esas dos cualidades, es ya una gran ciudad, y el pueblo que la habita es un gran pueblo. La atmósfera de aquí se presta para un amplísimo desarrollo cultural. Con aquellas palabras, que le puse a usted como torito, lo expresó Eça de Queiroz.

—Eso es, señor González de Mendoza. Hábleme de su desarrollo cultural.

—¿También quiere usted que parta desde el principio? En primer lugar tengo que decirle que yo, aunque usted no lo crea, tuve veinte años. ¡Veinte años y bigotitos a la káiser! En 1913 todos teníamos bigotitos a la káiser. Es "un detalle para mi biografía", como dijo el maestro Albaricoque.

—¿Quién es ese maestro de apellido frutal?

—Es el protagonista de *La vida íntima,* una divertida comedia de los hermanos Álvarez Quintero, caricatura de los inconvenientes de la notoriedad, sátira de lo superficial y vacío de las entrevistas, digamos de algunas entrevistas periodísticas.

—¡Qué antipatía les tiene usted!

—Gentil amiga, también yo las hice cuando era mozo: a Villaseñor, a la Pavlova, a la guapísima Tórtola Valencia y a otras artistas, a un personaje que era, o iba a ser, o había sido —ya no me acuerdo— secretario de Hacienda, a José Juan Tablada. Esta fue la primera, en 1917, ¡y permaneció inédita hasta 1943! Mucho debo a la amistad de Tablada. Para mí, para otros jóvenes escritores, fue un verdadero maestro. Guardo devoción a su memoria. Por eso me ha confiado su viuda papeles inéditos, cartas, retratos y otras cosas, que a mi regreso a México depositaré en la Academia Mexicana. Hay en ese lote dibujos acuarelas, porque Tablada tenía vocación y dotes de pintor. Las conversaciones sobre pintura moderna, sobre el cubismo principalmente, fueron el germen de nuestra amistad. Él me indicó lecturas, me mostró estampas, fotografías. Él me impulsó a escribir. Me aconsejó concisión. Ese gran poeta era un tenaz catalizador de vocaciones, un estupendo animador de voluntades. Le interesaba el misterio de la juventud, las posibilidades ignotas que encierra y que permiten todas las esperanzas en la obra futura. Y a mí me inculcó análogo interés por la gente joven y entusiasta que quiere lograr algo en la literatura. Estoy preparando, desde hace años, un libro sobre Tablada.

—¿Tiene usted otros proyectos?

—Varios. El más viable, un libro sobre escritores mexicanos contemporáneos. No ignora usted que desde hace mucho me he dedicado a la crítica literaria. Ahora estoy arreglando estudios sobre José Rubén Romero, Azuela, González Peña, Valle Arizpe, Monterde y otros autores. También tengo a medio hacer un extenso trabajo sobre José D. Frías, el poeta que escribió un solo libro. De quince que tenía pensados sólo dejó uno, *Versos escogidos,* pero es bastante para mantener su nombre en honroso lugar.

—A propósito de crítica literaria, París es la ciudad de la crítica por excelencia.

—Sí, porque la crítica en Francia es certera y constructiva. En México, en general, es invertebrada, por decirlo así; muchas veces no son críticas las que recibe el escritor, sino vagas y blandas apreciaciones, o simplemente —y es peor— indiferencia. La censura es útil para todo escritor digno de ese nombre. El latigazo le hace reaccionar con energía. Tablada lo tomó en cuenta, y como reacción produjo esos poemas sintéticos que son las composiciones más limpias de retórica que puede haber y que figuran entre lo mejor que escribió.

—En el prólogo al *Itinerario contemplativo* de Francisco Monterde, Tablada lo menciona a usted como autor de poemitas de ese género.

—Así es, y algunos compuse al modo de caligramas, de tal manera caligrafiados que su forma alude al texto. Hice otros con palabra pivote, o sea que en el segundo verso un vocablo de doble acepción —cara, por ejemplo— es a la vez fin de cuanto antecede y, en nuevo sentido, comienzo de cuanto sigue. En París, en 1923, se los mostré al vate Frías con buen suceso: se aficionó al género y los escribió hermosísimos.

—¿Cómo es que no continuó por ese camino?

—Porque me orientó hacia otro el cartesianismo: en vez de frecuentar el trato de los poetas, seguí en la Sorbona un curso muy sapiente sobre la emoción estética. Y con el profesor Jorge Raynaud me enfrasqué en el estudio de las religiones precolombinas. Sus clases en la universidad me llevaron a traducir, en colaboración con Miguel Ángel Asturias, sus versiones del *Libro del Consejo* y de los *Anales de los Xahil.* Me aficioné a la investigación de textos de caza del documento, a la cosecha de papeletas, al examen cuidadoso de los datos. Y así con muchísima lectura, larga frecuentación de museos y de exposiciones, buena memoria, apuntes abundantes e insaciable curiosidad por cuanto atañe a las letras, a las artes plásticas y a la historia, me entré definitivamente por el anchuroso campo de la crítica. Anatole France dijo que el hombre se cansa de todo, menos de comprender. Es un placer incesantemente renovado; es el placer del crítico, amén del anhelo, propio del deleite estético, de hacer a los demás partícipes de éste, volviéndose heraldos de las excelencias de una obra de arte.

—Según eso, su producción propiamente literaria es escasa.

—Escasa: un par de novelas cortas, una treintena de cuentos, los poemas sintéticos, otros influidos por Apollinaire. Lo más de ello, publicado en revistas.

—¿Y en qué trabaja usted ahora?

—Algo le dije ya. Añadiré, en la ampliación del ensayo intitulado "Biógrafos de Cervantes y críticos del Quijote", que la Academia Mexicana tuvo a bien premiar en 1947; en allegar material filológico para el estudio comparativo de ciertas peculiaridades del léxico de Navarrete en sus fábulas, a fin de completar el aparato crítico de mi discurso de ingreso en aquella docta corporación, y en el acopio de datos para una futura monografía acerca de la obra literaria de don Federico Gamboa, con cuya amistad me honré. Releo sus libros lápiz en mano.

—¿Escribe usted con lápiz?

—Con lápiz, con pluma fuente, en máquina, a como dé lugar. Borradores que después paso en limpio y en los que en seguida entra la implacable podadora: el lápiz azul, excelente para tachar sin posibilidad de resurgencia las iteraciones, los adjetivos dobles y los demás enemigos de la sobriedad. Y ahora, Elena, permítame que, a mi vez, la interrogue: ¿no le parecería bien poner ya fin a esta charla?

Y el Abate interroga con tal indulgencia y cordialidad, con tanta amistad en su mirada perspicaz, que quisiera rogarle que fuera mi guía y director de conciencia. Las exteriorizaciones de sentimientos, sobre todo escritas, resultan siempre demasiado subjetivas. ¿Qué decir del Abate? ¿Qué hacer sino guardar ante su figura ese silencio hecho de admiración y renuncia que sólo se siente frente a ciertas personas o ciertos hechos de la vida? Así, le han de haber rogado muchas de las personas que tienen el privilegio de contarse entre sus amigos. Porque en un mundo tan hecho de influencias, de pequeñas vanidades, de falsos valores e inquietudes que no responden a la verdad interior de cada quien, un espíritu como el del Abate se yergue claro y decisivo, envuelto en un amplio manto de generosidad, en cuyos pliegues rectilíneos se hallan la pureza y la llaneza de su pensamiento, su amor y su respeto por los demás.

Del ballet en el aire: Jacqueline Auriol, aviadora, nuera del presidente de Francia

"Después de la guerra, comencé a volar como un simple deporte —recuerda Jacqueline Auriol—. Me aburrían las recepciones del Elíseo y me dirigí al campo aéreo en busca de entretenimiento. Nunca había subido a un avión sino como pasajera y al principio volé como un simple deporte. Iba una vez por semana del palacio presidencial al aeropuerto y luego me gustó tanto que fui todos los días. Saqué mi licencia militar y luego me inicié en el vuelo acrobático, ese ballet en el aire que parece el juego temerario de un niño inocente. El avión baila, gira sobre sí mismo, desciende a pique para perforar las nubes y luego se entrega a vaivenes de trapecista.

"Después, en Auxerre, el Ministerio del Aire me pidió que diera una exhibición en el salón de aeronáutica. Lo hice en un avión pequeñísimo. Como era yo la hija política del presidente de la República, Vincent Auriol, muchos de los constructores de aviones me pedían que hiciera yo demostraciones en sus modelos, casi todos pequeños y seguros. Un día que iba de copiloto, mientras hacíamos una exhibición sobre el río Sena de un avioncito nuevo, el piloto quiso rasgar el agua y pasar muy cerca de los fotógrafos pero calculó mal y nos fuimos a pique. Él se salvó pero yo salí del accidente con las piernas y los brazos rotos; pedazos de carne desgarrados colgaban de mi cuerpo como en ganchos de carnicería. Miles de fracturas por todas partes: cráneo, clavículas y costillas. Dejé, por decirlo así, mi rostro en el Sena. Me reconstruyeron a través de 15 intervenciones quirúrgicas. Mi rostro era, haga usted de cuenta, un acordeón. Uno de mis ojos colgaba como un péndulo sobre mi mejilla. Juntaron mi mandíbula con alambres de acero. Permanecí un año en cama, en París, y luego otros seis meses en los Estados Unidos. Mi rostro no quería volver a ser humano.

—¿Y no sentía rencor contra el piloto y los constructores aeronáuticos que la usaron a usted?

—No, al contrario, bendigo este accidente. Gracias a él sentí que los aviones me debían algo, que podía yo exigirles todo. Desde entonces podría yo hacer con ellos lo que me viniera en gana.

—¿Entonces, ya no se trató de un deporte?

—A lo mejor sin el accidente, sigo volando en plan de deportista. Durante las quince operaciones de cirugía plástica y los meses de cama, lo que me sacó adelante fue el deseo de volver a volar como ninguna mujer lo ha hecho. Para lograrlo comencé a estudiar navegación aérea, matemáticas, aerodinámica, y después de año y medio pude emprender mi primer vuelo y me convertí en piloto profesional. Comencé a competir con Jacqueline Cochran (un año ganaba ella, otro yo). Ella es machota, sabe usted. Hasta que en julio logré los 1 151 kilómetros y ella se quedó en 1 030. Atravesé la muralla del sonido. Todas las noches estudiaba y luego volaba en las mañanas.

—Pero su marido y sus hijos, ¿qué? ¿Los dejaba solos?

—Muchas periodistas me han preguntado lo mismo como si se tratara de un problema. Para mí no lo es. Mis dos hijos salen a la escuela al cuarto para las ocho, mi marido también y todos regresamos a la casa a las siete de la noche. Antes de salir doy mis órdenes a la cocinera, a la recamarera y en el último momento, con mi rojo de labios, pongo en el espejo del baño alguna recomendación.

—¿Su marido no se siente marginado?

—¡Oh, no! Jamás me ha impedido que siga adelante. Sabe que mi idea fija durante la enfermedad fue curarme para poder volar de nuevo. Él me ayudó con la generosidad que lo caracteriza.

—Entonces para usted no es problema lo que últimamente los científicos y las feministas han dado en llamar la tragedia biológica de la mujer, o sea, la carga que la naturaleza coloca sobre los hombros femeninos.

—No, puedo cumplir mi función de mujer y mi labor de piloto, sin que una cosa impida la otra.

—¿Pero no piensa usted en sus hijos cuando vuela? ¿No piensa que a lo mejor no va a regresar?

—¡Válgame Dios! ¡Qué lúgubre es usted! Déjeme tocar madera (y Jacqueline se precipita sobre una silla de la embajada de Francia).

—Pero, señora, recuerde a Amelia Earhart, que se perdió en el mar, y a Marise Bastier, que en una exhibición de propaganda se estrelló en la tierra. Marise Bastier es la que hizo el vuelo Brasil-Dakar, ¿verdad?

—Está usted empeñada en que esta entrevista tenga tintes negros. Sí, todas ellas murieron volando, pero yo estoy vivita y coleando.

—¿Y el escritor St. Exupery, señora? Él también se perdió. ¿Cree usted que era buen piloto? Dicen que más que piloto era un místico de la aviación. Cuentan que aterrizó en lo que creía ser el aeropuerto más grande del mundo y era el desierto del Sáhara. Lo salvaron de milagro.

—(Jacqueline ríe.) ¡Qué imaginación calenturienta tiene usted! Pero a lo mejor St. Ex (como lo llamamos) creyó que se trataba del aeropuerto de la eternidad.

—Y entonces allí, en el Sáhara, surgió un niño rubio, con una capa roja y estrellas en la mano y le pidió al piloto que por favor le dibujara un borrego. Señora, ¿qué no olvida usted la tierra en tantos y tan veloces vuelos?

—Sí. Allá arriba, olvido todo… hasta las entrevistas.

—¿Es cierto que al volar entra una sensación de absoluto, de eternidad?

—Sí, y es allí donde me siento realmente feliz. Muchas veces llevo pasajeros, no vaya usted a creer que turistas, sino ingenieros y expertos que prueban el avión conmigo. Tengo mucha suerte porque siempre piloteo jets, Misterios, y no grandes aviones. Y me siento parte del avión, soy yo la que vibra, la que despega, la que aterriza. Estoy totalmente incorporada al avión y lo que más me gusta es volar sola en mi monoplaza.

Aviadora y acróbata del aire, Jacqueline Auriol es la única mujer piloto de pruebas en el mundo. Ante ella sentimos que a la mujer también le está concedido realizar grandes hazañas a favor del progreso humano.

Los cafés de París: Deux Magots, Flore, Lip, Closerie des Lilas

¿Será posible que en torno a una taza de café surjan versos como los de Verlaine, postulados filosóficos como los de Sartre y cualquier garabato de Picasso convertido en obra maestra? ¿Será posible que a Marcel Proust le gustara ir al café Weber y que en Le Cabaret de la Pomme de Pin se reunieran Rabelais, Boileau, Molière y Recine? Sí, señores y señoras, antes de enamorarse, antes de escribir, antes de tomar decisiones, los grandes poetas frecuentaron su café predilecto y pasaban más tiempo en él que con su mujer.

Antes de volverse un cabaret, Le Lapin Agile fue el punto de reunión de André Gide, Renoir, Utrillo, Max Jacob, Pierre Mac Orlan. También el Café Guerbois vio sobre sus sillas los traseros de Manet, Monet, Cézanne, Sisley, Pisarro. Y en La Nouvelle Athene, Zola, Maupassant, Forain, saborearon cervezas, cafés, ajenjo y granadina… y creo que hasta "agua". En la Place de L'Alma, Chez Francis conserva el recuerdo de sus queridos Jouvet, Giraudoux, Christian Bérard y Marguerite Moreno, la actriz que fue esposa de Marcel Schwob. ¿Por qué les gusta tanto jugar ajedrez en el café a los intelectuales? Porque descansan de hablar y dejan a un lado a los importunos.

París puso de moda los cafés en la acera y las mesas al paso de los peatones y muchas ciudades del mundo la han imitado. El gran reloj de St. Germain, el primero en hacer resonar las doce campanadas de medianoche. París es como el mar, cuya profundidad aumenta a medida que uno avanza; no se le ve el fin.

Sobre la Rive Gauche, Simone de Beauvoir, Sartre y Camus discutían en Les Deux Magots. Ahora sólo acuden ilusos a quienes les hacen creer que están sentados en la silla de Sartre y endulzando su café con la cucharita de Simone de Beauvoir. Más bien, es el Boul'Mich (Boulevard Saint Michel) en las arterias de la Sorbona donde se dan cita poetas y pintores.

En la encrucijada Vavin, le "Dôme", "La Rotonde" y "La Coupole" se vieron frecuentados por Apollinaire, Modigliani, Foujita, Dufy, Derain, André Salmón, Von Stroheim y Kisling.

El café es el recreo de los intelectuales pero en él se continúa el hilo del trabajo y se tiene la posibilidad de informar a los demás sobre la obra en marcha.

¿COMO EN SANBORNS?

Ahora comprendo el amor de los mexicanos por su café en Sanborns. En esos encuentros meditan sobre sí mismos, fundan o destruyen una escuela, una filosofía, o comentan los últimos sucesos políticos y literarios. "¿Ya viste la porquería de libro que acaba de publicar nuestro pobre amigo? Nunca he leído tal sarta de estupideces tan mal combinadas. ¿Y supiste lo que dijo la escritora renacuaja en la conferencia de la librería Obregón? ¡Hombre, está en la más profunda de las fosas!"

Mientras vivamos, habrá cafés. Antes me parecían una excusa para no hacer nada pero ahora creo que sería bueno que se instituyera un café de escritores y pintores con una mesera simpatiquísima y una cajera dispuesta a la generosidad. "Mire usted, ése que viene entrando es Octavio Paz. Lo conozco muy bien y me sería posible presentárselo. Y aquel hombre hosco y reservado es Juan Rulfo. ¿Y Fernando Benítez? ¡Allá está! Acaba de regresar de China y proyecta otro viaje a Siberia pero puede encontrarlo los jueves dirigiendo el suplemento cultural del *Novedades, México en la Cultura*. Ése que se mueve tanto y va de mesa en mesa es Carlos Fuentes. El que habla con Octavio Paz comiéndose su cigarro es Ramón Xirau. Aquel alto y moreno es Emmanuel Carballo. Tenga usted cuidado al entrevistarlo porque dice atrocidades. Dentro de poco llegará Archibaldo Burns, que lleva siempre sacos de *tweed* impecablemente cortados por su sastre inglés."

Los cafés pertenecen a hombres y mujeres que se pierden en conversaciones que finalmente resultan baldías y se esfuman como los libros que de tanto platicarlos nunca publican.

El mundo moderno se parece
a la condición humana de Malraux

Señoras y señores, París les presenta el cartel de sus obras de teatro. En el teatro Marigny, la compañía Renaud-Barrault ofrece *El jardín de los cerezos* de Chéjov; *Intermezzo* de Giraudoux, con música de Francis Poulenc, y el *Volpone* de Jules Romains (que vivió algún tiempo en México); *Berenice*, con la excelente actriz Marie Bell, máxima intérprete de Paul Claudel.

Durante el mes de diciembre, la Comedia Francesa representó a dos de los más grandes autores de nuestro tiempo: André Malraux y Henri de Montherlant. *La condición humana,* versión teatral de Thierry Maulnier, y *Port Royal*, de Montherlant.

El director Meyerhold convenció al autor de *La condición humana:* "No se trata de traducir su novela al teatro, sino de crear una obra que tenga vida propia". Hasta se dice que el mundo moderno empezó a parecerse a *La condición humana,* cuyo don profético supo adivinar nuestra época. Desde hace veinte años, como un bumerang, las tragedias de nuestro tiempo parecen salir de esa gran novela, la favorita de Octavio Paz.

Michèle Morgan, quien vino a México con Gérard Philippe a filmar *Los orgullosos* de Yves Allegret, versión de Jean-Paul Sartre, acaba de filmar *Oasis* con Pierre Brasseur y se dispone a canjear el cine por el teatro. "El éxito de Yves Montand y de Simone Signoret en *Las brujas de Salem* —dice Michèle— me alienta a subir al escenario. Simone, que es una espléndida actriz de cine, no perdió nada de su fuerza en la escena. Quiero seguir su ejemplo. Ya me cansé del desprecio que los actores de teatro sienten por las estrellas de cine. Si me ven, ya no podrán decir que somos seudoactores."

Ningún turista abandona el Grand Guignol y su profusión de Dr. Jekylls y Mr. Hydes, Frankensteins y otros monstruos que dejan a los espectadores tiritando de miedo.

En la Michodiere que dirige Yvonne Printemps, la obra *Los huevos del avestruz,* de André Roussin, no existiría sin la actuación de Pierre Fresnay.

Desde que Jean Marais se hizo director de teatro, con *Les Bouffes Parisiennes,* un sinfín de amantes del buen teatro acuden a ver al nuevo Pigmalion y a la joven Jeanne Moreau.

La persona más amable de París, Don, el dibujante que capta a los parisinos conocidos

Don, ¡qué nombre más chispa! Naturalmente todos piensan que se trata de un seudónimo. ¿Cómo se llama Don en realidad? Pues se llama Don, simplemente, como su padre, como su abuelo y sus antepasados que vivieron en Bucarest. Aunque Don es el más parisino de todos los dibujantes, no es menos cierto que nació en Rumania. Antes se llamaba Juan Don, pero como le decían Don Juan, renunció a su nombre de pila y sólo usa su apellido. Don ha dibujado a Maurice Chevalier, la Begum, Sacha Guitry, Raimu, Jules Berry y a todos los etcéteras que ustedes quieran.

Lo que a mí más me gusta de Don es que antes de la guerra fue amigo de mi papá.

No tenía más que veinte años cuando llegó a París para enrolarse en la aviación. ¿Pero por qué en la aviación? "Porque detesto andar a pie", responde Don. Cuando esto sucedía, en 1917, los aviadores podían darse el lujo de ir a comer al Maxim's cada vez que volvían de una misión. Don aprovechó esta circunstancia y comenzó su carrera primero uniformado y luego con la espátula del escultor. Bourdelle fue su maestro. Publicista, sus carteles se hicieron tan famosos como los de Toulouse Lautrec en su tiempo. Su carpeta se convirtió en un catálogo ilustrado de los "trescientos y algunos más". Tuvo por compañera de clases a la esposa del Aga Kahn, La Begum, que fue madre de Alí, el de los matrimonios estrepitosos. Fue uno de los asiduos de la pareja Sacha Guitry-Yvonne Printemps y recibió el encargo de ilustrar las memorias de Maurice Chevalier, que se publicaron en *Paris Soir*.

Don y Maurice Chevalier jugaban golf. Sus contiendas resultaron encarnizadas, aunque el *score* fuera lastimosamente bajo par. Un día Maurice perdió y Don le propuso la revancha. Antes de la salida, Chevalier se puso a hacer algunos movimientos preparatorios, sin colocar la pelota en el pasto.

—Es muy curioso —le confió a su adversario—, cuando no tengo la bola enfrente, mis movimientos son buenos, pero cuando la veo me pongo nervioso y fallo.

—Pues yo conozco un método para no fallar. Antes de dar el golpe, repite para tus adentros: "No hay bola, no hay bola, no hay bola".

Y Don tuvo la sorpresa de ver que Maurice Chevalier (que era muy codo) levantaba su palo murmurando: "No hay bola, no hay bola, al cabo nomás aposté tres francos".

Don es la persona más amable de Francia. Asiste a todas las recepciones de París. Lo vimos por primera vez en una recepción en casa de Loli Larivière. Concurrían a esa misma cena Josefina y Jaime Torres Bodet; el embajador de Francia, Guillaume Georges Picot, y Nadia Georges Picot; Jacques de Lacretelle; el director de *Le Figaro*, Pierre Brisson; el profesor Louis Pasteur Valery-Radot, y muchas personas igualmente célebres. Don alegró a todos y cortejó a la rubia señora Odette Pol Roger, dueña de la champaña Pol Roger y amiga de Winston Churchill. Ahora Don hace la portada de *Marie Claire* y de otras revistas. Y todo le divierte: una cena en Westminster, una copa en un pequeño bistro en Les Halles, una cena en Maxim's. En su libro *Veinte años de recuerdos*, Don afirma: "Tuve la suerte de conocer a… la suerte de convertirme en el amigo de… la suerte de que me brindara su estimación… la suerte de ver por primera vez a…" ¿Y a poco no es una suerte conocer a Don, que se declara poseedor de tanta suerte? Don, el amigo de Douglas Fairbanks, de Alí Khan, de Max Linder, de Louis Verneuil, de Lord Beaverbrook declaró, como alguna vez lo hizo Jules Renard: "No hay que decir toda la verdad pero hay que decir siempre la verdad".

La caridad en París: Mademoiselle de Miribel •

La pobreza en Francia impresiona porque los pobres tienen conciencia de su miseria y se desesperan. Saben leer y escribir, pueden trabajar y no logran remediar su situación. Muchos de los que tienen mujer e hijos viviendo en las peores condiciones son hombres capaces de conducir camiones, de dirigir comercios. Estuvieron en la guerra en Indochina, en África, obtuvieron medallas y al regresar a su país no encontraron trabajo.

La pobreza de México es diferente, porque en la mirada de los pobres hay conformidad: "ya vendrá otro día", "a ver qué pasa", "ya estaría de Dios", "para todos sale el sol por más tarde que amanezca".

En México muchas personas eluden la caridad personal y directa y dan dinero. Alegan que es inútil acercarse al pobre porque ni cuenta se da de lo que le pasa. Mal agradecido, lo único que espera es asaltar a su benefactor.

Por eso es lógico preguntarse: ¿es posible la amistad entre ricos y pobres? Me llama la atención que los albañiles que construyen casotas para los ricos no sientan ganas de ahorcarlos.

En París, Marie de Miribel tiene mejor facha que la difunta reina de Inglaterra, y es más fácil visualizarla con collares de perlas y un monóculo de mano que con su gorra de enfermera y su gran delantal almidonado. Bajo la cofia se escapan algunos bucles blancos; tras el delantal, el talle se yergue soberbio; de los puños tiesos del uniforme se escapan manos hechas de finura y orgullo de raza.

Nada le agradarían estas consideraciones clasistas y se negó como una alteza real a dar una foto suya. No puedo apoyar mi descripción de su persona con ningún retrato (¡y cómo lo lamento!). Sólo diré del encanto que produce su reserva en todo lo que la concierne personalmente.

La obra de la Cruz de Saint Simon empezó en mayo de 1906. La "zona" (como la llaman) es un terreno habitado sólo por carromatos de gitanos y casas de techo de cartón. Primero, Mademoiselle de Miribel, en su Roulotte Cuisine (cocina rodante), dio de comer, y cuando logró conseguir las HBM (Habitations Bon Marché) o casas a buen precio, pudo instalar a las familias. En una minúscula casita del barrio de la Charonne (el más abandonado de los suburbios de París) logró disminuir la miseria física y moral de la población sin recursos.

Marie de Miribel ofrece actualmente a los habitantes de la Charonne un hospital, una maternidad, un dispensario, un quirófano totalmente equipado, un servicio de radiología, un laboratorio, dos jardines de niños, cinco clínicas, una "casa de cuna", consultorios pediátricos y un servicio de neuropsiquiatría.

Las trabajadoras sociales visitan a las familias, anotan sus necesidades, resuelven sus problemas y les aconsejan enviar a sus hijos al campo o al mar porque las colonias de vacaciones (otro servicio social de Marie de Miribel) son indispensables para la salud de los niños. París es una ciudad lluviosa y a los niños sin recursos sólo les toca el pedacito de cielo gris que logra colarse entre los múltiples techos.

Aunque Mademoiselle se esconda tras de su patronato —cuyos nombres menciona con fervor—, su espíritu irradia luz sobre la obra de La Croix Saint Simon.

François Mauriac

    —¿Ha leído alguna de mis obras?

    —No, señor Mauriac. Apenas voy a comenzar. Ayer compré *Nudo de víboras*. Pero, dígame usted, ¿cuál es su mejor libro?

    —De nada serviría que le conteste, señorita, usted no conoce mi pensamiento. No hay conversación posible.

    Y François Mauriac, alto y flaco, se frota las manos con impaciencia, bajo el pretexto de que está haciendo mucho frío en su biblioteca. Sus respuestas, y hasta sus eventuales preguntas, se fueron haciendo cada vez más breves y más frías, dichas con esa voz suya, "las cenizas de una voz", impresionante y destruida.

    Palabra, es la primera vez que me ocurre. He entrevistado a unas doscientas personas, muchas de ellas escritores famosos y nadie me había preguntado a quemarropa: "¿Ha leído mis libros?" Cómo no se me ocurrió decirle que sí, y que eran finos y sutiles, elogio que suele dar en México buenos resultados. Pero no, la figura larga y reseca, el aspecto de fraile descalcificado y amenazante de Mauriac en ese momento, y las docenas y docenas de libros que apoyaban frente a mí su gran figura de inmortal, me hicieron temblar, ponerme más boba que de costumbre y echar mano de cualquier cosa.

    —¿Qué le pasa a usted en la garganta? ¿Tiene anginas? ¿Le operaron las amígdalas?

    —Por el amor de Dios, señorita, si no se le ocurre nada mejor qué preguntarme...

    Mauriac hizo un leve, casi inconsciente movimiento hacia la puerta como para invitarme a salir. Yo me di cuenta entonces, por primera vez, de lo que significa la palabra fracaso. Y comprendí también lo que puede haber de irresponsabilidad y de insolencia en un entrevistador bisoño que le pide a una persona algo de su tiempo valioso, y que luego lo desperdicia, minuto a minuto, como quien hace bolitas de papel.

—Por favor, hábleme de sus libros. ¿Cuál es el más bonito?

—Pero, ¿cómo quiere usted discutir conmigo acerca de libros que no ha leído?

—Si yo no quiero discutir con usted, jamás me atrevería. Sólo quiero escucharlo, pedirle que me hable de sus personajes, esos seres vivientes que ha creado su genio de escritor.

—¡Ah, vamos! Usted quiere que le cuente mis novelas para no tomarse el trabajo de leerlas.

—Pero si ya las estoy leyendo. Anoche, nada menos, me leí veinte páginas de un tirón, y eso que tenía mucho sueño.

No, señor Mauriac, no discutiré con usted, pero sí quiero decirle que usted lleva en sus manos el gran tema de la vida humana y que en cada una de sus páginas lucha usted con el ángel. Su estilo equivale a la grandeza del tema. Apenas he empezado a leerlo y siento ya que sus personajes me rodean, que son mis prójimos, que me atraen y me atemorizan. Seguiré leyéndolo para llevar adelante el análisis de un mundo que desconozco, pero al que no debo dejar de asistir.

¡Y pensar que poco antes, cuando llegué a su casa, François Mauriac era todo gentileza y amabilidad! Hablamos sobre el mal tiempo, el servicio de taxis y otras cosas por el estilo. Todo iba sobre rieles, hasta el momento en que se le ocurrió hacerme esa malvada pregunta acerca de sus libros.

El autor de *Teresa Desqueyroux* vive en el número 38 de la calle de Teófilo Gauthier, aquel hombre que se hizo famoso por sus versos y sus chalecos de colores. Sólo tuve que esperarlo un momento en una sala muy clara, donde había un inmenso tapete blanco y unos cuadros que parecían de Dufy. El piano en un rincón me dio tranquilidad y confianza porque me imaginé a Mauriac repasando en el teclado algunas canciones provenzales, y esto me lo hizo grato y simpático. Luego llegó él, frotándose las manos huesudas y largas, diciendo que hacía mucho frío, con su voz que más bien es cuchicheo, y se parecía a la lluvia que repasaba las calles de París. Me hizo sentar en un canapé liso y frío, se sentó frente a mí, siempre frotándose las manos, y me pidió las primeras preguntas de la nefasta entrevista.

—¿Qué razones lo han impulsado a interesarse en la política? (Debo aclarar que Mauriac es uno de los comentaristas políticos más leídos en Francia.)

—En primer lugar, porque soy católico, o mejor dicho, cristiano. En segundo lugar, soy un ciudadano francés y todo hombre que lo sea realmente tiene la obligación de ocuparse de la política de su país. A mí no me asombra que los escritores intervengan en la vida pública, cuando menos en plan de críticos enterados; lo que me extraña es que a veces se abstengan, nadie puede desinteresarse del bien público de su patria. Todos somos responsables del gobierno del mundo y mucho más del gobierno particular del país donde nacemos. Yo creo en los deberes civiles y en la responsabilidad personal de cada ciudadano.

En este momento ocurrió el penoso incidente acerca de las obras de Mauriac, que yo no había leído. A fuerza de ruegos y movido por la lástima, el gran novelista y dramaturgo me dijo por fin:

—Creo que mis mejores novelas son *Teresa Desqueyroux* y *El nudo de víboras*. Algunas personas sostienen que mis libros son tristes, pero yo podría decirle que no lo son, que hay mucha felicidad en ellos, a pesar de su amargura aparente. Pero de eso hablaremos en otra ocasión, cuando usted haya leído alguno por lo menos.

—¿Puede decirme cuál es el autor antiguo o moderno que más ha influido en su pensamiento?

—¡Hay tanto qué decir sobre el capítulo de las influencias! Uno es, a fin de cuentas, más que el resultado, la suma de un determinado conjunto de escritores. Pero puede usted anotar a Pascal. Sí, eso es, Pascal es mi principal maestro. Bueno, Chateaubriand también me inspiró mucho. Y cuando los conocí personalmente, Maurice Barrès y Francis Jammes contribuyeron a la formación de mi espíritu. ¡Cuando uno es joven, recibe tantas lecciones y ejemplos! Por Graham Greene, que es mi editor en Inglaterra, siento una gran admiración.

—¿Podría usted hablarme del problema de la piedad en las obras de Graham Greene?

—¿Las ha leído usted?

—Sí. Bueno… este… leí *El poder y la gloria* y vi la representación de *Un cuarto para vivir*. (Mauriac me mira con desconfianza.)

—Para hablar de Graham Greene, necesitaría yo un par de horas, por lo menos, señorita. Lamento muchísimo no poder complacerla. Si usted quiere, hagamos una cita para cuando haya leído todas las obras del escritor inglés y podremos discutir ampliamente.

—Muchas gracias. ¿Y qué opina del existencialismo "cristiano" de Gabriel Marcel?

—Es de origen pascaliano y se ha desarrollado según las premisas de Sören Kierkegaard. (Mauriac se detiene de pronto y clava otra vez en mí sus ojos inquisidores.) Pero, ¿de qué me está hablando, señorita?

—De Sören Kierkegaard. Pero yo sólo le pregunté, el que estaba hablando era usted.

—¿Y sabe usted acaso quién es Kierkegaard?

—Sí. He oído decir que era un señor muy angustiado.

En este momento, la mirada de François Mauriac es francamente inquietante y me doy cuenta de que es hora de emprender la retirada. Las manos del escritor han llegado al paroxismo del frotamiento. Secas como leños, de un momento a otro van a echar chispas. Todas las preguntas me parecen igualmente desatinadas, y no encuentro la última.

—Señor Mauriac, ¿qué piensa del joven movimiento literario francés, ése donde todo se resuelve en un pesimismo concreto? Usted hizo una crítica muy buena de la escritora de diecinueve años, Françoise Sagan, hablando de su total indiferencia hacia el mal, hacia el pecado.

—Sí, sí, me acuerdo perfectamente, pero no pienso nada de ella, nada que valga la pena. Su libro está bien construido y muestra a una escritora en ciernes, pero eso es todo. No agrega nada nuevo a la literatura francesa y mucho menos a la universal. Su contenido carece, en verdad, de toda importancia.

—Bueno, adiós, señor Mauriac. Perdone usted tanta impertinencia, tanta ignorancia y el mal rato que acabo de hacerle pasar. Le prometo convertirme de ahora en adelante en una lectora aplicada y estudiosa de sus obras. Volveré entonces, si Dios me da licencia, a que usted me hable de sus personajes, de aquellos que siguen viviendo en su corazón a pesar de que usted les ha dado vida y libertad artística.

—Sí, señorita; entonces mantendremos una conversación realmente interesante y usted no defraudará, como ahora, a sus lectores.

Sí, François Mauriac, tal vez no pueda creerlo, pero desde aquel día de ingrata memoria en que fui a entrevistarlo, no he dejado de dialogar profundamente con usted. Ahora sé quién es Teresa Desqueyroux. Ahora sé que el padre, la madre y los hermanos pueden formar un nudo de víboras. Ahora sé que el mal es algo visible y operante y concreto. Que lo llevo en mí y que lucho

contra él todos los días, siguiendo el ejemplo de su personaje más alto y atormentado, aquel que se debate entre la bestia y el ángel, el que transita en sus
novelas y que es usted mismo, François Mauriac, que vive en todas las aventuras del hombre, con genio de artista y corazón de cristiano.

Dos niñas prodigio de Francia

Anne Braillard, a quien apadrinan los escritores Paul Geraldy y André Maurois, es una niña de doce años que acaba de publicar dos libros en menos de seis meses. El primero, *Dandinet,* cuenta las aventuras de un escuincle travieso que caminaba columpiándose de izquierda a derecha; vendió 50 000 ejemplares y circula ya una nueva edición. Su segundo libro, *Ana en la escuela,* es una autobiografía. Las dos obras son de una rara precocidad y espantan a sus lectores. A los tres años, Anne Braillard ya le dictaba sus poemas a su mamá. Sacaba el cuaderno y la pluma en que su progenitora habría de escribir las aventuras de Poum, cuyo papá era pianista.

Cuando le preguntan por qué escribe, sonríe como si se tratara de una broma y responde, un poco intimidada: "¿Qué quiere usted? ¡Es más fuerte que yo! Cuando se me ocurre una idea tengo que apuntarla".

Lo que en la precocidad sorprende y nos resulta repelente es la presencia del adulto en el niño. El niño precoz es dos personas (el niño y el adulto), y su diálogo interior, una desconcertante mezcla de ingenuidad y de astucia. En Minou Drouet oímos a la niña y a la mujer. Preferimos desde luego la voz infantil. Pero junto a ella se levanta el adulto que la promueve y la registra.

París lanza *Mi amigo el árbol,* escrito por una extraordinaria niña bizca, Minou Drouet, quien estuvo a punto de quedarse ciega y relata con ironía e ingenuidad su larga batalla en que no lograba amaestrar a dos caballitos furiosos: sus ojos. Cada uno apuntaba a donde quería y el ojo izquierdo se refugiaba en la nariz. Después de la operación, Minou Drouet escribió: "Ahora mi ojo izquierdo me obedece. Le ordeno que permanezca en su órbita y lo cumple. El derecho a lo mejor es poeta o se pasa la vida en la luna, porque a cada rato le tengo que recordar hacia dónde mirar. A lo mejor se me va a caer de tan desobediente".

Así habla la niña prodigio de ocho años a punto de quedarse ciega y sometida a dolorosas intervenciones quirúrgicas. Descubierta por el profesor Louis Pasteur Valery-Radot, de la Academia Francesa, le comunicó su hallazgo al editor René Juillard. La redacción de las frases, la vivacidad de las sensaciones, la fuerza de expresión, no parecían ser de una niña y René Juillard manifestó su incredulidad. ¿Quién escribía los libros de Minou Drouet? ¿Su mamá adoptiva? ¿Su profesora de piano, Lucette Descaves? El jurado de la editorial Juillard sometió a la niña a una prueba. La puso a escribir frente a severos señores que esperaban que cayera en la trampa. Pero Minou Drouet salió airosa y produjo uno de sus más acertados poemas:

Salté por encima de la rosa de mi cama,
dentro del azul de mi camisón,
y entré al negro
de la noche.

A Minou le reprocharon doblegarse a influencias y escuchar consejos de adultos. A este reproche, la niña contestó con un poema:

Esta mañana, al despertarme,
miré el mar,
y murmuré:
Oh, ¿te has vestido
con un traje de plata?
Pues yo voy a hacer lo mismo.
¿Oiga, no se le hace a usted
que el mar es influenciable
como yo?

También Minou escribe cartas acerca de lo que siente al oír a Bach: "Al oírlo me dolía el estómago, porque la música dibujaba un gran árbol cuyas raíces se hundían dentro de mi carne, y el árbol subía al cielo con una maravillosa voz de bosque colérico y llegaba hasta las nubes". Otra carta a su profesora de piano, Lucette Descaves, afirma: "Soy una ladrona de tesoros. ¿De qué cree usted que vivo cuando no estoy a su lado? Soy un canario al acecho y robo migajas de felicidad".

En los últimos años Francia ha producido tal cantidad de fenómenos que no nos sorprendería que el próximo presidente de la República francesa fuera un niño de quince años.

Ética del escritor: Françoise Mallet no cree necesaria la popularidad

Al lado de Françoise Sagan, Françoise Mallet es la joven autora que más revuelo causa en París. Su primer libro, *La muralla de las beguinas,* escrito cuando tenía veinte años, sorprende por su dureza. Al leerlo sólo cabe exclamar: "Es imposible que un libro tan atroz y tan bien escrito haya surgido de una mente de veinte años". El libro lleva ya veinticinco mil ejemplares vendidos y la crítica es buena. Mientras que Françoise Sagan se compra jaguares y viaja invitada por la prensa gringa, Françoise Mallet rehúye toda publicidad. Esta indiferencia no es una pose a la Greta Garbo.

—El exceso de publicidad alrededor de un libro me parece una falta de ética y, casi diría yo, de respeto por la literatura. Si yo redujera su pregunta a ¿necesita un escritor dinero?, entonces le contestaría sin más que sí.

Nacida en Amberes, Flandes, el 6 de julio de 1930, la Mallet tiene hoy veinticinco años y un hijito rubio de seis. Su marido, Alain José, cubrió las paredes de su departamento de la calle Roger Collard con una infinidad de cuadros. Alain José también es historiador; los dos llevan una vida totalmente dedicada a su oficio. Françoise Mallet tiene el pelo larguísimo en cola de caballo y los ojos azules muy claros.

—Fíjese, señorita, otra de las razones de no conocer a nadie es porque soy muy huraña y necesito acostarme temprano. Siempre me viene la inspiración a las siete de la mañana. Y me dura hasta las once y media. Después me agoto. Escribo a mano y paso a máquina en la tarde. Tengo que luchar contra la abundancia porque escribo muy largo y me meto en una cantidad de detalles que juzgo esenciales y resultan no serlo. Para escribir una novela, hay que suprimir. Cuanto más se elimina, más se evitan redundancias y más fuerza adquiere el texto. Y a mí me cuesta mucho separarme de ciertas frases.

"También me cuesta un trabajo atroz ponerle un título a mi novela. Soy muy puntual sobre todo en épocas de trabajo (Françoise Mallet lleva ya dos novelas publicadas: *El Rempart des Béguines* y *La Chambre Rouge*).

"Cuando tenía diecisiete años escribí en Bruselas un volumen de poemas, pero no para que se publicara. Como lo ve usted, soy mal tema y poca presa para una entrevista."

Pero no me doy por vencida. Tengo una serie de preguntas que hacerle a la escritora que no se quedarán en el tintero. La narradora de *La muralla de las beguinas* (unas monjas) tiene quince años y le intriga el misterio que rodea la relación de su padre viudo con Tamara, su amante. Cuando la conoce, cae bajo su encanto. En *La recámara roja* sucede al revés. La narradora se enamora de un hombre mayor que no quiere renunciar al personaje cínico que él mismo se ha creado. Esta novela coloca a Françoise Mallet en el primer lugar de las novelistas de su generación.

Mallet no es complaciente: "Dios mío, no me perdone usted nada. No me perdone mis ofensas, porque yo jamás perdonaré ninguna. Déjeme entera y fuerte como lo soy, y si fallara en lo que quiero obtener de mí misma, castígueme tanto como esté en su poder porque siempre rechazaré la indulgencia".

Se manifiesta en contra de los tibios que se refugian en la bondad de Dios para permanecer en su desidia; en contra de los que se valen de su posición social para seguir en su pecado. Françoise Mallet no cree en un dios dulce y misericordioso y no dobla la cabeza. Dura, sola, nueva, intacta e inatacable, no cae en la hipocresía y en lo farisaico.

—Sólo llamo éxito el momento en que un autor, al mirar hacia atrás, se da cuenta de que progresó gracias a la constancia de su esfuerzo e, incidentalmente, creó un público cautivo. Son indispensables años de trabajo antes de llegar a lo que se llama "éxito".

—¿Qué opina del movimiento de jóvenes que edita Juillard?

—Encuentro peligrosos todos estos éxitos prematuros. Muchos jóvenes podrían dar más de sí pero ven su vida de escritor truncada por todo el ruido en torno a su primera obra. Después de un éxito sensacional se apresuran a triunfar de nuevo y se sabotean a sí mismos.

—Personalmente ¿por qué escribe usted?

—Escribo porque a los doce años ya escribía yo novelas. El trabajo bien hecho es ya un "mensaje" en sí. Y si un autor tiene una concepción de la vida original que transmitir, tanto mejor.

"Soy flamenca y, por consecuencia, ordenada y busco siempre la limpieza y la abundancia, los colores y la materia. Soy violenta y muchas veces desagradable. Sufro en las entrevistas. El defecto que más odio es la avaricia y la estrechez de espíritu. Me deslumbra la generosidad. Cuando escribo, sólo pienso en lo que hago pero nunca en el efecto que voy a producir. ¿Con qué me entretengo? Haciendo horribles muecas y organizando concursos con mi hijo que también hace unas muecas dignas de consideración. Los dos vivimos en un mundo imaginario. Me encantan los desfiles de carnaval con sus máscaras (las hay muy bellas en Flandes), los disfraces, el medioevo, el barroco y las gárgolas. A lo mejor me equivoco al no asistir a las reuniones literarias porque en ellas hay muchas gárgolas. También me gusta el mundo de la calle pero sólo busco a los pasantes para incorporarlos a mis historias."

Françoise Mallet es un espíritu contradictorio. Hosca y dulce, trabaja como un artesano incansable. Con sus anteojos sobre la punta de la nariz se parapeta contra la celebridad como las monjas beguinas se esconden tras de las altas murallas de su convento. Debería haber vivido en el siglo XIII. La imaginamos con un cucurucho en la cabeza y una pluma larguísima, escribiendo a toda velocidad mientras las páginas manuscritas van cayendo sobre el piso de piedra.

Una pareja de actores:
Pierre Fresnay e Yvonne Printemps

Pierre Fresnay dice que el público cree que la aprobación máxima que pueda otorgársele a una obra de teatro y a sus intérpretes es el aplauso al final de cada acto. Sin embargo, Fresnay descubrió que el mayor homenaje que puede rendirle un espectador a una obra es el silencio, pero no cualquier clase de silencio, sino el silencio absoluto, sólido, que no interrumpe una tos o un ademán o el sonido de un programa arrugado, el silencio del esfuerzo de cada espectador por abstraerse y vivir la obra con los actores. Ese silencio es una ofrenda que los autores teatrales y los comediantes no reciben a menudo. Sin embargo, en una de las representaciones de *Fantasio,* de Musset, el prodigio del silencio se realizó al ver actuar a Pierre Fresnay. Ese día Fresnay perdió totalmente conciencia y tuvo el sentimiento de que no era él quien hablaba. Al finalizar la obra nadie aplaudió, pero nadie tampoco lograba levantarse de su asiento.

Recuerdo que cuando vi por primera vez la película *Monsieur Vincent,* sobre san Vicente de Paul, con Pierre Fresnay, al final el público permaneció en su butaca. Lo mismo pasó con *El renegado,* que acaba de exhibirse en México: los espectadores lloraban. La vida interior de Pierre Fresnay es tan fuerte que su poder magnético se refleja en su rostro. Su talento es, sin duda, superior a su personalidad, porque fuera de la escena Fresnay es un hombre sobrio, casi severo, que habla poco y que por ningún motivo recurre a actos o declaraciones espectaculares.

No hay nada más difícil que definir el talento de un actor. Hace cincuenta años el arte del comediante era un arte de interpretación. Ahora el del comediante es un arte de reproducción. El contraste llama la atención porque significa un renuevo total. Sarah Bernhardt y Mounet Sully serán siempre actores románticos, bellos y conmovedores, pero en ellos no existe la sinceridad que emana de Pierre Fresnay en cualquiera de sus papeles.

Hoy, los actores atribuyen su mala actuación a la sinceridad. Niegan la técnica y declaran que los cursos de arte dramático son superfluos. (Esto lo desmiente María Luisa Elío de García Ascot, una de las mejores intérpretes de "Poesía en voz alta", que añade la técnica a su interpretación aunque le basten unos cuantos movimientos para expresarse.)

Pierre Fresnay simplifica su actuación sin empobrecerla. Canjea veinte ademanes por uno solo. Jamás recurre al efecto ramplón, al gesto que llamaría la atención y que cosecharía aplausos. Sin embargo, afirma: "No hay que caer jamás en la simpleza".

YVONNE PRINTEMPS, LA QUE AMA LO QUE HACE: EL TEATRO

"Cuando empecé a hacer teatro —tenía entonces 13 años— me daban puros papeles de muchachito, hasta que un día estuve muy enferma y los doctores me ordenaron que dejara mi profesión. Pero hubiera yo preferido morir antes que abandonar el teatro. Además, es útil enfermarse. Los que gozan de una eterna buena salud son seres incompletos, a quienes les falta toda una gama de sensaciones y de alegrías. El sufrimiento afina y pule a los seres humanos."

Yvonne Printemps me recibe en su camerino del teatro de la Michodière que ella dirige desde hace años, al lado de su marido Pierre Fresnay, que en este momento representa a Hippolyte Barjus, en la obra de Roussin, *Los huevos del avestruz*. Yvonne Printemps sigue siendo la misma primavera, a quien le robó el nombre. Tiene un halo de música a su derredor, es dulce y vigorosa a la vez, sencilla y risueña.

—Señora Printemps, el portero no me quería dejar pasar y viene tras de mí porque usted ha prohibido la entrada a su camerino.

Yvonne Printemps ríe. Ríe con una voz que salpica de alegría el cuarto. Su risa es famosa.

—No se preocupe, señorita, yo me las arreglaré con el portero. Y además, usted va a participar en la pequeña fiesta que le ofrezco a mi vestidora porque hoy cumple 84 años, y traje champaña y un pastel de chocolate. (Pierre Fresnay e Ivonne Printemps viven en Neuilly, en una casa con vista al bosque. En efecto, tal como lo dijo, festeja a su vestidora en un camerino lleno de rosas.)

—Fíjese, señorita, tengo un brazo roto o, más bien, un brazo que me rompí hace algunos meses y sigue igual y por eso no salgo. Tiene usted suerte de encontrarme en el teatro, porque hacía mucho que no venía. Pero siéntese usted. Dentro de unos instantes responderé a sus preguntas.

Ivonne Printemps es una de esas mujeres —flores y pájaros a la vez— que dejan caer sus plumas poco a poco, ante los ojos de los espectadores embobados. ¿Quién ha oído cantar a Yvonne Printemps? Una vez, el 21 de diciembre de 1952, para ser exactos, recibió esta carta: "Tan sólo quería yo que usted supiera que hay entre sus espectadores, entre este público que es a la vez su alegría y su angustia, personas perdidas en la duda y en el desequilibrio y que reciben, al venir a oírla, una confianza y una dulzura que apaciguan y restañan las heridas, una dulzura que puede encontrarse sólo en las flores. Siempre le estaré agradecido por este regalo extraordinario". Y también transcribimos aquí la carta de un sacerdote: "Señora, tan sólo conozco su voz a través de un disco escuchado mil veces. Las notas altas de su voz son tan límpidas, tan puras; las bajas tienen tal calidad de terciopelo, hay tanta expresión, sensibilidad y encanto que no puedo olvidar la impresión profunda, la casi conmoción que he sentido. ¿Qué a veces da usted conciertos a los que yo podría asistir? ¿O me permitiría alquilar un palco en el teatro de la Michodière, y escondido en la parte de atrás escuchar de nuevo, mejor que en el cine o en la radio, esos bellos valses que conocí en Viena en 1899, cantados por usted, antes de entrar definitivamente al seminario?"

Es que la actriz y cantante Yvonne Printemps tiene algo único: un estilo. Quienquiera que tenga un estilo es noble. Y la nobleza no se da en maceta ni en el teatro ni en la sociedad. Nuestra época habrá visto a la nobleza en la persona de Yvonne Printemps.

Ivonne Printemps se pone grave:

—Cuando yo era pequeña conocí a un carpintero, un hombre ya viejo, que en sus ratos de ocio fabricaba muebles miniatura, una verdadera maravilla de marquetería. ¡Cómo lo comprendo ahora! Amar lo que uno hace es la fuente misma de todas las alegrías. ¡Si yo fuera barrendera, quisiera que mi calle fuera la mejor barrida del mundo! Quiero al teatro con tanta pasión que no puedo soportar el trabajo mal hecho. Siempre me exalto y contagio a los demás. Para llegar a lo que soy he trabajado como loca, y encuentro que la profesión teatral es la más bella del mundo.

Louis de Broglie

•

A principios de 1955 conocí a Louis de Broglie. No sé por qué lo escogí como entrevistado pero sé que seguramente él no me hubiera escogido a mí. Supongo que alguien de mi familia hizo el contacto. En aquella época, si me hubieran dicho que entrevistara al presidente de Francia hubiera ido llanamente al Elysée a tocar la puerta con la aguda voz de la juventud: "Tengo que preguntarle algo al señor presidente", no sin añadir, porque la distancia siempre impresiona a los franceses: "Je viens du Mexique". Cuando uno es joven se le figura que todo el monte es de orégano. Así, fui un lunes al Collège de France que da sobre uno de los márgenes del Sena a visitar a Louis de Broglie con mi libreta escolar y mi lápiz mal tallado. Un bibliotecario, su gorrita de tela negra para guarecerse del polvo sobre la cabeza, me pidió que esperara. Marcel Bataillon me había contado en alguna ocasión que los oyentes a las conferencias de los sabios del Collège de France son los *clochards.* Canjeaban los bajos de los puentes de París por la calefacción de la sala del Collège y dormían allí apoltronados en su butaca mientras él hablaba de Erasmo y España y la Celestina. Ante los mismos indigentes, Louis de Broglie diserta acerca de los *quanta,* la clasificación de los cuerpos simples, el estudio del efecto fotoeléctrico, la aparición de la teoría de los *quanta* de luz o de la mecánica ondulatoria. Supe entonces que a los sabios no les parecía mal que un pobre andrajoso viniera a calentarse en su conferencia y que por tanto no podrían tratar mal a una periodista venida "du Mexique" con los ojos abrillantados por la esperanza.

Louis de Broglie me pareció estar siempre vestido de *jacquet,* o por lo menos de oscuro, como si fuera a asistir a una boda invisible y magnífica. Me tendió una mano delgada y pálida y vi que sus ojos muy sumidos en sus cuencas eran tristes con ese desencanto particular y grave que suele dar la sabiduría. Parecía hecho de material interestelar y pude fijarlo en el aire gracias a su corbata *papillon,* mariposa perforable con el alfiler de alguna pregunta. Cuando escuchó mis preguntas me miró con cierta sorpresa. Inquirí por la nebulosa de Andrómeda, que vuela despeinada y loca por la inmensidad de los cielos; le dije (¡yo, imagínense ustedes!) que la teoría de la relatividad demostraba que a la velocidad de 100 000 kilómetros por segundo, el metro no tendría más de 94 centímetros, y aun llegaría a cero a 300 000 kilómetros por segundo, y que de seguro esta teoría de la supresión del metro por la velocidad debía de ser una nueva prueba de la existencia de Dios. Como todos los sabios, Louis de Broglie aseguró ser ateo y me miró de más en más sorprendido ante lo peregrino de las preguntas y ante esa voz infantil y temblorosa empeñada a toda costa en entrar —por no sé qué puerta— al gran edificio de la física.

"Si un metro se reduce a cero a 300 000 kilómetros por segundo, el mundo debe reducirse en las mismas proporciones, es decir, el pasado, el presente y el futuro ante la eternidad o lo eterno. ¿No es lo mismo? ¿No representan los chinos la eternidad con un cero?" Entonces Louis de Broglie se apiadó de mí y me dijo que todo el esfuerzo de los físicos tendía a reducir la materia a un vasto conjunto de corpúsculos… que lo mismo que un fotón no puede desligarse de la onda que se le asocia, los corpúsculos de materia siempre se asocian a una onda. De allí la mecánica ondulatoria. Claro que no me lo dijo con estas palabras sino con una infinita paciencia, y todavía hizo algo más por mí: logró que me permitieran asistir a algunas conferencias que no son para el público en el Instituto Joliot Curie. (Naturalmente, me quedé en las mismas.) Me contó que la luz, cuando nos viene del sol o de las estrellas, llega a nuestro ojo después de haber atravesado inmensos espacios en los cuales la materia está ausente y finalmente me habló de novelas policiacas por las que sentía una enorme afición porque lo descansaban. Ya para despedirse me preguntó con toda cortesía: "¿No comería usted conmigo la semana entrante en un pequeño restaurante cerca de aquí?" No recuerdo nada de física pero sí recuerdo con exactitud lo que comimos: una rebanada de *quiche lorraine,* un *steak* con polvo de estrellas y una pera erecta en medio del plato como el sol al centro de nuestra galaxia. La comida se repitió dos veces y mis tíos se preguntaban risueños: "¿De qué diablos puede hablar Louis de Broglie contigo?" Nunca lo supe. Entre comida y comida brotaban en el aire los nombres de Planck, de Niels Bohr, de Rutherford y Chadwick, Cockroft, Walton, Blackett y un señor que estudiaba los efectos de desintegración producidos por los rayos cósmicos, Occhialini. Me gustaba mucho cuando hablaba de la teoría cinética del gas, porque, como los niños, imaginaba terribles explosiones mientras él me contaba que un gas que está formado por un número inmenso de átomos y de moléculas en movimiento rápido y que la presión ejercida por el gas sobre las paredes del recipiente que lo contiene se debe al choque de las moléculas. Pero lo que más me gustaba era lo de los fluidos eléctricos: la electricidad positiva y la negativa. Si un cuerpo contiene cantidades iguales de esos dos fluidos es eléctricamente neutro: si contiene más fluido positivo que negativo está cargado positivamente; en el caso contrario, negativamente. Yo lo escuchaba mientras me llevaba pedacitos de *quiche* a la boca, átomos de queso y crema y la mayor parte del tiempo no podía responder nada, pero empecé a ver el aire a mi alrededor como una materia viva, compuesto de miles de corpúsculos y algo debió quedar flotando en mi interior, algo hizo ancla —al menos la inmensa bondad del sabio— porque años más tarde habría yo de casarme con un sabio mexicano, Guillermo Haro, que muy pronto desistió al tratar de explicarme las pléyades, las constelaciones en la nebulosa de Orión, las estrellas variables, las T-Tauri, las UV Ceti, los objetos Herbig-Haro, las novas, las estrellas de emisión continua, las estrellas enanas blancas a las que se dedica, y simplemente hizo que yo pasara a ser una más de sus *white dwarfs*, en las que me he perdido, reducida a polvo cósmico, a materia corpuscular, un puntito de luz infinitesimal que gira y gira curiosamente asimétrico dentro de la inmensa masa cósmica que rodea al planeta llamado Tierra.

Ciencia, pintura, costura: la princesa Guy de Broglie

—Señora, por favor, hábleme de Louis de Broglie. Lo consideramos el hombre de ciencia más importante después de Einstein.

(La princesa Guy de Broglie me mira con ojos muy redondos dentro de su cara redonda. En realidad, el tema de la entrevista es la moda y yo me salgo por la tangente porque me aburre.)

—Bueno, yo no lo veo casi nunca. Vive totalmente separado de cualquier tipo de vida social. Louis de Broglie es el primo hermano de mi suegro, el duque Maurice de Broglie, y Louis, como usted sabe, es el más joven de los hermanos.

—A muy temprana edad obtuvo el Premio Nobel, ¿verdad? Yo tengo varios libros suyos: *Matière et lumière* y sus tesis sobre la mecánica ondulatoria y los *quanta* ("Estudios filosóficos sobre la física cuántica"). ¡Él ha de haber tenido mucho que ver en la obtención de la bomba atómica francesa!

—No sabría decirle. Lo único que puedo comunicarle son mis impresiones personales, y he visto relativamente poco a mi pariente "sabio". Él no ve más que a sus alumnos y no habla más que con las personas con las que trabaja.

—No tiene tiempo que perder.

—Sobre todo es un *grand distrait* (un hombre muy distraído) y lo único que le llama la atención es el pizarrón negro sobre el cual explica los problemas de la física nuclear. Usted debe saber que Louis de Broglie no se destinaba a la ciencia sino a la literatura. Ya había hecho su carrera de filosofía y letras, pero después de la guerra de 1914, subió al puesto de observación de la Meteo, en la Torre Eiffel, y de golpe se dio cuenta de que un mundo mucho más complejo y mucho más apasionante que el de las letras estaba allí a su alcance. "Éste es mi universo", se dijo, e hizo la carrera de matemáticas. Escribió su

"Communication a L'Académie des Sciences", institución de la que ahora es secretario perpetuo.

—También es miembro de la Academia Francesa.

—Además de ser secretario de la Academia de Ciencias, obtuvo el Premio Nobel a la edad de treinta y dos años.

—¿Y de veras no lo ve usted nunca?

—Se le puede ver caminando por Neuilly, con los ojos muy separados y la facha de un profesor ensimismado. No reconoce a nadie.

—¿Y sigue usando esos cuellitos blancos, tiesos y anticuados y sus pantalones rayados?

—Sí.

—Bueno, señora, tengo entendido que antes de dedicarse a la moda usted tuvo una galería de arte de vanguardia.

—Sí, la Galería Daniel Cordier, que se inauguró en otoño de 1956.

—¿Equivaldría en México a la galería de Antonio Souza, que protege a pintores abstractos?

—Sí, también lanzamos pintores abstractos, entre otros a Jean Dubuffet, a Matta, del que estoy segura que los mexicanos han oído hablar. También nos ocupamos de las obras de Henri Michaux y sus *dessins mescaliniens* (dibujos mescalinos) bajo la influencia de la mescalina, que acelera la mente y produce visiones. Algunos artistas han pintado o escrito bajo la influencia de la marihuana. Además de dibujar, Henri Michaux escribió *Miserable milagro,* un libro maravilloso.

"Entre nuestros artistas lanzamos al pintor y escultor Lynn Chadwick, que fue uno de los ganadores en la Bienal de Venecia en 1956.

"Trabajé en la galería durante tres años hasta que la dejé para unirme a la Casa Pierre Cardin. Mis asociados…"

—¿Cómo es posible que haya dejado una labor creadora para vender vestidos? —me irrito.

—En primer lugar porque la alta costura es una obra de creación. Me apasiona que un gran negocio financiero, como una casa de costura en París, dependa del talento de un solo hombre. Jacques Fath murió y se acabó todo.

—Pero Christian Dior también murió, y su negocio no decayó.

—Porque tiene un continuador, Yves St. Laurent. Sin embargo, tres casas de alta costura en París —Balenciaga, Givenchy y Cardin— son más importantes que Dior.

—¿Y Chanel? ¿Y Lanvin?

—Todo gira alrededor de la personalidad de Coco Chanel, pero sus trajes son los mismos de hace veinte años. Usted parece dudar de la creatividad de la alta costura pero debería venir a París cuando se presentan las nuevas colecciones a la prensa. De las críticas de las grandes revistas de modas; de Marie Louise Bousquet, de Edmonde Charles-Roux, de Carmel Snow, del *Vogue*, depende la suerte de los vestidos. ¡Si rechazan los nuevos modelos, el fiasco es total!

—¿Cuántos días tardan los críticos en sopesar el pro y el contra?

—Deciden casi inmediatamente en el momento del desfile. Por eso, la exhibición es de vida o muerte. Imagínese usted la ansiedad escondida tras de cada nuevo modelo. Es algo así como una *première* de teatro. Cuando una revista pide muchos vestidos para publicarlos, el éxito de la temporada está asegurado. Este año, Cardin tuvo 37 modelos en *L'Officiel*.

—¿Cuál es su papel, señora, en la casa Cardin?

—Soy la encargada del personal y de las relaciones públicas. Vine a México para buscar una mujer muy elegante: Susy Gilly.

—Realmente es como para sentirse orgulloso. Ahora, señora, ¿me permite la última pregunta aunque no se trate de modas sino de pintura? ¿Qué mexicanos se conocen en Francia?

—Orozco, Rivera, Tamayo y Leonora Carrington. Tengo en mi casa una buena colección de pintores jóvenes modernos, como gran aficionada que soy.

Y la princesa de Broglie se despide, envuelta en un vestido de Cardin y repite una vez más: "Lo que me apasiona es trabajar para un creador".

Pierre Benoit   •

Antes de entrevistar a Pierre Benoit fuimos a comer quesos a Androuet. Sobre unas largas y monásticas mesas de madera aguardan plácidamente los quesos del mundo. Camemberts de todos tamaños, Bries blancos, a punto de derretirse, Roblochons, inmensos Roqueforts de nervios tan azules que parecen de mármol, el Puant Maceré y el queso que más le gustaba a Napoleón, el Niollo italiano, que apesta más que todos.

La comida en Androuet es de puros quesos. Un mesero ofrece primero los de cabra explicando su origen y confección. "Sabe usted, señorita, este *crotte de bique* es obra de una buena mujer que hizo famosa su provincia natal. Pruébelo". Si el visitante no prueba cada queso, más le valdría no haber venido porque los meseros insisten y el patrón se presenta con una mirada desolada y pregunta si los clientes no están contentos con el servicio.

Después de la tanda de quesos de leche de cabra, es rigurosamente necesario tomar vaso y medio de vino tinto. Si los quesos de cabra son el aperitivo, los de crema ya macerada representan el plato fuerte. Es así como en cada plato hay una inmensa rebanada de Roblochon (muy parecido al San Fandila, pero mejor). Estos quesos se comen con abundantes rebanadas de *baguette* que los niños llevan en bicicleta a su casa, que los enamorados olvidan sobre la banca en que se besaron, que las viejitas guardan celosamente y que los maridos cargan bajo el sobaco para no perderlo al traerlo del trabajo a la casa a mediodía.

Bueno, pero entre tanto queso se nos estaba olvidando el ilustre Pierre Benoit, autor de múltiples y suculentas novelas, amigo de Cocteau, de Maurois, de Mauriac y miembro de la Academia Francesa. Si hablamos de Androuet es porque después de este enquesamiento fuimos a entrevistarlo.

—Señor Benoit, tenía yo muchas preguntas que hacerle, pero los quesos se las han tragado todas.

—¡Ah!, es usted la señorita princesa que me mandan Marcel y Juliette Achard. ¡Ah, bueno! No se asuste, no me la voy a comer. ¿Tanto miedo así me tiene como para que se le olviden las preguntas?

—No. La verdad es que comí en Androuet y los quesos… (Pierre Benoit se ríe de buena gana.)

—¿Y qué tal? Yo nunca he ido pero dicen que es muy divertido. En fin, no se preocupe, pregúnteme cualquier cosa; si me parece mal, le echaremos la culpa al vino tinto de Androuet.

(Les pedimos disculpas humildemente a nuestros lectores que ya sabrán por qué esta entrevista está tan dada al queso.)

—Señor Benoit, ¿qué es lo que más le importa en la vida?

Pierre Benoit nos mira asombrado. Nosotros, rebosantes, lo miramos como si la pregunta no dejara nada que desear.

—Dígame, señorita princesa, ¿qué personas ha entrevistado desde que llegó de México?

—Pues a Mauriac, sí, a François Mauriac…

—¿Y qué le dijo?

—Me corrió, me dijo que regresara cuando leyera sus obras.

Pierre Benoit vuelve a reír.

—¡Ah, qué enojón es este Mauriac! ¿Usted ha leído mis obras?

—Sí, señor. (Con alivio.) *Mademoiselle de la Ferté, Ville Perdue, La Chaussée des Géants,* el prefacio de la *Historia de San Michele,* de Axel Munthe…

—Ahora sí viene usted armada. ¿Y qué opina usted de mí? ¿Sabe? Yo no me habría enojado si usted no conociese mis libros.

—¡Oh, no se preocupe usted, señor! Muchos jóvenes en México, sobre todo los de la colonia francesa, hemos leído su obra.

—Bueno, es que yo ya tengo setenta años. ¿A quién más ha entrevistado, señorita?

—(Con orgullo.) A Louis de Broglie. Él hasta me explicó la teoría de la relatividad y se sorprendió cuando le pregunté cuál era su flor preferida, su ideal de felicidad terrestre y el color de sus trajes. También pude dialogar con Jules Supervielle, que fue muy buena gente.

(Pierre Benoit es un hombre más bien bajo, que desconoce la presunción. Hay en sus ojos la melancolía del viajero que deja un poco de sí mismo en cada país.)

—Me preguntó usted qué era lo que más me importa en la vida. Sabe usted, ya tengo setenta años y para mí lo único que vale ahora es prepararme para una buena muerte. Cuando llegue usted a mi edad, se dará cuenta de que ya no se piensa más que en tratar de salvar el alma. (Benoit vuelve a reírse.) Quiero decir, salvar el alma sin ponerse demasiado triste, sin deshacerse de nada ni renunciar a la vida. He aprendido a través de los años a vivir solo. Pascal dijo: "La desgracia de los hombres es no saber quedarse solos en su cuarto".

(Pierre Benoit vive en la avenida Franklin Roosevelt y su casa no tiene ningún chiste. Tiene una sala gris, neutra y tan poco colorida que inspira cierta ternura por lo que tiene de antesala burocrática. Sobre las paredes cuelgan dibujos de Jean Cocteau y ni siquiera hay libros. Una acuarela es el punto luminoso de todo el cuarto.)

Christine Garnier lo dijo en un perfil literario del escritor: "Si Pierre Benoit no tiene libros es porque se sabe más de cuarenta mil versos de memoria". Sí. La memoria de Pierre Benoit pasará a la historia porque ha memorizado pasajes enteros de sus autores predilectos. Bossuet, Chateaubriand y Balzac, Ifigenia y Berenice, múltiples estrofas de Victor Hugo, de Lamartine y de Leconte de Lisle.

—Señor Benoit ¿dónde están todos los recuerdos de sus innumerables viajes?

—No tengo. Jamás traigo objetos del extranjero porque no me gusta que me atrapen las cosas ni los recuerdos sentimentales. Yo soy un hombre al que le es necesario sentirse vacío. Mi mujer, Marcelle, llenaba la casa con recuerdos, agua del Jordán, biombo japonés, cigarros turcos, vasos granate de Checoslovaquia y una cajita con motivos egipcios que heredé de Maeterlinck. Yo soy un minimalista.

—¿Y todos esos lugares del mundo que describe en sus libros?

—Los conozco de cabo a rabo, pero no los cargo. Siempre he sido un nómada. Mi padre, oficial de infantería, cambió treinta veces de guarnición. Fui a Niza, a Montpellier, a Baber, Sfax, Túnez, Argel. Hasta el día en que me casé, no viví más que en cuartos de hotel, en cabinas de barcos, en casa de amigos. Por eso prefiero no poseer nada por el miedo a perder. Prefiero adelantarme a los riesgos del destino. Mire usted, estoy bastante alejado de los bienes materiales. Cuando era joven, las palabras sublimes de san Benoit me impresionaron: "¡Hay que arrancar hasta las raíces ese vicio de la posesión!"

—Entonces, ¿cuál es el defecto que usted más desprecia?

—La avaricia, claro está. En el fondo, sabe usted, los defectos no son más que cualidades vueltas al revés. Los siete pecados capitales no son más que el revés de la fe, de la esperanza y de la caridad. Creo que sé lo que es el amor. (Benoit sonríe.) En mi humilde opinión yo no tendría más que cualidades. Nunca he encaminado mis actividades por un mal sendero. Desprecio los pecados mediocres como la pereza, la glotonería, la vanidad, que no es más que el lado bajo y mezquino del orgullo. Ya que estamos hablando de pecados, le diré que para mí lo único que verdaderamente importa en la vida es tratar de no hacerle daño a nadie.

—Pero eso es imposible.

—Ése es el objetivo de cada hombre en la vida. Y luego saber perdonar. Como dice Musset: "A défaut de pardon, laissez venir l'oubli". Pero piense usted que está hablando con un hombre que se encamina hacia su fin. Después de cinco meses de cárcel durante la guerra, sé lo que es el desprecio y la indiferencia.

—¿Y de los hombres de letras qué opina usted?

—No amo a los hombres de letras, sobre todo a los que viven de sus letras, pero supongo que el dinero es necesario. Homero, a quien nadie pagaba, recibía, sin embargo, alimentos y ropa. No le pagaban por línea pero le daban de comer. Es terrible tener que cobrar derechos de autor.

—Y del hombre ¿qué opina?

—Creo que un maestro debe mantener a sus alumnos por encima de su propio nivel. Lo mismo sucede con el hombre. Debe vivir por encima de su nivel cultural, ir más allá. Diderot dijo que los hombres que viven de lo que escriben son exactamente lo mismo que las mariposillas nocturnas.

—¿Quiénes son las mariposillas nocturnas?

—Las que venden su cuerpo.

—¡Ah! ¿Y qué opina usted de las mujeres?

—Usted bien sabe que todas las heroínas de mis novelas son mujeres.

—Sí, pero lo que no sé es por qué los nombres de sus heroínas empiezan con la letra A. Axelle, Alberte, Antinea, Ágata, Aurora, Arabella. ¿Todas las conoció usted?

—No. Por Dios, son inventadas. Además, todas son más cerebrales que sensuales. Nunca he sacado mis personajes femeninos de la vida real. En cambio, en los personajes masculinos evoco y revivo a bibliotecarios, a meseros (yo mismo fui bibliotecario, usted debe saberlo). Siempre he admirado a las mujeres. Tengo confianza en mi buen juicio. Son raras las veces en que estén totalmente equivocadas y hasta cuando dicen mentiras, en ellas hay siempre una parte de verdad. Las mujeres son muy listas. Admiro la profunda sabiduría que esconden bajo su aspecto frívolo. Aunque usted no lo crea, yo soy un hombre sentimental y posesivo. Hubiera querido ser hijo único y fuimos cuatro hermanos entre quienes mis padres dividieron su cariño. Y para mí esa repartición fue verdaderamente intolerable. Más tarde, en el amor, lo que más busqué —no sé cómo decirlo— fue una especie de gratitud, un agradecimiento que he encontrado varias veces. Quizá sea mejor así, porque aunque le parezca una paradoja, odio los regalos que empobrecen a los que los hacen y envilecen a quienes los reciben. Tengo que decirle también que con las mujeres siempre he tenido el *handicap* de la timidez. Por ejemplo, nunca supe bailar… ¡Ah, bailar! Me hubiera gustado ser de aquellos que agarran con soltura a una mujer por el talle y le hablan al oído. Toda esta seducción fácil jamás entró dentro de mis posibilidades. Debí aprender a bailar pero la timidez es la vecina del orgullo. Tenía yo miedo de dar los primeros pasos. Me hubiera gustado aprender las cosas de golpe, por intuición. Pero, señorita, tenemos que darle algún peso a esta entrevista. Hemos hablado de puras frivolidades. ¡Cuénteme de México! ¿Hay buenos escritores mexicanos?

—Sí, muy buenos. Alfonso Reyes, Octavio Paz, Mariano Azuela, Juan Rulfo, Rosario Castellanos, Elena Garro, el joven Carlos Fuentes.

—¡Qué bien! La vida espiritual de un país está en sus creadores.

Al despedirme pienso que también la vida espiritual de Francia está en hombres como Pierre Benoit.

Jean Pierre Granval:
un actor que respira teatro

Jean Pierre Granval permaneció sentado. Era su turno y recitó el poema de Claudel, "Diecisiete años". A diferencia de Jean François Calvé, de Gabriel Cattand, de Jean Juillard, de la pequeña Jacqueline Corot, Jean Pierre no se levantó de su asiento. Se quedó sentado como en la sala de su casa. Miró sus pies, se inclinó, juntó una mano con la otra y le platicó confidencialmente al auditorio, con una voz baja: "Diecisiete años... ¿Para qué me sirven estos brazos? ¿A dónde me llevan estas piernas?"

Ojalá y supiéramos el poema de Claudel para transcribirlo. Jean Pierre Granval es un actor que conmueve y va del más profundo dramatismo hasta el cómico refinamiento de Molière. ("Le Petit Marquis" que crea Granval es soberbio.) Y con razón, Granval es hijo del teatro; pertenece a una tercera generación de actores. Su padre, Charles Granval, fue uno de los más finos actores que ha tenido la Comedia Francesa. Su madre, Madeleine Renaud, enviudó de Granval y se casó con Pierre Bertin. Cuando Jean Pierre era pequeño, ella, Madeleine, lo llevaba en brazos a los ensayos. Desde niño respiró el aire del teatro. Para él vivir significa actuar.

Llevaba una camisa colorada y cuando le pregunté si le gustaba México se echó a reír.

—Apenas bajé del avión me preguntaron lo mismo. Pues sí, adoro a México, su cielo azul, sus pirámides, sus bailes típicos, sus museos, su arte colonial, Tamayo, Dolores del Río, María Félix, *el Indio* Fernández. ¿Qué más quiere?

EL ALCALDE DE ZALAMEA, DE CALDERÓN

—En 1943 fui contratado en el teatro Atelier para representar *¿En qué sueñan las muchachas? (A quoi rêvent les jeunes filles?)* Actué después en el teatro Chaillot en *El alcalde de Zalamea,* de Calderón. Finalmente, en 1946, ingresé a la compañía Renaud-Barrault. Soy su galán joven y segundo actor cómico.

"Dentro de lo cómico, prefiero los papeles que tienen profundidad, los que esconden un drama. No me gusta hacer el payaso porque sí. Voy a tener el papel principal en una obra del autor libanés Francis Schehade. El estreno será en Zurich. Es la historia de un hombre ingenuo, un poco a la Charlie Chaplin, que ejerce la profesión de peluquero en un pueblito. Por culpa de la guerra se vuelve soldado —a pesar de sí mismo— y al final lo matan. En la compañía Barrault-Renaud he participado tres años seguidos en el festival de Lyon en los papeles de Sosie (*Anfitrión,* de Molière), de Moron (*La princesa d'Elide*) y de Scapin (*Les fourberies de Scapin),* pero los papeles que prefiero son los del boticario en *Intermezzo,* Yasha, Sosie, y el de la obra de Christopher Fry, *El sueño del prisionero.*"

Granval, que ha actuado al lado de Michel Piccoli, se despide porque lo espera otro entrevistador.

El movimiento francés
de los padres obreros ganó la batalla

Desde ahora los sacerdotes que así lo deseen tendrán derecho a entrar a las fábricas de automóviles, de llantas, a las fundidoras de acero, a las constructoras de carros de ferrocarril como simples trabajadores —peones, si ustedes quieren—, con tal de estar más cerca de los obreros. El movimiento de los Prêtres-Ouvriers (padres-obreros) que se inició en Francia hace trece años y que fue suspendido por el Vaticano, ha sido rehabilitado gracias a monseñor Veuillot, obispo de París y sucesor del cardenal Feltin (o sea, el próximo jefe de la Iglesia francesa).

Un drama violento estalló entre los años 1951 y 1954 que conmovió a la Iglesia y sobre todo a los franceses, católicos o no. Setenta sacerdotes franceses de la región parisina y ochenta de otras regiones de Francia decidieron compartir la vida de los obreros, es decir, trabajar en sus fábricas, comer en su mesa, enterarse de sus carencias, ir a sus juntas de sindicato; en pocas palabras, 150 sacerdotes franceses tomaron el partido de los pobres. Su experiencia los convenció de que allí, entre los obreros, brotaría un mundo nuevo. Claro, no iba a ser un mundo perfecto pero las parroquias debían darse cuenta de la transformación radical de los conglomerados industriales y del campo.

Los curas de parroquia se enojaron: "¿Se han vuelto comunistas? ¿Son estos los resultados de sus incursiones en el mundo de los pobres?" El clero se dividió y el Vaticano, alarmado, tomó medidas drásticas. Después del 1º de marzo de 1954, 80 de los 150 padres-obreros abandonaron la Iglesia. Desde ese momento muchos pobres añoraron la solidaridad de los sacerdotes-médicos, los sacerdotes-hombres que participaban en su lucha y los defendían no con un paternalismo condescendiente sino con el vigor y la solidaridad de hombres que saben lo que es el dolor humano.

El drama de los padres-obreros siguió latente. ¡Si no, que lo digan los cientos de jóvenes seminaristas que cada año solicitan ser padres-obreros! Ahora Pablo VI —que continúa la obra humanitaria de Juan XXIII— ordena: "¡Sigan adelante! Ustedes tenían razón. Estamos ante un mundo nuevo y nuestros métodos deben adaptarse a la vida actual. Vayan hacia los pobres y entérense a fondo de los problemas del mundo contemporáneo. No tengan miedo a contaminarse que la Iglesia moderna ganará la batalla. El mundo nace todos los días y la Iglesia también debe renacer".

UN NUEVO SACERDOCIO ACTIVO, SOLIDARIO

Ojalá y en México, donde todavía existe el besamanos, las misas pagadas, las limosnas a la Divina Infantita, al Niño de Atocha, a san Antonio cabezón, los milagros y las indulgencias, se diera el caso de jóvenes sacerdotes ligados al pueblo, que además tuvieran una carrera y fueran médicos, arquitectos, ingenieros, sociólogos, biólogos, químicos, constructores; hombres que quisieran enfrentarse a la verdad de nuestro país.

Todos los días hay que replantearse los dogmas y las ideas que nos rigen. Alrededor de nosotros reina la miseria, la ignorancia, el desamparo, la superstición, la mentira y la credulidad. Y, sin embargo, en México contamos con un gran sacerdote, el obispo de Morelos, Sergio Méndez Arceo (uno de los pocos que se hizo notar en el Concilio Ecuménico; todos los periódicos comentaron sus intervenciones). No es la fe la que debemos juzgar sino a los que la profesan. Y por eso el mundo exige sacerdotes pensantes que participen en la vida de sus hermanos y la hagan suya y no un clero paternalista que soborna, adormece y le echa tierra a la miseria y a la corrupción.

El Edith Piaf masculino de París, Yves Montand, que de niño jugaba al salario del miedo

A los diez años de edad, Yves Montand jugaba con sus amigos al túnel. Este juego bárbaro consistía en correr dentro de un túnel sobre la vía del tren. Apenas oía el ruido de la locomotora, el niño se lanzaba entre los rieles (sin saber sobre qué vía venía) sólo por el placer de correr con el tren detrás. A la salida del túnel, se tiraba al suelo, muerto de cansancio y de terror, mientras sus amigos esperaban. El maquinista se inclinaba fuera de la locomotora para mostrarles su puño vengativo a la bola de zánganos que buscaban una emoción embriagadora. Quizá de este juego brotó el actor de *El salario del miedo*.

En todo caso, es muy representativo de la vida y del modo de cantar de Yves Montand. Como una locomotora, la vida se le echó encima desde pequeño. Supo muy pronto lo que significa el hambre. Fue camionero, cargador, obrero y también peinador para señoras. A los once años dejó de ir a la escuela pero aprendió más en la calle que en las largas horas de estudio en las bancas de colegio.

Yves Montand es lo contrario de Trenet y Chevalier. No más trucos de escena, no más sombreritos redondos, bastones, claveles, guiños y sonrisas. Montand es bronco, gallardo, y las *midinettes* de París gritan más al verlo aparecer sobre la escena que las *teenagers* al ver a Frank Sinatra. Montand canta con voz ronca y salada y sus ademanes se clavan en el espectador. Tiene la sencillez y la veracidad de quien logra lo que se propone. Canta en mangas de camisa, sin corbata, sin maquillaje, como un mecánico ante el motor de su coche. Es en hombre lo que Edith Piaf es en mujer; los dos se desgarran al cantar porque la vida los hizo pinole. Sus canciones populares surgen de sus entrañas como un gran grito animal. A veces de animal herido, a veces de animal victorioso, pero siempre palpitante de vida.

Por ningún motivo podría decirse que son cantantes refinados pero jamás caen en la vulgaridad. Son como una catarata que todo lo empuja en su corriente: basura, belleza, vulgaridad, lágrimas y mezquindad, la torturante riqueza de los ricos, la miseria, en fin, un conjunto de desperdicios y diamantes, mezclado en un solo impulso a la manera de Jacques Prévert.

Montand y Piaf toman una canción, la tuercen y la patean, la estrujan y la arrastran como trapo a través de la escena (casi barren el suelo con ella) y luego se la avientan al público subyugado que jamás se cansa de oírlos y de verlos amaestrar su canción y montarla como a una fiera. Yves Montand domina su canción, le abre la boca y mete su cabeza adentro. Y el león no la cierra porque siente el poder del hombre. Ya que la canción se empequeñece y se hace tierna como una paloma, dócil en su garganta, se la entrega al público que de pronto estalla en mil aplausos.

Montand le debe su éxito a sí mismo. Sus callos en las manos no le impidieron ser estilista (como le dicen ahora) y un día tomó las tenazas hirvientes y se quemó la mano con tal de inhabilitarse para seguir peinando. Expresa su intimidad por medio de canciones que tienen el sabor del metro parisiense y evocan muchachas de cola de caballo y faldas estrechas. "Un mocoso de París", "Sobre los grandes bulevares", "No te pareces a nadie", "Cuando un soldado", "Los saltimbanquis", "El pintor, la manzana y Picasso", "Me gusta besarte" y "Luna Park…" son sus canciones.

También es actor. ¿Quién puede olvidar al Mario de *El salario del miedo*, película de Clouzot, que conduce un camión con litros de nitroglicerina? Y sin embargo, en Yves Montand, el actor, a quien el éxito rodea implacable, no hay pedantería. Él y su mujer, Simone Signoret, son sinceros en sus buenos propósitos, en su buena actuación y en su amor al teatro.

París llora la pérdida de uno de sus más grandes poetas: Paul Claudel

Hoy, 23 de febrero de 1955, en París murió Claudel y la pérdida es demasiado grande. El órgano profético ya no volverá a sonar y una de las voces más poderosas del siglo ya no dará grandeza a nuestras miserias humanas porque nadie mejor que Claudel supo hablar de las relaciones entre el hombre y la mujer ni de las relaciones de la criatura con su dios.

Como él mismo decía: "Je suis un paysan avare" (Soy un campesino avaro), Claudel era un labriego que nos lega la armonía, la inconmensurable generosidad de las *Cinco grandes odas,* el *Zapato de satín* y *La anunciación hecha a María.*

Dios recogió ahora a su campesino para integrarlo a los surcos abruptos y oscuros, luminosos e incomprensibles que a veces vemos en el arado de las nubes.

Paul Claudel murió a las tres de la mañana en su casa del número 11 del Boulevard Lannes. Se apagó lentamente en el sillón en que acostumbraba descansar. Enfermo del corazón, hizo un enorme esfuerzo por participar en los ensayos de su nueva versión de *La anunciación hecha a María,* integrada al repertorio clásico de la Comedia Francesa. Gracias a Dios, Claudel pudo ver su *première* y recibir en persona la ovación de un público conmovido.

Desde hoy en la mañana ese mismo público de amigos y admiradores, conocidos y desconocidos, desfila ante el ataúd del académico, vestido con un traje de franela gris. El poeta reposa con las manos cruzadas. Entre sus dedos, sus hijos entretejieron un rosario que le obsequió el papa Pío XII y sobre su pecho brilla un crucifijo de marfil que desde China le mandó un misionero.

En la tarde anterior, Claudel había firmado el contrato que le permite a la Comedia Francesa representar *Proteo.* Durante la mañana, la salud del poeta fue satisfactoria pero una recaída lo postró en cama. El doctor Soulié lo examinó. A las 22 horas, el cura de la iglesia de Saint Honoré d'Eylau tuvo que administrarle los santos óleos y a las doce de la noche el gran poeta, enfundado en su bata color granate, pronunció sus últimas palabras: "Que me dejen morir tranquilamente. No tengo miedo". Falleció a las tres de la mañana.

Paul Claudel expresó el deseo de ser enterrado en el parque de su casa de Brangues en Isène, al lado de la tumba de su nieto Charles Henri Paris.

El primero en llegar al domicilio cuyas persianas se encuentran hoy cerradas fue Jean-Louis Barrault, intérprete de tantas obras suyas. Después, la esposa de Paul Valéry; Pierre Descaves, administrador de la Comedia Francesa; el R.P. Daniélou; el señor Kumano Nishimura, embajador del Japón. ¿Pero para qué dar una lista de personajes importantes? No queremos sino hablar del hombre ante quien se inclinan tantos grandes. En Japón, donde Claudel fue embajador, la emoción fue enorme. Era considerado el "mejor amigo" y el "mejor amateur del arte nipón". En círculos literarios se leyeron hoy sus poemas, se exhibió una película sobre su vida y la televisión japonesa le dedicó varias horas.

Las honras fúnebres del gigantesco Claudel (porque si a alguien puede llamarse gigantesco es a él) tendrán lugar el sábado. El presidente Coty declaró: "Francia pierde una de sus voces más deslumbrantes y una de sus glorias más puras. Me asocio al dolor de la Academia y le dirijo la expresión de mi simpatía entristecida". François Mauriac, que recibió a Paul Claudel en la Academia Francesa el 4 de abril de 1946, añadió: "Francia pierde sin duda al más grande de sus poetas. Era el último sobreviviente de una generación admirable; la de André Gide, Paul Valéry y Marcel Proust. Como católico lamento profundamente esta muerte que cubre de dolor a la Iglesia de Francia, porque Claudel era su gloria". Jean Cocteau llamó por teléfono desde St. Moritz: "Paul Claudel era una de las razones por las cuales quería yo pertenecer a la Academia Francesa. Esta muerte empaña de tristeza mi regreso a París. Después de Colette, es un golpe demasiado duro".

Nadie recordó que Claudel le había hecho un poema a Pétain.

La muerte de Claudel le arrancó al gran árbol de la literatura una de sus ramas más fuertes, más opulentas, más pesadas. Pero queda la savia que sabremos recoger.

LAS SOLEMNES HONRAS FÚNEBRES: EL GRAN ROBLE CLAUDELIANO HA CAÍDO

Todo París desfiló frente al catafalco de Paul Claudel, cuyo "Mar poético" se levanta a la altura de Racine. Su profundidad y grandeza se iguala a Pascal, a Bossuet, a los clásicos. Sus honras fúnebres impresionaron a la princesa Marta Bibesco (que acaba de ser nombrada miembro de la Real Academia de Bélgica), quien describió la ceremonia: "Notre Dame se convirtió de pronto en una inmensa nave y, desde lo alto, descendía como de un mástil la bandera francesa. Arriba, cerca del cielo, el azul, luego el blanco y el color rojo sobre el ataúd de Claudel".

Muchos franceses dejaron flores y mensajes anónimos en el féretro. Desconocidos esperaron en un París invernal las honras fúnebres. La viuda de Paul Claudel se acomodó en la primera fila, los señores académicos de la lengua en sus sillones, y en las tribunas, los ministros.

Cada uno de los pilares de Notre Dame son claudelianos. El poeta no era un santo pero supo sacar de cada una de sus experiencias la máxima belleza. Con la pesadez, la lentitud y la fuerza que lo caracterizaban, Claudel gritó: "Délivrance aux ames captives" (Liberación a las almas cautivas). Y fue como el oso fuerte de muchas almas. (Claro que abrazar a un oso puede resultar mortal.) Jean-Louis Barrault reunió el jueves 3 de marzo a todos los intérpretes claudelianos en su teatro Marigny y consagró una noche entera a la obra de Claudel. La máxima intérprete, Marie Bell (Doña Prouhèze), poseedora de los derechos de *Le Soulier de Satin,* Edwige Feuillère, Simone Valère, J. P. Granval, Jean Dessailly, Madeleine Renaud, Beauchamp, Pierre Bertin interpretaron algunos de los más bellos pasajes claudelianos. Entre la multitud, había rostros de niños de doce años que sus padres llevaron para que sepan desde la más tierna edad lo que significa un gran verso.

La fábrica de libros de René Juillard

De todas las fábricas del mundo, ninguna tan hermosa como la de libros: allí el pensamiento de los hombres se hace realidad. ¿Qué sentiría la niña Minou Drouet cuando recibió, a cambio de sus deshojados cuadernos escolares, un volumen impreso por René Juillard?

Como ella, muchos franceses publican su primer libro gracias a Juillard, el editor de los niños prodigio: Françoise Sagan, Françoise Mallet Lilar, Anne Braillard y Minou Drouet, quien lo llama "Mi gran sonata" y lo considera su padrino.

Tener a Juillard de editor es asegurar el éxito; el solo prestigio de su nombre es un talismán que atrae al público ansioso de novedades.

Primero, René Juillard abrió librerías francesas en Polonia. Los más distinguidos hombres de letras: Henri Bordeaux, Pierre Benoit, François Mauriac, Georges Duhamel, André Maurois, apadrinaron su proyecto y fundó el Book Club con el libro del mes, distribuido a los afiliados en el extranjero por Sequana, como llamó a su editorial.

En 1939 lanzó *La Francia del mes,* el primer *digest* francés. Después del armisticio de 1940, y todavía como piloto de la fuerza aérea francesa, creó las ediciones René Juillard en Mónaco.

En la mente de los lectores del mundo, el nombre de Juillard se asocia a Grasset, Gallimard, Stock y Plon.

LA MUERTE DE RENÉ JUILLARD

"Hubo una vez un hombre que amaba todo lo que tenía y tenía todo lo que amaba; el mar y la montaña, los viajes y la contabilidad, el avión y el jardín, la música y la pintura, la política y su mujer. Sin embargo, este hombre no vivía más que para la cita que tenía cada noche con unos cuantos centenares de páginas ennegrecidas y firmadas por un desconocido. En aquellos buenos tiempos esto es lo que llamábamos un editor."

Como si fuera un cuento de hadas, el escritor Raymond Dumay describe a René Juillard. Sería bueno que los muertos pudieran oír todo lo bueno que se dice de ellos después que han desaparecido. (¡Cómo me gustaría asistir a mi entierro!) René Juillard ha recibido un alud de elogios escatimados durante su vida. En París se habla tanto de la muerte del editor francés como de William Faulkner. Todas las revistas de arte y los suplementos culturales les dedican planas enteras y los jóvenes lamentan la pérdida de Juillard. "¿Ahora dónde llevaré mi manuscrito?" Porque Juillard se convirtió en el apóstol de los primerizos; fue el único que no vaciló en convertirse en el editor de los que nunca habían publicado. Michel del Castillo y Maurice Druon, entre muchos otros, lo visitaron en la Rue de l'Université, con su manuscrito bajo el brazo y recuerdan cómo este hombre joven (murió a los sesenta y un años después de una intervención quirúrgica) los atendió. Juillard era un hombre atento: "Déjeme su manuscrito. Lo voy leer, lo llamaré dentro de dos o tres días", y a los tres días llamaba: "Venga usted a verme, estoy encantado" o "Necesita usted trabajarlo más, pero tengo interés en que conversemos".

En Francia, no todos se han dado cuenta hasta qué punto René Juillard fue un editor valiente. Los escritores y los periodistas que le rinden homenaje hablan de su elegancia, su don de gentes, su bondad, su encanto, su cortesía. Trataba al novato con la misma deferencia que a los consagrados o los políticos con quienes se codeaba. Juillard fue el editor más valiente e influyente de la posguerra. En 1952 publicó *El África del norte en marcha* de Charles André Julien y editó las *Memorias* de Bourquibá, cuando el general Bidault entraba con su policía a las imprentas para incautar manuscritos. También fue el editor de Mendès-France, Ferhat Abbas, Servan Schreiber, el director del *L'Express*, y puso en circulación números de *Temps modernes* (dirigida por Jean-Paul Sartre) cuyo contenido político estaba en total desacuerdo con la represión colonialista. Se caracterizó por su repudio total del colonialismo y, como lo dice el diario *France Observateur,* merece que se le reconozca como uno de los grandes editores de la oposición democrática. ¡Es una ironía que René Juillard muriese el mismo día en que se declaró la independencia de Argel!

La joven autora del libro más leído en Francia: Françoise Sagan

Françoise Sagan o Françoise Quarés es tímida o indiferente; no se sabe cuál rasgo la define. Contesta por teléfono con la clásica cortesía francesa: "Oui Monsieur, mais avec plaisir", inclinando la cabeza y mostrando un par de ojos grises que aunque no quieren impresionar saben que pueden hacerlo. Quizá lo más notorio de Françoise Sagan sea su modo lacónico de responder preguntas y una ausencia total de amaneramiento. No quiere producir efecto alguno. No. Ni siquiera el de la autora abrumada por su éxito. No busca caerle bien a nadie y que "allá los periodistas o los críticos digan lo que les dé la gana".

Sin embargo, su sala es un camerino de *vedette*. Todos los jueves, la señorita Sagan recibe a la prensa. El jueves que fuimos había un señor de *Life* y dos fotógrafos de *Paris Presse* que la hicieron posar frente a su máquina de escribir. Me dijo: "Sabe usted, desde el Prix des Critiques no puedo escribir. No me dejan". La interrogan mucho, la fotografían demasiado y la pobre se ha rendido a ese gran tropel de caballos llamado "éxito". La invitan a comidas donde todos la observan, las madres de familia se azoran que las niñas de dieciocho años sepan tantas cosas, los críticos y libreros la avientan al ruedo para que toree a la moral. La psicoanalizan para conocer el fondo de su extraño y precoz intelecto. Dentro de poco, las casas de moda le pedirán que modele suéteres y trajes de baño, las grandes marcas de pasta dentífrica la retratarán en su cuarto de baño, lavando sus dientes parejos. Nadie sabe hasta qué punto le gusta a Françoise Sagan el éxito pero todos saben que lo que sí le gusta es correr a gran velocidad por las carreteras de Francia en su Jaguar, como lo hizo Anne, la futura madrastra de *Buenos días, tristeza*.

EL CULTIVO DE LAS BAJEZAS HUMANAS

Juillard es el editor de toda esa juventud que recibió la vida sin saber todavía utilizarla y ahora la lleva en sus manos como una carga. El cultivo de las bajezas humanas y su confesión ha sido considerado siempre como un tema vital. A los franceses les impresiona enormemente, y con absoluta razón, esa cosa llamada estilo. En Francia, un libro escrito en buen francés gana 70% de la admiración de los lectores. "¡Qué estilo!", exclaman entusiasmados. Ante todo hay que conocer el idioma y sacar de cada palabra su mayor savia y su sentido más exacto. Ese amor de Francia hacia su lenguaje es algo que deja boquiabierto al visitante. La veneración por la Academia de la Lengua se ve en los académicos y cada sillón de la Academia Francesa es codiciado por los que escriben.

El amor de Francia por su idioma es milenario y viene de Voltaire, Corneille, Racine, Malesherbes y Boileau. En las reuniones se habla con la lengua de Molière. Las frases bien pensadas y mejor dichas perduran hasta el fin de los siglos por su admirable elaboración y todos se esmeran por hablar lo mejor posible.

Françoise Sagan escribe el más clásico y el más puro francés.

Cuando fuimos a verla, estaba deprimida. El Jaguar se había descompuesto y ningún mecánico lograba arreglarlo sobre el Boulevard Malesherbes. La noche anterior, en un café se le perdió la bolsa con su libreta de direcciones. Durante la entrevista, se levantó varias veces a llamar a la estación de policía para preguntar con su voz dulce y educada: "¿Un petit sac?" Los fotógrafos, que también la esperaban, sonreían ante la resignación casi religiosa de Françoise Sagan al perder su bolsita.

UNA POTRANCA DELGADA SOBRE LA QUE HAN ENSILLADO LA DURA CARGA DE LA CELEBRIDAD

La escritora es delgada y sonríe poco. Más que andar, resbala con pasos menudos al lugar deseado, se sienta y extiende frente a ella unas piernas largas y bonitas. Se viste casi siempre de falda y suéter y no le pregunté lo que comía porque un periodista norteamericano lo estaba haciendo. Sus autores favoritos son Proust y Stendhal. No le atraen los objetos de porcelana china; tiene razón: dan miedo esos perros de porcelana verdeazul con cara de dragones. Le encanta el mar. Admite que el existencialismo es una filosofía que atrae pero ella no es existencialista. Lo que más le gusta hacer por el momento es tomar café. No, no cambiaría su vida por nada del mundo y su vida anterior cambió sólo porque ahora tiene oportunidades que nunca tuvo antes. Picasso es su pintor preferido. No le gusta el cine y los actores no le llaman la atención. Le encantaría viajar y no tiene lema en la vida. En mayo de 1954 recibió el Gran Premio de los Críticos y su libro se traduce ahora a dieciséis idiomas. No, no es biográfico. ¿Ha escrito algo más? Uno o dos artículos y tiene el proyecto de otra novela, pero no quiere hablar de ella porque se le sala. Le fascinan las orquídeas. Cuando le pregunté por su ideal de felicidad terrestre me miró extrañada. ¿Un marido? ¿Niños? (Asombro total.) ¿Niños sin marido? ¿Marido sin niños? Nada le apetecía. ¿Está contenta ahora con su éxito? Sí, sí, pero ha enflacado mucho.

La entrevista con Françoise Sagan fue un poco como "La loca jornada". Tenía mucha ilusión de conocerla y creí que a lo mejor seríamos amigas y me explicaría el porqué de ese sentimiento de tristeza, única reacción de la asesina de *Buenos días, tristeza;* pero no fue así. Para los que todavía no la han leído, la novela trata de una muchacha que ama con pasión a su padre (hombre superficial, de un modo de vida más ligero que a lo que ella está acostumbrada), quien destroza a sus amantes hasta que surge una con la que no puede. El padre ha decidido casarse. La autora trata de evitarlo y después de muchos intentos (estupendamente descritos) logra que Anne, su futura madrastra, se mate en un accidente de coche. Por la noche y ya sola en su recámara, saluda a la sombra que entra por su puerta con un "Buenos días, tristeza".

Françoise Sagan tiene miedo de que la lastimen; sin embargo, toda Francia se ha puesto de acuerdo para consagrarla. Como toda gente joven, no tiene la diplomacia de la edad y se repliega sobre sí misma. Comparte la actitud de las europeas actuales que en vez de creer en sus mayores los rechazan: "Déjenme sola", porque piensan que no entenderían sus problemas.

Tampoco es visible en su rostro la alegría del triunfo y aunque la tragedia de su novela no es autobiográfica, pesa sobre sus hombros de niña flaca. Muchos la consideran la gran escritora del futuro. Pero en ese jueves especial de la entrevista era sólo una potranca delgada y puntiaguda, sobre quien habían ensillado el triunfo.

Buenos días, tristeza, llevada al cine   •

Mil quinientas candidatas se presentaron al concurso de la Metro Goldwin Mayer para convertirse en la protagonista de *Buenos días, tristeza*. El jurado: el marido de Colette, Mauricio Goudeket; Héléne Gordon Lazareff, una de las primeras en viajar a los países tras la cortina de hierro; la escritora Madame Simone; Roger Nimier y Otto Preminger, director de la película. Resultaron 15 finalistas del total de aspirantes, entre ellas dos negritas deseosas de encarnar a Cecilia, la heroína de la célebre novela de Françoise Sagan, quien asistió al certamen y revisó las bellezas rubias, morenas y pelirrojas que buscaban el papel.

Françoise Sagan debería encarnar a la heroína de su libro. Aunque su físico no es el de una *pin up,* nadie conoce mejor a la muchacha que, sin remordimiento alguno, vive tranquila después de matar a su futura madrastra.

Pero ya hay favorita: Michèle Girardon, quien filmó *La muerte en el jardín,* de Luis Buñuel. De 18 años, cabello castaño, ojos verdes, 1.72 m de estatura. Las 14 finalistas perdedoras serán premiadas con un mes de vacaciones en la playa, ya sea en la Costa Azul, la Riviera, Deauville o Arcachon.

Una cierta sonrisa, segundo libro
de Françoise Sagan

Cuando vino a México el padre Reginaldo de Rocquois, ex director de la revista *L'Esprit des Lettres,* dictó en la Sala Molière del Instituto Francés de América Latina la conferencia "Françoise Sagan o las razones de su éxito". El padre De Rocquois atribuye el éxito de la Sagan a un fenómeno de posguerra porque Juillard supo lanzar su libro en el momento mismo en que Francia le prestaría toda su atención. Su éxito es, pues, de oportunidad.

El padre De Rocquois dijo también que Françoise Sagan representa a la juventud francesa de posguerra que no pertenece ni siquiera a la pequeña burguesía, sino a la bohemia, para quien lo más importante es pasarse la noche en los cafés discutiendo sobre "la nada", entre humo de cigarro y vasos de whisky. Françoise Sagan se acuesta diario a las cinco de la mañana porque se desvela en Saint Germain des Près discutiendo con sus amigos.

Sus libros *Buenos días, Tristeza* y *Una cierta sonrisa* son los de una joven que se aburre. Sin embargo, en ese no tener nada qué hacer se asoman de vez en vez, como un rayo de sol entre las nubes, algunos instantes de euforia, casi siempre física, provocados por factores externos: el whisky y el amor, pero el amor bien determinado: el acto sexual.

¿Las jóvenes francesas se parecen a Françoise Sagan? Marcelle Auclair, que la entrevistó, dice que no. "Ella nos ha traicionado al hacer creer que somos los personajes de sus libros. La obra de Françoise Sagan es equívoca. En su sociedad de gente adinerada parece normal lo que nosotros rechazamos."

"Es mucho mejor ser lúcido que ser romántico." Los padres de familia se inquietan: "¿Es posible que, sin que yo lo sepa, mi hija se parezca a la nihilista Françoise Sagan?"

A la pregunta ¿cree usted en Dios?, Françoise contestó sorprendida:

"Nunca pienso en él. Rechazo a quienes creen poseer la verdad. Yo leo a Nietzsche cuando quiero que funcione mi cerebro".

—¿Pero sus personajes no tienen ningún ideal en la vida, ningún afán de construir, ni siquiera de construirse a sí mismos?

—¿Por qué quiere usted que tengan un objetivo? Lo único que nosotros tratamos de hacer es olvidar la bomba atómica.

—¿Los jóvenes que usted conoce no se interesan en nada?

—¿Cómo quiere usted que se interesen? Ni siquiera tienen una profesión que les guste. Los únicos que tienen alguna esperanza son los comunistas.

Al hablar del éxito que sus libros han obtenido (millones de ejemplares y millones de francos), Françoise Sagan es modesta.

—No esperaba yo tal éxito. Han salido desde hace dos años novelas que valen mucho más que *Buenos días, Tristeza;* por ejemplo, la maravillosa novela de Natalie Sarraute, *Martereau.*

Frambuesas con crema, Marcel Achard

A los 19 años, Marcel Achard quiso suicidarse. Se moría de hambre. Ahora es uno de los autores teatrales mejor cotizados. Achard y André Roussin continúan la tradición del teatro de comedia que lanzó Sacha Guitry. Achard escribió el guión de más de 80 películas, 30 obras de teatro, lo han traducido a todos los idiomas y la invulnerable Comédie Française lo representa. Cuando Marcel Achard era joven lo llamaban *el Idiota;* hoy es académico de la Lengua, oficial de la Legión de Honor y uno de los más importantes miembros del jurado del Festival de Cine de Cannes. A pesar de estos honores, Achard tiene un complejo: "Soy un hombre gordo y tengo que usar lentes. El drama de mi vida es la obesidad. Cuando era joven, era un fantasma".

Goloso, le encantan los postres, sobre todo las frambuesas con crema.

Marcel Achard tarda tres horas en bañarse, se perfuma y se compra tal profusión de corbatas que no alcanzan los días del año para usarlas. Coqueto, tiene la alegría de los payasos de circo que en el fondo son tristes. Recurre a todos los artificios que el hombre utiliza para sentirse mejor y fuma con los ademanes sofisticados de un actor: su mano prende el cigarro, lo lleva a su boca y el humo sale elegante frente al rostro de la interlocutora.

Los amigos de Marcel Achard son Henri Bernstein; Pierre Benoit, el académico de la Lengua que ha escrito más de cincuenta novelas (*Koenigsmark,* llevada al cine, se exhibió en México, con Jean Pierre Aumont y Silvana Pampanini) y otras obras que conocieron el triunfo, como *Mademoiselle de la Ferté;* Jean Cocteau; Pierre Brisson, director de *Le Fígaro*; Edith Piaf; Noel Coward, cuya obra *South Sea Bubble* facilitó el éxito de Julio Monterde en México; la rusa Tamara Garina, quien bailó al lado de la Pavlova; Annabella, la primera esposa de Tyrone Power; Alexander Korda, el primer marido de Merle Oberón, hoy esposa de Bruno Pagliai.

Su mujer, Juliette Achard, pelirroja de ojos verdes, se casó con él cuando no era nadie y terminaron su viaje de luna de miel en la quinta chilla. Juliette todavía recuerda la época en que, antes de conocerlo, Achard dormía en los albergues para indigentes.

Se dice que el periodismo es nocivo para el escritor. Marcel Achard nunca fue buen periodista y el diario *L'Oeuvre* le dio su primera oportunidad por equivocación. Faltaban reporteros para cubrir el Tratado de Versailles entre Francia y Alemania y Achard tomó un taxi, mientras se repetía: "Soy un idiota", como le decía el jefe de información. A la orilla del camino un hombre y una mujer pedían auxilio al lado de su automóvil descompuesto. "¿Podría usted llevarnos, señor?" Subieron al taxi de Achard, que les contó del artículo que tenía que escribir. "Somos reporteros; yo soy Tom Topping de la Associated Press, y ella es Andrée Viollins, del *Petit Parisien*; no se preocupe, vamos a ayudarlo". Los dos grandes periodistas se encargaron de él y al día siguiente *L'Oeuvre* y *Le Petit Parisien* fueron los dos únicos diarios en publicar la noticia. El artículo de Achard salió en primera plana; el jefe de redacción no volvió a llamarlo idiota.

La risa más bonita de París: Suzanne Flon

Suzanne Flon es tan sencilla que no parece actriz. En México, en el Hotel Bamer, los periodistas no la reconocen. Y sin embargo, es una de las mejores actrices jóvenes de París. Nadie se ríe como ella y nadie ha logrado triunfos tan consecutivos y tan prolongados como *La Petite Hutte*, *L'Heure Eblouissante* (que en México montó Nadia de Haro Oliva en su teatro Arlequín) y *L'Alouette*, de Jean Anouilh, que duraron, cada una, más de cuatro años en cartelera.

Suzanne Flon es uno de esos raros ejemplos de una actriz que llega a la cumbre sin publicidad ni escándalos, sin concesiones ni pequeñas o grandes cobardías, sin influencias, sino por el solo hecho de ser una mujer de talento. Tampoco es muy guapa ni es una ingenua de ojos azorados; es simplemente alguien que da todo lo que tiene a cada momento de la vida. En sus ojos grises hay un afecto cálido y estrellas que reflejan un alma bien planchada, nítida y recta como el sayal de Juana de Arco, *L'Alouette*, de Jean Anouilh.

De la mano de Rosa Covarrubias, esposa del muy querido Miguel Covarrubias, el artista mexicano que trascendió nuestras fronteras, Suzanne Flon visitó a la Virgen de Guadalupe, La Lagunilla, Chichen Itzá, San Miguel de Allende, Cuernavaca y Taxco. Juntas adquirieron los múltiples objetos que Suzanne ha de llevarse a París.

MÉXICO Y SUZANNE FLON

—Adoro a México y apenas tenga oportunidad regresaré. En Palenque conocí la selva por primera vez y no se imagina mi emoción. En México he recibido algunas de mis mayores impresiones. ¡El temblor de 1957, por ejemplo, fue increíble! Francamente tuve mucho miedo; el hotel Hilton es alto, se mecía como un columpio y todos terminamos en camisón en el Paseo de la Reforma.

"Volví a México, país maravilloso, a pesar del miedo causado por el terremoto. Recordaré para siempre las flores en el camino a Puebla. El año pasado también regresé y comí en casa de Emilio *el Indio* Fernández; no se imagina usted lo bien que me cae. Voy a regresar a París con una ardillita que él me regaló. Tengo que ensayar el primero de septiembre una nueva versión de *La doma de la bravía,* de Shakespeare, en versión de Audiberti, con vestuario y decorados de Leonor Fini, quien encontró telas antiguas increíbles."

SECRETARIA DE EDITH PIAF

—Suzanne Flon, ¿cómo empezó usted a hacer teatro?

—A través de Edith Piaf. Fui su secretaria durante algunos meses. ¿Le gusta cómo canta Edith? Yo la quiero mucho. Mis padres querían que yo fuera institutriz. Yo no soñaba más que con el teatro. Mis padres se opusieron enérgicamente a que me dedicara al teatro. Los obedecí y busqué trabajo y fui intérprete en la tienda *Le Printemps* hasta que alguien me presentó a Edith Piaf porque buscaba una secretaria. Al acompañarla al teatro regresó mi amor por el escenario. ¿Pero qué podía hacer? ¿Cantar? Tengo muy mala voz. ¿Bailar? Otras lo hacían mejor que yo. Pero Edith Piaf me encontró un papel. Fui *speakerine* de Music Hall, o sea la que anuncia la siguiente atracción. Mi carrera fue breve y modesta hasta que Raymond Rouleau me dio una oportunidad en 1943 en *El sobreviviente*. Después André Roussin me dio el único papel femenino de *La Petite Hutte*.

Suzanne Flon es solidaria con sus compañeros. Cuando le ofrecieron que dejara la obra *Le mal court,* que andaba por los suelos, para hacer un papel principal, se negó a abandonarla. Roussin la recibió con el guión en la mano, la subió al escenario y no volvió a bajar. Es así como la señorita Flon creó una obra que habría de durar cuatro años en cartelera. Todos la querían y años más tarde Suzanne Flon volvió a lanzar *Le mal court,* de Audiberti; obtuvo un triunfo sin precedentes en París.

"Mis autores favoritos de teatro son Claudel, Montherlant, Anouilh, Audiberti, Ionesco y, naturalmente, Molière. Me impresiona la gran actriz Margarita Xirgu. Me atraen las obras poéticas y mágicas. Tuve la suerte de nunca conocer fracasos y todas las obras que he montado han durado de cuatro a cinco años en cartelera. Ahora con Pierre Brasseur voy a representar *La doma de la bravía*. Quizá después pongamos *Judith,* de Giraudoux. He pensado llevarme obras de autores mexicanos. ¿Conoce a algunos?

"Filmé *Moulin Rouge,* sobre la vida de Toulouse Lautrec; *La porte des lilas,* de René Clair, y recuerdo con especial gusto las escenas filmadas con Orson Welles. He actuado en el Teatro Montparnasse, el de Gaston Baty donde hice *L'Alouette,* de Anouilh. Me ofrecieron poner la misma obra en Broadway pero me eché para atrás porque el inglés no es mi idioma.

"Me encanta María Cásares. Las buenas actrices francesas son Valentine Teissier, Madeleine Renaud, Madeleine Robinson, Lucienne Bogart y, entre los hombres, Pierre Brasseur, Serge Reggiani y Daniel Hyvernel, cuyo *Nerón* fue realmente extraordinario. En Francia ensayamos durante mes y medio. Antes de cada estreno el trabajo es agotador: cinco semanas de ensayo."

(Suzanne Flon cruza las manos sobre sus rodillas. Su voz llena de distintas inflexiones la hacen distinta a otras actrices. Cuentan que una vez, cuando en una emisión radiofónica los presentes aplaudieron, ella se emocionó tanto que, contagiada por los espectadores, aplaudió también olvidando que ella era el motivo de la ovación.)

Gérard Philippe

●

Hace dos años exhibieron en México *El príncipe idiota,* película francesa basada en la novela de Dostoievski. Es la historia de un príncipe ruso que vive tan cerca de la verdad y de la pureza que no puede concebir que otros estén lejos; un príncipe que la gente considera idiota, por su inocencia y su idealismo, porque se embelesa con los relojes "cucú" y usa polainas. El actor Gérard Philippe encarnó al príncipe idiota.

Seguramente muchos espectadores desearon que en la vida real Gérard Philippe no fuera distinto al personaje de la película. Gérard Philippe no los decepcionará. Reconocemos en él los mismos grandes ojos de asombro, los mismos gestos y el rostro, la misma expresión de quien es incapaz de hacer daño.

LAS DOS TENDENCIAS DE LA JUVENTUD FRANCESA

—¿Qué opinión le merece la juventud de Francia?

—Hay dos tendencias: una, la de la juventud cínica, que se hunde en la desesperación porque se niega a creer en la simple felicidad de vivir. Es cierto que en Francia, y en toda Europa, es difícil creer en el futuro; no hay trabajo y es complicado enfrentar conflictos sin tener la base espiritual y material para resolverlos. La otra tendencia es la de los jóvenes que hicieron a un lado el pesimismo. Muchos de los que habían sido existencialistas se liberaron del sopor en que vivían, y entre los poetas, Henri Pichette escribe una poesía esperanzadora.

"Sí, admiro a Sartre porque lo creo sincero consigo mismo y con los demás. Abandonó esa "negrura" que es lo más desagradable de su obra. Yo no soy existencialista ni siento especial interés por los existencialistas, pero los respeto.

"Hace dos años, deseoso de volver al teatro, fui a ver a Jean Vilar, fundador del Teatro Nacional Popular, y en el verano de 1950 comencé a trabajar con él.

"La misión del Teatro Nacional Popular es granjearse a un público que no va al teatro. Actuamos en pequeñas salas municipales y en París, en el Palais de Chaillot, un enorme teatro popular para tres mil personas. Queremos que el teatro vuelva a ser 'teatro', sin escenografías pesadas ni obras burguesas melodramáticas que sólo interesan a grupos reducidos.

"Jean Vilar suprimió la decoración y lanza al actor sobre un escenario desnudo, con una cortina negra al fondo, y coloca las luces detrás de los espectadores. Los proyectores siguen al actor que evoca con su sola actuación la presencia histórica o psicológica de su personaje. Lo único que no hemos suprimido es el vestuario. Los escenarios se agrandan hasta las primeras filas de espectadores como en el Palais de Chaillot.

"Queremos dar al público verdaderos choques teatrales, queremos estremecerlo. En nuestro teatro no se levanta ninguna cortina, ni se dan los tres golpes que anuncian el comienzo de la función. Hay un redoble de tambores y se apagan las luces. De repente, como de la nada, surge un personaje. Ésta no es una teoría intelectual: se impone después de la época de excesos de decoración y de melodrama que padecimos."

CINE Y TEATRO

—Me gustan el cine y el teatro; no considero superior a ninguno. Es un mismo pensamiento con dos técnicas diferentes. He filmado doce películas y encuentro ventajosa la falta de público en el momento de la filmación porque el actor no está sujeto a las reacciones de los espectadores. En el teatro no actuamos igual todas las noches. El contacto entre actor y espectador es inmediato. En el teatro, el actor tiene que imponerse y mantener la atención continua del espectador. En el cine, no.

Le preguntamos a Gérard Philippe si creía que era señal de vanidad el querer ser actor de cine.

—Comencé a hacer cine bajo la influencia de todas las imbecilidades de ciertas revistas de cine. Estaba persuadido de que ser actor era convertirse en una *vedette*. Mi primera sorpresa al preguntarle a un director cómo se hacía para ser *vedette,* fue su respuesta: "La *vedette* es creación de los periodistas".

"Ser comediante es duro, y cuando está uno poseído por su oficio, olvida la publicidad, porque lo que importa es la obra.

"A los dieciocho años seguí múltiples cursos, estudié mañana, tarde y noche y me di cuenta de lo extraordinaria que es esta carrera. Me es difícil explicar en qué medida la vanidad es parte de la vida de un actor, ya que tuve suerte y no conocí las dificultades de otros.

"Los papeles de composición son los que más aprecio, por eso me encanta mi papel en *Los orgullosos,* película dirigida por Yves Allegret, filmada en Puerto Alvarado, con la actriz Michèle Morgan."

La respuesta final de Gérard Philippe giró en torno al amor. "El amor es algo que se puede vivir pero es difícil hablar de él sin estropearlo, a menos que uno sea Stendhal. Para mí la fuerza, la alegría, el deseo de lograr algo en la vida equivale al amor."

Ha muerto Sacha Guitry, rey del teatro

Mi abuelo André Poniatowski invitó a comer en Speranza a un señor viejo y gordo de uñas extraordinariamente largas y a su joven esposa, que jamás abrió la boca mientras él disertaba. Debió de decir cosas muy ingeniosas porque todos en la mesa reían. A mi hermana y a mí nos recomendaron guardar silencio; cumplimos al pie de la letra. Más tarde supe que aquel señor era el famoso Sacha Guitry, que pasaba la mayor parte de sus vacaciones en Cannes y admiraba a mi abuelo por su cultura y por ser autor de los libros *De un siglo al otro* y *De una idea a la otra*.

Guitry se vestía de manera estrafalaria. No se quitó jamás su enorme bufanda, aunque dejó a la entrada su abrigo de pieles, lo cual permitió ver su chaleco de satín, su leontina, sus anillos, sus mancuernillas, su peinado, en fin, el atuendo de un hombre de teatro. (Sólo encontraría, años más tarde en México, a otro personaje igual de fascinante: Salvador Novo.)

En esa comida, se dirigió a mi hermana y a mí y nos dijo que la ortografía no servía de nada, que él jamás se había preocupado por ella.

—A los 25 años, escribí *La enfermedad*. En la última página puse una lista de letras: s.s.s-e.e.e-ent, ent, puntos, comas, acentos y advertí: "Esto es por todo lo que olvidé aquí y allá en la redacción de mi texto". Ni siquiera supe conjugar los verbos, me lancé con el sustantivo, el calificativo de la conversación común y corriente. Así creé un nuevo género literario y superé a mis predecesores. Hice del teatro ligero un juego de la imaginación y del ingenio. ¿Por qué aprender lo que viene en los libros puesto que allí está? ¿Acaso memorizamos el directorio telefónico o los horarios de trenes?

"Me corrieron de 17 escuelas y nunca pasé de sexto año. Mi madre, amiga de Sarah Bernhardt, decía: 'Me da miedo que te cases y sigas en sexto de primaria'."

La conversación siguió en ese tono. Después me enteré de que a pesar de los esfuerzos de su padre, el famoso actor Lucien Guitry, nadie logró inculcar nada al niño Sacha. Cuando a los doce años le pidieron en la escuela que resolviera el problema: "Su madre pide en la tienda de abarrotes un litro de aceite de ocho francos, tres kilos de pasas de seis francos, un kilo de pasteles de siete francos, ¿cuál es el total de sus compras?", respondió que jamás sería abarrotero. "Esa pregunta era totalmente incompatible con la delicadeza de mi espíritu."

A los 21 años ningún maestro pudo interesarlo en los estudios. Sin embargo, los franceses afirman: "Sacha Guitry es nuestro Molière".

Prácticamente nació sobre el escenario porque sus padres eran actores. Como lo corrieron de la escuela se dedicó al teatro. Sólo cuando empezó a escribir obras que triunfaron, Lucien Guitry accedió a abrazar a su hijo y escribió para él la obra *Pasteur*.

Sacha no defraudó a su padre. Escribió 124 obras de teatro y el guión de 30 películas (una de ellas a color: *Si Versailles m'était conté,* que se exhibió en México) y su última cinta, sobre Napoleón, suscitó controversias en Francia por su visión poco ortodoxa. Por ejemplo, Guitry sitúa la famosa batalla de Austerlitz, en la que los soldados perecen en la nieve, en la Costa Azul, bajo un sol esplendoroso.

La interpretación de la historia por Sacha Guitry será recordada por sus famosas inexactitudes, que los franceses, tan meticulosos, finalmente aceptaron.

Sacha Guitry amaba el teatro a tal punto que cuando se asomaba a la calle y veía peatones en la noche decía: "Dios mío, van a llegar tarde a la función". Para él, todos eran espectadores. Se derretía ante los elogios y tenía debilidad por las mujeres, por eso se casó en 1919 con Yvonne Printemps; después con Jacqueline Delubac, con quien creó, en 1935, *Un mundo loco*; ella tenía 25 años y él 50, pero Sacha Guitry declaró a la prensa: "No dudé un solo instante en convertirla en mi media naranja". En 1939 se casó con Genevieve de Sereville y finalmente con Lana Marconi.

Para Yvonne Printemps, quien cantaba y bailaba como nadie, Guitry creó *Mozart* y *Mariette ou comment on écrit l'Histoire* (Mariette o cómo se escribe la historia), *Leviathan* y *Te amo,* obras que la consagraron.

Al final no podía soportar el peso de una cobija sobre sus piernas enfermas. Sin embargo, Sacha seguía alegrando a los suyos con las mil ocurrencias de su teatralidad. Hasta para referirse a su muerte tuvo una respuesta teatral: "Il ne faut pas que je râte mon entrée" (No debo fallar mi entrada).

A Lana Marconi le dijo poco antes de morir: "He tenido cuatro esposas, pero sólo tú serás mi viuda".

Sacha Guitry murió el 24 de julio de 1957.

A la mañana siguiente, todo París fue a verlo a su ataúd, con su barba, dormido en traje de gala, su Legión de Honor sobre el pecho y sus cuadros favoritos junto al féretro: Utrillo, Renoir, y en su cabecera el que más amaba: las manzanas de Cézanne.

¿De qué murió Sacha? Del hígado, como Racine. Sufrió una nefritis que lo postró definitivamente. Hasta entonces había conservado un buen estado de ánimo que perdió en sus últimos días. Albert Willemetz, su mejor amigo, le presentó los apuntes para una nueva obra; Sacha le dijo: "Ya para qué", y cerró los ojos para siempre.

Desfilaron entristecidas muchísimas mujeres que llevaban en la mano una rosa roja (la flor de la pasión), que posaron como último homenaje sobre su féretro. Le dieron las gracias porque durante muchos años Sacha les enseñó a salirse de sí mismas y a entrar en un mundo mágico: el teatro.

Raymond Aron: "Nada puede impedir la independencia de Argelia" •

¿Quién es Raymond Aron? Desde luego, un gran pensador francés contemporáneo. Los izquierdistas lo llaman conservador; los conservadores, rojo; los periodistas dicen que es filósofo; los filósofos, que es periodista. No ha faltado quien lo llame monárquico revolucionario. Algún día, alguien dirá que se trata de un *beatnik*. En realidad Aron, antiguo amigo de Sartre y de su grupo, es un distinguido hombre de letras con un pensamiento personal y una inteligencia clara, a pesar de los prejuicios.

Cuando llegó a México, el presidente López Mateos quiso hablar con él. "Una charla", dijo. A diferencia de Malraux, Raymond Aron tiene sentido del humor y no deja caer frases célebres. A diferencia de Mendès-France, no rehuyó tratar los problemas fundamentales del mundo y de Francia, ni dialogar con los escritores mexicanos. En casa de Stanislas de Villèle, polemizó con dos jóvenes de izquierda: Víctor Flores Olea y Enrique González Pedrero, becarios en París. Aron no tuvo pelos en la lengua. Al terminar exclamó, con una sonrisa, entre felino y búho: "Bon débat".

Jorge Portilla, conocido filósofo y oleógrafo, se lo llevó en un avión a Poza Rica y Chichén Itzá. Al regreso, Raymond Aron me concedió esta entrevista.

Ya Simone de Beauvoir, en su penúltimo libro, *La force de l'age* (digo penúltimo porque después ha publicado otro sobre la "Lolita" en Brigitte Bardot, con sesenta y cinco fotografías de B.B. que harán las delicias de los lectores), lo había presentado como el hombre que introdujo a Husserl en la vida de Sartre. Al saber de Husserl, Sartre tuvo miedo de que "le hubieran comido el mandado", y según dice Beauvoir: "Sartre palideció de emoción o casi; esto era exactamente lo que deseaba desde hace años: hablar de las cosas tal como él las tocaba, y que así fueran filosofía". Aron lo convenció de que "la fenomenología respondía exactamente a sus preocupaciones: trascender la oposición entre el idealismo y el realismo y afirmar a la vez la soberanía de la conciencia y la presencia del mundo tal como nos es dado…" Simone de Beauvoir describe más tarde al joven amigo de Sartre que terminaba su servicio militar en Saint Cyr: "Aron se complacía en los análisis críticos y ponía gran empeño en hacer pedazos las temerarias síntesis de Sartre; tenía el arte de encarcelar a su interlocutor en los dilemas, y ¡crac!, lo pulverizaba: 'De dos cosas una, mi pequeño camarada', decía con una pálida sonrisa en sus ojos muy azules, muy desilusionados y muy inteligentes". Aron comenta: "Simone no entendió. ¡No había desengaño! ¡Mis ojos no eran los de un desilusionado!"

Filósofo, economista, sociólogo y periodista, Raymond Aron practica la inteligencia sobre todas las cosas. Ha sabido sostener la difícil postura de no coincidir ni con la derecha ni con la izquierda. Durante la segunda Guerra Mundial, al finalizar la batalla de Francia, acompañó al general De Gaulle a Londres y fue jefe de redacción de *La France Libre*. Después de la liberación actuó como editorialista del periódico *Combat* (que en un tiempo dirigió Camus), y más tarde colaboró en el diario conservador *Le Figaro*.

—¿El hecho de escribir en *Le Figaro* implica que usted es un escritor de derecha?

—¿Por qué reaccionario? En primer lugar no estoy siempre de acuerdo con *Le Figaro,* y cuando mi desacuerdo es demasiado profundo, escribo en un periódico mensual, *Preuves,* y en algunos hebdomadarios liberales.

—¡Ah! ¡Ya lo ve usted!

—No, no, espéreme un momento. Ahora bien, ¿qué es lo que significa exactamente derecha e izquierda? ¿Lo sabe usted, señorita? Para ello me permito remitir a los lectores a un libro que escribí, *El opio de los intelectuales,* en el que intento analizar la derecha y la izquierda. Allí encontrará mi respuesta.

"Mis opiniones coinciden con la derecha o con la izquierda, según los problemas que se presentan. Por ejemplo, fui uno de los primeros en pedir el derecho de los argelinos a la independencia, cuando la izquierda —óigalo bien— dudaba en hacerlo. Siempre he sido partidario de la 'descolonización' pero quiero advertirle que soy anticomunista."

—¿Por qué?

—Porque estoy en contra, y siempre lo estaré, de todo fanatismo ideológico.

—Entonces es usted un hombre de "centro", entre la derecha y la izquierda.

—Podría decirse que soy de centro-izquierda (*centre-gauche*). (Parece juego de hockey; *left-in, centre-right.*)

—¿Y *Le Figaro,* señor Aron?

—Podría hablarse de una burguesía liberal moderada, anticomunista, pero que nunca ha sido hostil a las reformas. *Le Figaro* favorece mucho las instituciones representativas y parlamentarias.

—¿Y usted?

—Personalmente, me coloco en una familia espiritual francesa que nunca ha podido incluirse en la derecha o en la izquierda; familia a la que pertenecieron Tocqueville y Montesquieu.

—¿Usted no toma partido?

—¡Qué joven es usted! ¡Tomar partido! ¡Ellos fueron liberales, antifanáticos, antiviolentos y antimitológicos! ¡Jamás aceptaron el mito de la revolución pura! Entre ellos se encuentran algunos sociólogos, L. Brunschvicg, C. Bouclé y yo, que me considero uno de sus indignos —sí, sí, ponga usted indignos— representantes.

—¿Qué piensa usted del campamento alemán instalado en Sissonne, en l'Aisne? Algunos franceses han protestado vestidos de presos. ¿Cómo es posible que Francia vuelva a hacer maniobras militares con los alemanes?

—¿Qué quiere usted que piense? ¡No pienso nada! Francia y la República Federal Alemana están del mismo lado. ¡Son aliados! Se trata de una alianza defensiva y es normal que ambos países se den facilidades militares.

—Pero es normal también que se susciten protestas.

—Sí. Es comprensible que las maniobras militares llamen la atención, pero no ha habido grandes protestas, y considero que esto es un signo de prudencia del pueblo francés.

—¿Un buen indicio?

—¡Claro!

—¿Tan pronto han olvidado los franceses todo lo que sufrieron a manos de los alemanes?

(Aron hace un ademán de fastidio.)

—Los soldados que están hoy en Francia tienen veinte años de edad. ¡No estuvieron presentes cuando Hitler tomó el poder! ¡No lo vieron cuando se desató la guerra! ¿No le parecería a usted ocioso considerarlos responsables?

—Ya que estamos hablando de jóvenes, ¿cree usted que su inclinación por la izquierda sea sólo una preferencia sentimental?

—¿Es éste el caso de México?

—Sí, señor Aron. La mayoría de los jóvenes pensantes en México van hacia la izquierda.

—Los jóvenes lo hacen por oposición; por enfrentarse a todos aquellos que "conservan", los inmutables. La izquierda es el partido del movimiento y es deseable que los jóvenes le pertenezcan.

—¿Una izquierda nacionalista?

—En 1930, la juventud alemana fue nacionalsocialista, pero hubo muchas épocas en que la juventud era nacionalista y no estaba a la izquierda. Ahora, en la medida en que el fascismo está desacreditado, se tiene la obligación de estar a la izquierda, porque no hay una derecha aceptable. La izquierda tiene el monopolio de la aventura, de la evolución, del cambio.

"Las sociedades modernas son sociedades en movimiento y si la derecha conservadora se opone a los cambios, se opone a la sociedad moderna."

—¿Con esto quiere usted decir que la derecha es un freno?

—No lo creo. Por ejemplo, en los Estados Unidos, el Partido Republicano es de derecha y está a favor del crecimiento económico del país, de su desarrollo productivo, tanto o más que la izquierda. En Inglaterra, el Partido Conservador favorece por igual el progreso económico y las innovaciones científicas y tecnológicas. Acrecienta la producción, etcétera.

"Para volver a lo que decíamos de la inclinación de los jóvenes por la izquierda, es porque a los jóvenes no les satisface la realidad. La izquierda cambia el estado de cosas mejor que la derecha."

—En México algunos intelectuales leen *L'Express,* que es de izquierda.

—¿Ah sí?

—Malraux, sin embargo, nos dijo que *L'Express* subsiste gracias a la magnanimidad del gobierno francés. ¡Si no fuera por De Gaulle, *L'Express* y todos sus redactores estarían en el fondo del Sena, adonde los habrían aventado los *parachutistes* (paracaidistas)!

—Si usted quiere decirme con esto, señorita, que el gobierno del general De Gaulle es un gobierno liberal, estoy de acuerdo.

—A propósito de liberalismo, ¿cree usted que el problema de Argelia cambiará a raíz del referéndum?

—¡Lo espero! El referéndum no ha podido ni puede por sí solo resolver el problema argelino, pero De Gaulle consiguió la obediencia del ejército francés. Falta aún el acuerdo —necesario pero complejo— entre el gobierno francés y el Gobierno Popular Revolucionario Argelino (GPRA). El general De Gaulle acepta la evolución de Argelia hacia la independencia, pero no le resulta fácil otorgarla.

—Los franceses de México están totalmente de acuerdo con De Gaulle.

—En efecto. Si hay un hombre capaz de resolver el problema de Argelia ese hombre es De Gaulle.

—¿Y Argelia será libre?

—Argelia va a ser independiente a como dé lugar. Cuando un grupo de hombres está dispuesto a morir por su independencia logra su independencia. El problema es: ¿qué va a pasar con la minoría de los franceses de Argelia?

—Los mexicanos se inclinan por los argelinos.

—Creo que es comprensible en un país con una tradición tan anticolonialista como México, pero también creo que los mexicanos pueden y deben comprender que la duración del conflicto se debe a que las cosas no son simplistas o fáciles de resolver. Nadie puede, de la noche a la mañana, cambiar la situación de un país.

—¿Es cierto que los argelinos no dejarían vivo a un solo francés?

—Además de los franceses de Argelia, los musulmanes se matarían entre sí. Ya se lo he dicho, la independencia argelina es ineludible pero, ¿qué va a pasar con los franceses que son argelinos también? Surge en mi mente otra pregunta, señorita: ¿podrían los franceses vivir bajo una república argelina?

—Pues ahora que se frieguen ellos. Pasemos a otra pregunta, señor Aron, mejor dicho, a una serie de preguntas sobre América Latina: ¿por qué va usted a Cuba dentro de algunos días?

—Porque allí está desarrollándose un acontecimiento importante y como soy a la vez sociólogo y comentarista político, creo que estoy en mi derecho al buscar una opinión definitiva y objetiva que todavía no tengo.

—¿Considera usted que los intelectuales de izquierda que han visitado Cuba no han sido objetivos?

—No he dicho tal cosa.

—Al hablar de opiniones objetivas y no objetivas, ¿se refiere usted a las que ha leído? ¿Conoce el libro *Listen, Yanky*, de C. Wright Mills?

—He leído absolutamente todo lo que se ha escrito sobre Cuba.

—¿Y cree usted en el nuevo papel de América Latina a partir de la Revolución cubana?

—Esta revolución puede tener dos significados: o bien América Latina figurará en la primera plana de los diarios porque pasarán aquí cosas revolucionarias, o bien preveo para los años venideros grandes dificultades en todos los escenarios de la Guerra Fría…

(Aron me mira impaciente. Después de todo no es divertido tener que dar explicaciones a cada paso.)

—Laos, por ejemplo, tiene un papel de víctima y es al mismo tiempo un campo de choque. Hay que prever también, para los años venideros, el aumento de la riqueza, del poder, de la fecundidad ideológica, de la influencia de América Latina en el mundo. En ese sentido, América Latina es un continente en expansión.

—Pero ¿no cree usted en una transformación radical del continente latinoamericano?

—(Sonríe.) ¡Cualquier juicio sería prematuro!

—¿No podría América Latina convertirse en un bloque poderoso y definitivo?

—América Latina, señorita, tiene una tasa de crecimiento sumamente elevada y por consiguiente es difícil que avance.

—Pero ¿no podría ser tan poderosa como los Estados Unidos?

—Aun menos poblada, incluso si su desarrollo económico fuera extraordinario, los Estados Unidos tendrían un excedente de poderío material.

—Me refiero a la América Latina unida en un solo continente con un solo idioma, un solo dirigente, un solo país dispuesto a comerciar sus productos entre sí, a defender sus mercados, a ganarle a los Estados Unidos porque se han a abolido las fronteras.

—Pero, señorita, tiene usted conceptos lunáticos. ¡Es inconcebible! No pueden suprimirse de un solo golpe varios países.

—¿No puede lograrse un solo Estado unido?

—Creo que no tiene usted idea de lo que son los conceptos estatales. Perdone que se lo diga pero ese proyecto, incluso imaginariamente, no tiene pies ni cabeza. Claro, es posible una unión, una fraternidad, un mercado común que fortalezca al continente.

—El "mercomún" ya existe. Pero vamos a hablar de otra cosa, y ésta ya es la última parte de la entrevista. Simone de Beauvoir cuenta en *La fuerza de la edad* que usted estaba inscrito en el Partido Socialista. Habla también de su idealismo. ¿Por idealismo entró usted al Partido Socialista?

—¡Atención! Simone de Beauvoir no se refiere al idealismo en el sentido en el que usted lo toma sino en su sentido filosófico, neokantiano. Sí, estuve ligado al Partido Socialista, pero sólo por unos cuantos meses. Me forcé a inscribirme, y después de entrar en contacto con los socialistas me di cuenta de que yo no tenía nada en común con ellos y por tanto me salí. No he leído el libro de Simone de Beauvoir en su totalidad. La política me ha separado de Sartre y de Simone. Siempre discutíamos, Simone de Beauvoir —no tanto—, Sartre, Nizan y yo. Simone, que era muy joven, se quedaba callada. Sartre, Nizan y yo teníamos grandes diferencias. Siempre fui menos optimista que ellos acerca de la calidad de las colectividades. Sartre cree en el valor de la colectividad y en los actos colectivos, o sea, en la pureza y en la eficacia de las revoluciones. En cambio, los individuos que pinta en sus novelas son siempre sombríos. Yo tengo mejor opinión de los individuos y si escribiera novelas resultarían mucho menos sórdidos que los de Sartre. Creo más en los individuos que en la colectividad. En cambio, Sartre cree en la violencia, o por lo menos la acepta más fácilmente que yo. En política, es un fanático y ve el mundo en blanco y negro. De un lado están todas las buenas razones; del otro, todas las equivocaciones. Además, siempre está dispuesto a achacarles motivos viles a todos los que no están de acuerdo con él.

—¡Pero eso es sectarismo! ¡Es mala fe! En México también, si se escribe a favor de Cuba: "¡Comunista, rojo, cochino!" Si en contra: "Vendido al imperialismo yanqui". A fuerza tiene uno que alinearse en uno de los dos bandos.

—Sartre y Simone son fanáticos. ¡Ella es peor aún! ¡Se convierte en la enemiga acérrima de quien no piensa como ella! Personalmente estoy en contra de cualquier fanatismo. ¡Hay demasiados en nuestra época!

—¿Está usted en contra de la pasión?

—¡Por favor! No hay que confundir fanatismo con pasión.

—Usted ha dicho, señor Aron, en uno de sus libros, *La filosofía crítica de la historia,* que los intereses colectivos, las realidades sociales deben someterse al juicio de la conciencia y "que ninguno está obligado a sacrificarse por ideas que lo rebasan". ¿No es ésta una justificación de su actitud actual?

—¿Tiene usted el libro a la mano? ¿En qué página lo leyó? Yo era muy joven cuando escribí esto. Su pregunta, además, está mal planteada. Posiblemente escribí esta frase a los treinta años.

—Señor Aron, volviendo a lo anterior, ¿no cree usted que el fanatismo se justifica en la juventud?

—No.

—Usted, que tanto ha escrito sobre la filosofía de la elección, ¿cree que hoy en día es indispensable escoger entre el comunismo y el capitalismo o cree que estos sistemas han sido superados?

—La noción de elección puede tener dos sentidos distintos. Todo compromiso quedaría excluido si cada capitalista fuera un Rockefeller o cada comunista un Stalin o un Lenin, pero las economías modernas son economías mixtas, los sistemas también y en las instituciones desarrollan funciones nuevas que nadie había visto antes. No veo la necesidad de escoger entre el mundo soviético y el occidental. En algunas zonas del planeta no se puede permanecer neutro, porque la necesidad de la elección se presenta de manera absoluta. En cuanto al Occidente y el mundo soviético, ni el uno es perfecto ni el otro es diabólico. Por lo que a mí se refiere, me declaro pro occidental, anticomunista y antisoviético.

—Señor Aron, ¿y la unión? ¿Cómo conciliar libertad y planificación? ¿Qué posibilidades ve usted a la integración de las aspiraciones comunistas hacia la libertad y la eficacia técnica?

—¡Qué pregunta más sabihonda!

—No es mía. Me la sugirió el licenciado Jorge Portilla, porque yo de estas cosas no sé nada.

—Ya me di cuenta. Por el momento, debe uno saber qué es lo que se entiende por planificación. En Francia, por ejemplo, el gas, la electricidad, los ferrocarriles, el carbón integran la economía nacional, mientras que en el petróleo, en la aviación (líneas aéreas) intervienen sociedades mixtas y se logra una conjunción económica. La libertad de los consumidores, la libertad de los obreros, de los empresarios para invertir, la libertad de los ciudadanos para expresar sus opiniones y escoger a sus representantes es indispensable. Creo que en la planificación económica occidental la libertad política individual no se ha destruido jamás, salvo en los regímenes comunistas y fascistas. Hitler eliminó la democracia. La pregunta que salta a la vista es la siguiente: ¿Qué puede hacerse económicamente bajo los regímenes totalitarios? Primero está la necesidad de algunas medidas impopulares. Lo importante es saber en cuáles de estos regímenes es más fácil el acceso a una verdadera democracia. En resumen, lo que quiero decir es que la planificación corre el riesgo de destruir la democracia. No me refiero a la seudodemocracia manipulada por privilegios que no permiten tomar medidas necesarias al desarrollo del país. Ahora,

¿cuál es el papel de los individuos en la vida social? En los Estados Unidos, el simple ciudadano no tiene la impresión de influir grandemente en lo que pasa en su país.

—Uy, pues si eso sucede en los Estados Unidos, aquí estamos fritos.

—Bon débat!

Las palabras del general De Gaulle

Acaba de publicarse en París, con un prefacio de Jean Cau (autor de *La compasión divina,* que obtuvo el Premio Femina), *Las palabras del general De Gaulle.* Ernest Mignon, responsable de esta recopilación de frases dichas por el monstruo sagrado del Occidente, o sea Charles de Gaulle, asegura que todas son auténticas. Ministros, miembros del gabinete, amigos personales se las pasaron a Jean Cau y él las recoge hasta formar un volumen. Cuarenta y cinco millones de franceses comentan los dichos y los hechos de De Gaulle; apenas se menciona su nombre, paran la oreja y escuchan casi sin respirar la última puntada de su presidente.

Jean Cau hace pública su admiración por De Gaulle y dice en su prefacio: "Algunos hombres no tienen vida, destino. Se les llama Grandes Hombres o Personajes Históricos u Hombres Ilustres. Su especie —como la de los osos en los Pirineos, los bisontes en América o los gorilas africanos— está en vías de extinción. De ahí el asombro del sociólogo, la perplejidad del filósofo, el furor del demócrata, la cólera republicana, la rabia militar y el asombro del simple ciudadano cuando a la vuelta de la esquina se topan frente a frente con el general Charles de Gaulle".

He aquí algunas de sus frases:

"¿Cómo quiere usted gobernar a un país que tiene doscientas cuarenta y seis variedades de quesos?"

"Los diplomáticos son útiles cuando hace buen tiempo. Apenas llueve, se ahogan en cada gota."

"La peor calamidad después de un general tonto es un general inteligente."

(A propósito de la policía, De Gaulle declara:)

"Si no fueran tontos, no serían policías."

"La grandeza necesita del misterio. No se admira lo que se conoce demasiado bien."

(A propósito de los periodistas:)

"Escriben, escriben; es todo lo que saben hacer."

"Recibir a un gran número de periodistas es un placer; a un pequeño número, un fastidio, y a uno solo, un suplicio."

"En política las intenciones no cuentan, cuentan los resultados."

"La guerra es el único arte que nunca toma en cuenta la existencia de Dios."

"En política como en el amor, hay que hacer que la retirada sea una forma de victoria."

"Un hombre de Estado nunca debe sacrificar sus convicciones. Debe utilizarlas."

"La gloria sólo les es dada a los que la han soñado."

EL HUMOR NEGRO DE CHARLES DE GAULLE

Los anales del Palacio del Elysée registran la conversación entre Charles de Gaulle y Jaquie Kennedy. Dicen que a De Gaulle no le interesó John Kennedy pero Jacquie sí, aunque la trató con condescendencia. La esposa de Kennedy feliz de poder platicar con el monstruo sagrado del Occidente lo bombardeó a preguntas:

—Usted que ha conocido a lo largo de su vida a tantos personajes interesantes, ¿cuál le parece tener el mayor sentido del humor?

El general miró de arriba abajo a su joven invitada:

—Stalin, señora.

El humor de De Gaulle es más bien negro. Como Stalin se escabechó a todos, tal parece que De Gaulle también quisiera guillotinar a su entusiasta interlocutora. Sin embargo no logró cohibirla; al contrario, Jacquie se lanzó a entrevistarlo largamente mientras él lo permitió. Desde junio de 1962, el gran analista político Walter Lippmann hacía notar que Europa —la Europa de De Gaulle y de Adenauer— quería librarse de la influencia norteamericana; pero eso no es todo, De Gaulle declaró, a través de su ministro Pompidou ante los delegados de América Latina, el 6 de julio de 1962, que no sólo los Estados

Unidos debían ayudar a los países latinoamericanos, sino también Francia, y por lo tanto invitaba al presidente mexicano, Adolfo López Mateos, para demostrarle que también México era importante para él.

A De Gaulle le llamó la atención que, a principios del siglo xx, 97% del territorio agrícola mexicano perteneciera a 830 propietarios y que a mediados de siglo contara con un millón de pequeños propietarios, a lo que deben añadirse 1.4 millones de ejidatarios.

Según la investigación de la *Revista Política y Parlamentaria Francesa,* el desarrollo económico de México lo convierte en un líder continental. El crecimiento demográfico y el producto nacional son los más altos de los países en desarrollo.

La población mexicana, estimada en 1940 en 20 millones, ha pasado en 1960 a 36 millones, o sea 3.1% de aumento al año. Todos los sectores de la vida económica mexicana registran cifras apabullantes. De Gaulle le preguntó a Jacqueline Kennedy acerca de México, y ella contestó en perfecto francés, ya que su apellido de soltera era Bouvier:

—J'aime beaucoup ce pays.

DE GAULLE, CAMPEÓN GOLEADOR

Desde hace meses, De Gaulle está en el candelero. Su viaje a la Unión Soviética irritó a muchos. Los rusos lo acogieron como a un héroe. Es significativo que el presidente francés sea el primer invitado del mundo occidental en conocer las bases atómicas de Baikonur.

La revista *Time* dedicó seis páginas al viaje de De Gaulle a la URSS y afirma que es lo más significativo que se ha hecho a favor de la paz en los últimos diez años. Si las dos grandes potencias se cierran y los países satélites se alinean, sólo ahondarán la brecha que los separa. De Gaulle preguntó a los altos dirigentes soviéticos: "¿Por qué no se acercan ustedes a países como Francia y Estados Unidos que tienen voluntad de paz?"

Según De Gaulle, los pueblos del mundo deben comprender que la única solución es la alianza de rusos, chinos, norteamericanos, franceses, ingleses, latinoamericanos y africanos. ¿A quién que tenga un mínimo de sentido común puede alarmarle las relaciones con la China de Mao? ¿Cómo ignorar al país más poblado de la Tierra? El mundo presenciará cómo los Estados Unidos inician su relación diplomática con China y confirmaremos la razón que asistía a De Gaulle al dar el primer paso. Un estadista no se equivoca.

¿Qué no sería hora de que reconocieran los aliados de la segunda Guerra Mundial el error que cometieron al excluir a De Gaulle en Yalta?

El actual poderío atómico de Francia le permite hacerse oír por las dos potencias que dividen al mundo en mitades antagónicas. Tal vez esta nueva tercera posición, que indirectamente incluye a China, sea la única capaz de resolver conflictos. La posición francesa es pacifista, pero De Gaulle sabe por experiencia que su voz no se tomará en cuenta si no la respaldan los experimentos del Sáhara y del atolón de Mururoa donde explotó su bomba atómica.

Las mentes más lúcidas de los Estados Unidos reconocen que la guerra de Vietnam es un error y un crimen de lesa humanidad. ¿No bastaron el exterminio de Auschwitz, Treblinka, Buchenwald, Hiroshima y Nagasaki?

¿Hay algo más triste que el espectáculo que ofrecen las asambleas de la ONU y las visitas protocolarias de U Thant? Los jefes de cada país se reúnen para examinar, discutir, agredirse verbalmente unos a otros y condenar la violencia y la intervención armada. Y después de la lluvia de protestas, sigue la guerra de Vietnam y la carrera armamentista.

"El viaje de Charles de Gaulle a Moscú no desliga a Francia de Occidente": el embajador Jacques Vimont

—Señor embajador, tal parece que el general De Gaulle, no conforme con que los franceses hayan tomado la Bastilla en 1789, quiere ahora tomar al mundo por asalto.

—No, no lo creo, no se trata de eso.

—Un miembro de la embajada de los Estados Unidos comentó que "De Gaulle era un gran estadista del siglo XVI". ¿Qué opina de ello?

—Pienso que es un estadista del siglo XX que, a pesar de su edad, ha conservado entre todos los jefes de Estado de nuestra época un espíritu extremadamente joven. De Gaulle es el primero en reconocer la evolución de la política internacional.

"Su viaje a la URSS inquietó al mundo porque Francia sigue formando parte de la Alianza del Atlántico, y no se trata de que abandone esta alianza ni de que deje de formar parte de Europa. Francia es también la aliada y la amiga de Alemania. Como lo afirmó Couve de Murville, al concluir el viaje a Moscú: 'Nada hemos dicho en Rusia que no pudieran oír los alemanes'. Por consiguiente el viaje a Moscú no es una ruptura con las alianzas existentes sino la prueba de que el general De Gaulle tiene conciencia de la nueva situación de Europa desde 1949, año en que fue firmada la Alianza del Atlántico.

"Los Estados Unidos y la Unión Soviética hacen enormes progresos en materia de armamentos, a tal grado que instituimos un equilibrio del terror. Los países que en 1949, después de la guerra, se encontraban muy debilitados, tomaron de nuevo conciencia de sí mismos; de ahí que la Europa de 1966 sea muy distinta de la de 1949.

"El espectro de la guerra caliente se alejó, al menos de Europa. En cuanto a la Guerra Fría, puede decirse que se ha entibiado.

"Lo que distingue el viaje de De Gaulle de las anteriores misiones a Moscú es la acogida del pueblo soviético, tanto en las grandes ciudades (Moscú y Leningrado), acostumbradas a recibir a hombres de Estado, como en lugares tan apartados como Novosibirsk o Volgogrado, que nunca habían recibido a personajes de su estatura. Por eso la atención del mundo se centró en el general De Gaulle. Lo más importante de este viaje es el contacto personal entre De Gaulle y sus interlocutores soviéticos."

—Usted habla de manera muy diplomática, ¿no, señor embajador?

(El señor Jacques Vimont sonríe.)

—Así debe ser, soy un diplomático.

—La bomba atómica francesa suscita acres críticas, ¿qué nos puede decir al respecto?

—Francia estima que mientras el desarme no sea un hecho real y comprobado es de elemental prudencia para una gran potencia proveerse de armamentos adecuados a su defensa.

"Una bomba atómica no se hace de la noche a la mañana, y no olvide usted que también en Francia hay hombres de ciencia. Nadie más partidario del desarme y de la paz que el pueblo francés. Francia, en la hora actual, no acepta que el desarme sea un juego de palabras sino una realidad. Da pruebas de lucidez y está decidida a no dejarse arrullar por promesas ilusorias."

—Sin embargo, Francia hace experimentos atómicos en el Sáhara.

—Todos los experimentos que Francia lleva a cabo se hacen y se harán sin riesgo alguno para la salud de los habitantes de la región ni de sus recursos naturales. El Sáhara es un desierto alejado de cualquier población. Primero se hicieron cuatro experimentos aéreos y después experimentos subterráneos que no afectan la Tierra porque la energía nuclear se dispersa en el aire. Excavamos profundas galerías en un suelo rocoso, resistente y duro para nuestros experimentos, y los hacemos en el sitio que ofrece el mayor número de garantías, o sea, el mínimo de riesgo tanto para los habitantes como para los recursos naturales: el Pacífico. El atolón se encuentra a más de mil kilómetros de la isla de Tahití y, entre los países que hicieron patente su inquietud, Chile está a 6 000 kilómetros de Mururoa, donde estallará la bomba; Australia también se encuentra a 6 000 kilómetros, y Nueva Zelanda a 4 200 kilómetros. Lo temible de estas explosiones son las llamadas lluvias atómicas, es decir, las radiaciones que se esparcen en la atmósfera. Las partículas más radioactivas y por lo tanto más peligrosas son las que provienen de la desintegración de la bomba. Como son pesadas no suben muy alto; los vientos que soplan no pueden arrastrarlas lejos y por lo tanto vuelven a caer en las cercanías inmediatas al lugar de la explosión. Por lo contrario, las partículas más ligeras quedan mucho más tiempo en las alturas, son las menos cargadas de radiactividad y se disuelven rápidamente en el ámbito atmosférico superior. Las observaciones que se hicieron en Chile y Perú, después de nuestra primera explosión del 2 de julio, probaron que casi no hubo aumento en la radioactividad natural.

"Si comparamos estas distancias con las utilizadas por los norteamericanos cuando hicieron numerosas pruebas en Nevada, veremos que el centro de experimentación de Nevada estaba situado a 120 kilómetros de Las Vegas (según se muestra en un mapa). ¡Y a 400 kilómetros de Los Ángeles! En el radio de acción de 500 kilómetros de la zona de Nevada viven 4 885 000 personas, y en un radio de mil kilómetros, siete millones de habitantes. Lo que quiero decirle es que los habitantes están muy bien de salud a pesar de la gran proximidad y la fuerza mucho mayor de las bombas norteamericanas que la de nuestras bombas en el Pacífico.

"Es imposible sentir temor por las personas que viven a 6 500 kilómetros de nuestra isla en el Pacífico. Desde Polinesia hicimos estudios de los vientos dominantes, las corrientes marítimas, el clima, los factores que determinan peligro en el momento de la explosión. Hemos prometido en cada explosión (y visto la atención con la que nos sigue la opinión pública) redoblar nuestras precauciones, de tal modo que las condiciones óptimas regulen siempre nuestros experimentos. Créamelo, señorita, Francia es el país que más precauciones ha tomado en toda la historia de la energía nuclear."

Murió André Breton, el papa del movimiento surrealista

André Breton, conocido en el mundo entero como "el Papa del surrealismo", falleció hoy en París a los 70 años de edad. En 1924, a los 28 años, Breton publicó el *Manifiesto surrealista*.

En México, fundó en 1938, con Diego Rivera y Trotsky, la Federación Internacional del Arte Revolucionario Independiente (FIARI). Aquí, como en el resto del mundo, dejó una huella profunda. Y si no, allí están Luis Buñuel y Octavio Paz para decirlo. En México, Joaquín Mortiz tradujo dos de sus libros: *Los vasos comunicantes* y *Nadja,* pero hay que conocer los manifiestos del surrealismo (el primero se publicó en 1924) y la primera revista *Literatura* (1922), en los que, después de su encuentro con Freud en Viena, André Breton, al lado de Benjamin Péret, Picabia, Max Ernst, Robert Desnos y Paul Éluard, se dedicó a explorar el campo del automatismo. Surgió entonces la escritura automática, la revolución total de las formas, la liberación, la ausencia de cualquier control de la razón y Breton puso en movimiento uno de los fenómenos más vilipendiados y extraordinarios de nuestro tiempo.

Amigo de Apollinaire, de Aragon, de Philippe Soupault, Breton llevó el surrealismo a Praga, a las islas Canarias, a Nuevo México y a Arizona, a Haití y a Nueva York. En todos lados lo llamaron "monstruo" y lo consagraron gran poeta. Allí están *El amor loco, Arcane 17, La clé des champs*. André Breton se adelantó al futuro, abrió puertas, recreó el mundo, nunca fue oportunista, nunca convencional, se lanzó al abismo y resucitó intacto.

En México lo quisieron especialmente los morelenses porque en el sombreado Jardín Borda de Cuernavaca les contó de las flores sorprendentes halladas en las faldas del Popocatépetl, del lago de Pátzcuaro y de su isla en la que un maestro de escuela, al reconocer a Diego Rivera, hizo que los niños cantaran en tarasco, y sobre todo de cómo la Unión Soviética quería destruir a Trotsky y había que defenderlo a toda costa contra atentados y traiciones.

SETENTA AÑOS DE VIDA

Breton muere a los setenta años sin haber dejado nunca de alentar y prodigar elogios a los jóvenes. Quizá uno de los últimos en recibirlos fue su amigo el gran mexicano Alberto Gironella, pintor de poemas-objetos y de alacenas fantásticas. Gironella se decepcionó de Breton una noche en que lo llamó por teléfono a las tres de la mañana y Breton le dijo que ésas no eran horas y Gironella sentenció: "Jamás volveré a verlo. Un surrealista debe permanecer alerta toda la noche".

A pesar de la decepción de Gironella, Breton tiene hoy apasionados seguidores. Y es que su obra va más allá de la realidad cotidiana; la trasciende y la vuelve inagotable. Breton escandalizó, golpeó, gritó, rompió barreras y nunca se dejó controlar por nadie. Dejó una fuente revolucionaria que aún no se seca y su estela a lo largo del planeta sigue iluminándonos. Con razón Octavio Paz lo admiró y recibió su influencia, que siempre agradeció públicamente. En cambio, Frida Kahlo y Juan Soriano tildaron a Breton de payaso, pero en aquella época era muy común que los artistas se denigraran entre sí.

En Haití, Breton quiso combatir la miseria e instruyó a los haitianos en los sagrados ritos de la rebeldía. En México paseó con Diego Rivera y León Trotsky en asoleados días de campo, y llamó a Frida Kahlo surrealista, cosa que ella no aceptó. También declaró que México era surrealista por excelencia e incluyó a Frida y a Manuel Álvarez Bravo en su gran exposición surrealista. A Juan Soriano, Breton le cayó en el hígado a pesar de la adoración que le profesaba su íntimo amigo Octavio Paz.

LA VIDA Y LA MUERTE

Uno de los libros poco conocidos en México de André Breton, fuera de las versiones directas del poeta y traductor oficial de Breton, Agustí Bartra, es

Nadja, esa mujer maravillosa que Breton encuentra casualmente un día de octubre; otro es *La clé des champs* (La llave del campo), pero que en francés significa algo así como la "puerta de la libertad".

Suele decirse de aquellos que huyen de su casa que tomaron *la cléf des champs,* o sea que se fueron "de pinta". Las ediciones Sagitario también publicaron *Los manifiestos del surrealismo, La posición política del surrealismo, Martinica, encantadora de serpientes, Arcane 17* y la *Antología del humor negro,* cuya portada es de Miró y reúne ensayos y discursos de André Breton.

Tres de ellos: "Recuerdo de México" (1938), "Por un arte revolucionario independiente" y el discurso pronunciado en el aniversario de la Revolución de Octubre, resultan significativos porque Breton habla de la estrecha relación que hubo entre Lázaro Cárdenas y Trotsky, ya que el entonces presidente de México les ofreció asilo a Trotsky y a Natalia Sedova. Entre otras cosas, Breton habla de un cierto Dr. Atl, "ese fascista", de la pirámide de Xochicalco, de los mercados de "México, mi país de elección", del Partido Obrero Unificado de México (POUM), de las bugambilias, del arte prehispánico, de las cactáceas, de la maravillosa juventud de Trotsky, del valor civil de las autoridades mexicanas que lo protegen, de Zapata y la Revolución de 1910, del inepto "realismo socialista", de la Cuarta Internacional, de André Malraux, que le contó al regresar de un viaje a la URSS cómo, en un discurso en Moscú, citó a Trotsky y vio cómo la atmósfera se congelaba y varios oyentes abandonaron la sala. "Temí por mi vida", aseguró Malraux. En Rusia el nombre de Trotsky no podía pronunciarse bajo ningún pretexto. André Breton añade con cierta melancolía: "¡Y yo que creía que André Malraux era valiente!"

EL GRAN AMOR QUE LE TENÍA BRETON A MÉXICO

Es bello constatar el amor que André Breton le tenía a México, a su Coatlicue, su Xochipilli, diosa de las flores, su Virgen de Guadalupe. Elogia a Manuel Álvarez Bravo: "Este poder de conciliar la vida y la muerte es sin duda el principal atractivo de México, que abre un inagotable registro de sensaciones, las más benignas y las más insidiosas. ¡No conozco nada como las fotografías de Manuel Álvarez Bravo para hacernos descubrir los polos extremos!"

François Perroux: "El petróleo del Sáhara tiene que ser para todos"

Lejos de permanecer dentro de los límites de una disciplina —aunque sea tan vasta como la economía—, François Perroux sale siempre en defensa del hombre. Cada página y cada palabra suya, su *curriculum vitae* tan voluminoso que el sólo verlo marea, nos demuestran que Perroux no sólo es director de institutos de economía sino que reparte su sabiduría a través del mundo. Da cursos y conferencias en Alemania, Austria, Estados Unidos y Canadá, Grecia, Israel, España, Polonia, Portugal, Rusia, Senegal, Turquía, Suiza, Túnez, Yugoslavia y México, donde se le va el tiempo entre el Instituto Francés de América Latina y la Facultad de Economía de la UNAM.

Acompañado por Jean Sirol (que traduce sus conferencias), Perroux pasa de los jesuitas en la Universidad Iberoamericana a la Facultad de Ciencias Políticas y Sociales de la UNAM. A cada una le reserva un tema distinto: en Ciencias Políticas habla del crecimiento en los pueblos subdesarrollados; en el IFAL, de la coexistencia pacífica; en la Facultad de Economía de la UNAM, del progreso de la ciencia económica; en la Universidad Iberoamericana, de Europa y África como ejemplos de cooperación plurinacional.

Perroux dice: "Yo creo en un mundo universalista; ése es mi ideal. El concepto de las naciones es un concepto guerrero que debe superarse". Para él, Europa no es un territorio sino una tarea.

El Fondo de Cultura Económica publicó *La coexistencia pacífica,* y planea editar *La economía del siglo XX* y *Europa sin riberas;* pero más que preguntarle por sus obras pasadas, quise hablar con él de su reciente viaje a África y de lo que piensa sobre Argelia. Perroux fue a Senegal invitado por el gobierno a su fiesta de independencia. La relación entre el gobierno y él senegalés se estrechó años atrás cuando expuso en un seminario en Dakar, presidido por Mamadou Dia, su tesis: "El desarrollo económico de las naciones en vías de desarrollo".

"La construcción de la economía mundial no se hace geométricamente —dice Francois Perroux—; es un desarrollo histórico que utiliza en su proceso las comunidades culturales existentes. Cada nación llega a la plenitud de su ser encarnando valores universales. Estos valores —la justicia, la libertad, el amor— no dependen de la historia: juzgan a la historia. Al participar, cada nación puede actuar en concierto con las demás.

"Estos valores de justicia, libertad y amor unen a todos los países. El presidente de la República de Senegal, un gran escritor en lengua francesa, Leopold Sedar Senghor, publicó recientemente una obra sobre las naciones africanas. En Senegal se está formando un humanismo negro-africano (Senghor acuñó el término *negritude* (negritud o negrura) sobre el que también ha escrito Jean-Paul Sartre. En el curso de un año o más, Francia le dio su total independencia a 14 países de África, inclusive a Madagascar. Por este gesto histórico, Francia permanece fiel a su tradición de libertad."

—¿Y Argelia?

—También a Argelia le enseña Francia la libertad al proponerle la autodeterminación. Claro está que las condiciones son difíciles. Pero los países recién nacidos a la libertad son conmovedores por la fidelidad que guardan a su hermana mayor: Francia.

—¿No se han rebelado contra esa hermana mayor?

—Naturalmente. Lo mismo sucede en las familias. Las pequeñas diferencias persisten pero pueden solucionarse. Ahora mismo se discuten en francés.

"Cada una de estas naciones nacientes tiene su fisonomía particular y sus deberes propios, y como bien dijo el primer ministro del Senegal, Mamadou Dia: 'La nación es una vocación'."

—¿Y qué quiere decir con esto?

—Cada nación está sometida a determinaciones —no digo determinismos— geográficas e históricas. Sus condiciones específicas no se parecen a las de los negro-africanos, de lo cual resulta que las jóvenes naciones africanas no son sólo conjuntos orgánicos de individuos y productores, sino la base sobre la que se elabora un humanismo negro-africano con perspectivas universales. Las naciones africanas sirven a África, y África —si triunfa la razón— servirá al mundo. La doctrina moderna de la nación y la práctica sincera del desarrollo económico encuentran una aplicación particularmente interesante en Argelia.

LA INDEPENDENCIA DE ARGELIA

—No hay dos soluciones para Argelia sino la que formuló contra viento y marea el general De Gaulle. ¡Qué admirable continuidad y cuánta nobleza en la doctrina de este héroe nacional! En el tomo I de sus *Memorias* hizo ver que si Francia pudo recobrar su independencia es porque supo proyectarse sobre "los grandes, las grandes velocidades, los mares, los aliados lejanos". En el peor momento de la guerra, Francia subsistió por la voluntad tenaz de autodeterminarse. Luchó contra el nazismo y supo reconquistar los territorios franceses.

"Francia es portadora de valores universales que le permiten ganarse a los 'aliados lejanos'. Los franceses tienen una vocación muy concreta pero también alcances universales. Por eso, Francia ofrece su autodeterminación a las distintas comunidades que viven sobre el territorio argelino y al hacerlo el general De Gaulle es el representante auténtico de los derechos del ciudadano y del hombre."

—¡Vaya que es usted degaullista!

—Lo soy doscientos por ciento sin condiciones ni reservas. Esta autodeterminación es la base política de una cooperación económica duradera entre las comunidades argelinas y las comunidades francesas.

—¿Y la lucha por el petróleo encontrado en el Sáhara?

—Es muy normal que el petróleo del Sáhara dé lugar a controversias porque de él pueden vivir no sólo Argelia sino el Maghreb, Marruecos, Túnez y los países vecinos. El petróleo puede darle una nueva vida económica al Mediterráneo en el sentido Sur-Norte.

—En conclusión, señor Perroux...

—Puedo afirmarle dos cosas. Primero, que los periodos de realización histórica superan los periodos de actos individuales. La historia trabaja a lo largo de los siglos. Segundo, que todos tenemos la esperanza de que las diferencias se borren en beneficio de uno de los mayores logros económicos del siglo xx. El modo más seguro de equivocarnos sería no ver las cosas en grande y fijarnos en lo pequeño y esperar demasiado poco.

EUROPA SIN RIBERAS

François Perroux es uno de los más brillantes economistas de hoy. Director del Instituto de Ciencias Económicas Aplicadas y profesor agregado en la Facultad de Derecho de la Universidad de París, en este momento imparte un curso en Harvard. Autor de un gran número de estudios económicos y financieros, está a punto de aparecer la que sin duda alguna será su obra capital: *Europa sin riberas,* editada por Desclée de Brouwer. Él, gordo, afable y bondadoso, nos dice:

—La vocación de los europeos es universalista. ¡Yo creo en la universalidad! En vez de que existan "pequeñas Europas" se puede construir un gran bloque: la Nación Europea. Europa, poderosa, se abre entonces al mundo. Su vigor físico y moral irá más allá del continente. Europa, dividida en pequeñas potencias, se fragmenta y su falta de unidad la destruye. Cuando un país se siente seguro siempre encuentra algo qué decir y puede mirar a los cuatro puntos cardinales del mundo civilizado. Por ejemplo, la Europa de hoy no puede ser total porque le falta Polonia. ¡Sin la nación polaca Europa no es Europa! Europa es y debe ser un acontecimiento mundial.

—¿Cree usted que un país puede desaparecer del mundo sin alterarlo?

—¡Cómo voy a creer eso! ¡Ningún país puede darse el lujo de desaparecer del mapa! ¿No ve usted que el mundo se integra por países? Como ya le he dicho antes, la pérdida de un país es una mutilación.

—¿Qué es el espíritu europeo?

—Es el encuentro de dos corrientes de pensamiento. Primero, el ideal de la sociedad abierta según lo concibió Bergson. El ideal cristiano laicizado, o sea, la comunión de los vivos, la fraternidad del conjunto humano. Segundo, la eficacia que trasciende la obra europea. La eficacia nos viene sin duda de Grecia, de la ciencia, del conocimiento, del dominio del mundo sensible por parte de los griegos. Tuvieron métodos muy perfeccionados de destruir o construir; heredamos su eficacia en la destrucción y en la construcción. La eficacia no fue un atributo de Asia ni de las culturas precolombinas que no consiguieron nunca el nivel europeo en su afán de dominar el mundo de la materia. Mi definición de Europa sería esta: "Europa es una tarea, no un lugar"; es una obra pendiente, no un territorio material. El pensamiento europeo incluye la fraternidad, o sea, la voluntad de amar, y el perfeccionamiento de las técnicas que provienen de la herencia griega y de la investigación científica. Claro está que Europa ha fallado en su vocación y en el ideal de la fraternidad adulterado por la pasión nacionalista y el deseo de poder. Pero después de cada fracaso adquiere conciencia de su falla.

"Europa se da siempre cuenta de sus errores, y yo creo que una de sus características primordiales es la inquietud que le causa su posición en el mundo."

—Señor Perroux, ¿qué opina usted del continente americano?

—Oponer América a Europa es una superficialidad. En primer lugar porque hay parentescos y deberes comunes más profundos que oposiciones. A través del mundo habitan hogares europeos que llevan el mensaje del universalismo cristiano. Europa se ha exportado al mundo entero, sobre todo a América. Las nuevas Europas de América Latina y Canadá (porque después de todo Canadá es europeo) trabajan para Europa y la convierten en una fraternidad armada por la ciencia y la técnica. Creo en un mundo universalista. Mi ideal es la universalidad, no sin fronteras, pero sí sin riberas. Un amigo mío, Salvador de Madariaga, gran liberal agnóstico, define a Europa como el encuentro del espíritu del cristianismo con el espíritu de Sócrates; Cristo siendo amor, y Sócrates, conocimiento. Esta definición tiene un gran parentesco con la mía. Sin embargo, las diferencias de método y de técnica son muy profundas entre Madariaga y yo.

Perroux calla. Y nosotros pensamos en él. Lejos de permanecer dentro de los límites de una disciplina, aunque sea tan vasta como la economía, François Perroux sale siempre en cada página y en cada palabra suya, al encuentro del hombre. Y él mismo es la imagen perfecta de ese hombre europeo sin ataduras ni riberas. Europeo en el hondo sentido de la palabra y por eso universal, de aquí, de allá y de todas partes, hombre de buena voluntad, François Perroux espera la paz de la tierra.

Cortesía francesa: la fraternidad humana en la Ciudad Luz crea un reloj cronométrico

En Francia, resulta totalmente inadecuada la expresión "Se porta como una verdulera", porque las verduleras parecen ex alumnas del Sagrado Corazón. Venden sus legumbres con delicadeza y finura de princesas.

La cortesía de los franceses se traduce en su puntualidad y en toda clase de detalles que sorprenden al visitante y le dan mucho en qué pensar. Los meseros, las vendedoras, los *flics* (así les dicen a los gendarmes) le indican a uno la calle. Las taquilleras del metro sonríen. París es una ciudad bien educada. Hasta los bohemios y los más convencidos y convincentes existencialistas son puntuales. (Una amiga escultora me invitó a comer a la una. Llegué a la una y diez. La encontré inquietísima por mi retraso, ella que desprecia las costumbres burguesas. Yo resulté la bohemia por llegar diez minutos tarde. En castigo, me dio una sopa fría y un queso rancio.)

La puntualidad se respeta más que el honor. Si la invitación a comer es a la una, diez minutos más tarde los comensales ya van en el plato principal y el lugar del retardatario queda vacío. "Ya no te va a tocar el primer plato", advierte el ama de casa. En la mesa se habla mucho, se mastica muy bien y la comida termina en treinta minutos precisos e inteligentes. Los franceses no tienen tiempo que perder. *La femme du monde* no puede hacer esperar a su modista. (Habría yo de enterarme que muchas francesas citan a su amante entre las dos y las cuatro de la tarde.) .

En París nada se deja al azar, ni siquiera la conversación. En la mesa es la anfitriona quien guía la conversación. Un conocido escritor dio muestras de querer interrumpirla pero su ademán imperioso lo retuvo. Se quedó mudo. A la hora del postre, la señora de la casa le rogó que diera a conocer su punto de vista: "Sólo deseaba que me sirvieran de nuevo algunos chicharitos".

Para mí, la verdadera cortesía es el arte de no molestar a los demás. No depende del rango o del entrenamiento, es una preocupación del corazón.

Recuerdo que una vez nos detuvimos a comer mi tío André Poniatowski y yo en un cortijo y lo vi sorber la sopa y limpiar su plato con un trozo de pan. Cuando le pregunté por qué hacía algo que jamás haría en su casa, me respondió: "La cortesía en la mesa es hacer lo que hacen los demás".

Así como la falta de cortesía es desagradable, el exceso de atención resulta de mal gusto. Los seres obsequiosos nos recuerdan a *La dama del perrito*, de Chéjov, que al hablar de su marido lanza un fulminante: "Es un lacayo".

Jamás he visto superada la cortesía de Magdalena Castillo. Atendía nuestros menores deseos con una dignidad y una eficacia que es motivo de reflexión. Manejaba mejor sus tradicionales tortillas que nosotros los cubiertos y nos enseñó que la cortesía es una forma suprema de atención al prójimo.

La cortesía refleja el espíritu de la persona que la posee. Casi podríamos llamarla "un estado del alma".

Es ante todo armonía. Hasta la más pequeña agrupación humana necesita de una mínima cortesía.

En París, la cortesía tiene elementos de solidaridad humana. Desde hace cuatro meses veo un anuncio amarillento que dice: "Perdida. Una perrita Teckel". Aunque el anuncio es pequeño, muchas personas se interesan en la suerte del animal: "Fíjese nomás. ¡Con este invierno! El anuncio dice que llevaba su abriguito". (Todos los perros de París tienen abrigo.)

Imposible olvidar que la cortesía es el mejor método de defensa. Según el duque de Levis Mirepoix: "El mundo no resiste a la cortesía y cuando llega a mis oídos el rumor de que alguien me critica, respondo: 'Es que no me conoce'. Me las arreglo para encontrármelo y sin hacer la menor alusión a su maledicencia, soy con él de una cortesía tan extrema que lo dejo muy preocupado por lo que dijo de mi persona".

Jean Cassou

    Si el Guadalquivir y el Sena,
    se hablan, borrachos, de tú,
    llévame viento andaluz
    a casa de Jean Cassou.

Así cantaba Rafael Alberti, gran amigo juvenil de Jean Cassou, para corresponder al amor que este francés universal sentía por las cosas de España. Afortunadamente para nosotros, Cassou ha extendido la mirada de su afecto y de su inteligencia a los pueblos de América y trae a México una importante exposición de arte francés.

Antes de transcribir mi conversación con Jean Cassou quiero recordar algunas de las palabras que dijo ante el público reunido en el IFAL, porque señalan uno de los aspectos críticos de la cultura contemporánea: "Uno de los rasgos característicos de la crisis del mundo actual es la baja que el amor está sufriendo entre los valores espirituales. Si considero a los autores que ejercen influencia sobre los lectores, encuentro entre ellos un común denominador: todos son enemigos del amor, o todos sufren la falta de amor: Gide, Kierkegaard, Kafka, Lautréamont, Rimbaud, Sade. Esa reunión de genios constituye un cuadro clínico que marca el descenso de la noción del amor en la actual tabla de valores y esa baja se debe a una indeterminación personal. Para mí el gran problema es el de la determinación personal en todos los dominios: político, ideológico, artístico, moral y sexual".

Además de ser uno de los críticos de arte más autorizados, Jean Cassou es un creador, como lo prueba su última novela *El libro de Lázaro*, que viene a añadirse a su extensa obra: *El elogio de la locura, Las noches de Musset, Panorama de la literatura española contemporánea, Los conquistadores, Tres poetas: Rilke,*

Milozs y *Machado,* y a su poesía, los *Treinta y tres sonetos compuestos en secreto,* escritos en la cárcel, durante la Resistencia.

—Durante muchos años estuvo usted cerca de los comunistas y se separó de ellos después de dos viajes a Belgrado. Entiendo que uno de los puntos de desacuerdo con el Partido Comunista Francés fue el problema de la libertad en el arte. ¿Le parece válido el realismo socialista?

—No sé lo que significa "realismo socialista" y ni siquiera entiendo el término. Es como si se dijera "cubismo bonapartista". Además, el realismo socialista es una teoría política o, más bien, una doctrina estética gubernamental y no tiene ningún interés porque las teorías estéticas deben ser obra de los artistas, los poetas, los creadores. No son los partidos políticos ni los gobiernos los que pueden hacerlas. El realismo es una teoría estética hecha por artistas. Era, por ejemplo, la teoría de Courbet, pero "realismo socialista" no significa nada cuando lo dice un político. Un pintor puede ser socialista. Un realista puede serlo también como lo fue Courbet, pero su pintura no puede llamarse "realismo socialista".

—¿No hay teoría en el arte?

—Ninguna teoría sin validez puede producir algo. Además, las teorías nunca producen nada por sí mismas. Acompañan la creación, la explican, pero no la hacen. Eso no impide que un creador tenga las opiniones políticas y sociales que quiera. Yo, por ejemplo, tengo las mías.

—¿Cuáles son?

—Soy hombre de izquierda, demócrata; en fin, me parece inútil repetirlo. Diga usted que yo tengo ideas personales para mi uso exclusivo.

—¿Qué piensa del arte oficial ruso? ¿Es realista? ¿Es socialista?

—¿Arte oficial? El arte deja de serlo desde el momento en que se oficializa. No es nada y no me interesa. Me sorprende que estando en México, donde existe un arte de tan vigorosa vitalidad, me haga preguntas sobre un arte extranjero. Hay aquí tantos temas de conversación…

—¿Cuáles son?

—El del magnífico arte mexicano, pasado y presente; el del arte francés que he venido a presentar al público mexicano. Esos dos temas nos darían de qué hablar en vez de ocuparnos de problemas falsos y baladíes. El arte mexicano es cada vez más apreciado en Francia y me sorprende el interés y el conocimiento con que se habla aquí de los pintores franceses. Los artistas mexicanos y los franceses están hechos para comprenderse.

—En muchos países, los partidarios del "realismo socialista" lo son también del "nacionalismo artístico". ¿Cree usted en un arte nacionalista?

—Esta pregunta también me extraña porque plantea de nuevo un falso problema. Cada arte es nacional y siendo nacional tiende por naturaleza a lo universal. Ningún artista francés es nacional, es decir, francés. ¿Qué significa ser francés? Significa tener la preocupación del hombre; significa aspirar a la universalidad humana; significa servir a la civilización. Por eso se llama actualmente a la Escuela Francesa "la Escuela de París", porque ha absorbido a los más vigorosos artistas de todas partes del mundo: Picasso, Zadkine, Chagall, Kandinski y tantos otros que se honran en pertenecerle y en pintar en el país de Manet, de Cézanne, de Gauguin, allí donde el holandés Van Gogh realizó su prodigiosa obra.

EN EL DOMINIO DE LA CULTURA NADIE PUEDE DAÑAR A NADIE

—¿Cree usted que el conocimiento e incluso la asimilación de formas de arte extrañas —el cubismo, el surrealismo, la novela realista norteamericana, la obra de Kafka o la de Lawrence, Malraux o Faulkner— daña a los artistas mexicanos?

—En el dominio de la cultura, nadie puede dañar a nadie. En el universo no puede caber el miedo del hombre ante el conocimiento ajeno. La cultura consiste en conocer. No imagino que se puedan establecer fronteras y aduanas en el universo del conocimiento.

—¿Qué opina del reproche que con frecuencia se hace al arte moderno de ser cosmopolita?

—¿Pero quién hace este reproche? Quien hiciera a la Escuela de París el reproche de ser cosmopolita no la comprendería en absoluto, ni al arte francés, ni su misión humanista y universalista. No entendería nada ni de arte ni de cualquier otra cosa.

—¿Cuáles cree usted que sean las consecuencias de la "desestalinización" en el campo del arte? ¿Habrá una rectificación "del realismo socialista" y de su gemelo el "nacionalismo"?

Jean Cassou gruñe definitivamente y me echo a temblar. Saca el cigarro

de su boca, ese cigarro que humea entre sus labios como una pequeña locomotora. Me mira sorprendido, como si dijera: "¿De dónde sacó esta muchacha
todas estas preguntas?" Luego se indigna como buen francés y bate las alas
como una gallina bajo el vuelo del gavilán.

—Yo no contesto a esa pregunta. No me interesa. (Se rasca la cabeza.
Interrumpe el funcionamiento de sus brazos y de nuevo se rasca la cabeza.) Bueno, espere usted. (Otra vez serio y meditativo.) No le voy a contestar
nada. (Pero nuevamente ganado por el énfasis declara:) Bueno, bueno, apunte
usted, si quiere, lo que voy a decirle. Toda liberación en el dominio político
implica una liberación en el campo de la cultura, de las ideas y del arte. En
mi país y en todas las ocasiones que se presentaron, fui un combatiente de la libertad; por lo tanto tengo que aprobar todo progreso que pueda facilitar la libertad de otros países.

—Señor Cassou, ésa es la segunda parte de mi pregunta pero creo que ya
no me la va a contestar: ¿Se dejarán de usar criterios puramente políticos dictados por las necesidades del instante para enjuiciar las obras de arte?

—Creo que mi respuesta está implícita en toda la entrevista. ¿Cuál es su
otra pregunta?

—¿Cuál es la función social del arte?

—Ser arte.

—¿El artista debe someter su creación a los dictados de un partido o de
una Iglesia?

(En este momento entra el pintor Fito Best Maugard y se ríe al oír la
pregunta.)

—Podrías añadir, Elenita, alguna industria, además de un partido y una
Iglesia. ¡Pero oigamos la contestación del maestro!

—No —asienta Cassou—. Eso no cabe ni preguntarlo.

—¿Socialismo y libertad son términos contradictorios o complemen-
tarios?

—Deben ser términos idénticos, si el socialismo y la libertad son debidamente entendidos.

Mi entrevistado da un suspiro de satisfacción al ver que el cuestionario
ha llegado a su fin. Best Maugard, por su parte, lleva al gran crítico de arte a
aquella región del espíritu donde él se mueve a sus anchas y a donde yo no
supe conducir la entrevista, queriendo, como quise, hablarle al militante de la
libertad y del socialismo: Jean Cassou.

Veinticinco siglos de arte mexicano en el Petit Palais

En la acera, frente al Petit Palais, la cabeza olmeca recibe los débiles rayos de eso tan desabrido que los parisinos llaman sol. Adentro, bajo la cúpula, con su falso cielo azul, sus guirnaldas, plafonetes y molduras doradas, se yergue el coloso de Tula, austero, duro, esencial como una hacha de piedra. ¡Dios mío! ¡Que dejen de sonreír las tontas musas pintadas en las bóvedas del Petit Palais! Ha llegado la hora de la verdad, la que tira los muros de los palacios garigolea-dos que ya no tienen sentido. Hicieron su arribo los dioses mexicanos con sus mil dagas de obsidiana y los clavaron en tanto artificio y arabesco. Aquí se acaba todo.

Los franceses y los visitantes no pueden más que mirar con estupor a la Coatlicue con su falda de serpientes, a Quetzalcóatl, a Tláloc, a las figuritas de Tlatilco, a las 2 250 obras maestras que revelan que de 1500 a 1100 años antes de Jesucristo —cuando Europa estaba en su edad de bronce y de hierro—, México había construido sus pirámides y ya usaba ánforas y cerámica, jugaba a la pelota y se ponía collares cuyos vestigios se encontraron en El Arbolito, en Tlatilco, en Zacatenco.

Cincuenta mil personas han visitado la exposición. Absortas ante cada una de las obras, vi a muchas personas sacar papel y lápiz para tomar apuntes. Una joven pareja, su niño en brazos y pasándoselo del uno al otro, entró a las tres y salió a las seis de la tarde para regresar al día siguiente, de nuevo con su bultito de niño. Se eternizaban ante las vitrinas y había en su rostro no sé qué expresión de asombro maravillado que hacía que la gente se acercara hacia donde ellos miraban para ver qué atraía su atención. Fernando Gamboa, anó-nimo entre los espectadores, me dijo: "Mire usted, estos jóvenes son mi mejor recompensa". A nuestro lado, una señora exclamaba: "Mais ça c'est tout à fait asiatique…" Y Gamboa sonreía: "Ya ve usted cómo saben, Elena. Claro que es asiático. Yo cuando veo a mongoles, me siento inmediatamente reconocido. Haga de cuenta que encontré a mis abuelitos".

En las cuatro ocasiones en que fui a la exposición, hice cola. La gente esperaba, en rigurosa fila india, a que el vecino terminara de detallar cada figura. "¡Mire usted, qué público, pero qué público! ¡Cómo preguntan, cuántas explicaciones piden!"

El precio de la entrada a la Exposición Mexicana equivale a doce pesos mexicanos (la mitad para los estudiantes que presentan su credencial), y el catálogo, que es un verdadero libro, cuesta diez nuevos francos, pero tiene cuatrocientas veinte páginas, muchas fotografías y quién sabe cuántas láminas a color, además de los textos de explicación de Fernando Gamboa.

No sé hasta qué punto nos damos cuenta en México de la labor de Fernando Gamboa, nuestro extraordinario promotor. Las exposiciones que él lleva por el mundo equivalen a más de cien años de diplomacia. Gamboa llega con sus monolitos, sus piedras de más de cien toneladas, sus inmensas cajas de madera marcadas "Frágil", se instala en un pequeño hotel, aprende el idioma (ya sabe polaco, francés e italiano) y se pone a desempacar. Proyecta escaparates, arma estantes y vitrinas, acomoda la luz en sitios estratégicos y cuelga letreros explicativos y grandes amplificaciones fotográficas de nuestros paisajes. Acomoda una figurita desnuda y jorobada de brazos muy cortos sobre un pequeño pedestal y levanta los ojos para ver cómo quedó un Atlante de Tula. Experto y sereno examina con cuidado el trayecto que va a seguir el visitante, porque está seguro de la impresión que va a producir este arte mexicano, desde el precolombino hasta el moderno, pasando por el popular. Cada una de sus exposiciones ha sido un bombazo.

Ahora, en París, grandes carteles anuncian "25 Siècles d'Art Mexicain" y periódicos y revistas, entre otras *Europe,* hablan de México. Los dioses prehispánicos están presentes en el "Canard Enchainé" que representa a De Gaulle como una urna funeraria. Bajo el penacho de plumas, De Gaulle levanta dos pequeñas manos zapotecas y grita: "Digan sí al referéndum". Los demás miembros de su gabinete son figuras toltecas; uno es el aguador, otro un perro cebado de Colima, y Michel Debré lleva un letrero que lo describe: "Pequeño dios familiar, tutor del hogar". La revista *Arts* le dedica un número completo al arte mexicano y lo llama la epopeya de los hombres y de los dioses.

Arts declara: "Nos preguntamos cómo estas diez civilizaciones del México precolombino, que no tenían ni nuestra lógica ni nuestra estética, ni nuestras ideas morales, cuya rareza hasta nos parece monstruosa, pudieron ser testigos y partícipes tan intensos de la belleza y de la humanidad eterna. El conjunto en el Petit Palais de 2 250 obras maestras invita a los visitantes a plantearse asuntos que ponen en entredicho nuestra alma y nuestro destino".

Dentro del Petit Palais se exhibe *Pedro Páramo* de Juan Rulfo, editado por Gallimard; *Más cornadas da el hambre,* de Luis Spota; *Tamayo* y *El laberinto de la soledad,* de Octavio Paz, y una serie de antologías poéticas. La publicación de *Piedra de Sol,* de Paz, en francés coincide con la exposición; Alain Bosquet afirma: "Paz ha contribuido a revelar a los europeos la maravilla de un arte y una cultura extraeuropeos: la existencia de una nueva Atenas".

La cultura precolombina, la de Quetzalcóatl, el Hombre-Dios, la del Agua-Quemada, la de la pirámide sagrada, la de la muerte, todavía tiene mucho que enseñarle al mundo.

El director de la famosa Galería Charpentier, Raymond Nacenta, habla de la pintura moderna

Frente al Elysée —donde vive De Gaulle—, la Galería Charpentier, la más célebre en Francia, atesora Gauguins, Cézannes, Monets y Van Goghs. A los empleados les molesta tener de vecino al "Grand Charles", como llaman a De Gaulle, porque dicen que el día en que pongan una bomba en el Elysée, les tocará a ellos. Pero, en espera de la bomba, los cuadros se cuelgan y se descuelgan; Dunoyer de Segonzac reemplaza a Soutine, el Aduanero Rousseau a Vlaminck, Modigliani a Utrillo, y las exposiciones se ensartan unas a otras en una cadena ininterrumpida desde 1941, cuando Raymond Nacenta la adquirió. En veinte años, cinco millones de personas han visitado la Galería Charpentier.

Raymond Nacenta no tiene aspecto de artista sino de burócrata: traje impecable, camisa blanca, corbata, mancuernas, zapatos bien boleados, pelo alisado y anteojos. Empresario, hombre de negocios, toma el teléfono; se comunica por larga distancia: Munich, Ginebra, Nueva York, Londres, y jamás cuelga la bocina sin antes haber concluido su asunto.

LA PINTURA INTERPLANETARIA

—Señor Nacenta, ¿cuántos millones de dólares hay en su galería?

(Nacenta examina unos papeles.)

—Mire usted, el valor de los cuadros expuestos en un año es de cuatro millares, o sea 143 millones de nuevos francos, más de un millón de dólares.

—¡Dios mío! ¿No es ése uno de los presupuestos para las investigaciones interplanetarias?

—Sí.

—¿Y qué tal si por estar tan cerca de la casa donde despacha De Gaulle le echan a usted una bomba y se pierden los cuadros?

—Estoy asegurado.

UN NEGOCIO PORTENTOSO

—Pero ¿qué compañías pueden asegurar cuadros que valen sumas tan fabulosas?

—Se une un gran número de compañías que le dan a las obras maestras un seguro global. Las obras que tengo ahora expuestas están aseguradas por 30 compañías de seguros, y entre ellas, algunas se comprometieron a cubrir 0.5% del riesgo. Se unen en un solo seguro compañías francesas y neerlandesas.

"No somos *marchands de tableaux* ni mercaderes. Somos introductores al arte. Educamos al público."

—Detrás de esta iniciación al arte hay mucha especulación y mucho chantaje, ¿o no?

—La Galería Charpentier no vende cuadros. Exponemos las obras maestras de todos los tiempos.

—Pero también lanzan al mercado a algún pintor desconocido.

—Sí, pero ésa no es nuestra actividad principal. La Galería Charpentier es la única que en París cobra una entrada para que el público vea las retrospectivas. Las galerías privadas no cobran porque su objetivo es vender.

EL FRAUDE DE LA PINTURA

—En México, algunas galerías cobran "derecho de sala", es decir, que los pintores, además de exponer, financian su exposición, pagan gastos de catálogo, enmarcan sus cuadros, y los directores de galerías juzgan a los pintores por las ganancias que les traen. Los pintores se cotizan como en la bolsa de valores; Tamayo, por ejemplo, es una inversión segura y los directores de galería se lo disputan.

—Nosotros, señorita, en la Galería Charpentier seguimos una política estética.

—¿Cuál es? ¡A mí se me hace que las únicas leyes a las que obedece la pintura son las económicas! Cuántas veces he oído decir a algún pintor: "Voy a hacer 10 cuadritos de estos porque son los que se venden. Y con el dinero haré uno que me guste".

—Yo estoy en contra, señorita. Hace poco, un comprador norteamericano, al pasar por París después de seis meses de ausencia, me preguntó: "¿Cuáles son sus novedades?" Muy decepcionado por mi respuesta negativa, se puso a buscar un tipo de pintura *New-Look* para lanzarla en Nueva York con efectos publicitarios que hicieran furor en unas cuantas semanas.

LOS CHARLATANES

—¡Cuántas trampas no se hacen en pintura! En México, recuerdo que François Arnal hizo furor. Guapo, simpático, iba de coctel en coctel, cortejaba a las mujeres que podrían servirle en sus relaciones públicas, cenaba con embajadores, viajó a Acapulco y esta carrera social lo hizo vender. Un día se le acabaron los cuadros y surgieron más compradores. Subió a la azotea y en media hora embarró una tela blanca con un tubo de pasta negra que aventaba desde lejos: pasta negra, pasta roja, grandes rayas amarillas; un manchón verde, muy espeso, otro manchón gris y al día siguiente traía seis mil pesos en su bolsillo (sin hablar de la comisión para el director de la galería).

—Me parece mal, sobre todo si pensamos en la incansable búsqueda del verdadero artista y en el respeto que debe sentir por sí mismo. Uno se pregunta si países como los Estados Unidos, que fomentan estas farsas, no pertenecen a otro planeta.

—¿El mayor mercado de arte abstracto son los Estados Unidos?

LA PINTURA REFLEJA LA
DESORIENTACIÓN DEL SIGLO XX

—Los norteamericanos no tienen tradición artística —ni tradición siquiera— y se vuelvan locos con la pintura abstracta. Cada año en el mes de octubre —desde 1954— expongo a la Escuela de París: Poliakoff, Soulages, Silva da Vieira, Bernard Buffet, quienes intentan traducir al arte los fabulosos descubrimientos de la ciencia moderna. A mi juicio, la Escuela de París es testigo de la desorientación que provoca el progreso. El mundo se encuentra en una encrucijada económica, social y artística. Aunque las artes preceden las revoluciones, todavía nos falta ver en la pintura una nueva evolución.

NUNCA HAY REVOLUCIÓN EN PINTURA

—¿Los pintores de hoy han encontrado algo nuevo?

—Nunca hay revolución en pintura, hay evoluciones. No se puede pintar hoy como Renoir o Monet. La evolución de la pintura corresponde a la evolución social y económica del mundo. ¡Son muy pocos los verdaderos innovadores, los líderes que logran hacer escuela!

—¿Y quiénes son los auténticos creadores?

—Los pintores que le han traído una expresión y un lenguaje nuevo a la pintura: Monet, Renoir y, quizá el más grande de todos, Cézanne.

—¿Y la oleada del arte abstracto?

—Esto nos llevó a que el pintor Klas expusiera —como su obra más acabada— una tela en blanco. Como la libertad es completa (creo que no se puede hacer arte si no se está libre intelectualmente), se ha llegado a extremos inverosímiles.

Lo único anacrónico en Raymond Nacenta, dinámico director de la Galería Charpentier, es su pluma. En pleno siglo XX, escribe con una pluma de ganso o casi. Le pide a su secretaria: "Señorita, cámbieme ya esta pluma. Ya se abrió". Así como nuestros abuelos compraban plumillas de acero para insertarlas en su portaplumas, y con hermosa letra redondilla firmaban su nombre, así Raymond Nacenta, desdeñando la atómica, sigue entregado al ejercicio de los *pleins et deliés*. Además de escribir el prólogo de sus catálogos, publicados en forma de *plaquettes* de esmerada tipografía, Nacenta escribió un libro sobre la Escuela de París, en el que reúne a los abstractos, los no figurativos y los independientes.

LA QUERELLA ARTIFICIAL
DEL ABSTRACTO Y DEL REALISMO

—Para mí, la querella del arte abstracto y del realismo es artificial. No hay pintores "atrasados" ni "adelantados". No están de un lado los escogidos y del otro los rechazados, porque la pintura no es un lujo, tiene su función social.

—¿Cuál es?

—Los pintores reflejan su época. ¡Con sólo ver una pintura de Watteau se comprende todo el siglo XVII! Un cuadro de David, por ejemplo, refleja la suntuosidad, el fasto del Imperio y nos dice más sobre su espíritu y sus costumbres que un largo tratado sociológico. ¡Nuestra época es un drama porque la inteligencia del hombre desencadena fuerzas incontrolables y la ruptura con los siglos anteriores es considerable! Antes, la guerra se hacía con hombres y caballos y las armas eran la astucia del hombre y la energía del caballo. ¡Hoy, si hubiera una guerra, bastaría oprimir un botón!

—Muchos hombres y mujeres en los países del Tercer Mundo nunca han entrado a un museo.

—Al contrario, desde el punto de vista social, la gran masa del pueblo se interesa cada vez más por la pintura y la música. Gracias a la radio, a la televisión, el arte ha entrado a los hogares. En Francia, Bach y Vivaldi le son tan familiares a la gran masa como a las élites. Gracias a la televisión, el pueblo sabe quién es Bracque, Picasso, Dufy, Chagall. A mi juicio, ya no hay élite, sino grupos llamados culturales populares.

—¿Son muchos los obreros que visitan la Galería Charpentier?

—Sí, muchísimos. Hace poco vimos aquí a los obreros de la Régie Renault. Sobre la cifra total de 150 000 entradas, hay 60 000 estudiantes y obreros. Pagan una tarifa especial. El público ha cambiado enormemente. También me parece estupendo que en Francia no haya analfabetas y que la instrucción en las escuelas sea laica.

"Está surgiendo en Francia y en los países altamente industrializados el fenómeno del ocio. Gracias a la mecanización del trabajo en las fábricas hay cada vez más gente con la posibilidad de escribir, de pintar, de aprender a tocar algún instrumento. El otro día, con mi buen amigo Jean Lurçat, decíamos que una de las soluciones al problema del ocio sería el renacimiento de las artes populares: la tapicería, la cerámica, la orfebrería, el grabado, la encuadernación. El trabajo manual es siempre un equilibrante nervioso. Debemos ayudar al obrero a que encuentre una forma de ocuparse y expresarse fuera de la fábrica. Usted, señorita, seguramente cree que lo único que puede entender un obrero es el realismo, ¿verdad? Yo ni siquiera estoy de acuerdo en el término *realismo*. Lo que se llama, equivocadamente, realismo, no es ni imitación ni reproducción de la naturaleza sino su expresión."

—Pero hay que buscar formas y expresiones nuevas, ¿o no?

—¡La novedad! ¡La novedad! De hecho, la búsqueda de la novedad es un reflejo de anciano. ¡La juventud busca la belleza y la verdad! Va a pensar que soy cursi y ridículo, pero ni modo.

—Pero con todo y todo ni me ha dicho nada sobre la pintura abstracta.

—Creo que el arte abstracto es la continuación de los *collages* de Picasso y de Juan Gris. A los *collages* podríamos llamarles "pintura en bruto".

ANTES ERAN CABALLERIZAS

¡Qué importante es la luz en una exposición de arte! Ubicada en una esquina, la galería se yergue en lo que antes fuera la casa del duque de Duras, mariscal de Francia y miembro de la Academia Francesa. Sus caballerizas para diez pura sangre y sus patios que guardaban coupés y landós son ahora la Galería Charpentier en la que Raymond Nacenta colgó cuadros en vez de amarrar caballos.

"Hice las grandes retrospectivas de Maillol, Vlaminck, Dunoyer de Segonzac, Utrillo, Vuillard, y en 1950 *Cien retratos de mujeres* y *Cien retratos de hombres,* así como *Cien cuadros de arte religioso.* Traje los Van der Weyden, de Bonn. También monté una exposición de *Tesoros del Arte Precolombino,* que fracasó porque los franceses no estaban preparados para entenderla como lo están ahora."

Nacenta ha hecho más de cien exposiciones: Dunoyer de Segonzac, Pougny, Matisse, Soutine, Gauguin, Villon, Modigliani, los *fauves* y otros.

—Señor Nacenta, ¿cómo pudo trabajar con la presencia de los alemanes?

—Durante la ocupación había que distraerse y, además de las exposiciones, los lunes dábamos conciertos de música de cámara. Creé, junto al editor Gallimard, los Conciertos de la Pléiade. Hombres y mujeres llegaban con sus gruesos zapatos de tacón de corcho y dejaban sus bicicletas en la puerta. Oíamos con deleite a Couperin, Frescobaldi, Vivaldi, Bach y obras de autores más recientes: Poulenc, Satie y Sauguet. Mire, si le interesa, vea usted las fotos. ¡Aquí está sentado Paul Valéry! Mire, ése con su vaso en la mano es el joven Jean-Louis Barrault. ¿Qué joven, verdad? Y allá platican Stravinsky, Georges Auric y Lily Pons. Aquel grupo lo forman Charley Béistigui, Denise Bourdet, Loli Larivière, Louise de Vilmorin. ¡Mire qué guapa Diana Cooper! A estos conciertos jamás asistió un solo alemán. Las exposiciones tuvieron cada vez más éxito. En 1946, la gente hacía cola para entrar.

Raymond Nacenta asegura que les da cabida a todos, porque "no es levantando muros como se convence". La realidad tiene varios aspectos, como lo decía Courbet: "Lo bello, como la verdad, es relativo al tiempo en el que se vive y al individuo que lo concibe".

Bagatelle y sus rosas azules, un remanso floral en la Ciudad Luz

    Si vous voulez vous promener
    Dans ce bois, charmante Isabelle,
    Nous pourrons, sans nous détourner,
    Aller jusqu'a Bagatelle!

Ésta es la canción que los parisienses tarareaban al atravesar el bosque de Boulogne camino a Bagatelle, la casa del conde D'Artois en la que se ofrecían discretos *soupers intimes* a la medianoche y bailes que terminaban al amanecer.

Hoy es un paseo para familias.

En 1835, Lord Richard Seymour Conway la adquirió para hacerla su hogar, pero 69 años después la compró la Ville de París y ahora es un parque florido en el que cada año, a fines de abril, se pasean los parisinos, entre narcisos, tulipanes, mastuerzos y rosas que crecen en educado desorden.

En Bagatelle conocí las rosas azules. A través de complicadas cruzas, la tenacidad de los jardineros logró sacar rosas y tulipanes azules.

¿A quién le gustan las rosas azules?

A mí no.

Los tulipanes azules sí son padres.

Ningún turista conoce París si no va a Bagatelle, centro de reunión de una corte brillante y seductora: la del tiempo de los Luises. Cada quien exhibía en ella su vanidad. Los carruajes no eran de simples mortales sino de dioses o de hadas. Se cuenta que tanto lujo se le subió a la cabeza a una actriz de la Ópera de París, Rosalie Duthé, y en uno de los tradicionales paseos, apareció sentada en una concha dorada enfundada en un traje de baño color carne que la hacía parecer desnuda en su carroza jalada por ocho caballos cubiertos de pectorales de oro, magníficos penachos y riendas de seda bordada. Creyéndose sirena, la

Duthé vio cerrarse para siempre las puertas de la sociedad que, aunque extravagante, no admitió su arrogancia.

La reina María Antonieta organizaba fiestas en las que las orquestas se multiplicaban hasta la hora del desayuno iluminadas por antorchas y fuegos de artificio. En un teatro levantado en una carpa sólo para ella, la propia María Antonieta hizo un modesto papel de sirvienta en *Rose et Colas*, ópera cómica de Sedaine. En otra, se disfrazó de pastora.

Hoy, en Bagatelle, dos viejitas de cabello blanco y blusa de encajes cerrada por un camafeo observan desde su banca el estanque de los patos. ¿O será lago? En una bolsa traen migajas de pan que echan a los cisnes glotones y a los pájaros temerosos. De vez en cuando una le recomienda a la otra: "Si tienes frío, me dices y nos vamos".

Quisiera correr a abrazarlas.

A los niños les disgusta Bagatelle porque los prados llevan letreros vejatorios: "Prohibido pasar", "Prohibido cortar flores", "Prohibido pisar el pasto".

En la puerta, el conde D'Artois describió a Bagatelle con una sola frase que mandó grabar en letras de oro: "Parva Sed Apta" (Pequeña pero apta). Esta inscripción resume todo un programa de vida.

Dunoyer de Segonzac, el pintor
a quien embriaga el silencio

En 1910 surgió un nuevo movimiento dentro de la historia de la pintura. Vlaminck, Van Dongen, Vuillard, Utrillo, Modigliani, Soutine y Dunoyer de Segonzac son hoy artistas célebres en el mundo entero. Dunoyer de Segonzac es un hombre mayor, el pelo blanco, el rostro curtido, los hombros muy anchos, el torso poderoso a pesar de la edad, las manos nobles de hombre que sabe trabajar. Segonzac tiene que sustraerse a las miradas y a los compromisos para proteger su trabajo y por lo tanto no vive en la capital de Francia. En París todo es diversión o paréntesis.

Dice Claude Roger Marx que Segonzac le escribió alguna vez: "Apenas salgo de la ciudad siento una voluptuosidad inmediata. Me exalto en el seno de la naturaleza. Es como la posesión de un ser amado, que crea una sensualidad espiritual tan intensa como la física. Para mí, todo lo que impide este estado de gracia es irritante. Otros, para crear, necesitan la agitación. En mi juventud estuve ligado a Paul Poiret, quien para inventar sus modelos necesitaba quince personas a su alrededor. Me sucede lo contrario: la sencillez me da un sentimiento de fuerza y seguridad. Amo la tierra, la hierba, los árboles, el silencio, como antes dijera Rousseau: 'El árbol que resuena y el matorral que crece son la gran historia, la que no cambiará. Saber hablar bien su lenguaje es hablar el lenguaje de todos los tiempos' ".

Un hombre tan ligado a la tierra como Dunoyer de Segonzac, un hombre que se embriaga de silencio y se envuelve en la naturaleza no podía entregarse a elucubraciones abstractas. Fiel a sí mismo, permaneció al margen de las modas: "Siempre fui la oveja descarriada y nunca me uní a la manada. No fui cubista. En 1907, Apollinaire patrocinó el arte cubista. En 1909, los independientes hicimos una inauguración muy discreta en una pequeña galería. Allí estaban Braque, Picasso, Derain, Von Dongen y Vlaminck, todos con diferentes tendencias. A partir del cuadro *Les demoiselles d'Avignon,* de Picasso, el arte tomó otro camino".

—¿Y usted?

—Yo seguí en el sentido de la tradición, sin fijarme en la estética cubista, que duró de 1908 a 1914.

—¿Por qué no sucumbió?

—No quise desatender la lección de Cézanne. La naturaleza y la vida son elementos esenciales de la pintura. Cézanne decía que "uno no es nunca ni lo suficientemente escrupuloso, ni lo suficientemente sometido a la naturaleza". El periodo de 1910 es primordial en el arte del siglo xx. Concuerda con el fin del impresionismo, se apaga la llamarada del "fauvismo", último eco del arte de Van Gogh, conoce el apogeo del neoimpresionismo con Seurat, Signac y Cross y ve nacer el arte cubista, precursor del arte abstracto. Braque dijo: "No se puede alcanzar la abstracción partiendo de lo abstracto; sería como un esfuerzo en un callejón sin salida. Para llegar a la abstracción, uno debe empezar por la naturaleza y empezar por ella significa encontrar un tema. Si se pierde el contacto con la naturaleza, uno acaba fatalmente en la decoración". Cézanne nos dio una lección, pero pocos la comprendieron. Los pintores sólo se fijaron en la forma, en lo que podríamos llamar la escritura de Cézanne, pero no captaron su espíritu. Porque lo importante no es tanto cómo se escribe, sino qué se escribe. Cézanne decía en 1889: "Progreso muy lentamente, la naturaleza se me revela en formas complejas, tengo que hacer un esfuerzo incesante. Creo que estoy experimentando en el camino correcto. Veo a mi modelo y expreso lo que siento. El artista debe hacer a un lado todos los juicios que no estén basados en una inteligente observación del carácter. Hay que tener cuidado con el espíritu literario que con frecuencia desvía a la pintura de su verdadera senda: el estudio concreto de la naturaleza".

LOS *COLLAGES* SON DECORACIÓN

—Cuando mis contemporáneos empezaron a hacer sus *papiers collés,* sus *collages* y demás pegotes, expresé mis reservas. Ya en el siglo xviii, los sellos de goma y de parafina con los que se cerraban las cartas y los pergaminos podrían haberse considerado *collages*. ¿Recuerda usted esos bellos sellos de laca roja?

Les dije a mis colegas que estos *collages* nada tenían que ver con el arte. A mi juicio, pertenecen al campo de la decoración.

"Siempre he sostenido que los motivos abstractos son caligrafía decorativa. Se prestan a imprimirse en telas para cortinas; mire usted los motivos en este tapete bajo nuestros pies: son decorativos, pero no podemos afirmar que sean arte."

—¿La plástica verdadera no tiene nada que ver con la decoración?

—No. Y por eso el arte abstracto no tiene que ver con los verdaderos valores de la pintura. Considero que el arte abstracto es sólo una escritura, y en su caso, la escritura cuenta mucho más que lo que se escribe. Los abstractos hacen a un lado los elementos esenciales para detenerse en el color, por ejemplo, y un color por sí solo no tiene sentido. ¡Un color en el espacio! Yo no creo en el color por sí mismo. El arte abstracto puede ser una etapa, una transición, pero jamás una finalidad. ¡Este tapete rojo sobre el cual estamos sentados es agradable pero no va más allá!

"Sus lectores van a decir que soy un viejo anticuado, pero hace cincuenta años también pensaba lo mismo. Un día, Léger me recriminó: 'No puedes estar pintando a la naturaleza cuando vivimos en la época de los elevadores'. Fíjese nada más. ¡Pobrecito Léger! Que hoy viera los *sputniks,* los cohetes a la luna, los *jets,* los platillos voladores. ¡Se imagina usted a Renoir y a Cézanne debatiéndose para poder pintar una locomotora!"

—A Utrillo, Vlaminck y Bonnard —que conocí muy bien— jamás les llegó el arte geométrico abstracto. Matisse, por ejemplo, fue más permeable a las influencias externas; le inquietaron las modas, estar en boga, pintar dentro de la corriente y se sometió a las presiones de la moda. Para mí, la suya fue una forma de oportunismo.

—¿Y los artistas verdaderamente puros?

—¡Bonnard! Hay en él una gran pureza de sentimiento y de espíritu. Aislado, Bonnard jamás tomó en cuenta la moda. Pero eso no quiere decir que no tuviera influencias. En Degas, por ejemplo, son muy visibles las influencias de pintores del pasado, sobre todo de Ingres. Dicen que yo me parezco a Cézanne, sobre todo en mis primeros cuadros, pero de esto hablaremos más tarde.

—Pero todos los artistas han tenido épocas en que son más o menos sinceros, ¿o no? Le oí decir que el mejor Picasso es el de la época azul.

—Creo ante todo que un artista tiene que ser una entidad. Picasso —que es un genio— no es un genio homogéneo, porque el treinta por ciento de su obra depende de influencias exteriores.

—¿Quiere usted decir que toma elementos de otras culturas para hacerlos suyos?

—Claro, en la obra de Picasso ¿cuál es el porcentaje del arte negro, del arte romano, del griego y cuál el de Picasso?

—Pero, maestro, nadie es un creador absoluto. ¡Suele decirse que la literatura es un plagio universal!

—Creo que el Picasso más valioso, el más él mismo, es el de la primera época, el de la época azul. Sus primeras obras en Barcelona anunciaban un artista genial. Desgraciadamente hay en Picasso un gusto casi patológico por la crueldad. Recuerde que este gitano se puso a desfigurarlo todo. Picasso escoge un tema y lo destroza; lo que le reprocho a Picasso es que derrumbe la fachada y no la esencia.

—¿Es lo mismo que lo que hacían los surrealistas?

—Creo que lo patético en la obra de Picasso proviene de dos razas perseguidas: los judíos y los gitanos. Picasso no es español. Su madre era judía genovesa y su padre gitano. Picasso es un barroco trágico. Su obra es siempre el reflejo de otra cosa.

—Pero, ¿cómo se explica su éxito? ¿Por qué es admirado por encima de todos?

—Usted como periodista debe saber lo que significa la publicidad. El éxito de Picasso se compone de dos elementos: mistificación y misterio. El misterio de Picasso intriga a la gente y de allí proviene su culto.

—Pero el propio Picasso hizo declaraciones honradas. Dicen que en 1881, al encontrarse con el pintor Soubervie, profesor de Bellas Artes, a la salida de clases le preguntó: "¿Qué? ¿Contento con tus alumnos?" "No me hables de ellos: todos hacen Picassos." "Pues diles de mi parte que empiecen como lo hice yo: dibujando concienzudamente hasta las uñas de los dedos de los pies de las modelos."

—Picasso y yo coincidimos en muchas cosas al hablar largamente de los problemas de la creación.

"Como Cézanne, desconfío de los críticos porque creo que suelen perderse en largas e intangibles especulaciones. Por lo demás, estoy en contra del grafismo del arte abstracto y de cualquier pintura que ignore los sentimientos del corazón y del instinto."

—¿Entonces los pintores abstractos no son creativos?

—Son inventivos. Han reemplazado la creación por la invención.

—Usted navega solo.

EL MAESTRO DEBE RESPETAR
LA PERSONALIDAD DE SUS ALUMNOS

—Siempre fui independiente y nunca se me emparentó con grupo alguno. Expongo solo desde 1908. De joven, no quise someterme a la tutela de maestro alguno. Permanecía un mes con un maestro y lo dejaba. Tuve así más de diez maestros y cada uno pintaba "a la manera" de otro gran pintor y sus alumnos pintaban a la manera del maestro para tenerlo contento. Me puse a trabajar siguiendo mi propio sentimiento.

—¿Encontró maestros que no quisieran a toda costa imponer su manera de pintar y de ver?

—Sí. Gustave Moreau, el maestro de Matisse y de Rouault, fue un artista objetivo. Sabía respetar la personalidad de sus alumnos. Pero yo nunca fui un buen discípulo, a tal punto que la Escuela de Bellas Artes me rechazó. Nunca quise ingresar de nuevo porque no creo en las recompensas o en las medallas. Ésas son faramallas. Con tal de no estar bajo la férula de los profesores, hice durante tres años mi servicio militar. Pero yo no soy ningún ejemplo. Sin embargo, creo que en la pintura lo que vale son los individuos y no los movimientos.

—Bueno, los movimientos siguen a los individuos, ¿o no?

—Lo que yo le explico es que el aduanero Rousseau, por ejemplo, es un auténtico primitivo, un individuo, una entidad. Picasso no es una entidad. Se inspiró en los chinos, en los góticos, en los italianos. En Picasso hay un atavismo barroco y trágico porque mutila y desvirtúa figuras sanas y jóvenes, como lo hizo, por ejemplo, con las figuras de Lucas Cranach, que convirtió en seres disminuidos y patéticos. Picasso tiene la voluptuosidad de la crueldad. Lo mismo hizo con la estética negra. La absorbió para recrearla pero, a mi juicio, Rousseau es más valioso, más unitario, porque a diferencia de Picasso no necesita de un punto de partida para crear. En los famosos *Saltimbanquis* de Picasso está todo el espíritu de El Greco. ¿Ha visto alguna vez los ojos de Picasso, señorita? Son algo extraordinario. Los vi por primera vez en casa de Gertrude Stein, en la Rue de Fleurus, e inmediatamente pregunté: "¿Quién es este hombre con ojos de gitano?" Vi brillar ojos protuberantes, hinchados, como si reflejaran toda la exaltación de un hombre desmesurado.

CÉZANNE

—Pero, ¿usted mismo no está exento de influencias?

—Hay cuadros que son el reflejo de otros cuadros. Tuve una época en que pinté telas bastante sombrías, casi oscuras, pero muy pronto me liberé. A esa época corresponden mis primeras obras, *Los bebedores* y *Le village,* que tienen la misma pesantez tenebrosa de algunas de las obras de Cézanne. Creo que siempre lo admiré, pero jamás lo copié. Más que su pintura, me impresionaron las cartas que le escribió a Émile Bernard, y las releo constantemente. Estas cartas son el evangelio pictórico de Cézanne y para mí fueron esenciales, porque me condujeron hacia la verdadera pintura. Cézanne logró una gran fluidez e hizo cuadros que parecían acuarelas, pero con mayor potencia escultórica; es decir, formas en el espacio. Cézanne reencontró la tradición del Tintoretto, a quien admiraba. Ésa es la pintura por la que yo abogo: la que se concibe en lo más profundo, lo más doloroso del ser humano.

—¿Es muy importante trabajar?

—Tan importante que alguna vez dijo Thomas Edison: "El genio es uno por ciento inspiración y noventa y nueve por ciento esfuerzo". Yo tuve tendencia a trabajar mucho mis cosas, incluso las acuarelas, que perdían en transparencia y en luminosidad, pero ganaban, al menos eso creo, en fuerza y en densidad. Un día, mi querido amigo Raúl Dufy me preguntó: "¿Cuánto te tardas en pintar una acuarela?" Repuse: "Diez a doce horas". "Pues yo, me dijo Dufy, jamás trabajo más de dos horas." Claro, Dufy tenía razón, porque de haberlas trabajado más, sus admirables acuarelas hubieran perdido su espontaneidad, su vida y su luminosidad; pero en mi caso todo fue distinto, y creo que esta misma pesantez al pintar me llevó con toda naturalidad al grabado.

"Desde hace mucho me atraía el grabado por su misteriosa sencillez, pero aprendí a grabar muy tarde. Primero grabé en cobre con punta de acero. A diferencia de los grabadores que primero dibujan en linóleo, yo grababa directamente sobre madera, cobre, cinc, etc. Grabar así le da una vida propia al grabado, que se pierde cuando se sigue minuciosamente el trazo del lápiz. Para las *Géorgiques,* de Virgilio, me fui a sentar al campo, tomé la naturaleza por modelo, las espigas de trigo, los segadores y, tal como los veía, los grabé. Hice lo mismo cuando ilustré un libro de la célebre Colette, *La Treille Muscate*."

—Sé que este libro, del cual sólo se publicaron 225 ejemplares, es uno de los grandes monumentos de la bibliofilia francesa.

COLETTE

—Lo grabé en la casa de Colette, en Provence. Éramos vecinos, así que pude verla a mi antojo. Sorprende pensar que a una escritora tan conocida y tan madura le diera miedo escribir. Retrasaba lo más posible el momento de sentarse frente a la página en blanco. Descendía al jardín, verificaba la mesa del comedor y finalmente se instalaba ante el escritorio. Eso sí, escribía sin cesar durante tres o cuatro horas. De vez en vez arrugaba con su mano una hoja y la tiraba al suelo. ¡Ése era su único movimiento! Me pareció auténtica, a diferencia de otras contemporáneas suyas que no perdían jamás la oportunidad de demostrar su inteligencia y su cultura. Por ejemplo, su amiga la condesa Ana de Noailles, la rumana, era la típica mujer de letras. Nos invitaba a comer sólo para que la escucháramos e impedía que otros hablaran. Su mano en el aire nos detenía a todos, para que no se nos fuera a ocurrir continuar la conversación mientras ella se llevaba la cuchara a la boca. El pintor Rouault hacía lo mismo.

—Me imaginaba a Rouault ensimismado y grave, como un vitral.

—No, no, era todo lo contrario; hablaba sin parar, pero hay gente que habla como una defensa. Rouault siempre fue un hombre enfermizo y sufrido. Cuando su madre estaba encinta de él, durante la guerra, padeció bombardeos, y esto afectó a Rouault, quien tuvo un complejo de persecución. Su madre le transmitió su nerviosismo.

"Bueno, pero usted y yo hablábamos del grabado, que es imposible separar de la pintura. Casi todos los grandes han grabado y yo lo hago desde 1920. Rembrandt, Claude Lorrain y Toulouse-Lautrec grabaron sobre piedra. A mi juicio, lo importante del grabado es que conserve la calidad del apunte al natural; lo valioso no es tanto la reconstrucción mental sino la espontaneidad con que se graba. Recuerdo un pequeño apunte que David hizo de María Antonieta cuando la vio pasar por la calle de Rívoli, en el momento en que la llevaban a la guillotina. ¡Ese dibujo sí que tiene un acento verdadero! Es necesario VER las cosas para poder pintarlas. Lo demás es una labor intelectual que me repugna. En mi vida hice muchos retratos: Colette, André Gide, Léon Paul Fargue, Paul Poiret, Fokine, Nijinsky bailando, Isadora Duncan también bailando, pero todos fueron apuntes del momento."

Dunoyer de Segonzac pintó la naturaleza y tradujo en sus lienzos su solidez y su permanencia. Antes de 1923 su dibujo era enérgico, pesado, casi agresivo, un preludio a sus futuros grabados. Con su cuaderno de apuntes caminó por los valles de Francia acumulando troncos y raíces, nubes y campos de trigo, mesas rústicas, techos, matorrales y campanarios, follajes y canastas de pan en muchos miles de cuadros, ahora repartidos en los museos de Europa y de los Estados Unidos y en las colecciones privadas de los que en el mundo aman la pintura de una u otra forma.

Para terminar, en su rostro marcado por surcos y ojeras, surge una dulce sonrisa.

Edith Piaf: un motor que pone ●
en movimiento a los que escuchan

A lo mejor Edith Piaf hubiera sido una muchacha alta y guapa si su abuela
materna no la alimenta durante sus tres primeros años con más vino tinto que
leche. Con ese método, Edith sólo tuvo fuerzas para alcanzar un metro cuarenta y siete. Pero si se le mira de cerca, uno descubre que su nariz es bonita, que
la boca es móvil y tierna y que los ojos tienen una poesía triste que llama a la
tragedia.

Se han escrito tantos artículos sobre Edith Piaf que sus biógrafos saben
más de ella que ella misma. La Piaf les tiene cierto rencor. Con su compasión,
ensucian una época a la que ella quiso mucho y que los críticos consideran
anormal.

En 1915, su madre, la cantante italiana Lina Marsa, la abandonó en la
calle a los dos meses de nacida. Además de su abuela Louise, que le daba vino
tinto en vez de leche, Edith tuvo a otra Louise que vivía en una casa de mala
nota, en la que la niña descubrió que los designios de Dios son inescrutables.
Su padre Louis Gassion era un cirquero y durante diez años Edith lo acompañó. Mientras él hacía su número en las plazas públicas, ella cantaba la *Marsellesa* y otros himnos. Luego, sombrero en mano, emitía la frase inmortal de los
cilindreros: "¿No coopera pa' la música?" Había temporadas en que su padre
se preocupaba por su salud y educación y entonces ponía un anuncio en el
periódico: "Solicito cuidadora para una niña. Viajes agradables, buenas condiciones". Es así como Edith, que nunca había tenido mamá, tuvo de repente
veinticinco; algunas buenas, otras malas, unas brutales y otras remilgosas.

EL MILAGRO DE TERESITA DE LISIEUX

En la casa de citas, que muchos creerían la menos adecuada para una niña, Edith Piaf descubrió una fe humilde y vibrante que jamás la ha abandonado. ¡Y aquí viene el milagro! Edith Piaf quedó ciega y los médicos la desahuciaron. Después de largos conciliábulos, la abuela Louise y sus pupilas viajaron a Lisieux para implorar el milagro a santa Teresita: "Haga usted que mi nieta vea para el día de mi cumpleaños". Edith intentaba reconstruir una tonada en las teclas del piano, cuando de repente gritó: "¡Veo!" Al oírla, la abuela y las pensionistas cayeron de rodillas, se persignaron y agradecieron el milagro con todo el fervor de sus años alegremente vividos. A la mañana siguiente, la abuela Louise donó diez mil francos a la iglesia. La niña Edith había vivido a ciegas durante tres años.

LA CRUZ DE ESMERALDAS
DE MARLENE DIETRICH

Hoy Edith se pasea por el mundo con su repertorio de canciones, su secretaria, su chofer, su peinadora y vestidora, el pianista que hace los arreglos especialmente para ella, su guitarrista, el acordeonista que estuvo mucho tiempo con la Mistinguette, sus contratos, sus citas, sus maletas llenas de regalos para los hijos del gran amor de su vida, Marcel Ceran, el boxeador, y sus estampas de santa Teresita, que jamás la abandonan.

Cuando a Edith la invade la nostalgia y quiere volver a ser la niña que viajaba con su padre saltimbanqui, se pesca de una crucecita de esmeraldas que lleva al cuello, regalo de Marlene Dietrich.

A los quince años, Edith escapó con un muchacho de dieciséis y su papá le dio una paliza. Después de la golpiza, ya no quiso regresar y se puso a cantar en la calle. Cuando le preguntan: "¿De veras cantaba usted como una pordiosera cuando la descubrió Louis Leplée?", responde que sí, que parece horrible pero era muy bello.

En esa forma desesperada de cantar, Edith Piaf encontró su destino. Sobre el escenario, Edith Piaf es un pequeño tractor que abre surcos en la piel de sus oyentes. Canta el maravillarse de las enamoradas ("La vida en rosa") y el lamento de las prostitutas ("Mi buen señor san Pedro") y de estas emociones saca una voz demasiado grande para el instrumento defectuoso que la contiene.

La relación que las *vedettes* tienen con su público es igual a la que viven con su amante. El hombre debe ser conquistado y luego conservado para soportar después que se enamore de otra. Luchar por ser siempre la favorita fue la meta de Edith.

Edith Piaf tuvo la ocasión de revivir su vida con Marcel Cerdan en la pieza que Jean Cocteau escribió especialmente para ella: *El guapo indiferente*.

Agobiada por un costoso abrigo de mink y su peinado de salón de belleza, Edith Piaf canta: *C'est mon homme*. Sí, tiene razón, todos los hombres son suyos.

El poder de las periodistas

En Francia, Hélène Gordon Lazareff, directora de la revista *Elle;* Michèle Manceaux, colaboradora de *L'Express*; Marcelle Auclair, directora de *Marie Claire,* y Jacqueline Audiberti de *Lecture pour tous,* son extraordinarias periodistas. Françoise Giroud, por ejemplo, convierte sus entrevistas en verdaderos retratos: *profiles* los llaman en los Estados Unidos. Sus perfiles no comportan elogios; con unas cuantas líneas críticas e ingeniosas, ofrece rasgos —digámoslo así— imperecederos de Pierre Fresnay, de Roberto Rossellini, Jean Renoir, Eric von Stroheim, Jean-Paul Sartre, Gérard Phillipe, Jacques Prévert, Edith Piaf, Jean-Louis Barrault y Madeleine Renaud, André Maurois, Pierre Mendès-France, Paul Geraldy, el de *Tú y yo,* Clark Gable, Lady Patachou, Orson Welles, al que llama "ese perro negro, gordo, juguetón y cruel", así como de jóvenes novelistas insolentes que creen haber descubierto el mundo.

Sin duda alguna, estas periodistas-escritoras tienen tras de sí una larga tradición literaria. En México las mujeres que quieren dedicarse a la literatura cuentan con un antecedente ilustre: sor Juana Inés de la Cruz. En Francia, entre las escritoras, destaca Madame Simone, que además de novelista, actriz, miembro del comité del Premio Fémina fue la creadora de *Chantcler,* de Edmond Rostand, en 1910, y actuó junto a Lucien Guitry, padre del inolvidable Sacha Guitry.

¿Cómo conoció Madame Simone a Charles Péguy? Su marido, el diputado Casimir Périer, le dijo: "Te voy a traer a mediodía a un amigo genial". Ella ni siquiera se despabiló al escuchar al invitado monótono y gris que repetía las mismas frases. Sin embargo, la amistad entre Charles Péguy y Madame Simone se consolidó y Péguy regresó una y otra vez a casa de los Casimir Périer y trajo a su vez al autor del maravilloso *Le grand Meaulnes,* Alain-Fournier.

Si citamos a Madame Simone, en relación con las periodistas escritoras, es porque fue crítica y cronista, actriz, esposa, amante y musa. También en México, las periodistas ejercen su profesión, además de esposa y madre. Bambi, por ejemplo (Ana Cecilia Treviño de Gironella), es pintora; Maruxa Villalta, novelista, autora teatral; María Idalia es una consumada actriz; Marcela del Río une el periodismo al teatro y a la crítica teatral, a la actuación y a la escritura de cuentos y novelas; María Luisa Mendoza, la más talentosa, además de crítica teatral y escenógrafa, tiene en mente varias novelas que, platicadas, se oyen tan sabrosas como su conversación; Elena Garro, extraordinaria mujer y autora teatral, defiende a los campesinos de Morelos; Magdalena Mondragón es novelista y luchadora social, como lo vemos en su revista *Mujeres;* Rosario Sansores, poetisa y autora de la célebre columna "Rutas de Emoción", indispensable en *Novedades;* Elvira Vargas es la editorialista más reconocida de nuestro país, y Rosa Castro, además de bella, es una consumada reportera y cronista.

Madame Simone, en Francia, llegó muy lejos porque tuvo dos maridos muy cultos que creyeron en ella y le dieron toda la libertad del mundo. Sus novelas: *Le désordre, Jours de Colère, Le paradis terrestre, Quebefi, Le bal des ardents;* sus obras teatrales: *Emily Brontë, Rosiers blancs, La descente aux enfers, En attendant l'aurore,* tienen un alto nivel literario. También destacó en el teatro, creó varios personajes inolvidables, se interesó en la psicología y tomó clases con Théodule Ribot, que estudiaba la patología de los instintos. Esta pasión de la psicopatía le duró toda la vida.

En la poesía hay que saber decir mucho en pocas palabras: la marquesa de la Roziere

Además de fotografiar crucifijos y cristos en las iglesias y sacristías y publicar su libro *México, la angustia de sus Cristos,* la marquesa Sonia de la Roziere hace poesía. Su último libro, *Presencias,* escrito en francés, es un resumen de veinte años de poesía. En París se publicaron *Penumbras, Los pasos sobre la arena* y *Otras tantas máscaras,* escritos antes de la guerra. Pero el último lleva un prefacio de Paul Geraldy, el famoso autor de *Tú y yo,* quien leyó el manuscrito y sin conocer a la marquesa escribió páginas entusiastas. Esto alentó a Sonia de la Roziere, que lo visitó en París y encontró a un hombre de ochenta años, que sigue siendo joven de espíritu y de corazón. Dice la marquesa de la Roziere: "¡Este encuentro con Geraldy fue para mí definitivo! ¡Gracias a él soy poeta!"

NO SE PUEDE ESCRIBIR UN POEMA SÓLO CON BASE EN LA EMOCIÓN

—En la poesía, mis temas son la infancia, el silencio y la soledad, porque la infancia está terriblemente ligada al silencio, a aquello que todos conservamos dentro. Por más poderoso que sea el sentimiento, no basta. No se puede escribir un poema con base en las emociones; todo sentimiento tiene que pasar por el tamiz del intelecto.

—¿Entonces está usted en contra de la espontaneidad?

—¡De ningún modo! Creo que hay que escribir de manera espontánea, pero es indispensable pulir un poema indefinidamente, trabajarlo hasta que el sentimiento esté totalmente disciplinado. Uno de los poetas que más admiro,

Paul Valéry, sabía contener una emoción profunda dentro de un pensamiento casi matemático. ¡Nunca hizo a un lado el intelecto! Una vez escrito un poema, hay que analizarlo, desmenuzarlo, quitarle la hojarasca. Creo que fue Thomas Mann quien escribió, en *Tonio Kröger,* que el verdadero poeta debe crucificarse a sí mismo. ¡Nada es tan necesario en esta vida como el análisis!

NO HAY QUE JUGAR A SER NIÑOS

—Entonces, ¿no hay niños poetas? ¿Los niños y los inocentes no pueden hacer poemas?

—Puede haber niños que escriban poemas instintivamente buenos, pero el adulto no debe aniñarse. No hay que jugar a ese juego porque la obra —que podría conservar la frescura de la infancia— tendría una ingenuidad absurda. ¡Fomentar el falso candor es hacer trampa! Nada me irrita más que la gente que finge ser candorosa. Los sentimientos más profundos, los que tienen que ver con nuestra propia vida, son los que hay que guardar durante mucho tiempo para después convertirlos en poemas trabajados. ¡Si en un poema sólo son bellas dos estrofas, hay que tener el valor de cortar todas las demás! ¡Lo más importante es saber cristalizar un pensamiento! Entonces cobra fuerza y es algo así como un puñetazo en el estómago. El poema debe ser inmenso dentro de la forma más reducida. ¡Podrás escribir indefinidamente pero de pronto te das cuenta de que tienes un solo bello pensamiento y puedes decirlo en cinco líneas! Pero se necesitan muchos años para comprimir el pensamiento y tomar el camino más corto. ¡Sabes, en esta vida, cuando uno necesita comprensión o consuelo, siempre se recurre a los poemas más profundos, a unas cuantas frases en las que no hay un solo sonido falso y que nos ayudan a seguir adelante!

—Pero las mujeres siempre hacen literatura de confesión; les encanta hablar de sí mismas, descubrir interminablemente lo que sienten.

—Fíjate que a mí me parece que las mujeres que escriben poemas deben ser en el fondo bastante viriles. Mi espíritu científico resalta en mis poemas. Me parece inadmisible decir únicamente lo que uno siente. Dejarse ir es una falta de disciplina. Incluso cuando estás reventando de tristeza, debes poder reírte de ti mismo. Lo mismo pasa en la poesía. No se pueden regar sentimientos sin ton ni son.

—Pero la autocrítica llevada al extremo conduce también a la autodestrucción.

—¡Puedes tener los sentimientos que quieras, pero hay que volverlos dignos! Sólo la disciplina permite la creación de obras intelectualmente válidas. El hombre tiene sus altibajos, nunca conserva el mismo estado de ánimo, pero el intelectual disciplinado tiene la batalla ganada de antemano. Claro que hay poetas que llevan una vida desordenada, se entregan a todos los excesos, pero su disciplina intelectual es inquebrantable.

"Hay genios a quienes se les perdona todo. Pero como no todos somos genios, debemos adquirir una disciplina interior para hacer nuestra pequeña obra. Hay que reemplazar el fuego sagrado que sólo tienen unos cuantos con mucho trabajo, disciplina, reflexión y decisión."

—¿El que se afana en la tarea está salvado?

—Sí, el que tiene un talento y se lo entrega a los demás logra, en cierta forma, justificar su vida.

Consejos a jóvenes novelistas:
Jacques de Lacretelle

Como Jacques de Lacretelle permaneció sentado durante su conferencia, cuando se puso de pie, los asistentes a la Sala Molière del Instituto Francés de América Latina exclamaron: "¡Qué alto es!" La sala se llenó de jóvenes "cachorros de la literatura" que bebían las palabras del maestro. Y es que Jacques de Lacretelle conoció a Proust, fue amigo personal de Jean Giraudoux, de André Gide, de Colette, que vivía al lado de su casa, y ahora de Jean Cocteau, de Jules Romains, de Jacques Rivière —que tuvo como cuñado nada menos que a Alain Fournier—, de Roger Martin du Gard, Valery Larbaud y tantos otros.

Le pedí a Jacques de Lacretelle que me concediera una entrevista, y en la planta baja del hotel Ritz, vi venir un señor más alto que nunca, y más bondadoso aún. De Lacretelle venía de casa de don Alfonso Reyes, con un retrato autografiado en la mano y una gran admiración por nuestro máximo hombre de letras. Me habló con entusiasmo de México; de Eduardo Villaseñor que, a pesar de ser banquero, se mantiene al corriente de todos los movimientos literarios en Francia; de Taxco y de los jóvenes de la Alianza Francesa, que han puesto una obra de Molière: *El médico a palos,* en perfecto francés; de la grandeza de nuestras montañas ahora en la época más transparente del aire y de lo mucho que lamentaba estar tan pocos días entre nosotros. Después hablamos de Françoise Sagan, que De Lacretelle comparó con el satélite Sputnik que algún día tendría que caer, y de la literatura mexicana que casi no se conoce en Europa.

Jacques de Lacretelle no se considera un propagandista de Francia sino un agente de unión entre los dos países. Nos trae algo de la literatura francesa pero también quiere dar a conocer nuestra literatura en el extranjero. En Princeton, un magnífico traductor del español al francés, el profesor Coindreau, sería un buen intermediario entre las casas editoriales francesas Plon y Gallimard y los escritores mexicanos que deseen verse traducidos al francés.

"Quisiera hablar acerca de la creación literaria y, especialmente, acerca de la inspiración.

"¿De dónde nos llega este demonio? ¿Cómo nace en nosotros la facultad de crear personajes y llenarlos de vida?

"El tema me interesa vivamente y a menudo interrogo a mis colegas. Estoy seguro de que usted, después de haber leído una novela, se ha hecho la misma pregunta.

"La palabra *imaginación* no me agrada. Todos tenemos imaginación, todos sabemos relatar pero es evidente que no basta para producir un novelista. Los conferenciantes más brillantes raramente son buenos novelistas.

"Creo que un novelista se caracteriza por una imaginación que tiene el poder de concentrarse y el deseo de esconderse de los demás para observarlos mejor. El novelista, tal como lo veo, es un niño que mira a su alrededor y acumula impresiones para luego recrear al mundo.

"En el cerebro del novelista, el espíritu crítico no es todo, pero es esencial. Es él quien va a 'pescar' al fondo de su memoria —tomando una imagen de Balzac— los hechos y las escenas que después nos emocionarán.

"El espíritu crítico del novelista escoge, ordena y vigila. Establece el equilibrio entre el modelo y su retrato. Sería un error si, al servirnos de nuestra memoria, pensáramos que TODO lo que ahí guardamos es bueno y utilizable.

"¿Cuántas veces he podido comprobarlo al escribir una novela? Tenía yo en reserva un hecho auténtico, pensando que le iría maravillosamente a tal o cual de mis personajes. ¡Error! Este gran hallazgo que me había impresionado en la vida, en el campo del arte no valía nada. Hay que desconfiar a veces de estos entusiasmos demasiado fáciles. Y es aquí donde la inspiración del novelista, aun el mejor dotado, debe inclinarse ante el espíritu crítico.

"Parece que estoy trazándole, señorita, un cuadro que podría llamarse *Nacimiento del novelista,* y señalando las hadas madrinas que deberían inclinarse sobre su cuna.

"He aquí un hada cuya presencia me parece indispensable para escribir novelas bellas y duraderas: el fervor, el don de comunión con todos los hombres. Sé bien que esta cualidad se encuentra en los que escriben, ya sean poetas, historiadores o moralistas. Pero uno tiende a no juzgarla esencial cuando se trata de escribir ficción que debe, ante todo, divertir al lector.

"Los grandes novelistas —y esto en todas las literaturas— son aquellos que, por la observación de la vida y la descripción de los sentimientos, o simplemente yo no sé por qué acento de sinceridad, poseen este don de comunión con los demás y permiten a cada lector dar un paso en el conocimiento del hombre.

"¡Jóvenes novelistas, no desarrollen una tesis en su novela y sobre todo eviten lo que yo llamaría 'psicología dirigida'! Hagan que pese sobre cada uno de sus personajes el sentimiento de la fatalidad humana. Traten, sin que esto parezca una enseñanza escolar, que sus lectores participen de lo que saben sobre la grandeza y la pequeñez del hombre.

"Es esto lo que llamo el don de comunión. Tolstoi lo tuvo. También Balzac, este coloso que todo lo quiso abarcar. Y aun Flaubert a pesar de sus cóleras, sus disgustos, sus vanidades.

"Hay que tomar conciencia de la vida de los personajes, ser sinceros al describir sus sentimientos, evitar lo aproximativo y lo convencional. Sólo así el estilo de la novela será bueno.

"Viene al caso citar una observación de Péguy, que decía: 'Una palabra no es la misma en un escritor que en otro. El uno se la arranca del vientre, el otro la saca de su bolsillo'.

"En el fondo, el gran maestro es y será siempre 'el gusto'. El buen juicio nos ayuda a escoger el adjetivo exacto, el diálogo que no suene falso y nos indica los límites del lirismo o de lo trivial. El gusto nos obliga a borrar el párrafo demasiado bien escrito.

"Dar al mundo un testimonio individual, el verdadero grito de un espíritu libre, ésa es la vocación del escritor. Y, al mismo tiempo, a través del presentimiento de un humanismo superior, alcanzar, como Roma y Atenas, la universalidad, estas son las reglas del buen novelista."

François Arnal

"Para mí el sol negro es muy importante", dice François Arnal y se estira. Sus brazos y sus piernas se extienden hasta llegar a las cuatro esquinas del cuarto porque François Arnal, más que pintor, parece uno de esos hombres acostumbrados a luchar contra los cuatro elementos.

François Arnal no se ve bien en los cocteles y las cenas oficiales le dan claustrofobia. "Procuro siempre tirar mi copa de vino o descomponer el orden de la mesa; cuando veo una mancha roja sobre el mantel, me siento mejor." Arnal no se ve bien sentado en una casa donde hay tapetes y consolas, estatuillas y objetos menudos. Por lo contrario, lo imagino cerca del mar o en el campo cortando árboles. Más que pintor, Arnal parece leñador, de esos que salen en la madrugada a tirar a hachazos el árbol más alto del bosque. Y en verdad, Arnal pinta a golpe de hacha. Sacude y estremece. Pinta con el sol y con la tierra. Agarra el rojo, el blanco, el azul y los pone a luchar entre sí. Todos sus elementos son nobles. Arnal es un pintor distinto. Sus cuadros están llenos de astros que se estrellan o fósiles que uno descubre con terror y con asombro. A veces la pintura de Arnal es desgarradora; a veces es tierna y blanca. Refleja casi siempre un estado del espíritu, y no hay jamás una representación directa de las cosas. Pero en cambio, las sensaciones que nos da la pintura de Arnal son directas. Sus cuadros estremecen por su voluntad de dislocar y desconciertan porque el lienzo más que pintado parece herido, como un animal al que se le han aventado piedras.

Arnal explica: "Este cuadro lo pinté un día en que estaba muy enamorado. Es esencialmente femenino y tierno. Aquel lo hice en Tahití, obsesionado por unos pájaros que se lanzaban desde lo alto a la laguna".

Cuenta Arnal que, por las noches, en Tahití, se tiraba en la arena, miraba hacia el cielo negro y lleno de sombras y dejaba que la arena caliente resbalara lentamente entre sus dedos. Cuando Arnal habla así, es fácil pensar en un pintor que viene desde el centro mismo de la tierra para mostrar el rostro del mundo. Sin embargo, Arnal encontró en la pintura a la gallina de los huevos de oro.

—Aquí en México he pintado cinco cuadros sobre volcanes y pozos petroleros. El volcán y el petróleo son fundamentales en México. (Arnal se dirige sin titubeos hacia lo elemental.) Hasta hice un cuadro de un pozo de petróleo y ya subí al Ixta y al Popo.

"Para mí, México es el burro o el avión, y hay muchos burros. ¡No me mire así! Voy a explicárselo. Los contrastes son enormes y no hay intermediario sino una riqueza terrible o una miseria cuyo único remedio sería la muerte. El modernismo se yergue al lado de formas de vida atrozmente elementales. Soy muy consciente del drama de la miseria. ¿Cómo van a incorporarse los indios al resto de los mexicanos? Creo que un racismo espantoso divide al país. Los indios permanecen fuera, no tienen acceso a nada, y los citadinos tampoco parecen saber nada de los indios."

LOS MEXICANOS TODAVÍA VIVEN EN EL SIGLO XVIII

—Los mexicanos todavía viven en el siglo XVIII. No saben absolutamente nada ni quieren enterarse de lo que pasa en el mundo. Me refiero naturalmente a la pintura. Pocos se han dado cuenta de que vivimos en el siglo XX. El mundo de Cézanne se ha acabado. La pintura debe tener una escala nueva. Podría compararse a la labor que hacen los biólogos y los científicos; Bracque y Mondrian son todavía clásicos. La lógica actual depende de normas nuevas y no podemos regresar atrás. Por eso estoy en contra de la pintura de laboratorio porque tenemos que seguir el ritmo de la vida actual: la dislocación de la forma. Vamos hacia un nuevo humanismo.

DIEGO RIVERA NO ME INTERESA

—¿Entonces usted no cree en la pintura de Diego Rivera, por ejemplo?

—Creo que el clasicismo y el bizantinismo no tienen cabida en la pintura del siglo XX. El único pintor mexicano que me impresiona es José Clemente Orozco. Los demás no tienen nada nuevo qué decir. No son creadores.

—¿Y el muralismo mexicano?

—Prefiero mil veces la artesanía del pueblo mexicano.

—¿Y Tamayo?

—¡Ah, claro! Tamayo. Por él siento una profunda admiración, pero creo que los pintores en México van detrás de la gente, detrás de la vida, a la zaga de los acontecimientos. Pintan lo que ya no es necesario y me parece que lo mismo sucede con los escritores. Un pintor italiano extraordinario, Bruno Barborini, piensa lo mismo que yo. Entre los escritores, me impresionaron Octavio Paz y Juan Rulfo. Antonio Souza es uno de los hombres con más curiosidad que conozco. Juan Soriano es brillante y simpático, y dos italianos me parecieron sumamente inteligentes: Franco D'Ayala y Pigi Tesei.

"Creo que los mexicanos no están a la altura de su paisaje. Creí, al ver las proporciones, las imponentes montañas, esos colores azules, profundos y graves, esas llanuras tristes y desiertas, ese país de infinito y de absoluto, que encontraría pintores que sabrían renunciar a la forma —tanto en su vida como en su pintura— para entregarse por completo al contenido. Pero la pintura mexicana es forma pura y los intelectuales todavía hablan el idioma de Monsieur Saint-Simon, el idioma del Renacimiento que adoptaron los pontífices del humanismo grecolatino y del Renacimiento como si no tuvieran conciencia del avance de un nuevo humanismo y de la escala del hombre nuevo. Los hombres y las mujeres que van por la calle sienten más la vida nueva que los pintores y los escritores. El arte es una búsqueda continua, y en un país que comienza a vivir, como México, los artistas tienen que renovarse, y sobre todo dar prueba de una curiosidad elemental que a todos falta. Aquí no hay interés por los descubrimientos de la ciencia y nadie se da cuenta de que la lógica de Descartes ha sido abandonada por los artistas europeos y los hombres en general, desde hace muchos años.

"La lógica actual está en los nuevos descubrimientos científicos, en la biología, la fisiología, la medicina moderna, la cibernética, la tecnología, el avance increíble del mundo. Creo además que el arte es tan fundamental como la vida y por eso no puede desligarse de ella. Nuestro arte camina lamentable-mente detrás de los progresos que ha hecho la humanidad. Debemos renunciar de una vez por todas a la forma. Lo que importa ahora es el contenido."

Al dejar México, Arnal hará una exposición en Chicago, otra en Nueva York, París, Berna, Roma y en el Museo de Antibes en el antiguo castillo Gri-maldi, en el que muy pocos exponen, ya que es un privilegio de los buenos pintores. Después de una estancia de cinco meses en Tahití, Arnal regresará a México para una segunda exposición en la misma galería de Antonio Souza.

Toda la familia Arnal pertenece al gremio de los artistas. La última nove-la de su hermana, Françoise Arnal, ha tenido un éxito sin precedentes: su títu-lo, *Berthe dans tous les sens* (Berta en todos los sentidos). Prepara ahora otra novela acerca de la intuición.

François Arnal fue campeón de tenis. Tiene un álbum de recuerdos titu-lado *Mi vida,* en el que hay fotografías de torneos juveniles. Todo vestido de blanco, Arnal parece un niño que nunca llegó a hacer la primera comunión. Como que sus pantalones cortos y sus piernas muy largas no lo dejaron. Tiene algo de pájaro caído del nido y en muchos de los recortes de su álbum perso-nal se lee que "a pesar del mal tiempo" el niño François Arnal ganó la copa del club deportivo de la Marina.

Arnal nunca ha dejado de jugar al tenis. Su pintura tiene el trazo zigza-gueante de la pelota que va y viene, rebota y regresa al punto de partida. Dicen que sus primeros trabajos eran gráficos de esquizofrénico. Su obra conserva la fiebre del juego y la pelota gira en constante evolución jaloneada por todas las libertades. Porque en el caso de Arnal, la libertad no se tiene, se padece. Arnal la cuadricula y la tensa como las cuerdas de su raqueta. A veces también sus cuadros tienen la dureza de la cancha de tenis bajo el sol de mediodía.

Jean-Paul Sartre: "El existencialismo me preocupa"

En realidad, Jean-Paul Sartre no es tan feo. Detrás de los lentes de espesos vidrios, sus ojos miopes no tienen una verdadera mirada, porque son pálidos, divergentes, y sin embargo de ellos emana una cierta simpatía.

Pocos son los que han entendido el existencialismo sartreano. Sartre confiaba en la juventud pero la juventud le falló lamentablemente al convertir su sistema filosófico en un modo de vida que consiste en llevar el pelo largo y usar ajustados suéteres negros, en bailar en los sótanos al son de una música estridente y acabar fumando cigarros todavía más estridentes.

Los jóvenes de Francia tomaron a Sartre como la puerta a la libertad pero una libertad tan mezquina que el propio Sartre se sintió defraudado. Los muchachos se declararon libres, libres de no pasar sus exámenes, libres de no lavarse los dientes, libres de no visitar a las tías quedadas, libres de no acostarse en su propia cama, libres de caminar todo el día por Saint Germain des Prés con tal de pasar el tiempo. ¡Qué fracaso el de Sartre tan célebre y tan mal comprendido! Y sin embargo Sartre no es el hombre que escribía en los cafés sino el filósofo, el viajero incansable. Junto con Simone de Beauvoir descubrió África y conoce toda Europa.

El éxito de Sartre es también un éxito de oportunidad. Sartre llegó a tiempo después de la guerra. Dijo lo que tenía que decir también a tiempo, e impresionó a todos porque los agarró a tiempo.

Sartre buscó a la juventud y le regaló obras de teatro como *Les Mains sales, Huis clos, Les mouches, Nekrassov* y novelas como *La nausée, Le Mur.* Pero sin duda alguna lo más valioso de Sartre es *L'Etre et le Neant,* su existencialismo que tan pocos han sabido comprender.

Hijo de pequeños burgueses, nació en una familia de politécnicos. No era ni guapo, ni fuerte, ni alto, ni rico y mucho menos dotado para las matemáticas pero ese pequeñoburgués se rebeló y para acreditarse ante su madre, que lo llamaba y sigue llamándolo Paulo, obtuvo a los veintitrés años su doctorado en letras y más tarde se convirtió en un profesor de filosofía en el Havre. Allí escribía, como lo había hecho desde la edad de seis años, cuando produjo su primera obra: *El vendedor de plátanos*. Cuenta su mamá que pidió una secretaria para poder dictarle porque pensaba mucho más rápido de lo que escribía.

Los libros de Sartre han sido traducidos a todos los idiomas menos al ruso. Ha viajado por el mundo entero, y en los Estados Unidos un periodista le pidió su definición del existencialismo y Sartre respondió: "El existencialismo es mi subsistencia". En efecto, Sartre es un hombre rico y cuentan que muy generoso, sobre todo cuando se emborracha. Entonces, en vez de sacar la inseparable pipa de su bolsillo, saca billetes de mil francos que reparte en el café o en el bar.

Ahora, el Sartre de la actualidad es un escritor pasado de moda, porque en París todo es cuestión de moda y de oportunidad.

LÁMINAS

Yves Montand, actor y cantante italofrancés descubierto en 1944 por Edith Piaf y que pronto se convirtió en su mentor. Su estilo suave al cantar lo convirtió de inmediato en un clásico. En 1951 contrajo matrimonio con Simone Signoret, con quien aparece en esta foto. **Simone Signoret,** actriz judeofrancesa; durante la ocupación nazi en París formó un grupo de actores en resistencia con sede en el Café Flore. En 1959 ganó el Oscar y la Palm d'Or por su actuación en la película *Room at The Top.*

Pierre Benoit (1886-1962), mostrado aquí como un comilón incansable en un dibujo anónimo, fue un escritor que ganó el Gran Premio de la Academia Francesa por *La Atlántida* (1919), novela que ha sido fuente de numerosas películas hollywoodenses de misterio y acción.

Roger Blin, comediante y actor, famoso por dirigir y protagonizar
la primera producción de *Esperando a Godot,* de Samuel Beckett.
Formó parte de las compañías de teatro The Company of Five
y The October Group, vinculadas con la izquierda.

Obra de **François Arnal,** miembro activo de los movimientos artísticos
Abstraction Lyrique y Art Informel.

Santa (1982), de **Juan Pablo Braham**.

Tapiz del Taller Goubely
(Aubuddon Edition;
foto de Goudin.)

Personnage
(dibujo en tinta, 1928).

L'arménien (pintura al óleo, 1926)

Jean Lurçat, pintor y diseñador de tapices. Es conocido
por sus paisajes surrealistas. Sus viajes al Sáhara y a España
tuvieron mucha influencia en su obra.

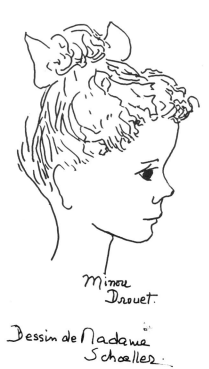

Minou
Drouet.

Dessin de Madame
Schœller.

Este dibujo de Madame Schoeller retrata a la niña
prodigio **Minou Drouet,** poeta, músico y actriz. Jean
Cocteau dijo sobre ella: "Todos los niños tienen genio
menos Minou Drouet".

Jacques Vimont, embajador de Francia en México de 1965 a 1968.

Winston Churchill, el destacado político, historiador
y escritor, recibió en 1953 el Premio Nobel de Literatura.
Fue elegido primer ministro de Inglaterra en 1940
y 1951; dimitió en 1955 por motivos de salud.

El destacado ensayista, crítico e investigador literario **José Luis Martínez** conversa aquí con Nathalie Sarraute. Gabriel Zaid lo llamó "el curador de las letras mexicanas", y Adolfo Castañón decía que "donde estaba él, estaba la literatura". Falleció en 2007 en la ciudad de México. **Nathalie Sarraute** nace en 1900 en Ivanoco, cerca de Moscú. Formó parte del fenómeno literario la *noveau roman*. En 1939 publica *Tropismos*, muy elogiado por Sartre y Max Jacob, y en 1956 publica *La era de la sospecha*, ensayo literario en el que cuestiona las convenciones tradicionales de la novela.

Régis Debray (aquí junto a Elena Poniatowska), intelectual, periodista
y teórico del arte, fue amigo del *Che* Guevara y de Fidel Castro, además
de fiel seguidor de Althusser.

Christiane Rochefort, novelista y feminista, recibió
el Prix du Roman Populiste en 1961 y el Premio Medicis en 1989.
Falleció en 1998.

Polichinelle (1937).

Trois Juges (1932)

Georges-Henri Rouault, pintor fauvista y expresionista; tuvo como maestro
a Gustave Moreau en la École de Beaux-Arts. En 1898 fue designado
curador del Museo Moreau, en París.

Jean-Paul Sartre, dramaturgo, novelista
y filósofo del existencialismo;
hasta la fecha, ha sido el único autor
en rechazar el Premio Nobel
de Literatura, que se le otorgó en 1964.
Falleció en 1980.

Paul Claudel, prolífico poeta, ensayista
y dramaturgo, además de diplomático.
Falleció en 1955. (Foto: Archivos París /
Serie G: Retratos fotográficos.)

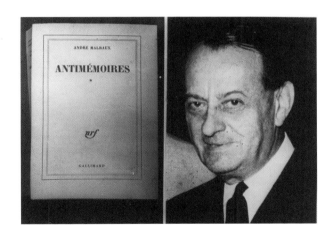

André Malraux, entonces ministro de Asuntos
Culturales, visita la Bienal de París en 1967.
(Foto: Archivos París / Actualidades diplomáticas / AFP.)

El general **Charles De Gaulle** fue combatiente en la primera
y la segunda Guerra Mundial. Presidente por once años, a su retiro
se dedicó a escribir sus memorias, las cuales dejó inconclusas
cuando falleció en 1970.

La musa del existencialismo
se ha convertido en actriz teatral

Juliette Gréco es la primera creadora de la famosa obra *Anastasia*, que se representa actualmente en México, protagonizada por Rita Macedo.

En París, iba yo un día por la calle cuando vi bajarse de un taxi a una muchacha más delgada que un fideo, con inmensos ojos pintados, una boca pálida y cabellos sueltos. ¿Sería Juliette Gréco? Han surgido tantas imitadoras de la Gréco que andan por la calle con suéter y pantalón negro, que sería difícil no confundirla entre tantas réplicas de ella misma. Sin embargo, mi Juliette Gréco era la verdadera. Pude solicitarle una entrevista que me concedió para el día siguiente en el Teatro Olympia, donde todas las noches cantaba: "Si tu t'imagines".

El Olympia ha lanzado a una cantidad inimitable de actrices y de cantantes: Edith Piaf, Charles Trenet, Jacqueline François, Gilbert Becaud, Maurice Chevalier y Juliette Gréco, quienes han visto al público aplaudirlos y convertirlos en ídolos.

Cuando Juliette Gréco empezó a cantar era tan sólo una muchacha eternamente vestida de negro que se pasaba la noche en los cafés, leyendo a Jean-Paul Sartre. Nunca se bañaba y deambulaba por la calle, buscando en las librerías de viejo libros de filosofía y lanzando a los cuatro vientos sus teorías sobre el existencialismo. No creía en nada y de pronto se transformó en la "musa del existencialismo". Jean-Paul Sartre la consagró. Dijo que quería escribir las canciones de la Gréco porque en su voz había más poesía que en los más bellos poemas del mundo. Jean Cocteau le dio un papel muy importante en *Orfeo*, con Jean Marais. Y así Juliette Gréco se hizo una de las actrices más cotizadas de Francia. Decidió comprarse una tina, bañarse todos los días y casarse con un artista de cine conocido. Ahora tiene una hija, rubia y de ojos azules, llamada Laurence.

—Tengo una voz baja y modulo lentamente acentuando cada palabra. Mis canciones son baladas, historias de amores fracasados, lamentos o antiguos refranes que las niñeras usaban para arrullar a sus niños: "Duérmase mi niña que ahí viene la bruja", me dice Juliette Gréco entre una fumada y otra.

—Ahora que es célebre en el mundo entero, ¿viaja mucho?

—Hace poco volé a Buenos Aires, con una maletita, un abrigo de leopardo y un costal de canciones y como los argentinos son muy afrancesados y dicen que Buenos Aires es París, mi éxito fue apantallador. Compré muchas postales para enviárselas a su hija.

"Y mire usted esta inmensa bolsa de piel negra es argentina y nunca he tenido una tan bella.

"En Nueva York coseché una cantidad increíble de aplausos y otra más increíble de admiradores que me perseguían en sus Cadillac."

—¿Cuándo vendrá usted a México?

—Todavía no me invitan y sé que en un cabaret llamado El Patio han cantado Patachou, Edith Piaf, Amalia Rodríguez y Katina Raineri.

—Me interesa el trópico —finalizó la Gréco—; quisiera conocer México porque a mi gran amigo Charles Trenet le encantaron los mexicanos. Maurice Chevalier escogió la ciudad de México para su próxima gira. Me fascinaría ver las ruinas de Chichén Itzá y Uxmal, pero lo que más me gustaría es que me acompañara mi hija Laurence.

—¿Y su marido?

—No tengo marido —respondió con voz seca y dio por terminada la entrevista.

El poeta Jules Supervielle: una nebulosa enclaustrada en el olvidado ropero de las escobas

Un señor muy largo con piernas y manos más largas aún a la manera de Modigliani, envuelto en una cobija escocesa a grandes cuadros, me pidió que la entrevista no durara demasiado tiempo y que no le hiciera yo preguntas demasiado periodísticas.

—Sepa usted, señorita, que la recibo tan sólo porque usted me dijo que conocía a Alfonso Reyes y que la mandaba el joven Octavio Paz. Pero yo no recibo ya a nadie, porque mi cabeza está gris, mi voz cansada y, además, soy muy tímido. No me gustan los cuestionarios y menos me gusta interrogarme a mí mismo.

El alto Jules Supervielle se ve completamente desproporcionado con la pequeña habitación llena de libros, lámparas y papeles, de la rue Vital. Incómodo en su sillón, sus largas piernas se arrastran lamentablemente en el suelo. No cabe en el cuarto encerrado, neutro y gris, que es ahora su biblioteca. Supervielle parece una nebulosa enclaustrada en el ropero de las escobas. Resulta mucho más fácil imaginarlo en las pampas, en las grandes llanuras por las que Bolívar cabalgó, cubierto de sol americano, ya que Argentina es su íntima nostalgia aquí en el París en el que vive su vejez. Supervielle es el poeta por excelencia, el hombre de los grandes espacios, el joven que iba en la proa de un barco, el viento enredándole y desenredándole los cabellos; el viajero incansable que cruzaba los océanos, el niño maravillado que se refugiaba en la astronomía, en la Vía Láctea y en las múltiples luces que rodean la Tierra. Supervielle es en sí una especie de cometa, una luz que abarca dos continentes.

En el número de la *Nouvelle Revue Française,* dedicado exclusivamente a rendirle homenaje, colaboraron hombres tan ilustres como Paul Claudel, quien escribió: "De todo corazón me asocio al homenaje que se le rinde a Supervielle, ese poeta inabarcable y encantador que tiene las cualidades del pájaro y del hada, y cuyo canto, como el pájaro burlón del bosque americano, es no encontrarse en el lugar en donde está".

Armand Robin, Henri Michaux, Georges Schehadé (cuya obra de teatro montará muy pronto la compañía Jean-Louis Barrault-Madeleine Renaud), Etiemble y Gabriel Bounoure colaboran también en ese número único, pues jamás se había visto en la historia de la *Nouvelle Revue Française* que se le dedicara un homenaje en vida al más renombrado poeta. En ese mismo número Supervielle publica "Le Jeune homme des autres jours". Philippe Charles Apestegue, quien a consecuencia de un amor mal correspondido se transforma en mosca y luego en gato, que viaja a todos lados con el objeto de sus amores. En otro libro, Supervielle se convierte en un alma que emigra dentro del cuerpo de una bella mujer y se oculta cerca de su corazón.

Poesía en Voz Alta llevará a escena la obra teatral de *La belle au bois,* cuya excelente traducción se debe a Ulalume Ibáñez de González de León, poeta ella misma e hija de la poetisa Sara de Ibáñez, que tanto alaba Pablo Neruda.

Frente a Supervielle, me puse a hojear su correspondencia con Rainer Maria Rilke, en los años de 1925. Todas las páginas de Rilke, escritas con esa letra cerrada, apretada y casi gótica, del poeta alemán, no son más que una continua alabanza de la obra poética de Supervielle.

El sentido de lo absurdo: Albert Camus

Albert Camus, el autor de *El extranjero*, de *La peste*, de la obra de teatro *Los justos*, que Carlos Solórzano estrenó en su Teatro Universitario, es sin duda uno de los más grandes escritores con que cuenta Francia en la actualidad. En 1942, Gallimard, aconsejado por André Malraux, publicó *El extranjero*. En 1947, después de un viaje a los Estados Unidos y de haber estrenado algunas de sus obras: *Le Malentendu, Calígula, Etat de siége* y *Los justos*, Albert Camus dio a conocer la más valiosa y la más conmovedora de sus novelas: *La peste*, libro tan poderoso que lo elevó instantáneamente a la altura de los grandes maestros de posguerra: Sartre, Malraux y, en cierto modo, Simone de Beauvoir.

Albert Camus nació en Mondovi, Italia, el 7 de noviembre de 1913. Hizo estudios superiores en la Facultad de Argel en condiciones difíciles, ya que su padre murió un año después de su nacimiento. Para poder estudiar fue vendedor de accesorios de automóviles, meteorólogo, empleado de correos. Como Camus siempre ha sido deportista, dedicó sus ratos de ocio a la natación. En la noche estudiaba filosofía y letras para presentar un diploma de estudios superiores sobre san Agustín y Plotino. Como era un apasionado del teatro, fundó un grupo de comediantes, estudiantes como él. Llevó al escenario *Le temps du Mépris*, de André Malraux, adaptación del propio Camus; *Prometeo*, de Esquilo; *El Paquebot Tenacity*, de Vildrac; *La mujer silenciosa*, de Ben Johnson, y finalmente *Los hermanos Karamazov*, en la que él mismo hizo el papel de Iván.

En una entrevista, Camus declaró que Gide le dio grandes lecciones de clasicismo (romanticismo amaestrado), pero la influencia de Gide no tuvo en él mayor trascendencia. Admira a Malraux, a Tolstoi, a Kafka (aunque no se siente a gusto en el reino de lo fantástico) y, sobre todo, al maestro del absurdo, Melville, autor de *Moby Dick*.

Dos temas resaltan en todos sus libros: la triste obligación de cumplir con la vida cotidiana, el automatismo de nuestros ademanes que se repiten lunes, martes, miércoles y así todos los días hasta que morimos; la vida llena de barreras, de conveniencias y convenciones, y todo aquello que desemboca en el súbito descubrimiento de lo absurdo y causa, naturalmente, una revolución.

"Los hombres también secretan algo inhumano. En algunas horas de lucidez, el aspecto mecánico de sus ademanes, la pantomima sin sentido, la mímica de sus rostros hace que lo que los rodea se vuelva estúpido. Un hombre habla por teléfono tras una puerta de vidrio. No se le oye, pero se ve su mímica sin sentido; entonces no se pregunta para qué vive sino por qué vive".

Es tan fuerte en Camus el sentido del absurdo que lo lleva a pensar en el suicidio.

Como cualquier candidato al suicidio, Camus resiente profundamente la inutilidad de la vida cotidiana. La vida no tiene sentido y, sin embargo, hay que vivirla. Pero Camus no se quita la vida por razones religiosas ni por mera curiosidad, sino porque la vida es una experiencia, como cualquier otra. Camus se apoya en algunas filosofías esenciales: Jaspers, Heidegger, Kierkegaard, Husserl.

Esta contradicción es la base de sus obras y su respuesta es la del heroísmo. Para Camus el mundo es incomprensible: "He aquí lo extraño: darse cuenta de que el mundo es espeso, percibir hasta qué punto una piedra nos es ajena, irreductible. Un paisaje puede negársenos, y ¡con qué intensidad se nos niega la naturaleza! Al fondo de cualquier belleza yace algo inhumano y estas colinas, estos valles, la dulzura del cielo, el dibujo de los árboles, en este mismo momento pierden el sentido ilusorio con que los revestimos y se convierten en algo más lejano que un paraíso perdido. La hostilidad primitiva del mundo, a través de los milenios, regresa de pronto hasta nosotros. El mundo se nos escapa cuando vuelve a ser el mismo. Los decorados, disfrazados por la costumbre, se tornan en lo que son. Y se alejan de nosotros. La única cosa que cuenta es la espesura y la extrañeza del mundo, que no son más que el absurdo".

"Si la vida no tiene sentido, no hay otra solución más que la del suicidio. Pero eliminar la propia vida no resuelve el problema." Además, el autor se enfrenta a la conciencia. En su obra *El extranjero,* Camus lo explica claramente: el contrario del suicida es el condenado a muerte. Va a morir dentro de algunos instantes pero rechaza esta muerte en el momento mismo en que lo obligan a tener conciencia de ella. El uno acepta la muerte, la busca; el otro la rechaza. Es entonces cuando surge la esperanza, la búsqueda de una vida nueva menos absurda que nuestra vida sobre la tierra, la promesa de un mundo que contenga la explicación del nuestro. La esperanza es la afirmación de que un día todo será explicado, todo se volverá comprensible. Hasta lo irracional tiene una razón de ser. Camus analiza la fe religiosa, las metafísicas del consuelo, y encuentra la esperanza en aquellos grandes maestros que, como Kierkegaard, tuvieron conciencia de lo absurdo del mundo.

La novela de Camus nos revela de un modo impresionante la conversión del mundo en lo que quisiéramos que fuera. El mundo sólo se transforma a través del artista. El novelista Camus le da al amor las cualidades que casi no tiene en la vida real: duración, fidelidad y unidad. Crea un universo en el que los amantes tienen su pensamiento fijo el uno en el otro.

El arte mejora el mundo, y tanto en sus novelas como en su teatro, Camus defiende, a pesar de todo, los valores humanos que se hallan en la contradicción y la rebelión.

El pequeño cisne negro que clavó alfileres en todos los dobladillos: Coco Chanel

Su primer novio, Etienne Balzan, oficial de caballería, es el culpable. Por él le puso galones a sus trajes sastres; por él los botones dorados, los puños masculinos, las martingalas, los sacos sueltos y cruzados, el corte marcial. Galones y más galones, de esos que refulgen al sol en los hombros de los soldados, de esos que rematan los uniformes de gala. Coco Chanel no lo olvidó nunca y él le ayudó a abrir su primera tienda de sombreros en París, unos sombreros de solterona, negros, de paja, de fieltro, más bien pequeños (ella los usó toda su vida) y luego otros más grandes de esos atravesados por un largo alfiler para que no los vuele el viento. ¡No eran muy bonitos los sombreros ni tenían gran chiste! Tampoco tenía gran chiste Gabrielle Bonheur Chanel, una costurerita que llegó a París en 1904, tímida, chaparrita, quebradiza, flaca, timorata, con unos huesos tan picudos como los imprescindibles alfileres que se ponía en la boca para levantar bastillas y con los cuales nunca se picó. Era fácil verla así, acuclillada —porque nunca se hincó—, haciendo una pinza, con su cojincito prendido a la cintura del cual sacaba alfileres para luego metérselos a la boca, oprimirlos entre los labios delgados y finalmente prenderlos en la tela. Un día, una clienta le pidió desesperada:

—Señorita Gabrielle, señorita Gabrielle, mi hija de seis años tiene una *fête d'enfants*. ¡Hágale un vestido, por favor!

—Lo intentaré.

Ese día nació Coco Chanel.

Al verlo, la mamá de la niña ordenó un vestido "igualito, igualito, igualito" para ella; la tía de la niña, otro; la hermana de la tía, otro, y así hasta que todo París llegó a la tienda de la rue Cambon. Los vestidos eran sencillos, de cuellos redondos, monjiles, de líneas rectas, y el largo que Gabrielle Bonheur conservó durante toda su vida, independientemente de las minis, midis o maxis: el largo

Chanel, un poco debajo de la rodilla. Chanel mandó al diablo al oficial de caballería, Etienne Balzan, pero obedeciendo a los curiosos mandatos de la psique femenina, empezó a recordarlo en su famoso traje sastre: el de los galones, el de los botones que brillan, el de la camisa blanca y la corbata Lavalliere anudada como se la anudan los *jockeys,* los caballistas, los hombres. Afeminó el traje masculino y, aunque Coco Chanel tuvo después otros enamorados, inmortalizó para siempre a Etienne Balzan, que de 1904 a 1971 ha estado presente en todos sus trajes.

Claro, también hizo otros vestidos: los de noche, de suaves y flotantes muselinas que se pegan al cuerpo sin señalarlo; los de tarde, de mangas largas transparentes acompañados siempre por zapatos de punta negra y talón al aire —alados como túnicas griegas—, las blusas de escolapia a lo Colette (Colette, la escritora la llamaba "Mon petit cigne noir": Mi pequeño cisne negro), los corbatones. ¡Ah, cómo amó Coco Chanel las corbatas! Y cómo amó las largas cadenas, las medallas y los colguijes, los broches incrustados de distintas pedrerías; broches en que las perlas barrocas enloquecen junto a las turquesas y se engarzan "semipreciosas" en montajes que parecen antiguos. ¡Y Chanel adquirió seguridad y hasta se volvió hermosa! Sabía reclinarse en los sillones, acostarse casi en los sofás —era su pose favorita—, hundir la cabeza entre los hombros, lo cual le daba un aire frágil, apoyado siempre en su delgadez extrema.

Abrió una sucursal en Deauville; tuvo otro novio, Arthur Capel, que con muy buen gusto inglés se murió en un accidente. Chanel no se habría casado con él. Ni se iba a casar nunca. Ella quería alcanzar la celebridad, y para ella el matrimonio nada tenía que ver con el triunfo.

Luego vino su *liaison* con el duque de Westminster y ya no fue la pequeña costurera sino la creadora, la mujer de talento, la "genial", que todos querían invitar, la mujer de moda requerida en recepciones y actos públicos. Las puertas se abrieron y Chanel se hizo amiga de Picasso, de Stravinsky, de Jean Cocteau, de Diaghilev el danzante, el coreógrafo, y del París que Hemingway convirtió en una fiesta. Sus anfitriones comentaban su sentido de los negocios y su increíble sentido común.

Durante la guerra le fue mal, no económicamente, pero sí con los franceses que la acusaron de mantener relaciones con un diplomático nazi, y le fue también mal con la familia judía Wertheimer, con la que había creado el famoso perfume Chanel número 5; el que Marilyn Monroe citó en su célebre respuesta:

—Con qué duerme usted —le preguntaron los periodistas.

—Yo, con Chanel número 5.

Coco Chanel dejó para siempre el negocio del perfume a los Wertheimer, a quienes, según la opinión pública, Chanel no quiso ayudar durante la ocupación nazi, y se lanzó de nuevo a hacer vestidos con más éxito que nunca; vinieron las lanas gruesas, esponjosas, las cadenas en los dobladillos, la chaqueta cazadora con botones de cuero y dobles bolsas, los paños escoceses, las grandes tablas, los pliegues, las sedas, y volvieron, ¡oh, sorpresa!, las chaquiras, el engatusamiento de las coristas. Chanel iba a pie del hotel Ritz a su tienda de la rue Cambon; todavía se acuclillaba frente a una falda, acomodaba un drapeado; se enfurecía —porque tenía mal genio— y como un alambre cargado de electricidad emitía críticas y denuestos, revisaba sus maniquíes, les cortaba el pelo —nada de greñas de limosnera—; "el cabello debe llegar a la mejilla, redondear la cabeza; jamás debe tapar el cuello, es antiestético".

A los trajes sastre de general de división, de capitán de corbeta, de marinero, de carabela, de bombero, añadió los suéteres que se prolongan hasta ser vestidos, los cinturones que se anudan sobre la cadera, los chalecos largos, los pantalones aguados.

¡Nunca le gustó la comedia musical basada en su biografía que Katheryn Hepburn escenificó en Broadway, ni la película de Danielle Darrieux filmada en París! En realidad ya no le gustaba nada. Tenía ochenta y siete años.

La vi una sola vez; sentada muy tiesa en su cuarto del hotel Ritz. Llevaba yo una recomendación de lady Iya Abdy (una señora alta y bella que actuó en una obra de Antonin Artaud, los *Cencci*), pero ni con eso quiso concederme la entrevista. O quizá no supe insistir. Me dijo: "Hoy no, otro día", "La semana que entra", "Cuando pase la colección de primavera". Su fiel colaboradora, Jacqueline de Contades, me advertía: "Ahora sí…" Chanel me miró de arriba abajo y dejó caer: "Estoy cansada, regrese mañana…" Pero nunca se logró la entrevista. Quizá vio Coco Chanel en mis ojos el brillo del cuervo ante la posibilidad de adquirir a un precio más bajo un auténtico Chanel, y como Dios no cumple antojos ni endereza jorobados, me quedé con las ganas.

Pierre Mendès-France

No resultaría exagerado decir —después de leer la nota del *France Observateur*— que el señor Mendès-France viene a México a romper el silencio. Invitado por la Escuela de Ciencias Políticas de la Universidad o, más específicamente, por el doctor Pablo González Casanova, dará dos conferencias en la Escuela de Ciencias Políticas. Además de ser uno de los economistas más notables en los últimos años, tiene una lucidez y una visión política excepcionales. En *Un socialismo moderno* pregunta: "¿Creen ustedes que dentro de quince años habrá todavía esparcidos por el mundo países que no sean independientes? Y, ¿creen ustedes que de aquí a entonces los países subdesarrollados no habrán hecho su elección entre las dos grandes civilizaciones que desde ahora le proponen sus recetas y sus sistemas? Sí, lo harán, y no sólo eso, ya no podrán volver atrás en su opción histórica.

"Sobre este punto, los partidos socialistas tienen algo qué decir. Si la opción se limitase al capitalismo liberal y al comunismo, sabemos muy bien cual sería la respuesta. A nosotros nos toca demostrar, con nuestras proposiciones, que hay una salida hacia el progreso en la libertad. De la misma manera que el pensamiento socialista está en la base de las redistribuciones de la renta nacional que, aunque insuficientes, han asegurado el progreso en nuestros países durante un siglo, podemos también ofrecer nuestras soluciones en el plano internacional; una solidaridad efectiva y orgánica, garantía del progreso para los más desheredados y de la paz, para todos, no gracias a una limosna caritativa que se da a los famélicos, sino mediante la venta de sus productos a precios equitativos y regulares; en una palabra, la transposición a escala mundial de nuestras soluciones a escala nacional.

"No olvidemos nunca que aquel de los dos grupos —el del Este o el del Oeste— que consiga proponer en los años próximos mejores soluciones para el desarrollo de los países atrasados, ganará la batalla pacífica más importante en el teatro del mundo y logrará una influencia irresistible en su modo de vida y en su ideal…"

Françoise Giroud, una periodista francesa que ha retratado a casi todos los personajes que allá viven, nos cuenta que cuando Mendès-France preconizaba su política de austeridad, habló durante dos horas y media en una sesión de la Asamblea Nacional, bajo la pesada mirada del presidente Édouard Herriot, y no hubo uno solo de sus auditores que no se dijera "Quisiera yo tener la valentía de este hombre, al defender una causa que yo creo justa". Valiente es el calificativo que todo el mundo, amigo o enemigo, aplica a este hombre, al cual algunos todavía predicen el porvenir de un gran hombre de Estado (Mendès-France todavía es joven; nació en París, el 11 de enero de 1907), mientras que otros sólo ven en él a un eminente especialista, pero sólo a un especialista en materia de finanzas. Mendès-France no hace concesiones. Es un hombre cuya conciencia es algo así como un tercer pulmón esencial a su existencia. No puede relegarla a segundo lugar, no puede contraer pactos con ella, no puede satisfacer ambiciones inmediatas porque no puede privarse de este pulmón a través del cual respira. Y este rigor —casi físico— se manifiesta en todo su comportamiento. La concesión, el acomodo, el darle la mano a gente que se desprecia, el elogio que no se piensa, ¡nunca ha podido resolverse a hacerlo Mendès-France! ¡Resulta realmente extraordinario en estos tiempos que un hombre prefiera estar de acuerdo consigo mismo a tener puesto de ministro!

Doctor en derecho (ciencias económicas y finanzas), con un diploma de la Escuela de Ciencias Políticas y certificados de historia, Mendès-France, después de ser diputado de L'Eure, presidente de la Comisión de Aduanas (1936) y subsecretario de Estado en el Tesoro Nacional (1938), movilizado en septiembre de 1939 y voluntario en el Ejército del Aire, estuvo implicado por las autoridades de Vichy en el asunto del Massilia, y fue arrestado en Casablanca para ser transferido a la cárcel de Clermont-Ferrand, y condenado a seis años de cárcel (mayo de 1941); pero se fugó de la cárcel militar. Entonces comenzaron sus actividades en la Resistencia. Fue voluntario en las Fuerzas Aéreas Libres Francesas, y se incorporó al grupo de bombardeo Lorraine, como capitán observador. Participó en numerosas operaciones, y ha recibido la Legión de Honor, la Cruz de Guerra, la Rosette de la Resistance, la Medaille des Evadés y quién sabe cuántas medallas más… Después de la guerra, comenzó su extraordinaria carrera como ministro de Finanzas en el gobierno provisional de

Argel, en noviembre de 1943, ministro de Economía Nacional, y representante de Francia en diversas conferencias monetarias mundiales, como la de Bretton Woods, así como presidente de la comisión de finanzas de la Asamblea Nacional, de junio de 1953 a junio de 1954. A partir de entonces, también publicó obras autobiográficas y estudios y discursos: *Liberté, liberté chérie… Choses vécues* se puso en circulación en 1943 y entre los años de 1943 y 1959 se han editado: *Gobernar es escoger, Siete meses y diecisiete días, La política y la verdad, El equilibrio económico y el progreso social, La ciencia económica y la acción* —en colaboración con Gabriel Ardant, que ha sido traducido al inglés, portugués, italiano, alemán, etcétera— y *Encuentros* —en colaboración con A. Bevan y P. Nenni, editado en 1959—. Cuando estuvo en Washington, en una conferencia internacional sobre cuestiones monetarias, en septiembre de 1951, un periodista escribió admirativamente: "No puedo más que volver a decir que el señor Mendès-France fue el único en poder dar cifras precisas".

En entrevista, Solagne Betiocaray, doctora en historia por La Sorbona e investigadora de El Colegio de México, habla acerca de Mendès-France y de su afiliación al Partido Socialista Unificado (PSU). La primera pregunta se impone:

—¿Cuál es la actitud del PSU frente a Argel?

—El PSU pide la independencia de Argelia. Sabe que no se trata de "rebeldes" sino del pueblo argelino que pide su independencia.

—¿Cuál es entonces la actitud del PSU frente a De Gaulle?

—¡No se puede esperar que un partido socialista crea en un mito!

—¿De Gaulle es un mito?

—Para el PSU el hombre providencial no existe, a pesar de su personalidad. Sólo existen circunstancias bien definidas que requieren soluciones precisas. El caso de Argelia no puede solucionarse sino dándole su independencia. El PSU cree también que el régimen actual sólo logra retrasar la independencia de Argelia.

—¿Qué personajes están en el Partido Socialista Unificado y apoyan su liberación?

—Es muy antidemocrático hablar de personajes dentro de un partido socialista. De veras hay mucha gente conocida pero nadie busca figurar. ¡No recurrimos a la publicidad! Sin embargo puedo darle los nombres de Pierre Mendès-France, Laurent Shwartz (matemático famoso y profesor en L'École Polytechnique), Édouard Depreux, Robert Verdier, Alain Savary, Gilles Martinet, Claude Bourdet, André Philippe, François Mitterrand, Pierre Stibbe,

Serge Mallet, etcétera, y muchos más que son conocidos por sus responsabilidades.

—¿Cuáles son los orígenes sociales de los afiliados?

—La gran mayoría es de intelectuales, profesores, estudiantes, escritores y personas que ejercen profesiones liberales: médicos, abogados y artistas. Tenemos muchos sectores obreros. No faltan tampoco militantes cristianos (muy numerosos) y elementos norafricanos. La nota pintoresca la ponen unas señoras de la alta sociedad que no dejan de ser buenas militantes a pesar de la aversión que sienten por pegar carteles. La característica del partido es sin duda la juventud de sus miembros, lo cual le asegura al partido una gran vitalidad.

—¡Y una larga vida! ¿Cuál cree usted que sea el porvenir de su partido?

—Eso depende de los acontecimientos que tendrán lugar en Francia dentro de poco tiempo. Sin embargo, puedo anticiparle —sin demasiado pesimismo— que si el PSU logra que cambien los viejos partidos de la SFIO y el PCF habrá cumplido su misión. No debe olvidarse que su creación fue motivada por la inercia de los partidos tradicionales de izquierda y que su vida, en cierto modo, está condicionada por ella.

—¿Y si despiertan de su letargo?

—Sería preferible que despertaran, pues tienen tras de sí una tradición y un prestigio nada despreciables en un país como Francia, en el cual los partidos jóvenes no alcanzan a atraer las grandes masas de campesinos y de obreros.

—¿Hay diversas tendencias en el partido?

—Considerando sus múltiples orígenes no hay que extrañarse de la existencia de varias tendencias. La más importante es la de la antigua Unión de la Izquierda Socialista (UIS), revolucionaria y antirreformista. Luego viene la del Partido Socialista Autónomo (PSA), más liberal, anticomunista, lo que es fuertemente condenado por la primera tendencia. Con la adhesión de Pierre Mendès-France llegaron elementos que defienden posiciones más bien reformistas y que sustituyen la creencia y el deseo de una revolución a una evolución hacia un socialismo que tiene semejanzas con un capitalismo de Estado. Existen otras tendencias de menor importancia, pero su existencia no debe interpretarse como la prueba de una división del partido sino como la garantía de una democracia interna, y las posibilidades de progreso en la elaboración más amplia de un socialismo de nuestro tiempo, por tener cada una de estas tendencias puntos de vista diferentes.

—Pero dígame, ¿cuándo se creó el Partido Socialista Unificado, el PSU?

—El 3 de abril de 1960, después de un año de discusiones con las diversas tendencias que acabaron por constituir dicho partido.

—¿Por qué se creó?

—El Partido Socialista SFIO, muy importante y de muchos afiliados, había tenido una política incompatible con las exigencias de un verdadero socialismo; sobre todo con su secretario general, Guy Mollet, responsable por sus concesiones demagógicas. Muchos de los miembros dejaron de pertenecer al partido o empezaron a constituir una oposición dentro de éste. Cuando en septiembre de 1958, antes del plebiscito del general De Gaulle, el Partido Socialista decidió apoyarlo, una minoría se separó y creó el Partido Socialista Autónomo, en reacción contra el SFIO. Por otra parte, el Partido Comunista Francés, actualmente dirigido por líderes todavía estalinistas con una estructura y una disciplina muy rígidas, no podía representar para muchos franceses un partido auténticamente socialista-democrático, de teorías adaptadas a las nuevas formas del capitalismo en Europa, y muy especialmente en Francia. Muchos sintieron entonces la necesidad de unirse en un partido que representara un socialismo verdadero y que al mismo tiempo se opusiera al régimen actual. El PSU catalizó todas las tendencias de izquierda decididas a actuar, en el momento en que el pueblo francés, negándose a tomar las responsabilidades de un pueblo mayor de edad, se entregaba al hombre considerado como la Juana de Arco del siglo XX, el general Charles de Gaulle.

El último número de *France Observateur,* en su sección dedicada a la política interior, nos informa que el viernes 7 de octubre, el señor Pierre Mendès-France "reunió en Saint Denis a un numeroso público", y que este acto constituyó su regreso a la política después de varios meses de silencio. El antiguo presidente del consejo hizo un brillante discurso en el que Argel —tema candente— atrajo sobre todo la atención del auditorio, compuesto en su gran mayoría por gente joven. Al abordarse el tema de la insumisión, más de cincuenta jóvenes trataron de hacer una manifestación, y aunque ninguno de los presentes los siguió, tampoco se les hostilizó. (En Francia, son verdaderamente impresionantes los resultados del *Manifiesto de los 121,* o sea los 121 profesores que suscribieron un manifiesto afirmando que la deserción era posible cuando los jóvenes soldados no estaban de acuerdo ni creían en la lucha, como en el caso de Argel.)

La sala, donde se habían reunido Mendès-France y sus oyentes, estaba protegida por el PSU y, por otra parte, un millar de militantes comunistas se reunieron en la alcaldía, listos para intervenir en caso de que fuera necesario. Dos días después, el señor Mendès-France salió a los Estados Unidos y a México para dar una serie de conferencias.

PIERRE MENDÈS-FRANCE EN EL IFAL

Aquellos a quienes Mendès-France decepcionó en sus dos primeras conferencias en la UNAM, cambiaron de opinión en el IFAL. En la UNAM esperábamos al dirigente de la oposición en Francia, al político del Partido Socialista Unificado, a una de las estrellas de la Cuarta República, pero nos tocó una versión muy apagada del estadista francés, un Mendès-France gris. (Físicamente, se parece al arzobispo Miguel Darío Miranda, por su nariz, que cuelga en medio del rostro y la boca también dibujada hacia abajo.)

En el IFAL, Mendès-France demostró que sus improvisaciones son superiores a sus conferencias escritas. Habló durante dos horas y cuarto y contestó las preguntas del público.

En el ambiente de libertad y simpatía que ha sabido crear François Chevalier en su instituto se sentaron en el presidium Eduardo Villaseñor, Guy Stresser-Péan, Hilario Arellano Belloc, Emilio Múgica, Jean Pierre Berthe, Arturo Arnáiz y Freg y Huguette Balzola. El auditorio, que abarrotó la sala, estaba muy cerca de Mendès-France; los rostros al alcance de su mano, y la charla resultó hogareña; 101 oyentes se sintieron en casa; Mendès-France sonreía. ¡Qué diferencia con las noches anteriores en el enorme auditorio de Ciencias Políticas! La primera noche sólo hubo dos porras de seis o siete estudiantes: "¡Zíquitibum, a la bim-bom-ba! ¡Argel libre, Argel libre! ¡Ra! ¡Ra! ¡Ra!" Se fruncieron algunos ceños, pero la segunda noche, siete u ocho estudiantes, quizá los mismos, se levantaron en el lunetario con mantas y carteles: "¡Abajo los colonos!" "Viva el FLN" "¡Cesen las pruebas atómicas en el Sáhara!" "¡Vida o muerte!" "¡Argel libre!" Pablo González Casanova, director, tomó el micrófono: "Por cortesía al señor Mendès-France, les pido que hagan a un lado esas mantas. El señor Mendès-France es anticolonialista. No son necesarias sus demostraciones".

El título de la conferencia, "Francia y el colonialismo", atrajo a espíritus jóvenes caldeados por los recientes sucesos de Cuba, los siete años de guerra en Argelia, el despertar africano y asiático y las manifestaciones populares en toda América Latina, y se sintieron defraudados ante un Mendès-France que les decía, con sus anteojos en la mano: "Hay países que no han logrado los progresos naturales del siglo xx".

En el IFAL, Mendès-France adquirió su verdadera personalidad, su elocuencia reveló sus dotes de polemista hasta entonces ocultas por el tono académico. Antes de hacerle la primera pregunta, Eduardo Villaseñor advirtió que él no era un agente provocador (suscitando risas y aplausos), pero que le parecía excesiva la cifra de 2%, y aun de 1%, como cuota de ayuda a los países subdesarrollados. En sus conferencias anteriores, Mendès-France había planteado que los ingresos de los Estados Unidos son de más de 500 000 millones anuales y, por lo tanto, una donación de 2% vendría a ser una donación de diez millones de dólares. Emilio Múgica, director de la Escuela de Economía, también manifestó su desacuerdo (asumió, honradamente, el papel de provocador): "Me permito preguntarle al señor Mendès-France si el sonado fracaso del Banco Internacional de Reconstrucción y Fomento (BIRF) hace necesaria su sustitución por otro organismo". Múgica argumentó que al dar los Estados Unidos la mayor cantidad de dinero, adquiriría automáticamente el control de la organización. La tercera pregunta de Múgica fue: "¿A qué países se les va a dar el dinero y en qué se va a utilizar, es decir, qué juicio va a prevalecer?" (Estas preguntas fueron esenciales para el desarrollo posterior de la mesa redonda, ya que el resto de la discusión giró alrededor de ellas.) Pierre Mendès-France tomaba notas mientras las preguntas le eran traducidas por Luis Rizo. Listo para contestarlas, se quitó las gafas y se frotó los ojos: "Lo que usted me dice, señor Múgica, me da la ocasión de ponderar el principio de solidaridad que nos une a todos los países. Los que puedan dar más que den más". Eduardo Villaseñor, humorista a sus horas, sobresalió por su agudeza. Enfático, pidió programas precisos: "Al referirme a la proposición de Mendès-France de 1 o 2%, creo que es necesario que los países subdesarrollados hagan un programa preciso de sus necesidades más urgentes y esenciales y que los países que piensan ayudar también expongan sus propósitos. (…) Cada vez que se crea una nueva agencia, la burocracia internacional forma una especie de sindicato y las decisiones pasan a través de la FAO, la CEFAL y la qué sé yo.

"Por eso digo que habría que tomar nuevas medidas para evitar que estas agencias (que a pesar de estar en la tierra, parecen volar en el aire) vengan."

Jean Pierre Berthe dijo que "la ONU no ha servido para nada".

Al dirigirse al señor Berthe, Mendès-France repuso: "Sus críticas tienen fundamento y las comprendo perfectamente; a veces se han cometido los abusos que implica la ayuda bilateral. Pero justamente, porque tengo conciencia de las imperfecciones, estoy seguro de que si se elimina la ayuda bilateral, la ayuda se reducirá considerablemente. Claro, está mal que los países donadores dejen de dar o den menos, pero los franceses no han dejado de ayudar a los países que se han independizado de Francia. ¡No crean ustedes que sólo ha habido errores colonialistas! En cuanto a la ONU, supongamos que desaparece y se crea otro organismo, ¿quiénes serían los nuevos miembros? (Enumera lentamente, colocando los países como pequeños montículos en su mesa.) Aquí, los Estados Unidos; aquí, Rusia; aquí, la Gran Bretaña. ¿Qué obtendríamos? De nuevo la ONU. (El público ríe y una señora sonríe y se frota las manos: '¡Les dio en la torre a todos!') La erradicación de las Naciones Unidas sólo llevaría a la creación de una nueva Naciones Unidas y entre tanto se perderían años de tiempo y trabajo".

Eduardo Villaseñor volvió a tomar la palabra, y el micrófono, para quejarse. "En vez de mandar el dinero directamente a los países subdesarrollados, se gastan millones en misiones de estudio. ¿El dinero? ¡No! ¡Primero nos examinan!" (Carcajadas estridentes resonaron y Chevalier hizo una pequeña mueca de preocupación.)

El doctor Stresserpean, profesor del Instituto de Altos Estudios sobre América Latina de la Universidad de París, empezó su intervención con las palabras: "Yendo del mundo de lo conocido al mundo de lo desconocido (Stresserpean vive en el mundo de la arqueología de la Huasteca, y es sin duda alguna uno de los sabios más valiosos que Francia nos ha enviado) me permito preguntar quiénes son los países donadores y el monto de las donaciones, aunque sólo sea aproximado". Mendès-France dijo que se trataba de una pregunta singularmente indiscreta, pero que la iba a contestar. "No soy ni chauvinista ni patriotero, pero Francia, en proporción con sus ingresos anuales, es el país que más da. Los Estados Unidos, y ya no se diga Rusia, vienen muy por detrás." Villaseñor mencionó repetidas veces la palabra francesa *gaspillage* (despilfarro) y quiso excusarse ante el señor Santa Cruz, de la CEPAL, por haber dicho ni más ni menos que las agencias internacionales eran pandillas de zopilotes al afirmar y reconocer la incalculable ayuda que la CEPAL ha prestado a los economistas mexicanos, a través de investigaciones y programas. Un poco más adelante dijo que México tuvo que hacer frente al problema monetario espantoso: "No había dinero, los bancos estaban vacíos, bueno, de lo peor, pero logramos salir adelante, y triunfamos entonces, ¿por qué no podemos triunfar ahora?"

Múgica (me gusta llamarlo así: Múgica, porque recuerdo al general) señaló que Mendès-France había expuesto en Ciencias Políticas las mejores soluciones para resolver las crisis económicas —especialmente la última de 1958— y deseaba que le diera también una solución al terrible problema de la desocupación en los Estados Unidos.

—Es verdad —respondió Mendès-France— que la economía de los Estados Unidos se caracteriza por un número de crisis periódicas y constantes. Se trata de un conjunto de competencias privadas que muchas veces se causan un gran perjuicio por abarrotar sus mercados con mercancías, sin considerar si dicha producción le hace falta al país, ya que el único móvil es el lucro. Por tal razón, los países que poseen una política de libre competencia tendrán que evolucionar hacia la planificación económica más adecuada a sus necesidades.

Jean Pierre Berthe volvió a lucirse. Después de un largo monólogo sobre el buen trabajo de la Organización Mundial de la Salud, quiso saber (recordando tal vez el plan económico chino) quién decidirá la planificación global. Dice la vieja sabiduría china: "Cuando se impide a un hombre que se suicide, hay que responsabilizarse de su vida hasta el fin de sus días". ¿Quién se va a responsabilizar en el caso de nuestros países?

Mendès-France reiteró que en efecto las vidas humanas salvadas plantean un problema. Insistió: "Los países industrializados tienen el deber moral de ayudar a los de menores recursos. (…) El apoyo del pueblo es necesario al éxito total del plan trazado por el gobierno para buscar un desarrollo económico acelerado".

LA INTERVENCIÓN DE HILARIO ARELLANO BELLOC

Hilario Arellano Belloc, jefe jurídico de Petróleos Mexicanos, alabó el socialismo que según Mendès-France "no es más que la aplicación de un programa realmente democrático a la vida de la comunidad".

Arturo Arnáiz y Freg recobró el tono del inicio de la conferencia: "Para nosotros, señor Mendès-France, esta conferencia es memorable".

Mendès-France se levantó de su silla y bajó al lunetario de la Sala Molière, algo cansado, su mirada grave. Por primera vez me di cuenta de que tiene las orejas muy separadas, que es sólido, fornido y que parece un guante de box acostumbrado a oponerse (en Francia lo llaman "la oposición"), cueste lo que cueste.

André Malraux

Es tanta la bibliografía sobre André Malraux —Maurice Blanchot, Roger Caillois, Roger Sthéphane, Pierre de Boisdeffre, y el más entusiasta de todos ellos: Gaetan Picon—, que al final de cuentas resulta mejor quedarse a solas con sus libros. Los críticos literarios se han puesto de acuerdo en hablar, todos, de su "fraternidad viril", de "tratar de dar a los hombres conciencia de la grandeza que ignoran en ellos mismos", de "la muerte, prueba irrefutable de lo absurdo de la vida", de que "los intelectuales son una raza", y del "comunismo que se opone a la conciencia individual". Desmenuzan la obra del escritor más inteligente de su época y entresacan de casi todas sus páginas frases célebres convertidas hoy en día en una especie de eslogan. Sin embargo, resulta difícil ver a Malraux a través de los críticos, porque nos enseñan demasiado. Para Pierre de Boisdeffre, Malraux presenta un aspecto revolucionario y otro estético y metafísico: la mitología de la historia y la filosofía del arte.

Muy joven, André Malraux se embarcó para Asia. Iba a verificar un cierto número de imágenes interiores; a cerciorarse de que los soldados del Kuomintang, los verdugos de Chiang Kai-shek, las cárceles y los magos de Asia o de Occidente, se parecen a los soldados, los verdugos, las celdas y los magos que él inventó a los veinte años. De su experiencia china resalta una novela de genio. Ya en sus cuentos fantásticos que presagian *La condition humaine, Royaume-Farfelu* y *Lunes en papier,* Malraux, atento a sí mismo, muestra las pasiones dominantes de su vida: el exotismo, la guerra, la tortura y la muerte. Malraux se jugó el pellejo no sólo en Estrasburgo donde, bajo el nombre de coronel Berger, dirigía la brigada Alsace-Lorraine, sino en China, en España, en la Resistencia. Puede hablar de la historia porque participó en su hechura. Asumió revoluciones y luchas, predijo la victoria del comunismo en Asia, y el comunismo venció sin liberar al hombre.

Se dice que el general De Gaulle, después de su primera conversación con Malraux, exclamó: "¡Por fin he visto a un hombre!" Los dos hombres, sin embargo, eran muy distintos. Malraux, el joven rebelde, el revolucionario; De Gaulle, el aristócrata, el que por su formación representaba a la derecha, el católico, el militar de carrera, se unieron en una amistad profunda porque compartían la misma necesidad de grandeza y el sentimiento de una misma y trágica soledad.

Desde muy joven, Malraux se rebela contra la condición del hombre, desafía a los dioses y su reto anima toda su experiencia revolucionaria. Por eso sus cuatro libros: *Les conquérants* (1927), *La condition humaine* (1933), *Le temps du mépris* (1935), *L'espoir* (1937), expresan tanto una metafísica como una mitología de la revolución.

Desde esas primeras novelas, Malraux nos enseña el conflicto entre el hombre y el sistema. No participa en las luchas por amor al pueblo: "No amo a los pobres, al pueblo, a aquellos por quienes lucho. Los prefiero pero únicamente porque son los vencidos. Lo que sí es seguro es que no siento más que un asco lleno de odio por la burguesía de la cual provengo. En cuanto a los demás, sé hasta qué punto el triunfo puede volverlos abyectos y viles".

Si Malraux escribe *La condition humaine* a raíz de la Revolución china (uno de los libros que más impactó al joven Octavio Paz), participa también en la guerra civil de España. *L'espoir* clausura su época revolucionaria. Cuando expuso el horror de los campos de concentración nazis y de Hitler, los franceses no le creyeron pero ahora repiten: "Malraux tenía razón", y lo convierten en profeta.

—¿Todavía es importante Nietzsche para usted?

—Nietzsche es crucial para todos.

—¿Y Gandhi?

—Siento mucho no haberlo conocido.

LAS VOCES DEL SILENCIO

Todo su rostro refleja una avidez impaciente. Es difícil adivinar si es porque desea que pronto termine esta entrevista o porque busca un interlocutor verdadero. Así como escruta los bajorrelieves, escruta los rostros. Surgen las preguntas, casi todas políticas: "¿Habrá guerra entre China y los Estados Unidos? ¿Qué opina de lo que sucede en Vietnam? ¿Cuál es el destino del mundo? ¿De qué hablaron usted y Antonio Carrillo Flores, usted y Agustín Yáñez?" Malraux me mira como si me fuera a sorber, dobla ligeramente su oreja con la mano para escuchar mejor y los *flashes* incrementan la tensión. Jean Sirol y el nuevo embajador de Francia, Jacques Vimont, parecen guardaespaldas. André Malraux es una caldera en ebullición que estalla en tics nerviosos, los ojos saltones, la nariz roja porque se la quemó el sol de Tikal, la mano siempre en la cara, en la nariz, en las mejillas, escondiéndole la boca, deteniéndole el mentón. Si el torso de Malraux no estuviera contenido por sus costillas, si la piel no cubriera las vísceras, las venas, los músculos, si el corazón no le saltara en la caja del pecho, Malraux nos estallaría entre las manos.

La expresión: "Éste no puede ni con su alma" parece haber sido hecha para André Malraux. El mismo Vincent Berger —uno de sus personajes en *La condición humana* (muchos afirman que Malraux es el coronel Berger)— escribe cuando piensa que va a morir: "Estaba poseído por una evidencia fulgurante. El sentido de la vida era la felicidad y se había ocupado, ¡cretino!, en otra cosa que ser feliz. Los escrúpulos, la piedad, la compasión, la dignidad, el pensamiento, no eran más que una monstruosa impostura, los engaños de una potencia siniestra cuya carcajada oía ahora en el último instante. No había en él más que un odio feroz ante todo aquello que le había impedido ser feliz".

Malraux no es feliz ni complaciente, y representa a uno de los mejores franceses de nuestra época: Croix de Lorraine, degaullista, republicano, picassiano, aviador, héroe de la Resistencia. Sin duda es el hombre que muchos desean ser. "El hombre no es lo que esconde, es lo que hace", dice Malraux. Cree que el hombre se conoce en el arrebato de la acción. Todos sus ademanes, la intensidad de su mirada dentro de los ojos saltones delatan su conflicto y su palabra es brusca, tajante y nerviosa.

—Señor Malraux, cuando está usted a solas consigo mismo y vive la más terrible de todas las aventuras, la de sacarnos lo que tenemos dentro y ponerlo sobre el papel o el lienzo, ¿por qué no nos ha dado usted una nueva obra?

—He escrito de arte —responde secamente—. Ya no una novela sino alguna otra versión del arte: la del arte maya por ejemplo.

Me mira con tanta impaciencia que la pregunta se me encoge en la boca:

—Señor Malraux, ahí donde luchaban por las mejores causas del hombre, allí estuvo usted: en China, en España, en el Maquis o en la Resistencia francesa. Y no lo hizo porque le gustaran los golpes o buscara victorias compensadoras, sino porque se dio cuenta de que la mejor defensa contra el destino del hombre es la fraternidad humana, ¿verdad? Hoy por hoy, señor Malraux, ¿por qué lucha usted? ¿Cuál es su causa?

—Defiendo todo aquello por lo cual luché. Sigo en lo mismo. Hace un momento lo dije en la conferencia de prensa: Francia se comprometió a darle su libertad a Argel y se la dio. Puse todo de mi parte para que así fuera.

—Pero sus actos, señor Malraux, ¿son los de un combatiente o un restaurador?

—Somos una generación de restauradores, de preservadores. Limpio París, lo blanqueo, rehago los plafones de los teatros, el de la Ópera de París por Chagall, ya tan comentado. Ustedes están desenterrando Teotihuacan y restaurándolo. Todos los países que cuentan con el privilegio de poseer zonas arqueológicas tienen que conservarlas. ¡Lo que ustedes hacen en Teotihuacan, esa entrada a las pirámides de la Luna y del Sol, es impactante! (Se lleva la mano a la frente.)

—Se necesita mucha humildad para ser un restaurador y no un creador, ¿verdad?

—Eso ya no me interesa. Le estoy hablando en el terreno de lo práctico, no en el sentimental.

—Bueno, es que usted es un creador. Allí están todos sus libros para comprobarlo.

—Yo sólo hago lo que tengo que hacer en el momento en el que tengo que hacerlo.

LA SALVACIÓN POR EL ARTE

Resulta que un hombre que ha dedicado la mayor parte de su vida al combate, que ha ido a buscar las revoluciones china y española, un hombre cuyos actos fueron retos, se refugia ahora en el arte. Dice Gaétan Picon que después de buscar su afirmación en un acto individual (tirar bombas en la cabeza de Franco, por ejemplo) y en una acción social, era natural que Malraux recurriera a otros símbolos, el del arte.

—El arte va más allá del hombre. No sabemos qué lenguaje hablaba una momia egipcia, pero nos habla como nos habla el Chac-Mol.

Para Malraux, el arte triunfa sobre la historia. Y aunque los países no puedan unirse entre sí (no lo han logrado hasta ahora), las culturas del mundo integran un "primer humanismo universal".

Ligado a la universalidad humana, Malraux rebasa la estrechez de los lazos que lo unían con una sola comunidad: el proletariado de China, de España o de Francia. Ligado a la continuidad de la historia, Malraux se libera de lo incomunicable de las culturas; su gran tema es la fraternidad. Es muy difícil que un francés destacado no piense en la gloria. Como lo dijo muy bien el poeta Jacques Prévert, los franceses sobresalientes se mandan hacer desde muy temprano su traje de inmortales.

La mano del artista, escribe Malraux en *Las voces del silencio*, tiembla en una de las formas secretas, más altas, de la fuerza y de la honra del hombre: el arte. La creatividad del artista lleva en sí la nobleza del hombre. De allí que Malraux sienta por el arte una pasión extraordinaria, y que, gracias a él, el Occidente no considere ya que hay "artes bárbaras". Fuera del clasicismo griego, se admiran obras de Polinesia y de África, de China, de México y ahora de Colombia, de Perú y de Guatemala. Como prueba de esta unión en el arte, los arqueólogos del mundo entero defienden los monumentos de Nubia, en Egipto, a punto de ser tragados por la presa de Asuán, y Malraux, que encabeza la salvaguarda de los monumentos, declaró en la UNESCO: "Por primera vez la humanidad ha descubierto un lenguaje universal: el del arte, y nos trae la más deslumbrante de las victorias humanas sobre la muerte. La primera civilización mundial reivindica públicamente el arte mundial como su herencia indivisible".

André Malraux entabló las más largas y mejores conversaciones con Ignacio Bernal, Alberto Ruz Lhuillier y Gonzalo Obregón. El tema: el lenguaje universal del arte. Si Malraux le dedicó su único día libre a la iglesia de Tepotzotlán fue porque se trata de uno de los monumentos barrocos más completos. Fuimos con él: Max Aub y su esposa Perpetua, José Luis Martínez y su esposa Lidia, la señora Madeleine Malraux, tres secretarios de Malraux y cuatro hombres de la policía secreta para protegerlo, pistola al cinto. "Tras la cortina de sangre azteca empieza a aparecer la dulzura azteca", comentó Malraux.

Malraux escogió desde muy joven el lado de los contestatarios, los opositores, los oprimidos. Apenas triunfan sus causas (cosa que rara vez sucede), Malraux ya está lejos, enfrentándose a otras luchas. Siempre lo atrajeron los combates en los que participó con pasión, pero ahora es parte del *establishment.*

—Señor Malraux, tengo entendido que uno de sus escritores favoritos es Dostoievski y que le parece a usted mejor que Tolstoi...

—No. Posiblemente *La guerra y la paz* sea la mejor novela de todos los tiempos pero siento más afinidad con Dostoievski... Me habla usted de cuando tenía veinte años.

—¿Usted es un autodidacta?

—No me gusta esa palabra.

—¿Qué piensa usted de Louis Aragon?

—No me gusta.

—Sin embargo alguna vez compartieron la misma ideología.

—Nunca fui miembro del Partido Comunista.

—¿Simpatizante?

—Sí.

—¿Aragon no le gusta como poeta?

—No.

—¿Y su mujer, la novelista Elsa Triolet, no le gusta como escritora?

—No.

—¿Le gusta Victor Hugo?

—Me gusta más *La tristeza de Olimpia* que *Los miserables.* ¡Cómo no me va a gustar Victor Hugo!

—¿Y Roger Martin du Gard? ¿Y *Les Thibault*?

—Sí.

—¿Y Romain Rolland?

—No.

—¿Por qué le fascinó Asia?

—Porque sentí que allá se escribía la historia. Además porque era el otro polo del pensamiento, lo absolutamente desconocido al menos para mí.

—¿Siempre le ha intrigado lo desconocido?

—Me ha atraído, sí.

—¿Y Mao?

—También me llamó la atención, sí.

(Es horrible entrevistar a Malraux con mi escasísimo bagaje.)

—¿Stendhal le gusta a usted?

—Stendhal me es familiar; Stendhal es para mí como entrar en un terreno conocido.

—¿Y Thomas Mann?

—Ése sí, para que usted vea, es un hombre inteligente, un hombre con una clara vocación didáctica, quizá demasiado fuerte para mi gusto.

—¿No le gusta que le enseñen?

—Depende de quién (sonríe).

—¿Cómo nos ve a nosotros los mexicanos?

—¿Cómo no voy a ver con admiración a los descendientes de la extraordinaria civilización maya?

El hombre para el que la revolución no es un juego sino una vocación imperiosa, es ahora ministro de Cultura. Puso a la cabeza de muchas de las instituciones culturales francesas a hombres jóvenes y capaces. Naturalmente, en México el que más nos atrae de todos es el Malraux revolucionario, el inconforme, el de la Resistencia. Nos atrae el hombre que, como Marx y como Nietzsche, es conflictivo y ha sabido escoger las grandes causas.

En 1936, Malraux dio una conferencia en Londres, "La herencia cultural", ante la Asociación Internacional de Escritores por la Defensa de la Cultura. En ella ligó al marxismo con la democracia. Marxismo y democracia movilizan la energía del hombre contra su destino; en cambio, los totalitarismos desembocan en el combate del hombre contra el hombre: "Siempre me ha sorprendido la impotencia de las artes fascistas para representar otra cosa salvo la lucha del hombre contra el hombre, cuando el adversario del hombre no es el hombre sino la tierra. Es en el combate en contra de la tierra donde se establece una de las más fuertes tradiciones de Occidente".

Malraux no ha descubierto todavía un sistema de acción o de pensamiento, pero descubrió el consuelo que puede darle al individuo solitario (él mismo es un solitario) una comunidad a la cual pertenecer. Para él, la fraternidad humana es la más firme y la mejor defensa en contra del destino.

EL PESO DE LOS AÑOS

—Señor Malraux, algo muy impresionante les sucede a los grandes hombres. Sus obras suelen volverse en contra de sí mismos. Por ejemplo, a los sabios

—¡qué dramática situación!—, a Einstein, a Niels Böhr, a Oppenheimer, se les quitó autoridad después de que entregaran sus investigaciones. El gobierno los eliminó para poder manejar su descubrimiento a su antojo. Los científicos hicieron antesala para hablar con los mandatarios y prevenirlos contra el horror de la energía nuclear mal empleada y nadie les hizo caso. Oppenheimer ya no tuvo acceso a los conciliábulos atómicos norteamericanos; Niels Börh ni siquiera pudo pronunciar una palabra en una entrevista que tuvo con Churchill y nunca recibió una respuesta a sus peticiones; Einstein murió sintiéndose culpable. Sólo Roosevelt…

—Mire usted, no podemos ir contra el destino del mundo. No puedo hablarle del poderío atómico; sólo puedo decirle que el destino del mundo se juega en Asia, en el sudeste. No se trata de que los Estados Unidos tengan una política asiática, sino que la política mundial integre a los asiáticos.

"Ahora, en lo personal, tengo fe en los hombres. Siempre la he tenido. Mi obra entera se basa en mi fe en la humanidad. Hay que tratar de darles a los hombres conciencia de la grandeza que ignoran en sí mismos. Eso lo he dicho, lo he escrito, lo repito ahora."

—¿Y usted es un hombre que sufre?

—Todo hombre que piensa, sufre.

—Señor Malraux, por último, dijo usted en *Les noyers de l'Alterburg:* "No se necesitan nueve meses sino sesenta años para hacer un hombre; sesenta años de sacrificio y de voluntad. ¡Y cuando el hombre está hecho, cuando ya no hay en él nada de la infancia ni de la adolescencia, cuando verdaderamente ES un hombre, no sirve más que para morir!"

—¡Atención, atención! ¡Eso no lo digo yo, eso lo dice Girsors, uno de mis personajes!

—Pero usted es todos sus personajes. ¡Mejor dicho, usted es el único personaje de su obra! ¡Usted es André Malraux!

—¿Y quién le ha dicho eso, señorita?

—Todo el mundo lo dice. Usted vive una experiencia y después escribe. Va a China y escribe *La condition humaine;* va a España y escribe *L'espoir;* usted es el preso que ve los rostros de los heridos en las trincheras en 1940 en *Les noyers de l'Altenburg;* usted se ensimisma en el arte y escribe *Les voix du silence.* Algunos dicen que su obra literaria es una extraordinaria biografía.

Sobre su posición religiosa, Malraux habla del anticristianismo heredado de Nietzsche. Malraux predica contra la resignación y la humillación, dos de las más firmes bases del cristianismo. En vez de decir "humildad" Malraux insiste en la palabra "humillación", y recordé su famosa frase: "¡No puede enseñársele a ofrecer la otra mejilla a gente que desde hace dos mil años no recibe más que bofetadas!" Sin embargo, en Malraux es evidente la obsesión de la Biblia y del cristianismo.

(En ese momento se acerca Margarita Nelken y le pregunta por Pepe. Pepe es Bergamín, que se refugió en París.)

—Las cosas van mejor. Todo se arregla.

Margarita Nelken lo abraza. A su lado, Lan Adomian espera su turno. Malraux camina hacia Max Aub, su amigo de siempre, con quien irá a comprar artesanías y a visitar La Lagunilla, antes de tomar el avión de Air France. En la embajada, muchas personas lo miran inquietas: un periodista de Guadalajara insiste en saber qué quiere decir: "Salud, rey de Francia"; Raquel Tibol quisiera que el ministro de la Cultura se extendiera sobre la Tricontinental y el significado político de la gran exposición de arte maya.

René Tirado Fuentes le entrega un pergamino de la Asociación Mexicana de Periodistas; Héctor García, una foto tomada en París cuando México expuso a José Guadalupe Posada. Un joven alto y flaco, Patrick Petit, que acaba de terminar una película sobre el arte maya, quiere mostrársela allá en París. Y de pronto le sale a Malraux lo ministro y lo francés: "Somos los herederos de la nobleza del mundo". Se enoja un poco cuando le hablan del imperialismo francés. "¿Qué no liberamos a Argel? Yo mismo fui a proclamar la independencia de ocho estados africanos." Muchos de los asistentes lo acosan y, sin embargo, hombres del calibre de Leopoldo Méndez —que le ha llevado los libros, increíblemente fértiles, de *José Guadalupe Posada*, de *Flor y canto del arte prehispánico*, de la *Pintura mural mexicana*— permanecen arrinconados. Su voz es la del silencio. Pero, ¿por qué no oyó Malraux, entre tanto brindis con vasos de whisky, tanta charola escurridiza, tanta pregunta y respuesta, tanto barullo, la voz modesta, profunda, madura y auténtica, la que realmente hubiera podido decirle algo, la de Leopoldo Méndez?

MAX AUB HABLA DE MALRAUX

El Malraux de Max Aub es el de la Guerra Civil española, el de *L'espoir,* el de la Resistencia, el que voló desde París para bombardear la estación de Córdoba. Juntos vivieron la guerra de 1936 a 1939 y filmaron la película *L'espoir.*

—"Vamos a hacer *L'espoir* en cine", me dijo Malraux en 1938, "y quiero que lo filmes conmigo". "¡No entiendo una palabra de cine!" "Ni yo tampoco", contestó, lo cual no era cierto, porque él trabajó con Eisenstein. Hicimos la película y en 1944 le dieron el Premio Internacional de Cine Francés, y eso que sólo veíamos lo que habíamos filmado ocho días después, porque la película se mandaba a revelar a París.

—¿Por qué no en España?

—Porque lo impedían los apagones causados por los bombardeos. La película es un primitivo del cine. Hay una inmovilidad muy grande, un hieratismo producto de la ignorancia que Malraux y yo teníamos del cine. Aunque es una película de cine-club, para mí filmarla fue una experiencia extraordinaria. Un día que volábamos en un destartalado Potez en el que, en vez de una ametralladora, teníamos una cámara para tomar vistas aéreas, a la altura de Manresa nos atacaron tres Messerschmitts. Dimos la media vuelta. Malraux, entretanto, recitaba a Corneille.

La definición de la obra de Malraux puede hallarse en una de sus frases: "Tratar de darle conciencia a los hombres de la grandeza que ignoran en sí mismos".

Para Gisèle Halimi
la lucha feminista es global

La abogada Gisèle Halimi es conocida en Francia como una mujer de comba-te. Ganadora de célebres juicios, denunció a los torturadores franceses duran-te la guerra de Argel y escribió un libro que le dio fama internacional sobre una muchacha violada por los paracaidistas franceses: *La guerrillera Djamila Boupacha.*

Después de viajar a Vietnam, formó parte del Tribunal Russell contra la guerra estadunidense en Vietnam y luchó a favor del aborto libre en Francia. Gran amiga de Simone de Beauvoir y Jean-Paul Sartre —su esposo, Claude Faux, era su secretario—, Gisèle Halimi tuvo el honor de que cada quien le prologara uno de sus libros.

—¿Es cierto que el gobierno de Valéry Giscard D'Estaing le ofreció a us-ted, mujer de izquierda, un puesto al frente de una organización de derechos de la mujer?

—Se habló mucho de ello en la prensa francesa, pero recuerde que hice campaña por Mitterrand. En cambio a Françoise Giroud, editorialista de *L'Express,* sí se lo ofrecieron oficialmente, pero ella está menos comprometida políticamente que yo, aunque también votó por Mitterrand. Ambos candidatos hablaron de un "Secretariado de la Condición Femenina" y no sé si existe aún. Algunas feministas están en contra de él.

UN ACTO IGNOMINIOSO

—Escribir sobre Djamila Boupacha tampoco fue un azar. Djamila es ahora una mujer casada y con tres hijos. Fue una heroína argelina que luchó durante la guerra hasta que los paracaidistas franceses la violaron en un acto ignominioso del cual nunca se repuso.

"Las argelinas en la lucha por la independencia fueron, como los mejores hombres, formidables combatientes, y lo curioso es que mientras duró la lucha, los hombres las trataron como hermanas, pero al terminar la guerra las enviaron a su casa y por poco y les piden que se cubrieran de nuevo el rostro. Por eso le digo que no concibo el feminismo como una lucha marginal, sino en contra de todas las discriminaciones. Quiero demostrar que una mujer puede ser tan buena o tan mala como cualquier hombre.

"Por mis litigios, viajo continuamente. Fui a África para defender a cuatro maestros franceses ante la Corte Revolucionaria del Congo, pero quiero decirle que mi lucha feminista es global. Pienso que las mujeres deben estar en Burgos, en Argel, en Vietnam (cuando lo visité 80% de su economía dependía de las mujeres), en todos los frentes. El mundo no es monopolio del hombre.

"Mi matrimonio no ha sido sencillo. Nos hemos separado y reconciliado, tenemos tres hijos, pero lo importante a lo largo de estos 18 años es que él acepta mi lucha feminista y hasta la comparte y sentimos una enorme amistad el uno por el otro."

EN MÉXICO, ME INTERESARON LAS JÓVENES

—¿Cómo vio usted, Gisèle, el feminismo mexicano a través de sus conferencias y mesas redondas en la UNAM?

—Me atrajeron las más jóvenes porque están llamadas a relevarnos. Tienen entre 18 y 20 años y en este momento escogen su carrera y también su lucha y la forma que le darán a su vida. Asimismo, conocí a mujeres que se autonombran feministas y no tienen la menor idea de lo que significa; sólo buscan ocupar un puesto, llamar la atención; en fin, poco me importa, pero hago pública mi crítica porque una mujer habló de mi libro *La causa de las mujeres* y me aterró la forma en que trastocó mis ideas.

"Las universitarias, en cambio, me pidieron que les contara mi experiencia para poder explicarse la opresión en la que viven y de la que apenas son conscientes. En los países latinoamericanos, la represión es mayor porque no sólo existen tabúes culturales y económicos sino religiosos. Creo que la solidaridad internacional de las mujeres es indispensable y uno de mis proyectos es trabajar unida al grupo feminista de Marta Lamas —una mujer extraordinaria— porque creo que hay ideas y fuerzas en el feminismo que son iguales en todos los países. No debe cometerse el error de pensar que la estrategia y táctica de la lucha feminista es la misma en la ciudad de México que en Nueva York. Por ejemplo, cuando hice mi encuesta para el Tribunal Russell encontré hasta en medios oficiales de Washington los testimonios que necesitaba para condenar la guerra de Vietnam. La fuerza pública del país es tan grande que pone al alcance de los ciudadanos todos los elementos de condena y esto no sucede en Francia ni en ningún otro país."

SOY PRESIDENTA DEL GRUPO CHOISIR

—Creo que en todos los momentos de paroxismo histórico —como pueden serlo las guerras y las grandes convulsiones—, las mujeres luchan junto a los hombres y son tan buenas combatientes como ellos. ¡Vuelva usted la vista a Vietnam para ver qué tipo de soldado maravilloso ha sido la mujer!

"La lucha feminista en la actualidad debe ser global, abarcar las contiendas de los hombres y reivindicar derechos feministas en causas muy precisas y a través de asociaciones específicamente feministas. Hubo un movimiento político en Francia para que yo, Gisèle Halimi, me presentara como candidata a las elecciones presidenciales y dudé mucho porque el grupo Choisir (Escoger), que pretendía postularme, al igual que yo, no estaba preparado. Por eso, aunque obtuviera un número considerable de votos, no me habría convenido llegar al poder. La que tuvo un número de votos mayor que yo fue la trotskista Arlette Laguillier, y su triunfo dio por primera vez a la izquierda francesa una posibilidad de ganar. Mi postulación le habría quitado votos a Mitterrand y quise que los votos convergieran en un solo candidato.

"Hice una campaña muy original con un programa feminista que difundieron todos los periódicos. Escogí la discriminación, el aborto, los anticonceptivos, el lugar de la mujer en las luchas de liberación y obtuve un gran triunfo. ¡Nunca antes se había hecho una campaña de esa envergadura a favor de la mujer! Resultó histórica.

"'Si le pido que sea candidata no es para que usted cambie, sino para que siga siendo lo que es', me dijo Mitterrand cuando me pidió que fuera candidata a las elecciones presidenciales. Después decidí no postularme porque el grupo Choisir, que presido junto a Simone de Beauvoir, pensó que la izquierda francesa no debía dividirse."

EN FRANCIA, LAS MUJERES SON MÁS VIEJAS QUE LOS HOMBRES: POR ESO SON CONSERVADORAS

—Señora Halimi, ¿por qué cree usted que la izquierda perdió en Francia? ¿Francia es reaccionaria?

—No, la izquierda perdió con un mínimo de 300 000 votos; en Francia estamos divididos en dos partidos, 50 y 50% y un margen de 300 000 votos no es nada. Creo que la izquierda perdió porque Mitterrand se equivocó al subestimar la fuerza femenina. Como la mayoría de los hombres, Mitterrand no conoce a fondo los problemas de las mujeres ni sabe dirigirse a ellas.

—¿Por qué razón votaron las mujeres por Giscard D'Estaing?

—Habría que hacer un análisis sociológico y psicosocial; pero en Francia, las mujeres son más viejas que los hombres y, por lo general, entre más viejo se es, más conservador. Hay en Francia cuatro millones de mujeres solas; estar en esa condición es tenerle miedo al mañana y la inseguridad lo vuelve a uno cauteloso.

"Las que se lanzan a la política se equivocan si creen que deben recurrir a los mismos términos del marxismo desgastado que conozco bien y ya no surte efecto. Justamente el éxito del movimiento Choisir en Francia proviene de su nuevo discurso. En ese movimiento hay 70% de mujeres que jamás pertenecieron a partido alguno y en la actualidad contamos con 12 000 miembros.

"Somos 16 en puestos dirigentes, pero el movimiento es mixto aunque decidimos que toda la dirección debía ser femenina. Fui la fundadora de Choisir, y a la primera presidenta, Simone de Beauvoir, le advertí: 'Usted será presidenta, Castor (así le dicen sus amigos a Simone de Beauvoir), y así demostraremos que no sólo somos un movimiento político, sino feminista'.

"Hubo elecciones y los tres presidentes fueron: Michelle Chevalier, el profesor Jacques Monod, Premio Nobel de Medicina, y yo. No hay una ciudad de Francia en la que no hayamos cumplido funciones políticas y sindicales."

EN SUECIA EL ABORTO ES LEGAL

—Defendí a Michelle Chevalier, acusada de practicar abortos. Fui a Suecia porque el gobierno socialista legalizó el aborto y me invitó. Incluso las conservadoras dijeron que las libertades individuales no eran sólo para los hombres y que las mujeres podían decidir sobre su cuerpo.

—¿Usted cree que las mujeres tienen tendencia a solidarizarse con las demás mujeres?

—Sí, y voy a darle un ejemplo. La noche de las elecciones presidenciales en Francia, cuando anunciaron que Giscard D'Éstaing había ganado, vi a muchas burguesas aplaudir. Yo estaba triste, claro está, y cuando ellas me reconocieron, se acercaron: "Si usted se presenta, habríamos votado por usted".

"Si queremos cambiar a los hombres, debemos luchar desde adentro, con nuestros propios valores, nuestros programas feministas, pensando siempre en nuestras compañeras.

"Por más éxitos personales que obtengamos, es imposible perder conciencia de nuestra opresión. Ése es el feminismo bien entendido.

"Debemos crear una estructura femenina en la que las mujeres se sometan a una especie de pedagogía de la política y de la libertad, una dinámica feminista. Que se enseñen a ponerle fin al subdesarrollo, que aprendan a hablar porque no suelen hacerlo. Cuando las mujeres están solas y participan en una discusión de altura, y esto lo hemos comentado Susan Sontag y yo, es extraordinario lo bien que hablan; pero cuando lo hacen junto a los hombres, se inhiben.

—En México, Gisèle, hubo movimientos universitarios en los que la participación de las jóvenes fue considerable, pero a pesar de su actitud generosa, su papel fue secundario. Por ejemplo, en el movimiento estudiantil de 1968, las muchachas hacían tortas, servían café, repartían volantes y su labor conserva la impronta del quehacer doméstico.

—Lo mismo sucede en Francia. Se dice que las mujeres somos incapaces de pasar de lo particular a lo general, y esto es verdad, porque estamos en posición de inferioridad, no tenemos equipo, nuestro bagaje político es pobre.

Por eso pienso que uno de los objetivos fundamentales del feminismo debe ser la independencia económica de la mujer porque a partir de ella puede ganarse el respeto de los demás.

"Demasiado acostumbrada a vivir en un mundo injusto, la mujer ignora sus posibilidades. ¿Por qué se hacen sacrificios para que el hijo haga una carrera y a la hija no se le ofrece más salida que la del matrimonio? ¿Por qué el mundo se le abre al hombre y a la mujer no?

"En Túnez, durante mi niñez y mi pubertad fui educada para ser 'mujer objeto'. Debíamos esconder nuestra menstruación, considerada una enfermedad. Mi padre tenía derecho a enojarse, a gritar; mi madre nunca, era una esclava; y nosotras, las hijas, floreros.

"Lo que más me llamó la atención durante mi adolescencia fue la división del mundo en dos partes: los que colonizan (los franceses) y los que son colonizados (los tunecinos), los ricos y los pobres, los hombres y las mujeres, los opresores y los oprimidos. Me repetí obsesivamente noche tras noche: 'Esto no es posible'. Mi rebelión fue muy violenta, mi madre me consideró loca, fui una niña precoz y antes que participar en las tareas domésticas prefería morir de hambre. La base de mi compromiso político es mi indignación ante un mundo tan injusto. Con grandes esfuerzos hice mi carrera de abogada y por eso, hoy en día, soy una abogada política y participo en causas sociales."

EL FEMINISMO CAMBIA LA MENTALIDAD

—Las batallas feministas implican un cambio no sólo de estructuras jurídicas y económicas sino de mentalidad. Se trata de una verdadera revolución cultural, sobre todo en el mundo judeocristiano de Francia, Italia, España y de los países latinoamericanos donde el peso de la Iglesia es mortal.

—Si las mujeres sólo pueden conseguir su independencia económica a través del trabajo, ¿cómo puede pedírsele a una mujer de escasos recursos que salga a buscar empleo?

—Es evidente que para este tipo de mujeres la lucha será más dura. Sin embargo, bastarse a sí misma es la única forma de salir de la opresión, porque al trabajar, a la mujer se le abre un mundo distinto al del hogar: el mundo real. La mujer sola en su casa se vuelve esquizofrénica.

Alice Rahon

La voz de Alice Rahon se esconde en las habitaciones y de repente se cuelga de un rayo de luz. Roza apenas las cosas con una ternura de paloma cautiva y a veces tiene inflexiones de campana catedralicia, grave, profunda y apacible.

Alice Rahon escribió una vez: "La colombe a la robe usée de captivité" (La paloma con su vestido gastado por el cautiverio), y tal parece que se describió a sí misma.

En su casa de San Ángel, llena de flores y de colores, Alice Rahon parece una paloma en una jaula de juncos. Acababa de bañar a su perra Julie, un acontecimiento quincenal de máxima importancia, tanto para la perra como para su ama. Después me enseñó su casa de naranjas y de duraznos, dorada y luminosa como el aire de México. Fuimos a su estudio que huele a pintura y vi los cuadros que prepara para su exposición en la Galería de Antonio Souza. Los temas de su pintura son los gatos, pero no los gatos de Colette o los gatos de la vida real, ni tampoco gatos literarios o gatos metafísicos, sino gatos interiores, los que tenemos adentro, los gatos del alma. Está el gato de *La ronda, El crepúsculo de los gatos, La gata escarcha, La clarividente* y un gato solar y dorado, poético y lleno de magia que lleva el nombre de *La alborada del gato*.

Alice se sienta en una mecedora y habla. Trae puesto un pareo y con su pelo negro sobre los hombros recuerda a una tahitiana. Con sus dedos teje invisibles imágenes en el aire y tengo la impresión de estar frente a una bruja y una niña a la vez, una Alicia en el país de las maravillas, una criatura capaz de atravesar los espejos y encandilar a la reina de barajas.

—México es el país de los pintores. Lo amo porque aquí me hice pintora, encontré mi expresión propia. Cuando fui a Europa hace dos o tres años, me di cuenta de lo que México significa para mí. Europa me pareció pequeña, cabe dentro de la esencia humana. Los países que conocimos anteriormente Wolfgang Paalen y yo tienen dimensiones humanas y podemos comprenderlos. Aquí los límites son sobrehumanos y los espacios casi incomprensibles. México debe ser juzgado en la escala de los dioses y no en la de los hombres. Aquí todo tiene tendencia a volverse eterno. ¡Estos inmensos paisajes, estos espacios interminables y, sobre todo, esta luz increíble! Mil Cumbres se parece al Himalaya y tiene mucho en común con la India.

Alice Rahon se vuelve hacia mí. La luz del valle le ha incendiado los ojos, esos rayos crudos, desnudos y despiadados que se dan contra las piedras y los perfiles de cemento, que agudizan las espinas de cacto y se clavan en la retina como una espada interminable. A raudales brota la luz de su pintura. En sus ciudades nocturnas, en su homenaje a Frida Kahlo, los recuerdos son una procesión de puntos de luz concentrada, luz que viene de adentro, lista para estallar y salirse del cuadro.

Max Pol Fouchet dijo que Alice Rahon pinta con arena, porque la arena es el polvo de la infancia. Yo creo más bien que todo lo teje con luz, a veces desbocada y fogosa como un caballo loco e incendiado, a veces con la mansedumbre del último rayo de la tarde.

—El otro día hablaba yo con Carlos Fuentes. Me dijo que México es el país del fracaso. No lo pienso. Es el país de la más grande conquista espiritual. La gente no se da cuenta de lo joven que es México. Hay que vivir aquí y esperar porque es el país de los máximos acontecimientos sobre la tierra. Quiero repetirlo una segunda vez: amo a México porque aquí me encontré a mí misma y me hice pintora.

"Para mí hubo otra influencia decisiva, además de mi vida mexicana: el viaje a la India en 1936. No he visto nada más bello como modo de vida, como ascensión del espíritu, como renuncia, como vuelta a las fuentes, como originalidad, como olvido de uno mismo. En mis cuadros pueden verse las dos tendencias que confluyen como dos ríos: México y la India."

—¿Pinta usted a partir del impacto que le causa determinado país?

—Pintar es intentar dar un testimonio de lo que veo, ser un espejo que comunique el amor y la admiración que siento por la belleza del mundo. Vivimos en una época en la que no hay tiempo para la contemplación. Si por momentos el público olvida sus prejuicios y se deshace de su corsé mental, gozará de lo que hago, pero en general nos falta valor para ejercer nuestra libertad.

"Me identifico mucho con Frida Kahlo, porque además de admirar su pintura, yo también sufrí de parálisis y permanecí hospitalizada por una pierna en Francia. Al igual que ella, mi padre me dio colores para entretenerme y al igual que ella participé en la Exposición Internacional del Surrealismo en 1940. Al igual que ella escribo y he publicado ya tres poemarios. Me pregunto si ella piensa en la salamandra como yo.

"El ritmo de la vida actual niega el principio primordial de la pintura: la contemplación. El contenido emocional del cuadro no se puede percibir sin la contemplación que despierta en cada uno de nosotros la nostalgia de lo maravilloso."

—¿Qué es lo maravilloso?

—Es la gran conquista de la infancia de la que nos apartan los conceptos racionales de la educación.

Marcel Bataillon   •

De tanto amar lo español, a Marcel Bataillon se le hizo un rostro de El Greco. Alto y escuálido, los ojos muy hundidos dentro de sus cuencas, las manos larguísimas, el pelo blanco, Marcel Bataillon sale del *Entierro del conde de Orgaz* para entrar al *Espolio* y extender los brazos en el *Martirio de San Mauricio*. Si alguien conoce el secreto de Toledo, debe ser Bataillon, El Greco viviente, hoy sentado frente a su escritorio del Colegio de Francia.

Así como los amigos de El Greco fueron los más célebres humanistas toledanos —Lope de Vega, Tirso de Molina, Cervantes, Juan de Ávila, Góngora—, Marcel Bataillon habla con Cervantes y con Petrarca (el primer humanista), con Homero, con Eurípides, con santa Teresa de Ávila y san Juan de la Cruz, pero sobre todo con Erasmo.

En el Colegio de Francia se respira una atmósfera distinta. Varias capas de aire lo separan del resto de París. Sentí que no sabía yo nada y todo mi bagaje era burdo e improvisado. Junto a Marcel Bataillon, los mortales somos comunes y corrientes, un Sancho Panza cualquiera sin la sabiduría del escudero. Me senté frente a Bataillon con una gran panza de ignorancia.

—¿Y el Quijote, señor Bataillon?

—No. Yo escribí un trabajo sobre Erasmo y España.

—¿Y su último libro?

—Es un trabajo sobre *La Celestina* de Fernando de Rojas.

México —a través de su embajador en París, el doctor Ignacio Morones Prieto— entregó el Águila Azteca a cuatro notables franceses: Marcel Bataillon, hispanista y americanista, hoy administrador del Collège de France; Roger Heim, director del Museum (Museo de Historia Natural), por sus investigaciones en el campo de la ciencia al estudiar la psilocybina, proveniente de un hongo alucinógeno; al profesor Mialaret, y al doctor Guy Stresser-Péan, quien ha pasado los mejores años de su vida descubriendo los tesoros arqueológicos de la Huasteca. El Águila Azteca se otorga como una muestra de agradecimiento y de afecto por la obra a favor de México.

En la embajada (9 Rue de Longchamp), y ante mexicanos y franceses, Marcel Bataillon explicó que el agradecido era él. "Si soy americanista es gracias a México y a don Alfonso Reyes, quien en 1948 me invitó a dar conferencias en El Colegio de México sobre literatura hispanista."

1949, EN MÉXICO

—Señor Bataillon, ¿cómo es posible que haya descubierto a América Latina tan tarde?

—También fue Alfonso Reyes, quien en 1948 le notificó al rector de la Universidad de Lima, Luis Alberto Sánchez, mi presencia en México. A su vez, Sánchez les avisó a los colombianos, y los colombianos a los venezolanos, y así se organizó mi primer viaje por América Latina. Diez años después, en 1958, al enterarse don Alfonso de mis estudios sobre *La Celestina*, de Fernando de Rojas, me invitó a dar otra serie de conferencias en El Colegio de México. Entre tanto había yo viajado a Perú, Chile, Brasil e, incluso, en 1957, fui a Puerto Rico, que a pesar de ser "Estado asociado", es también América Latina.

—¿No lo absorben los Estados Unidos?

—¡Quiéranlo o no, Puerto Rico es América Latina! En 1956, fui a Río de Janeiro y a Bahía, y en 1962 viajé a Uruguay y a Argentina. Le debo a Alfonso Reyes el descubrimiento de América Latina.

—Bueno, pero vayamos por partes. ¿Por qué es usted hispanista? ¿Tiene alguna ascendencia española?

—Absolutamente ninguna. Soy francés.

—¿Cómo, entonces, fue a dar a las letras españolas?

—Por pura casualidad. En 1915, durante la primera Guerra Mundial, estaba yo en Dijon, mi ciudad natal, convaleciente de una pleuresía que había interrumpido mi primer año de Normal Superior…

—¿Cuántos años tenía?

—Veinte. Entonces recibí una carta de Pierre Paris, el fundador de la Casa de Velázquez en Madrid (análoga a las escuelas de investigación para historiadores y arqueólogos, existentes en Atenas y Roma), y como debido a la guerra había una gran escasez de jóvenes preguntaba "si no habría un normalista disponible para trabajar en España". Me dijo que el clima de España me sentaría bien y me ofreció una beca para estudiar en Madrid y en Sevilla de 1915 a 1916. Salí sin saber una sola palabra de español. Morel-Fatio se encargó de indicarme el tema a tratar. Yo había hecho estudios clásicos (grecolatinos) y Morel-Fatio me indicó que valía la pena investigar a humanistas de la época de Carlos V. "Esto no lo alejará a usted mucho del latín y del griego, y si no le interesa no habrá perdido su tiempo."

—¿Y así nació *Erasmo y España,* que publicó en México nuestro Fondo de Cultura Económica?

—¡Espérese usted un momento! En 1915, viajé a España con una beca para estudiar el humanismo de la época de Carlos V. Me gustó tanto, que después de la guerra (fui movilizado de 1917 a 1918) me presenté al Concurso de Agregación de Letras Clásicas y al de Agregación de Español. Fui *Agrégé d'Espagnol.* ¡Como lo ve usted, soy un hispanista improvisado!

—¿Y *Erasmo y España*?

—Trabajé en *Erasmo y España* durante 15 años.

—Pero, ¿por qué escogió a Erasmo?

—Porque me salió al paso el erasmista Juan de Vergara, cuyo proceso inquisitorial me apasionó.

—¿Qué significado tuvo Erasmo para los españoles del siglo XVI?

—El llamado erasmismo español fue ante todo una reforma del sentimiento religioso.

—¡Ay, señor Bataillon, sus respuestas son de un estudioso a otro y yo no sé nada! ¡Contesta usted desde la estratosfera, como un místico!

—Bueno, pregúnteme lo que sigue.

—Un religioso puede ser humanista pero un humanista no es necesariamente religioso, ¿o sí? ¿Usted es religioso?

—Soy católico de nacimiento, aunque educado sin práctica religiosa. Uno de mis maestros de Dijon despertó en mí gran interés por los orígenes del cristianismo y por el papel de san Pablo, fundamental en la religión erasmiana.

—¿Fue cristiano el humanismo del siglo XVI?

—Esta pregunta exige una respuesta muy larga. ¿Cuál es su siguiente pregunta?

—Bueno, había yo preparado una pregunta sobre el Collège de France, que usted dirige.

—¿Cuál es?

—Al Collège de France lo llaman "La Ciudadela del Humanismo". ¿Tiene esto algo que ver con sus orígenes?

—Vamos a juntar las dos preguntas. Efectivamente, el Colegio de Francia nació en 1530, por influjo del famoso Guillaume Bidet, cuyo libro más notable se tituló *Del paso del helenismo al cristianismo,* y los primeros lectores de Francisco I fueron profesores de griego y hebreo, o sea, de las lenguas del Viejo y del Nuevo Testamento. Los colegios trilingües nacían para el estudio de la Biblia, de los Padres de la Iglesia y también de los filósofos antiguos considerados en parte como preparación para el cristianismo; pero desde luego, el humanismo del Colegio de Francia se ensanchó en los siglos posteriores a los dominios del orientalismo desde China hasta Egipto, y de allí que pueda decirse que nació un humanismo más universal que el puramente grecolatino de la antigüedad clásica.

DON ALFONSO REYES

—He oído decir en México que "don Alfonso Reyes era un gran humanista" pero siento que esto se machaca para no decir que don Alfonso Reyes era un gran escritor. ¿Qué opina al respecto?

—Yo creo que a Alfonso Reyes lo han llamado humanista en buena parte por la universalidad de su espíritu, al cual nada humano era ajeno, pero también porque en el siglo xx son pocos los hispanoamericanos que dominan la cultura latina, y sobre todo la helénica. Por la índole de sus enseñanzas lo calificaban de humanista en el sentido tradicional de la palabra aplicable a sus obras memorables como su *Ifigenia cruel* y su traducción de Homero. Pero su infinita curiosidad y simpatía humana marca su obra como humanista en el sentido amplio.

—¿Y usted cómo conoció a Alfonso Reyes?

—En Madrid, en 1919. Lo quise mucho porque desde el primer contacto se portó conmigo como un hermano mayor. En 1937, cuando se publicó *Erasmo y España,* me llamó. Después vino la separación de la guerra. Más tarde fui a México. Todavía en 1958, tuve la alegría de tratarlo en su último momento de vigor. Dirigía El Colegio de México Daniel Cosío Villegas, pero seguía siendo el mentor de esa institución, y nos veíamos mucho en el propio colegio. Al salir, a la hora de comer, parecía un joven. Esperaba un taxi en la esquina y si no llegaba se subía a un autobús como si nada. ¡Tuve la impresión de que ese hombre podría durar 100 años! En aquellos meses le hablaba de mis trabajos sobre Gutiérrez de Santa Clara, mexicano mestizo, autor de *Las guerras civiles del Perú*, obra muy extensa, inédita hasta el siglo xx, publicada en seis tomos.

GUTIÉRREZ DE SANTA CLARA, AUTOR MEXICANO DEL SIGLO XVI, DESCUBIERTO POR BATAILLON

—Así como lo hizo Galdós, que le dio forma autobiográfica a algunos de sus *Episodios nacionales*, Pedro Gutiérrez de Santa Clara quiso dar a entender que tomó parte en la guerra pizarrista, pero estoy seguro de que el mexicano no salió nunca de la Nueva España. Pero si no fue al Perú, utilizó mucha documentación impresa o inédita. Su actitud es más interesante aún cuando se piensa que Pedro fue uno de los muchos hijos ilegítimos de Bernardino de Santa Clara, compañero de Hernán Cortés. Al final de su obra, firma: "Pedro Gutiérrez de Santa Clara", con las iniciales de las estrofas de un largo poema. En la estrofa que lo remata y da acrósticos de sus ocho versos añade la palabra "mexicano".

—¿Santa Clara era entonces mestizo?

—Sí.

—¿Y en México conocen a este historiador antiguo, por lo visto bastante original?

—Muy poco. Los mexicanos lo abandonaron al Perú.

—¿Por qué lo cedieron?

—Por falta de interés. Pero yo defiendo la tesis de que Gutiérrez de Santa Clara fue uno de los primeros grandes escritores mexicanos, ya que practicó la historia novelada, cuando apenas empezaban las letras en la Nueva España. Ahora, en la *Nueva Revista de Filología Hispánica* de El Colegio de México se va a publicar un artículo que titulé: "Gutiérrez de Santa Clara, escritor mexicano", en el que procuro sacar de su obra todos los detalles que lo revelan como mexicano a pesar de que los mexicanos, hasta la actualidad, no se interesan por él.

—¿Es de veras un historiador muy importante?

—Sí, muy importante.

LOS PAÍSES LATINOAMERICANOS SE ENORGULLECEN DE SER LO QUE SON

El Collège de France es un edificio antiquísimo, ennegrecido por el tiempo. Para llegar al despacho de Marcel Bataillon se sube por un elevador titubeante, especie de confesionario aéreo, que no ofrece mayor garantía que la de mandarnos al cielo antes de lo previsto. Marcel Bataillon también parece transitar en otro mundo, espíritu puro, a pan y agua, su piel muy delgada y pálida lo envuelve como una cubierta demasiado frágil. Parece un cirio o una hostia. En todo caso no puede uno acercársele sin un gran respeto.

—¿Podríamos hablar del presente?

—Sí. ¡Claro!

—¿Cómo se explica el interés de los países de Europa por Latinoamérica?

—Los países siempre se dejan guiar por las evidencias del mundo. Cuando yo estudié, América Latina era espiritualmente una colonia de Europa. Cada país de América Latina conquistó su autonomía.

—¿Hay un interés profundo de cada país por descubrirse a sí mismo y recobrarse?

—Me parece que sí. Por lo que se refiere a México, piense usted en una obra como *El laberinto de la soledad,* de Octavio Paz, y en la colección del doctor Leopoldo Zea, *México y lo mexicano.*

—¿Los países de Latinoamérica se enorgullecen de ser lo que son y ya no quieren ser colonias europeas?

—Sí. Argentina...

—Eso es. Argentina es de lo más afrancesada. ¿O no? Victoria Ocampo, la directora de *Sur,* habla tres palabras en francés y dos en español.

—Yo no diría eso —sonríe.

—Bueno, pero ¿cree usted que todavía hay influencia francesa en Latinoamérica?

—Fue muy grande en el siglo xix, en parte por reacción contra España, de quien se había separado. Los latinoamericanos se nutrieron de la cultura francesa hasta la segunda Guerra Mundial.

—Pero hoy ha disminuido esa influencia.

—Creo que el cambio se debe a dos factores evidentes: uno de ellos es el crecimiento cultural de los Estados Unidos, que hace cincuenta años no existía. Hoy en los Estados Unidos se juntan la actividad cultural y los medios económicos e inician una colonización cultural del nuevo mundo. Recuerdo que esto atemorizaba a Alfonso Reyes, y me dijo en varias ocasiones que la influencia francesa era un buen contrapeso a la inevitable influencia de los Estados Unidos. El otro factor del que hablaba proviene de la misma transformación social de los países hispanoamericanos. Antes sólo una minoría de privilegiados contaba en el país. Se educaban con institutrices francesas y estudiaban en Francia. Gracias a esta corriente, Francia influía en Latinoamérica sin esfuerzo y puede afirmarse que los latinoamericanos sabían el francés de nacimiento. Hoy, los jóvenes que así lo desean estudian francés en los institutos y en la Alianza Francesa, pero les parece más lógico aprender inglés, y Francia tiene que hacer un gran esfuerzo para impartir su idioma en el continente americano. ¡No somos los únicos! También los italianos, los alemanes y hasta los ingleses buscan jalar a los jóvenes.

—Latinoamérica es una magnífica presa cultural. ¡Todos quieren ejercer su influencia! Antes, los franceses se sentían los amos del mundo, ¿verdad?

—¡Ve usted! La situación ya no es la misma.

—Sin embargo, ahora los europeos le reconocen grandes méritos a la literatura autóctona, a la música, a los usos y costumbres del país que conserva su cultura propia. Se dice, por ejemplo, que Argentina es europeizante porque no hay indios.

—Eso de que no hay indios es inexacto. En Tucumán y en Mendoza hay indios pero es evidente que la población moderna de Argentina fue europea y que Argentina se ha distinguido por su vinculación —algunos dicen esclavización— con Europa. Desde luego, un autor como Jorge Luis Borges, que es uno de los grandes escritores de nuestra época, no tiene nada específicamente americano. Y Victoria Ocampo no lo tiene tampoco. No veo en ellos nada, pero nada americano. Lo cual no impide que haya argentinos que escriban novelas argentinas.

—¿Piensa usted en *Don Segundo Sombra* de Ricardo Güiraldes?

—Pienso en Julio Cortázar, que escribe una novela muy porteña y sabrosa, *Los premios,* traducida al francés por una de mis nueras.

—A Alfonso Reyes también lo acusaron de europeizante.

—Bueno, creo que Alfonso Reyes era muy europeo. Algunos de sus libros se imprimieron en Holanda. Ahora, sí es cierto que a los franceses les interesa hoy lo que tiene sabor americano, y la única obra de don Alfonso traducida al francés, por tener ese sabor, es su incomparable *Visión de Anáhuac.*

—¿Ser europeizante es un defecto?

—No, simplemente una circunstancia. Reyes merecería traducirse.

—Señor Bataillon, a propósito de España, dice doña Eulalia Guzmán que lo peor que pudo sucedernos fue el advenimiento de Hernán Cortés. Doña Eulalia dice que Cortés sólo relató en sus cartas lo que le convenía y que por lo tanto las *Cartas de relación* están acribilladas de falsedades.

—Doña Eulalia hizo un muy buen trabajo en las *Cartas de relación,* pero me resulta difícil opinar. No soy indigenista, y no puedo hablar superficialmente.

—¿Nunca opina usted sobre lo que no sabe?

—Nunca. Hay temas sobre los cuales sería ridículo opinar. Me limito a admirar.

Admiro la prudencia y humildad de Marcel Bataillon. ¡Se aleja de la pretensión francesa de saber y decirlo todo!

LOS NUEVOS AMERICANISTAS

—¿Hay jóvenes franceses que estudien algún tema mexicano?

—Precisamente Jacques Lafaye prepara una tesis doctoral sobre el mito de Quetzalcóatl en la literatura de los misioneros del siglo XVIII.

—Quisiera preguntarle acerca de nuestros investigadores. Algunos jóvenes filósofos, historiadores y ensayistas mexicanos no sólo se disciplinan en Europa, sino que trabajan sobre temas europeos. Hace una semana encontré en Praga al filósofo Luis Villoro, quien trabaja sobre Descartes.

—Conozco algo de lo que ha hecho Villoro, sus *Etapas del indigenismo* y su libro sobre el liberalismo y la Independencia, ¡éstos sí son libros sobre México!

—¿Latinoamérica ha dado grandes americanistas?

—¡Naturalmente! Allí están Arciniegas, Picón Salas y Ezequiel Martínez Estrada.

—A su juicio, ¿cuáles son los más destacados en la actualidad?

—Creo que el historiador Silvio Zavala tiene una gran influencia en las empresas panamericanas de geografía e historia. Mariano Picón Salas es un ensayista muy bueno. Lo que ha hecho en la colección Tierra Firme, *De la Conquista a la Independencia,* es hoy un clásico y su resonancia es sólida, duradera. Su obra es muy inteligente; su panorama de la geografía humana de Venezuela que leí hace años en *Cuadernos Americanos* es excelente también. Tiene un gran sentido histórico. Le voy a contar una anécdota: antes de conocer a Picón Salas vestí su toga de profesor. Me hicieron un homenaje en Caracas, en el Paraninfo de la Universidad, y cuando supieron que yo no tenía toga, los venezolanos se preocuparon. (Se la regalé al vestuario de la universidad cuando dejé de ser profesor de La Sorbona.) Así que me dijeron: "Le vamos a prestar la de Mariano Picón Salas, que es de su altura y le sentará muy bien". Es así como vestí la toga de Picón Salas antes siquiera de conocerlo.

—¿Y Germán Arciniegas?

—Me acaba de enviar su último libro. Tenía ya seis o siete en mi librero. El último es una bonita galería de mujeres americanas de la Conquista y de la época colonial.

De pronto, el maestro Bataillon se incorpora y abre unas puertas de madera. Allí detrás, sobre unas repisas, se levanta en libros toda Latinoamérica. Bataillon toma uno entre sus manos, *Los pasos perdidos,* de Alejo Carpentier, dedicado especialmente para él.

—Sabe usted, señorita, el traductor de Carpentier al francés, Durand, fue mi alumno en la Facultad de Letras de Argel, donde enseñé durante ocho años. Fue mi primer puesto de profesor de enseñanza superior. Durand hizo conmigo su agregación de español. ¿Y qué hace ahora Carpentier?

—Es viceministro de cultura en Cuba y se le ve muy contento caminar por las calles de La Habana. Está feliz con la Revolución cubana. Carpentier se ha convertido en un extraordinario promotor de la cultura en Cuba.

—Lo mismo hicieron hombres como García Lorca entre los años 1931 y 1936 en España. Federico fue uno de los grandes promotores de la cultura revolucionaria en España. ¡Admiro mucho los libros y la actitud de un hombre como Carpentier!

—Ahora que se habla tanto de humanismo, ¿cuál es la finalidad de la literatura hispanoamericana? ¿En qué ha ayudado a Latinoamérica?

—Plantear cuestiones tan amplias es dar la ocasión de decir tonterías o ingenuidades (ríe). ¡Cómo quiere que yo trate ese tema en una entrevista! Es como cuando usted me preguntaba quiénes eran a mi juicio los grandes humanistas de todos los tiempos. ¡Esto nos llevaría muy lejos! Hay muchas formas de humanismo. ¿De qué le serviría una larga lista? Habría que redactar la pregunta de otra forma.

Marcel Bataillon, con su estatura de lanza erguida hacia el cielo, con su pálida pupila metida muy dentro de la cuenca de los ojos, con su pelo blanco y su rigor, me indica dulcemente que la entrevista ha terminado.

Las *vedettes* mundiales de 1955:
Audrey Hepburn, Edith Piaf y Leslie Caron •

¿Será una debilidad o una cortesía del destino? El hecho es que todas las *vedettes* de 1955 y 1956 fueron mujeres. En París, hubo hasta una domadora de cocodrilos (que son mucho más peligrosos que los leones). Los nombres que brillaron en la cartelera fueron María Casares, Marie Bell, Edith Piaf, Jeanne Moreau, Audrey Hepburn y la encantadora —¡pero cómo se hace del rogar para conceder una entrevista!— Leslie Caron.

AUDREY HEPBURN

Sabrina, o sea Audrey Hepburn, es un deleite de virtudes: tres cuartos de cuento de hadas y un cuarto de sátira norteamericana, eficazmente mezclados por Billy Wilder, que la exprimió para obtener de ella una de sus mejores actuaciones. Su metamorfosis de cenicienta a princesa (Sabrina, la hija del chofer transformada en esposa de multimillonario) hará soñar a las mujeres y se volverá el *leit motif* de muchas telenovelas. La propia Audrey Hepburn presentó *Sabrina* durante su viaje de luna de miel en Holanda del brazo de Mel Ferrer, su esposo. Asimismo modeló vestidos de Givenchy a beneficio de los pobres. Givenchy la prefiere a la rubia Michèle Morgan, también su clienta, porque su alta costura le sienta mejor a la extrema delgadez de la Hepburn.

Las mujeres envidian su suerte: enamorada, rica, talentosa, feliz, con un tipo de belleza que muchas imitan, cueste lo que cueste (dieta tras dieta). Casada con el hombre que ama, nadie imagina que durante los tres días que duró su combinación de luna de miel y gira publicitaria, Audrey se la pasó llorando porque su madre, que vive en Londres, no pudo alcanzarla.

EDITH PIAF

Edith Piaf cantó en el Olympia, el teatro del que salieron Charles Trenet, Mistinguette, Maurice Chevalier y Jacqueline François. Edith Piaf nunca cierra la puerta de su camerino y sobre el espejo, con un rojo de labios, los tramoyistas escriben los nombres de sus canciones más populares: "Las hojas muertas", "Himno al amor", "Señor san Pedro", "La vida en rosa".

Al lado de esos nombres, Edith Piaf pega fotografías de su esposo, Jacques Pills, que tres semanas antes hizo su debut en el temido escenario del Olympia. Edith preparó el espectáculo de su marido antes del suyo. Ella misma colocó las luces y desde una butaca se transformó en el más severo de los críticos. Lo hizo ensayar durante horas, corrigió sus defectos, lo aconsejó. A ella no le quedaron más que tres semanas para preparar su propio repertorio de diez canciones totalmente nuevas.

Edith y Jacques Pills viven en el Boulevard Lannes, en un inmenso departamento que comparten con media docena de satélites indispensables: una secretaria, una vestidora, una peinadora, el encargado de relaciones públicas, un chofer, un mozo. Cuentan que tiene dos gustos en la vida: una botella de vino tinto (su abuela se lo daba en vez de leche) y una mesa redonda frente a la que se sienta para tomársela.

En su pequeño rostro enfermizo casi no hay espacio para el maquillaje y Edith se embarra polvo ocre hasta en los cabellos cortos y rebeldes. Luego enfunda ese minúsculo vestido negro creado para ella por Heim y pregunta de vez en cuando a los tramoyistas: "¿Qué tal está el público hoy?" Dentro de diez minutos tendrá que salir a la jaula de los leones que ella llama escena.

"Cada noche tengo que domar a esa fiera: el público."

LESLIE CARON

Durante todo 1955, Leslie Caron hizo el papel de niña salvaje en la obra de Jean Renoir, *Orvet,* una combinación de *Robinson Crusoe* y de *Pigmalión.* Jean Renoir, el hijo del famoso pintor, escribió *Orvet* especialmente para ella. La vio por primera vez en el aeropuerto de Heathrow en Londres. Todavía era una bailarinita desconocida de los Ballets des Champs Elysées. Renoir salía para la

India a filmar *El río*. Le señaló a su mujer: "¿Ves a esa niña de cabellos negros que duerme parada? Tiene el mismo perfil que las modelos de mi padre". No se atrevió a despertar a Leslie. Tres años más tarde, Renoir volvió a verla en Hollywood. Era célebre. Tenía los cabellos tan cortos como los de un muchachito y estaba muy despierta. Jean Renoir prometió escribir el papel de *Orvet* para ella y Leslie prometió hacerlo.

Orvet es una niña de los bosques como *La renarde*, de Mary Webb. Vive descalza, libre e indomable hasta que un autor dramático, Jorge, la civiliza, le da un papel en su obra y se enamora perdidamente de ella. En resumidas cuentas, la historia de *Orvet* no es muy original. Paul Meurisse (el de *Las diabólicas*) hace el papel de Jorge, y Renoir —claro está— dirige la obra.

"Hay una gran dispersión en el estudio de la geografía en México": Claude Bataillon

El joven profesor Claude Bataillon, hijo del célebre hispanista Marcel Bataillon (autor de *Erasmo y España*), es a su vez geógrafo e historiador. Vino a México a ocupar un puesto de investigador y a impartir cursos avanzados de geografía en el IFAL. También dio un curso en el Instituto de Ciencias Políticas y Sociales que dirige Pablo González Casanova y otro en el Colegio de Geografía de la Facultad de Filosofía y Letras de la UNAM. Enseña asimismo a graduados universitarios en El Colegio de México.

—Solemos pensar que la geografía es el estudio de ríos y mares, océanos y lagos, cordilleras y montañas, ranchos y ciudades que surcan el mundo y que aquel que sabe dónde está Vladivostok y cuál es la capital de San Marino es un buen geógrafo. Resulta que la geografía va mucho más allá de las montañas y de los ríos y abarca un amplísimo campo de estudio en el que se apilan los problemas de población y demografía, producción agrícola e industrial, fronteras con otros países, transportes, dificultades entre vecinos…; la propia geografía podría subdividirse en política, económica y humana.

"Los geógrafos tienen que especializarse sin perder su visión de conjunto. Estudian las grandes regiones del mundo, comparten los conocimientos recabados a través de años para aplicarlos a su país. Por eso la geografía es ardua."

MI PROPIA IDEA DE LA GEOGRAFÍA

De niña, la materia que más amé fue la geografía. Nada me gustaba tanto como dibujar mapas y recuerdo el gusto con el que pintaba el mar de azul y luego con un algodoncito extendía el color en el cuaderno de dibujo. A México siempre lo pinté de amarillo. Hoy, ya no hay tanto sol en mis colores.

Más tarde, ligué la geografía al verso de Neruda: "Los países se tienden junto a los ríos; buscan el suave pecho, los labios del planeta", y deduje que la geografía, como una figura materna, nos hace comprender al hombre y a su morada. Por eso ahora mismo le pregunto a Claude Bataillon por la geografía humana.

—Cuando empecé a estudiar —dice el profesor Bataillon— me tocaron cursos de antropología, llamados de "etnología", y yo escogí la carrera de geografía humana, entre la antropología y la etnología, una carrera que abarcaba la geografía y la historia, dos temas que me apasionan. Tuve que estudiar geografía física, pero me atrajo especialmente la humana, es decir la historia social. Cuando escribí mi tesis, tuve la oportunidad —hace ya diez años— de hacer un trabajo sobre un oasis del Sáhara casi en la frontera con Túnez y Argel y me di cuenta de que se conjugaban perfectamente la antropología social y la geografía.

"Aquí en México analizo las relaciones de la ciudad de México con los estados vecinos, Hidalgo, México, Morelos y Tlaxcala. Estudio sus relaciones económicas y políticas con la capital; la migración del campo al Distrito Federal y profundizo en las relaciones no económicas; por ejemplo, trato de localizar la influencia de la prensa del Distrito Federal en estas zonas regionales."

—Para llevar a cabo ese tipo de investigaciones, profesor Bataillon, ¿se basa en estudios antropológicos hechos con anterioridad?

—Claro que sí. Encontré monografías que me han sido sumamente útiles; investigaciones directas de antropólogos como Robert Redfield y Oscar Lewis sobre el área de Tepoztlán; Malinowsky y Julio de la Fuente sobre la zona de Oaxaca, que es un estudio de carácter regional, en un sitio distinto al que estoy investigando pero que me da la posibilidad de establecer diferencias. Recuerdo también un trabajo de Enrique Beltrán sobre el Valle de México y el de un francés que conoce a fondo la Huasteca, Guy Stresser-Péan. Este último me dio indicaciones de especial valor para llevar a cabo mi investigación.

LOS GEÓGRAFOS TRABAJAN
POR SU CUENTA

—¿Qué piensa de nuestros geógrafos? De los que más oímos hablar es de Jorge L. Tamayo y Jorge A. Vivó.

—Más que personalizar quisiera yo decirle que veo una cierta dispersión en el estudio de la geografía en México. Los geógrafos hacen sus investigaciones en medio de la mayor soledad; cada quien por su lado y pocas veces se consultan los unos a los otros o trabajan en equipo. Es muy importante el amplio compendio de *Geografía de México* del ingeniero Jorge L. Tamayo, que es sin lugar a dudas uno de los geógrafos de más renombre.

—¿Es difícil ser geógrafo?

—El geógrafo tiene que buscar sus datos en los trabajos de geólogos, antropólogos físicos, antropólogos sociales, científicos, economistas, demógrafos, etcétera, y hacer una síntesis. Es posible hacerla cuando se reduce a una sola región del país, pero cuando se refiere a todo un país, se vuelve una tarea elaborada que requiere años de esfuerzo continuo.

Finalmente, Claude Bataillon insiste:

—Escogí la geografía humana en Francia porque está muy cerca de la antropología social.

"Pienso estrenar en París *Divinas palabras* de Valle-Inclán": Roger Blin

Ni la compañía teatral de Jean-Louis Barrault, ni la de Jean Vilar, ni la Comedia Francesa alcanzaron el éxito del joven director Roger Blin cuando estrenó en París *Los negros*, de Jean Genet. En México, tuvimos la oportunidad de ver *Las criadas;* todavía recuerdo a Rita Macedo y a Meche Pascual en el papel de "la señora". *Los negros* es sin lugar a dudas la obra más extraordinaria del dramaturgo francés. Sobre el escenario, 13 actores negros hacen el papel de blancos. Con máscaras sobre sus rostros de carbón, los negros imitan a los blancos hasta llegar a una especie de posesión mágica, un remedo inapelable. Es el delirio: el doble juego de negros-blancos se expresa en un poema dramático lleno de sensualidad y de humor. Roger Blin es el único que supo reunir a negros antillanos, congoleños, haitianos y senegaleses para representar la obra.

Los negros (que ha triunfado en Francia, Inglaterra y Suiza) es la pieza de un poeta que resuelve el problema de los dramaturgos contemporáneos: una obra que llegue al gran público sin dejar de ser arte.

—Jean Genet —dice Roger Blin— es uno de los más grandes autores dramáticos de lengua francesa. Es un hombre que, al igual que Beckett, nunca anda con literatos ni participa en la vida literaria de Francia. Dulce y misterioso, escribió una obra sobre la guerra de Argel: *Les mères ou les paravents* (Las madres o los biombos), que no pudo llevarse a escena durante la guerra y ahora va a publicar Gallimard.

"¡Cualquiera que vea en *Los negros* una obra política, se equivoca! Jean Genet, quien permaneció tantos años en la cárcel, no es un fabricante de tesis, sino un poeta y —quiéranlo o no— uno de los más grandes de la época. Genet encontró una solución sin pasar por el realismo. En Genet, el elemento poético es primordial y la comprensión del público, total. Ya no es necesario el 'realismo socialista' para ponerse al alcance del gran público."

—Los mexicanos montaron *Esperando a Godot,* de Beckett.

—¡Qué bueno! Fui el primero que montó la obra en París, en 1949. Se la propuse a varios directores y todos se rieron de mí. En Francia no hay productores ni mecenas para obras que no son comerciales; no arriesgan su dinero y sólo patrocinan teatro norteamericano o de bulevar.

"En París, el director se transforma en productor con la ayuda de las Secretarías de Cultura, que sólo dan una cuarta parte del dinero. Tengo que arreglármelas solo, con aportaciones privadas de amantes del teatro o con un director dispuesto a prestar su escenario. Jean-Louis Barrault, por ejemplo, es el productor de sus obras, pero recibe una subvención importante. Con Barrault voy a dirigir *Divinas palabras,* de Valle-Inclán. Él me presta el teatro y la obra forma parte de su repertorio para el año entrante.

"Conozco bien a Barrault porque empecé a hacer teatro con él en 1937, en la obra *Numancia.* También actué, en 1936, con Antonin Artaud, quien estuvo en México durante una larga temporada."

YO ERA TARTAMUDO

—Yo no podía hablar. Tartamudeaba de un modo pavoroso y mi padre me advirtió: "Tienes que escoger un oficio en el que no tengas que hablar". Hice exactamente lo contrario, porque no me gusta la derrota, y menos la de mi propia naturaleza. Desde pequeño admiraba yo enormemente a Pitoeff y a Dullin.

—Pero, ¿y en la escena no tartamudea?

—No, nada.

—¿Cómo permitieron que un tartamudo subiera al escenario?

—¡Allí estaba la gran dificultad! ¿Cómo pedirles un papel con ese maldito defecto? ¿Cómo lograr una oportunidad? El hecho de tartamudear hizo que me concentrara en la dicción. Todo el día recitaba poemas y hacía ejercicios. Después el placer fue doble: vencí mi deficiencia y pude ser actor.

—¡Es extraño escoger la profesión para la cual uno tiene un impedimento!

—Tengo un fuerte espíritu de contradicción. Busco siempre las obras que nadie quiere llevar a escena, las que más pueden escandalizar a las buenas conciencias. Quiero sacudir a la gente.

El bello rostro de Roger Blin se tensa, parece haber sido cincelado en mármol.

—Busco la calidad y la expresión de conceptos nuevos en una obra teatral, me interesa abrir camino. En mi oficio, no concibo la vida sin lucha.

NO AMO A MOLIÈRE

—Creí que a todos los jóvenes actores y directores les recomendaban representar a los clásicos.

—No lo creo necesario.

—¿No ama a Molière?

—No, nada. Creo que los clásicos franceses son muy pobres al lado de Shakespeare.

—¡Si lo oyeran los de la Comedia Francesa, dirían que blasfema!

—Posiblemente, pero tampoco me interesa la Comedia Francesa.

—¿Se dan cuenta los franceses de que Shakespeare es superior a cualquiera de sus clásicos?

—No. Es difícil para los franceses reconocer la superioridad ajena.

—Creí que todo actor aspiraba a entrar a la Comedia Francesa.

—¡Naturalmente! La Comedia Francesa ofrece garantías económicas, pero creo que usted se equivoca al decir que es la aspiración máxima de cualquier actor. Hoy ya no lo es, puesto que Jean Vilar o Jean-Louis Barrault dirigen los clásicos tan bien o mejor que la Comedia Francesa. Se me paran los pelos de punta cuando pienso que dentro de su repertorio no hay ni un García Lorca ni un Strindberg.

—¿La Comedia Francesa quedó atrás?

—Sólo se renueva a través de sus actores. Los comediantes que interpretan a Feydeau, por ejemplo, son muy buenos, pero los trágicos son pésimos.

NO HAY NADA QUÉ DESCUBRIR
EN RACINE Y CORNEILLE

—¿Le impresionan a usted Racine y Corneille, señor Blin?

—No, no mucho.

—¿Por culpa de Shakespeare?

—Sí, porque ya no hay nada qué descubrir en Corneille y mucho menos en el pobre de Racine. ¡Es totalmente imposible que Racine lo conmueva a uno! ¡En Shakespeare siempre hay algo qué descubrir! ¡A Racine le da uno la vuelta en un santiamén! ¡Pobres de los estudiantes a quienes les obligan a aprenderse a Racine de memoria!

"Jean Vilar atrajo a una categoría social que desconocía el teatro y le dio un aspecto de fiesta popular que no tenía. En Francia, admiro los centros teatrales de provincia a los que asisten un millón de espectadores. Los hay en Estrasburgo, Arras, Rennes, Lyon, St. Étienne y Toulouse. Gracias a ellos, los franceses saben quién es Chéjov, García Lorca, O'Casey, Synge. Entre los jóvenes promotores son inolvidables Antoine Bourselier en el Studio de Champs Elysées, Roger Planchon en Lyon, Dasté en St. Etienne y Sarrasin en Toulouse."

Roger Blin y su esposa Nicole Kassel —también actriz— viven en un pobre cuartito opaco, como de franciscanos. Todo lo que ganan es para el teatro. En la habitación hay una cama humilde, dos sillas destartaladas, una mesa de madera como de La Lagunilla, una cortina descolorida y una canasta con un gato llamado Ágata que Roger Blin toma constantemente sobre sus rodillas para acariciarlo.

—He arreglado mi vida de modo que Ágata tenga qué comer todos los días. Con eso basta.

A su monarquía, Francia le llama república

Basta detenerse frente a un quiosco de periódicos para darse cuenta hasta qué punto les fascinan a los franceses las historias de reyes y princesas. Las portadas ostentan los rostros de Margaret de Inglaterra, Grace de Mónaco, Paola de Bélgica, Fabiola de Bélgica, Sofía de Grecia, casada con el codiciado Juan Carlos de España, Farah Diba, Soraya —la esposa repudiada del emperador de Irán que baila *twist* con algún conde italiano— y Hélène de Francia, la hija del conde de París, quien juega con sus hijos sentada en el jardín de su palacio mientras la institutriz se mantiene a prudente distancia.

Estas revistas: *Marie Claire, Match, Jours de France, Elle, Blanc et Noir,* tienen una difusión enorme y los lectores las devoran como boas constrictor que destrozan dentro de sus anillos y dejan los puros huesitos de la vida de Grace Kelly y de Rainiero de Mónaco. ¡Y no es que los príncipes y las princesas sean blancos conejos! Al contrario, sobre la paz conyugal de Grace y Rainiero vela un sacerdote: el padre Tucker.

Es asombrosa la cantidad de artículos que se escriben sobre el padre Tucker, su consejero espiritual. Tucker vigila a los conejos blancos y les enseña a seducir a las boas de la publicidad, a no dejar que decaiga el interés de los lectores. Consejero, tutor, confidente, confesor, ayudante de cámara, dentro de su sotana negra encabeza el cortejo. Asume la grave responsabilidad de salvar dos almas reales y en las fotografías aparece con el rostro compungido y las manos cruzadas sobre un vientre protuberante.

¿Por qué atraen tanto las historias de la realeza? ¿Por qué atrapan a los lectores? En el fondo los franceses son monárquicos. A cada instante, De Gaulle yergue su cetro, arrastra con elegancia su capa de armiño, blande su flor de lis y logra que Francia, en pleno siglo xx, le llame "república" a su monarquía.

De Gaulle pondera la grandeza de Francia. Por ejemplo, cuando se reconciliaron Francia y Alemania, De Gaulle en Reims habló de "milagro del cielo", y Adenauer lo repitió: "Este entendimiento nuestro es un verdadero milagro del cielo". ¡He aquí la clave de la actitud de Francia y de Alemania occidental! En esta época de cohetes a la Luna, de *sputniks* y de satélites artificiales, de hombres que le dan la vuelta a la tierra, los dos viejos reyes, De Gaulle y Adenauer, todavía recurren a la corte celestial.

ST. GERMAIN DES PRÉS

Sentada en una mesa del Café Flore en St. Germain des Prés, espero a la novelista Christiane Rochefort, una mujer pequeña —hoy famosa por su novela, *El reposo del guerrero,* que Brigitte Bardot interpreta en el cine—. La conocí en el Festival de Cine Latinoamericano de Sestri Levante. Allá, algunos italianos le pusieron "la piccola pornográfica", aludiendo a *El reposo del guerrero* y a sus uñas de pies largas y negras dentro de sandalias ya muy desgastadas.

Christiane Rochefort escribió otra novela: *Les petits enfants du siècle* (Los hijos del siglo) sobre las familias que viven en multifamiliares. Así como Oscar Lewis, el antropólogo norteamericano, demostró en México, con su *Antología de la pobreza* y *Los hijos de Sánchez,* que la realidad es literatura, Rochefort decidió publicar su estudio en forma de novela para que alcanzara a un público más amplio.

—Mi heroína es una niña que crece en un hacinamiento de multifamiliares y el lenguaje que empleo es el argot, la jerga francesa. Mi tono es implacable. A medida que avanza, la hija de familia enjuicia a sus padres, condena su vida y su entorno y se erige en juez y verdugo.

—¿Es dura la vida para ella?

—Al contrario, en Francia el Seguro Social y las prestaciones sociales son notables. A través de las llamadas *allocations familiales,* el Seguro Social entrega a los padres de familia una importante suma por cada hijo que nace. Con ese dinero los padres adquieren la estufa y el refrigerador.

(Christiane Rochefort imita a una madre que señala su vientre de embarazada y anuncia: "Aquí traigo mi nueva estufa".)

—Mi libro es una denuncia del materialismo francés. Una madre que señala su vientre y declara que allí carga todo el mobiliario de su nueva casa más el burro de planchar es un fenómeno social que no se da en otros países.

Mientras platicaba yo con la novelista Rochefort, tres parejas se besaban en vez de sorber su café; otra pareja, abrazada frente al quiosco de los periódicos, obligaba a los pasantes a desviarse. Llegó un momento en que sentí que en todos esos besos había mucho exhibicionismo. El amor también es pudor. Conozco a un niño de siete años llamado Mane que esconde la cabeza cada vez que algo lo hace feliz. Hay que quitarle los brazos de la cara; descubrir su rostro y su sonrisa para ver todo el amor en sus ojos. El amor es humilde. El amor es modesto. El amor se merece. Mane lo merece.

Hasta llegué a pensar, en el Café Flore, que estos enamorados eran un anuncio publicitario, porque Francia quiere que las parejas fabriquen más franceses. Hay escasez de franceses y ésta es una forma de aumentar su número: ¡Ustedes, siéntense aquí y bésense!

Cuando le pregunté a Christiane Rochefort la razón de tantos besos en la vía pública y si algo tenían que ver con las prestaciones gubernamentales, me respondió muy seca:

—No acostumbro besar a nadie. Yo cojo.

No recuerdo qué respondió a otras preguntas.

Simone de Beauvoir y el terror a la vejez

Simone de Beauvoir, la mujer de letras más renombrada de Francia, publica 600 páginas sobre la vejez. Este libro no es un ensayo sino una *summa theologica,* el compendio de todo lo que puede decirse acerca de la vejez.

La escritora, que tiene un poco más de sesenta años, empezó a preocuparse por su vejez antes de cumplir los cincuenta. Ya en su libro *La fuerza de las cosas,* el tercero de su trilogía *Memorias,* Simone de Beauvoir escribía: "Envejecer es definirse y reducirse. Me debatí contra las etiquetas pero no pude impedir que los años me aprisionaran". Habla de sí misma con odio. Un día despertó diciendo: "¡Tengo cuarenta años!", y a partir de ese día no salió de su estupor. "¡En el fondo del espejo me acecha la vejez y es fatal!" Y la atrapó.

Simone de Beauvoir comprendió a la Castiglione, que rompió todos los espejos y empezó a detestar su imagen, las bolsas debajo de los ojos y este aire de tristeza que las arrugas le dan a la boca, haciéndola caer.

Esto me hace pensar que en realidad Simone de Beauvoir nunca supo lo que era el buen holgar. Incluso sus vacaciones, con esas exhaustivas y por momentos penosas caminatas por el campo, parecen pruebas para vencerse a sí misma.

La vi por primera vez en el Rosebud. Antes frecuentaba el Flore, luego Les Deux Magots. Simone de Beauvoir no se deja ir. Alerta, nada se le escapa. Habla mucho. Y cuando no habla, su rostro se tensa, inquieto, cansado, marchito; es también el de un pájaro de presa, ávido, lúcido hasta el dolor mismo.

DEJAR DE LLEVARSE A CUESTAS

Imposible que a Simone de Beauvoir se le haya subido una copa (al contrario, los whiskys y los martinis agudizan su visión del mundo). No logra hacernos olvidar su importancia y nadie se le acerca. "Si veo una rendijita, la saludo", me atreví a pensar, pero luego me di cuenta de que era imposible. Nunca sonrió y el mesero, que resultó filósofo, me dijo que Simone no podía dejar de llevarse a cuestas.

Simone de Beauvoir carga sobre sus hombros a otra Simone de Beauvoir, sobre la que se encarama otra Simone de Beauvoir, y otra, y otra, así hasta el infinito, y a la larga la Simone de hasta abajo se queja, llama al hombre, aúlla como una perra solitaria, como si aún pudiera estar en brama.

"Si ha llegado el momento de decir: nunca más, no soy yo la que me alejo de mis dichas pasadas; ellas se desprenden de mí: los caminos en la montaña rechazan mis pasos. Jamás volveré a caer, ebria de cansancio, en el olor del heno; jamás resbalaré solitaria sobre la nieve de la mañana. Nunca más un hombre."

Simone se lamenta amarga y amargada porque ya no es un cuerpo y sólo engendró libros.

Con razón escribió el gigantesco volumen *La vejez*. Sí, la vejez le infecta el corazón. Aunque conoció como todos nosotros a ancianos radiantes (ella misma cita a Anna Seghers con su pelo blanco, sus ojos muy azules y su sonrisa que la reconcilió con la idea de envejecer), Simone de Beauvoir nos dice que los viejos están fuera de todo. Sin embargo, esta sentencia lapidaria no puede referirse sino a los indigentes. ¿Fuera de la humanidad, Bertrand Russell? ¿Fuera de la humanidad, Pablo Picasso? ¿Fuera de la humanidad, Ho Chi Minh? (Cito a los grandes porque Simone de Beauvoir es grande.)

Simone de Beauvoir alega que además de vivir bajo el régimen del dinero, vivimos bajo el imperio del músculo, el deporte, la velocidad en todas sus formas. Por ello, los jóvenes marginan a los ancianos.

Resultaría chabacano decirle a la señora De Beauvoir que es vieja porque quiere. Algunos ancianos sienten que la vejez es la época privilegiada de su existencia, la edad de la sabiduría y de la paz. Claro que la pérdida de la virilidad y de la feminidad desespera, pero también comporta algunas ventajas. Alguna tarde Enrique Ramírez y Ramírez me dijo: "¡Si supiera usted la cantidad de tiempo que se pierde en asuntos amorosos!", como si se lamentara.

También Rosario Sansores me comentó en el crucero *Antilles,* en 1954, que nada la satisfacía más que amanecer sola. Se felicitaba de no ver en la segunda almohada en la cama una cabeza de hombre. "¡Es un descanso, créeme!" (Claro que yo no lo creí.)

EL *HOBBY*

Tendremos cada vez más horas de asueto, más posibilidades de tener un *hobby.* Se habla ya de la civilización del ocio, y muchos investigadores y especialistas se quiebran la cabeza para encontrar nuevas formas de utilizarlo.

Claro que en Simone de Beauvoir el problema no es envejecer como quiere hacérnoslo creer sino su soberbia frente a la muerte. La rechaza. No quiere que Sartre y ella mueran. Alguna vez escribió en su novela: "Todos los hombres son mortales". "O veré a Sartre morir o moriré antes que él. Es horrible no estar allí para consolar al que sufre el dolor que uno le causa al partir…"

Sin embargo, no hay otra forma de vivir que aceptar la propia muerte y la de los demás. Simone de Beauvoir debería vivir en México una temporada, morder una calaverita de azúcar con su nombre, colgar una calaca en la cabecera de su cama, probar pan de muertos en el mes de noviembre, prender veladoras, y tarde o temprano ¡o se cura o se muere!

María Casares y Jeanne Moreau

Además de Edith Piaf, Audrey Hepburn y Leslie Caron, también María Casares y Jeanne Moreau destacaron en los teatros y en las pantallas de Francia. ¿Quién no conoce a esa gran actriz que es María Casares, la mejor intérprete de Jean Cocteau, de Marcel Carné, de André Cayatte, de Rafael Alberti, la esposa desdeñada por Jean-Louis Barrault en *Les enfants du Paradis,* la inolvidable muerte en *Orfeo*?

La Lady Macbeth de María Casares es una tigresa. Vive en un pequeño departamento de la calle de Vaugirard, en donde los ladridos de su perrito Quat'sous (Cuatro centavos) reemplazan el sollozo de las lechuzas, los rayos y truenos prescritos por Shakespeare. En la sala no había brujas ni caldera con la poción envenenada, ni la bola de cristal del futuro, ni hechizos o escobas. La acompañante de María, su fiel Ángela, le sirve casi a diario unos huevos revueltos con jitomate porque es española y tiene los mismos gustos que su patrona, a quien atiende desde hace más de veinte años.

María Casares, actriz de origen español, conoce bien a Octavio Paz. Admira su poesía y siente simpatía por Elena Garro, su talentosísima mujer. "Elena es especial, ¿verdad? La encuentro aún más atractiva que él."

Es hosca, pero cuando un tema le interesa, se suelta hablando como cotorra, a veces en español, a veces en francés, un poco a la manera de La Bella Otero, que interpreta nuestra María Félix.

La conversación de María Casares sorprendería a los amateurs de *cocktail parties,* a los adictos a la trivia, que ella rechaza con una terquedad de hembra española. "¿Qué quiere usted? Soy infeliz en reuniones sociales."

Cuando María ríe, le sale una risita de cabra acatarrada que desconcierta.

—¿Qué papeles ha hecho últimamente?

—La Provincial, de Turgueniev, en la que tuve que usar una peluca rubia que me disgustó. "La Segunda", de Colette. "La Perricholi", peruana, y la Grouchenka de *Los hermanos Karamazov,* papel al que aspiraba la rubia aerodinámica de la época nylon, Marilyn Monroe. Me quejo de no hacer más que papeles funestos pero reconozco en Lady Macbeth el rol de mi vida.

María Casares tiene una larga trenza negra que encarcela dentro del casco de Lady Macbeth. Además, cuando fuma, da el golpe, como decimos en México, y guarda el humo durante tanto tiempo que tuve la absoluta certeza de que saldría pita y pita y caminando como locomotora, pero a los cinco minutos lo soltó redondeando la boca, y descansé.

—Lady Macbeth no es un papel, señorita, es una serie de *flashes* o de fuegos de artificio (y enciende un fuego de artificio imaginario entre sus dedos). Lady Macbeth no es un ser humano; es una fuerza de la naturaleza. No está unida a su marido, sino sembrada en él, como un árbol, cuyas raíces se aferran a la tierra. Es tan ambiciosa como una planta sedienta; se seca y espera que la rieguen. Se abandona a la alegría del éxito como el viento a la alegría de soplar. Su crimen es un monumento a la torpeza. El único que puede con ella es el sueño. Hice el papel de Lady Macbeth como pienso que ella lo vivió, es decir, sin pensar.

JEANNE MOREAU

Por culpa de Jeanne Moreau, Jean Marais decidió transformarse en Pigmalión. La Moreau lo dejó con la boca abierta y su admiración por ella es ilimitada. (Ella y Marlene Dietrich, la abuelita de las piernas más bellas de Europa, son las dos únicas mujeres que han logrado impresionarlo.) A Marais le gusta la barbilla voluntariosa de la Moreau, su mirada atenta, su energía y el modo que tiene de memorizar sus papeles y ensayarlos sin tregua ni descanso.

Desde que montó *Pigmalión,* de Bernard Shaw, Jean Marais no ha tenido otra compañera de teatro. Jeanne huyó de la Comedia Francesa a la edad en que todos sueñan con ser admitidos en ella. Por culpa de Jeanne Moreau, Marais montó también *Galatea,* de Bernard Shaw.

Si Elisa Doolittle, la pordiosera, vende violetas, Jeanne Moreau reemplaza el *cockney* de la heroína de Bernard Shaw por una especie de jerga francesa.

Cada una de las actitudes de la Moreau, sus entradas a escena, sus movimientos fueron minuciosamente planeados por Marais. "¡Ah! —dice Jeanne Moreau—, puedo tener la certeza de que a mi director no se le va una. Estoy exhausta y encantada."

"El hombre se odia a sí mismo y ese odio lo proyecta en el otro": Eugène Ionesco

Ionesco, el rumano francés, encabeza sin lugar a dudas todo el teatro de vanguardia. *La cantante calva, Las sillas, La lección, El nuevo inquilino,* van de escenario en escenario, y Alemania, Inglaterra, Yugoslavia, Holanda, Francia, Estados Unidos, Japón, Polonia, Suiza, Brasil, Argentina, México, Italia, Finlandia, Escandinavia, se lo disputan y ríen a carcajadas: "¡Esto sí que es genio!" Bueno, no todos los espectadores se carcajean, algunos abandonan ostensiblemente la sala.

Una de las últimas obras de Ionesco —la de mayor éxito— se llama *Rinocerontes* y representa la lucha del individuo contra la masa. Es la defensa del alma única e irremplazable contra la "masificación" o el "adoctrinamiento" de las mayorías, los rebaños que piensan igual, comen igual, se visten igual, viven igual y tienen las mismas aspiraciones.

—Me parece más valiosa —dice Ionesco— la solución que el hombre encuentra por sí mismo —individualmente—, dentro de su soledad, que la ideología que le impide pensar. El hombre tiene que llegar a sus propias conclusiones y no obedecer ciegamente una ideología.

—Señor Ionesco, ¿tiene usted algún héroe?

—¡Ninguno!

—¿De veras?

EL QUE SE ATREVE A QUEDARSE SOLO

—O más bien tengo uno. El que se atreve a pensar distinto a los demás y opta por quedarse solo.

—¿Y usted está solo?

—Hay varias maneras de estarlo.

—Pero, ¿usted es el que piensa distinto? ¿Usted es el que está solo en medio de los rinocerontes que hacen todos lo mismo?

—No, no es eso. La soledad, ve usted, no significa estar separado de los demás. La comuna, los pensamientos en común, las acciones en común, las diferentes ideologías comunitarias engendran la camaradería, el compañerismo. La camaradería no es amor, ni siquiera es amistad. La camaradería es la soledad de varios que caminan el uno junto al otro.

—¿Qué cosa es el amor, señor Ionesco? ¿Qué es la amistad? St. Exupéry dijo alguna vez que el amor era mirar juntos en una misma dirección.

—El amor tiene un grado más alto que la amistad, que es también una forma de amor. Pero la camaradería no les llega ni al tobillo y yo creo en la camaradería.

—Entonces nosotros, los camaradas, ¿somos los rinocerontes?

—¿Usted se considera rinoceronte, señorita?

—Sí, puesto que camino con los demás.

(Me mira desde su escritorio lleno de papeles. Recarga su mentón sobre sus manos cruzadas, los codos sobre la mesa.)

—¿Y usted cuántos años tiene? Parece de dieciocho.

—Es que me acaban de sacar dos muelas del juicio y tengo la cara hinchada.

—¿Y eso qué tiene que ver?

—Me veo más redonda y entonces más joven cuando ya tengo 22. Oiga, señor Ionesco, ¿y por qué es usted tan reaccionario?

—No creo que lo sea. ¿Ha visto la confusión que hay ahora en París? Así como en París, la gente se odia en el mundo entero. En todas partes se odian porque se odian a sí mismos al verse retratados en los demás.

—Al decir esto, ¿piensa usted en las guerras? ¿Piensa usted en la guerra de Argel?

—Sí. Pienso en las guerras. En el mundo no hay más que conflictos. Las guerras son conflictos espectaculares pero el odio es permanente. Cuando se dice que las guerras y las revoluciones son conflictos de clase, es falso. Los hombres pelean entre sí no sólo por problemas económicos o políticos sino porque el hombre se odia a sí mismo y ese odio lo proyecta en el otro. Los esposos, los amantes, los padres y los hijos se odian. Los conflictos colectivos sólo canalizan este autoaborrecimiento.

—¡Ay, no lo creo, señor Ionesco! Más que nunca se predica la justicia social, el mejoramiento de las condiciones de vida de las mayorías, el amor al prójimo.

—Siempre está uno en conflicto consigo mismo, créame. ¿O está muy satisfecha de sí misma? Los hombres detestan su propia condición de hombres aunque a veces no lo sepan.

—¡Ay! ¡No creo que sea posible lo que usted dice! ¡Habla como un psiquiatra, en términos casi íntimos! Y yo creo que de tanto escarbar, los psiquiatras…

UN MUNDO QUE LE DÉ TODO A TODO EL MUNDO

—¡No se trata de psiquiatría ni de conflicto íntimo, señorita! Si los hombres no se odiaran, todo el mundo le daría todo a todo el mundo. ¡Nadie odiaría a nadie! ¡Todos nos lo daríamos los unos a los otros! Sería el paraíso.

—Bueno, he oído decir también que el detonador de la guerra está en la pareja, el hombre y la mujer. En el conflicto personal de los amantes yace la primera diferencia. ¿Le parece poético, señor Ionesco?

—Los poetas siempre han sido visionarios.

¿MATAR AL QUE NO PIENSA IGUAL?

—Señor Ionesco, ¿cree usted que la "rinocerontitis" —pensar como todo el mundo— sea una enfermedad?

—En *Le Monde,* en 1960, me hicieron más o menos la misma pregunta cuando salió mi obra *Rinocerontes.* A lo largo de toda mi vida me impresiona lo que puede llamarse "corriente de opinión" por su poder contagioso que la convierte en epidemia. De pronto, la gente se deja invadir por una nueva religión, una nueva doctrina, un fanatismo. (Esto a veces lo fomentan los periodistas que visten sus artículos con trapos filosóficos.) Uno atestigua entonces una verdadera mutación mental. No sé si lo ha notado pero cuando la gente ya no puede entenderse se tiene la impresión de hablar con monstruos, ¡unos rinocerontes que lo matarían a uno fácilmente por no pensar lo mismo! ¡Son cándidos y feroces a la vez! Y la historia nos ha demostrado en el curso de este último cuarto de siglo que las personas no sólo parecen rinocerontes sino que lo son. Para mí, es muy posible —aunque aparentemente extraordinario— que algunas conciencias individuales representen la verdad en contra de eso que llaman la historia. Hay un mito de la historia que ya sería tiempo de desmitificar, ya que la palabra *desmitificación* está de moda.

"Solo algunas conciencias aisladas representan ante el mundo la conciencia universal. Los mismos revolucionarios estuvieron aislados y fueron solitarios a tal punto que no sabían si tenían o no razón. Cavilaban al grado de tener mala conciencia. Yo no llego a comprender cómo hallaron en sí mismos la fuerza suficiente para continuar solos. Son héroes."

—¡Ya ve cómo sí cree en los héroes!

—No. No creo en ellos porque si esa verdad se oficializa (aunque den su vida por una verdad) entonces ya no hay héroe. Ya no hay sino funcionarios dotados de la prudencia y de la cobardía propias de su empleo.

—¿Y eso son los burócratas? ¿Prudentes y cobardes?

—Eso son. Y ése es el tema de *Rinocerontes*.

—¿Por eso está en contra de las ideologías?

—Yo sólo sé que se ha matado en nombre de Dios, en nombre de la justicia, en nombre de la patria, en nombre del orden, en nombre de la gloria, en nombre de la justicia social. Son los salvadores de la humanidad quienes promovieron la Inquisición, los que inventaron los campos de concentración, los que construyeron los hornos crematorios, los que establecieron las tiranías. Son los guardianes de la sociedad los que construyeron las cárceles. A mí me parece que la cárcel nació antes que el crimen.

NO CREO EN LA GENTE QUE CAMBIA HOMBRES POR TRACTORES

El departamento de Ionesco parece un decorado de teatro. Vive en la calle de Rivoli en un edificio de aspecto modesto. En el primer piso, a nivel de la calle, un café con mesas redondas sobre la acera abre sus puertas y una mesera gorda y despeinada se para con los puños sobre la cintura a preguntarles a los clientes qué van a pedir y que lo digan aprisa porque no va a contemplarlos todo el día. ¡Parece obra de Ionesco!

Las cuatro piezas que forman su departamento tienen muebles anticuados y cuadros como de teatro. Sillones forrados de seda violeta (¡¿a quién se le ocurre?!), un taburete a rayas amarillas y violetas, floreritos y esquineritos más bien feos, y en medio de todo ello cuadros de Poliakoff, Chagall, Derain, Van Velde.

Para ir a su estudio, Ionesco me hizo atravesar una recámara, donde yacían sus pantuflas todas por ningún lado. También su escritorio presenta un amontonamiento de papeles y de libros, de recortes y de cuadernos mezclados con unos rinocerontitos de peluche y de hueso que los admiradores de su obra le regalan. Desde sus estantes, Platón, Kant, Jaspers, Sainte-Beuve, Ernst Jünger, Hölderlin, Heidegger, Kierkegaard, Pasternak, Teilhard de Chardin y hasta Nabokov con su *Lolita* miran el desorden con filosofía.

—Señor Ionesco, la revolución es siempre de izquierda. Sin embargo, usted, que ha revolucionado el teatro, nunca se ha considerado de izquierda. ¿Cómo puede explicarlo?

(Una puerta rechina y una vieja sirvienta desdentada se asoma. Al vernos se aleja enderezando uno de los tirantes de su delantal.)

—Hay que ir más allá de la política, adelantarse a ella. Ésa es la revolución indispensable: revolución del espíritu. Hoy los espíritus están encadenados a dogmas mentales que los aplastan. La única revolución que debemos hacer es poner a la revolución en entredicho y volver a plantearla. Yo no amo a la gente que cambia hombres por camiones, como quería hacerlo Eichmann, ni amo a los que venden hombres a cambio de tractores. Todo esto lo he presenciado a través de mi vida y lo tengo demasiado cerca para no desconfiar e indignarme. Hoy, como en la época del nazismo, la misma gente habla del amor, el mismo culto a la personalidad, el mismo aliento de profeta, el mismo mesianismo, la misma infalibilidad del revolucionario que se cree un santo, y sobre todo percibo la misma histeria colectiva. Cada vez que veo a un líder de masas, desconfío, y espero las consecuencias.

—Pero usted mismo dice que los adversarios no son perros simplemente porque no piensan como uno. ¡Y ahora está usted hablando como un enemigo!

—No. Simplemente como un hombre que ha vivido. Soy rumano, sabe usted, y en Rumania no podría escribir lo que escribo.

EL BUEN APÓSTOL

—¿Está en contra de las ideologías?

—Sí. Les tengo miedo a los que desean ardientemente la salvación de la humanidad. Yo no le deseo a usted la felicidad, señorita. Cuando veo a un buen apóstol huyo como si viera a un demente, a un criminal armado con un puñal. Esto también ya lo he dicho.

—¿Sólo huye? ¿No toma partido?

—Tomo partido contra todos los partidos y en contra de aquellos que no tienen partido.

—¡Esto es un relajo! ¡No está usted ni con unos ni con otros! En nuestra época todos toman partido. ¿No se siente partícipe?

—Rehusar ser partícipe es una forma de participar. Al tomar en cuenta las cosas que suceden y rechazarlas, participo. Eso demuestra que estas cosas existen para mí, dolorosamente. Pero sólo me pregunta de política; yo no soy político. ¿Por qué no me pregunta de literatura?

—Bueno, sólo quería que me aclarara algo que dijo ayer, que sin cárceles no habría crímenes. ¿Cree que son las leyes las que condicionan al hombre a infringirlas?

—No sé absolutamente lo que quise decir ayer. Los crímenes y las cárceles vienen juntos. Pertenecen a la naturaleza humana y expresan lo que los hombres quieren hacer con los hombres.

—¿Cambia fácilmente de modo de pensar?

—No. Pienso siempre lo mismo y hay una continuidad de ideas a lo largo de mi vida.

"Antes me gustaba Proust. Ahora me importa Michaux, el de la mescalina. También me importan obras como la de Kleist, Catherine de Hederbroude, Weingarten y Dubillart. ¡También me interesan Kafka y Borges!"

—¿Y además de Borges conoce usted a otro escritor latinoamericano?

—Sí, a Octavio Paz.

—¿Y le gusta?

—Sí, pero no lo suficiente para que me guste más. En Francia tenemos buenos autores teatrales. Genet, Beckett, Pichette, Vauthier, Schehadé, Audiberti, Ghelderode, Adamov, George Neveux, pero no los pongo en el mismo plano que Kafka y Borges. Ésta es sólo una afirmación estratégica.

—¿Y no menciona usted al gran alemán Bertolt Brecht?

—No me gusta Brecht, ya lo he dicho. Me disgusta Brecht justamente porque es didáctico, ideológico. En vez de ser primitivo, es primario. En vez de ser sencillo, es simplista. No da en qué pensar. Es el reflejo, la ilustración de una ideología. No enseña nada: reedita. Por otra parte el personaje brechtiano es plano; no es más que "social". Le falta dimensión metafísica. Para mí no es más que un títere. Esto ya lo he dicho hasta por radio.

—¿Y Arthur Miller?

—No. Prefiero a Henry Miller. Como escritor, Arthur no aporta nada nuevo.

—Y usted, ¿por qué no es socialista?

—¡Ni Dios lo quiera!

—Entonces, ¿es personalista?

—Sí. Por lo menos así lo decía Emmanuel Mounier, el director de *Esprit*. Decía que yo me inclinaba hacia el personalismo.

—¿Y es usted religioso?

—¡Qué pregunta indiscreta!

—Bueno, de ser religioso, ¿qué religión escogería?

—Sería yo budista.

—¿Y cuáles son los autores literarios que más odia?

—¡Ah, eso es un secreto! La gente suele creer que uno habla mal de los demás por envidia.

—¿Y usted siente envidia de alguien?

—Sí. Tuve celos de todos los escritores que lograban escribir porque yo no encontraba la manera de expresarme. Por azar fui a dar al teatro porque lo odiaba. Bueno, en realidad no lo odiaba, detestaba el teatro literario, parlanchín, impuro.

—¿Al hablar de teatro literario se refiere usted a Giraudoux?

—Entre otros.

—¿A Jean Anouilh?

—(Se carcajea.) De ése no puedo hablar mal porque Anouilh habló bien de mí. Pero sí, es un autor malo. En cambio, Kafka me llama mucho la atención. Me parece que en Checoslovaquia sólo hasta ahora se está editando a Kafka. Antes se alegó que era un escritor reaccionario, que podía dañar la labor constructiva del régimen. Para mí, los que no aman a Kafka no lo comprenden o son ellos los reaccionarios.

LA IZQUIERDA REACCIONARIA

—¿La izquierda es reaccionaria?

—Claro que puede serlo. Soy de la misma opinión de los que piensan que izquierda y derecha ya no significan nada. Cada vez que el espíritu se cierra, hay reacción. Cada vez que un régimen en el poder se vuelve dictadura, allí está la reacción. Los sistemas cerrados; las cárceles del espíritu; he aquí la reacción. ¡Diez años es el máximo que puede dársele a un partido revolucionario establecido! ¡Después o se transforma en dictadura o se vuelve reaccionario!

—¡En México el PRI tiene más de diez años en el poder!

—Tenga usted la seguridad de que es reaccionario o dictatorial. ¡Una de dos! ¡Que un partido se diga revolucionario no significa que lo sea! Muchos de los revolucionarios que se dicen de izquierda ya no son ni revolucionarios ni de izquierda. Son simplemente reaccionarios, puesto que los han aprisionado los mitos. Pero ya no hablemos de esto. Yo soy un hombre solo y sus preguntas me hacen sentir un poco más solo.

"Las realidades evidentes las descubre el poeta en soledad. El filósofo también descubre en el silencio de su biblioteca verdades difícilmente comunicables. ¿Cuánto tiempo ha sido necesario para entender a Karl Marx? ¿Y lo entiende ahora la gente? No es popular. ¿Y Einstein? ¿Cuánta gente puede asimilarlo? El hecho de que sólo algunas personas puedan ver claro en las teorías de los físicos modernos me impide dudar de esas teorías. ¡Y estos pensamientos me consuelan!"

LA NEUTRALIDAD ES LA ENEMIGA: ORSON WELLS

Las obras de Ionesco no caen en el vacío. Seducen o repelen; imposible permanecer indiferentes. Han suscitado polémicas. Orson Welles, por ejemplo, lo repudió abiertamente porque, según él, Ionesco le da la espalda a la política. "La política no es la enemiga del arte. La enemiga es la neutralidad porque nos quita el sentido de lo trágico", sentenció. Kenneth Tynan, en el *Observer* de Inglaterra, que se dedicó a rebatir el culto a Ionesco. Dice que su teatro se mantiene al margen del teatro del mundo (el grande, el verdadero); Philip

Toynbee se indignó porque Ionesco llamó a "Sartre, Osborne, Miller y Brecht, los nuevos autores del teatro de bulevar, porque representan un conformismo de izquierda tan lamentable como el de derecha. No ofrecen nada que no se haya dicho ya en discursos políticos".

"Creo que lo que nos separa los unos de los otros es lo social, o si lo prefiere, la política que levanta barreras y malentendidos entre los hombres."

Airados, muchos jóvenes y críticos que buscan cambiar al mundo le respondieron a Ionesco que su teatro era la desintegración total, que él no estaba en contra del realismo sino de la realidad, que las palabras solas no tenían sentido y la comunicación entre los hombres —según él— era imposible. ¡Ahí estaban Gorki, Chéjov, Arthur Miller, Brecht, O'Casey, Osborne, Sartre, Tennessee Williams, autores de obras en las que se expresa una vida humana con parlamentos en los que podemos reconocernos!

Ionesco, chaparrito, los ojos pequeños, algo verdes, les respondió a todos:

"Darles un mensaje a los hombres, querer dirigir el curso del mundo o salvarlo, ése es el negocio de los fundadores de religiones, de los moralistas o de los políticos, quienes, aquí entre nos, lo hacen bastante mal, como podemos comprobarlo. Un dramaturgo se limita a escribir obras en las que sólo puede ofrecer un testimonio y no un mensaje didáctico; un testimonio personal efectivo de su angustia y de la angustia de los demás, o, lo que es más raro, de su felicidad; o bien expresar sus sentimientos trágicos o cómicos sobre la vida. Una obra de arte nada tiene que ver con las doctrinas".

Dificultades de creer:
Olivier Costa de Beauregard

En París tuve la oportunidad de conocer a Olivier Costa de Beauregard, uno de los discípulos de Einstein, un sabio de treinta años, licenciado en ciencias y matemáticas, jefe de investigaciones en el Centro Nacional de la Recherche Scientifique. Más que científico, el doctor Costa de Beauregard parece futbolista. Rió porque mis preguntas sobre mecánica ondulatoria parecían de baile hawaiano y me aconsejó asistir a sus cursos en el Instituto Pierre Curie y Marie Curie en París y me habló de la irracionalidad del acto de fe.

—La fe es misteriosa o sea incomprensible —en su esencia— para la razón humana. Las principales verdades de la fe se proclaman ellas mismas: "misterios".

—¿La presencia de lo incomprensible es el aguijón más poderoso de la investigación?

—Para los sabios, el mundo es todavía más incomprensible que para nosotros, simples mortales, que nos conformamos con la redondez de la Tierra.

—¿Son compatibles la religión y la ciencia?

—Se dice que hay un divorcio entre la religión y la ciencia, que el Papa se opone a las investigaciones científicas, a la bomba atómica. Esta separación, aparente o real, no existe.

—Los papas suelen condenar a los científicos...

—Últimamente el Papa declaró que estaba de acuerdo con los adelantos científicos de nuestro mundo moderno. Si el pensamiento religioso no creyera en la posibilidad de un progreso, las teologías más antiguas no hubieran nacido porque el misterio impulsa la búsqueda.

—Al contrario, Copérnico sufrió persecución por querer desentrañar el misterio de la redondez de la Tierra...

—Los cristianos sabemos que estamos a medio camino. El optimismo (característica de la religión) acoge las conquistas esenciales de la ciencia. Las recoge, las critica y las acompaña, porque la religión también tiene su filosofía de la naturaleza en gestación.

Por lo visto Olivier Costa de Beauregard no reconoce ningún error eclesiástico y aunque nos despedimos con una sonrisa, nos quedamos en las mismas en cuanto a los misterios de la fe.

Nadine Effront: "Para el escultor el tiempo se detiene"

Cuando un hombre dibuja, los otros callan y el tiempo se mantiene a la expectativa. Las formas surgen del silencio. Dentro de la quietud, el hombre intenta captar lo inasible mientras lucha contra la materia, ya sea la hoja en blanco o el lienzo sobre el caballete.

El proceso de creación es lento y doloroso; a veces no alcanza ni la vida y se queda en un "pudo ser". El artista nace, se hace o se deshace. Algunos dan lo que tienen muy temprano y después callan; otros encuentran su camino cuando ya han vivido, como el príncipe de Lampedusa que escribió *El gatopardo* y murió.

El caso de la escultora belga Nadine Effront es el de una vocación tardía. Claro, Nadine tenía talento pero esculpía para entretenerse, hasta que un día, Braque, el pintor, y Laurens, el escultor, le aconsejaron trabajar en serio. Produjo entonces los bronces que se encuentran en el Museo de Arte Moderno en París y en Bruselas.

—Vivo en París, frente a la casa de Braque, Rue du Douanier. Cuando vio lo que yo hacía, me prestó su taller de escultura. Hoy, a los ochenta años, Braque trabaja todos los días. Es un hombre alto, de bellas facciones. ¿Sabe usted a quién se parece? A Nehru. Distinguido y noble, se viste con sacos de dril azul marino y pantalones de pana, que sobre su cuerpo adquieren un refinamiento extraordinario. Sí, sí es un hombre muy bondadoso. Aquí traigo algunas de sus últimas ilustraciones para un libro hecho al alimón con St. John Perse, *El orden de los pájaros*.

"Después de la guerra, Picasso, Braque y el escultor Henri Laurens me aseguraron que lo que yo hacía valía la pena."

—Y antes, ¿qué hacía usted?

—Tuve a mi cargo 1500 niños, hijos de padres que estuvieron en campos de concentración o que habían muerto. Viví con ellos en una casa que contaba con una cocinera y dos empleados. Ayudábamos a los niños a encontrar a sus padres y, en caso de su desaparición, les buscaba yo un nuevo hogar.

"Al terminar la guerra, volví a dedicarme a la escultura. Laurens me enseñó los trucos del oficio. Trabajé sin descanso durante dos años y después de mi primera exposición fui a Carrara, Italia, a experimentar. Al principio me trataron con muchos miramientos. Cuando los obreros vieron que me levantaba yo a las seis de la mañana al igual que ellos, me aceptaron. Sé hacer una tina, un excusado y, además, soy soldadora; puedo hacerle un lavabo con todas sus tuberías. Si necesitara yo ganarme la vida, sería plomero.

"Aprendí a distinguir los bellos mármoles transparentes; aquellos que resuenan como campanas apenas los toca uno. Trabajé con martillos y piquetas, con martillos neumáticos y, más tarde, me enseñé a redondear, a pulir con la mano. Es éste un oficio maravilloso porque uno maneja su tiempo. Expuse en la Bienal de São Paulo, en el Museo Rodin, en la Hannover Gallery en Londres, en el Middelheim de Amberes, en el Palacio de Bellas Artes en Bruselas, en Düsseldorf, e hice esculturas para el vestíbulo de la Sabena en Bélgica.

"Un día, para descansar, me puse a hacer joyas: un collar, dos pulseras, un broche. Las que yo veía en las joyerías no me satisfacían y, salvo las joyas expuestas en las vitrinas del Louvre, sentí que no favorecían a la mujer.

"Apenas empecé a usar mis propias creaciones, me preguntaron que de dónde venían, que si era posible adquirirlas.

"Salvador Dalí hizo collares y broches que embellecían a la mujer pero también se burló de ellas con sus sombreros en forma de zapato o de huevo estrellado. Así como los egipcios tenían el don de saber arreglar a la mujer, los joyeros de hoy las afean con sus joyas burguesas y ofensivas de tan vulgares."

—¿Pero por qué compran joyas las mujeres?

—Primero, las compran porque es oro; segundo, porque se les ven bien. Es difícil lograr que las mujeres abandonen el clásico "tres hileras de perlas" de la reina de Inglaterra.

—¿Y cómo se lanza un nuevo collar al mercado?

—Lo mejor es lograr que una mujer muy en boga lo use en público.

—¿Brigitte Bardot?

—Está en contra de las joyas y nunca las usa, salvo una cadenita con una cruz en el cuello. Actualmente recurro a Jeanne Moreau. Otras parisinas de gran personalidad son Marie Laure de Noailles, la Vicontesse de Ribes, Juliette Achard —buenas publicistas de joyas y de vestidos de alta costura—. Me gustaría lanzar joyas inspiradas en los frisos mayas y que las modelaran Dolores del Río y María Félix.

Roger Ikor, Premio Goncourt 1955

Roger Ikor, el novelista francés, es autor de *Les eaux melées* (Las aguas turbias), Premio Goncourt 1955, *Los hijos de Avrom, A través de nuestros desiertos, La lluvia sobre el mar, La cintura de cielo, El sembrador de viento, La casa sin flores, La sonrisa,* así como ensayos históricos: *La insurrección obrera de junio 1848* o *La primera comuna y Saint Just.*

—Señor Ikor, alguna vez declaró que el *nouveau roman* era como el nuevo franco: primero pesa y luego no queda nada.

—Éste es un chiste gratuito porque creo que los autores de la nueva novela, como Robbe-Grillet, Michel Butor, Nathalie Sarraute son escritores de calidad.

—Es que Nathalie Sarraute, en su libro *L'ère du soupçon* (La era de la sospecha), divide las novelas en dos: la novela psicológica y la de situación; representadas por Kafka, o sea, la novela psicológica, y Dostoievski, el hombre que es juzgado. Nathalie Sarraute habla del *homo absurdus,* o sea, un hombre sin aspiraciones, que no sabe qué hacer consigo mismo. Hasta ahora, los autores habían tratado de desentrañar el porqué de la actuación de sus personajes, pero el *nouveau roman,* amoral, por decirlo así, no quiere demostrar nada. Así, *El extranjero,* de Camus, nos muestra a Meursault, el asesino (que asesinó, sabe Dios por qué; porque hacía mucho calor, porque de pronto se le nubló la vista, porque llevaba un largo rato caminando sobre la arena hirviente de la playa y se cansó). Un poco antes de que lo condenen a muerte, Meursault nos dice: "Todos mis sentimientos han desaparecido. Mi cabeza y mi corazón están vacíos. Las personas, como las cosas, todo me es indiferente. Puedo hacer todos los actos, pero al hacerlos no siento ya ni alegría ni pena. Nada me atrae, nada me repugna. Soy una estatua viviente, ¡que me suceda lo que sea!, me es imposible tener cualquier sensación o cualquier sentimiento".

Nathalie Sarraute dice que Francia estuvo a punto de crear su "hombre absurdo" con *El extranjero* de Camus, pero ninguno ha superado a Kafka ni a Dostoievski.

—Me parece inexacto. Existen evidentemente esos dos tipos de novela: la psicológica y la de situación, como dice Natalie, pero hay muchos más. La novela también podría dividirse en Tolstoi y Dostoievski. Tolstoi inserta al hombre dentro de la sociedad y lo obliga a discutir con los demás, a enfrentarse a ellos. A Dostoievski, por el contrario, lo único que le interesa es lo que pasa en el interior del individuo. Es un introvertido. Giono hace novelas de tipo poético en las que el principal personaje es el paisaje. Su epopeya es algo así como la *Odisea* y podría convertirse en una tercera categoría de novela. En verdad, mi concepción de la novela es mucho más libre que la de Nathalie Sarraute. Para mí, la novela es la actividad de un escritor libre de formas, de barreras, o sea, un hombre que echa todo lo que tiene en la hoja blanca y lo hace del modo más directo.

—Dicen que el poeta escribe para sí mismo, para vaciarse, como si se abrieran las compuertas de una gran presa. ¿O el poeta escribe para los demás?

—Creo que el poeta escribe para sí mismo, porque la relación con su poema es sensual, pero es falso que el escritor escriba sólo para sí mismo; si no, no buscaría un editor.

"Creo que no hay novela sin diálogo, y el diálogo se establece con el lector. Si no hay lector, ¿por qué habríamos de escribir? Para escribir, el autor necesita libertad absoluta. Si no la tiene, mata su novela antes de crearla. A ver, dígame usted, Elena, ¿qué cosa es una novela?"

—Supongo que es un relato largo que llega a una conclusión pero ¿qué la *Odisea,* la Biblia y la crónica de Bernal Díaz del Castillo no son también novelas?

—Sí, creo que la Biblia y la *Odisea* son novelas y creo que nunca se discutió previamente su estructura. Ahora he terminado de escribir una novela; pensé, claro está, en su estructura, pero lo que cuenta es su contenido. ¡Siempre les he dejado a los críticos las discusiones acerca de la forma de la novela! Mientras escribo rechazo someterme a cualquier regla, a cualquier técnica. Me soy fiel a mí mismo, me obedezco y digo no a las técnicas de moda. ¡Nunca me interrogo sobre lo que hago; lo hago y ya, y creo que eso es lo que le hace falta a un gran número de novelas contemporáneas, esa naturalidad! Si uno recurre a la técnica ya no escribe con el corazón.

—Pero siempre vienen correcciones, leer y releer, pulir, cambiar. Muchos reescriben sus novelas.

—Voy a contarle una anécdota de Anatole France acerca de dos jóvenes pintores que compartían el mismo taller. Uno se pasaba la vida discutiendo acerca de cómo iba a llenar el lienzo y el otro no decía nada, pero pintaba. Después de treinta años, el primero seguía hablando acerca de su pintura, y el segundo ya tenía toda una obra.

—Así es que usted cree que el que se afana en la tarea está salvado.

—En una buena medida, sí. Lo único que alego es que uno tiene que ser fiel a sí mismo y no dedicarse a fabricar "castillos en España", como llamamos en Francia a lo que nunca se lleva a cabo.

HEMINGWAY DECÍA QUE EL OFICIO DE ESCRITOR CONSISTE SÓLO EN LEER Y ESCRIBIR

—Cuando estoy creando una novela no leo nada; me meto a fondo en mi trabajo. Al terminarla me entra una furia incontenible por leer casi todo lo que cae en mis manos, pero mientras escribo lo mío soy incapaz de leer otra cosa, salvo *Tin-Tin*, por ejemplo, la historieta para niños. También puedo leer libros de divulgación científica.

—Decía Hemingway que el oficio del escritor consiste en leer y escribir.

—Pues yo no puedo leer novelas que coinciden con lo que yo mismo pienso porque me distraigo. En la actualidad, tengo ganas de leer y releer a los clásicos. ¡Cada año releo a Balzac, a Stendhal, a Roger Martin du Gard, a Jean Giono! También leo a Mauriac, pero no tanto. Releo sus *Memorias interiores*. Entre mis contemporáneos, leo a Anouilh, Cauchon, Sabatier, pero las novelas del *nouveau roman* me aburren soberanamente, y una novela que me aburre la abandono.

(Debo aclarar que Roger Ikor es profesor de tiempo completo. Cuando le enseñó sus escritos a Roger Martin du Gard, éste lo alentó y lo ayudo a convertirse en escritor.)

—Trabajo en tres etapas. Escribo a mano de un tirón, a toda velocidad sin pensar en la forma. Es este el trabajo de creación y lo hago casi siempre durante las vacaciones. ¡Las aprovecho porque tengo el espíritu totalmente libre! Después lo paso a máquina, lo estructuro, y esto me exige el aislamiento. Doy cursos por la mañana y escribo en las tardes.

—Finalmente, señor Ikor, usted fue amigo de Camus.

—Sí, tuve esa suerte. Lo venero. Lo conocí antes de publicar mi primera novela. Roger Martin du Gard, a quien le debo mi formación de novelista, me mandó con Camus para que le leyera mi obra de teatro *Ulises en el puerto.* Camus (no tenía entonces la fama que alcanzó más tarde, contaba con el renombre que le dio *La peste*) me recibió con verdadera cordialidad, y mientras hablaba con él, un maestro vino a decirle no sé qué tontería y Camus lo atendió con la misma gentileza —parte intrínseca de su carácter—. Directo, sencillo, leal, humano, así era Camus. Se publicaron mis libros, nuestra correspondencia se estrechó hasta el momento en que, en 1958, los acontecimientos de Argel nos acercaron y nuestra comunión de pensamiento fue absoluta. Creo saber con certeza lo que pensaba Camus sobre el problema argelino, y cómo lo desgarró al grado de paralizarlo e impedirle escribir. Si Camus no publicó nada a partir de la guerra de Argel es porque, como hombre, como argelino y como francés, se sentía destrozado.

—A este propósito, señor Ikor, sé que usted escribe en *Le Monde,* el mejor periódico francés, y quería preguntarle ¿cómo puede un escritor hacer periodismo?

—En verdad es una doble o una triple función, porque llevo al menos cuatro vidas: la de escritor, la de maestro, la de periodista, y mi vida personal de padre de familia. ¿En qué medida mi vida de periodista daña mi vida de escritor? Creo que no la daña de ningún modo, porque no soy un periodista profesional y escribo sólo cuando siento la necesidad de expresarme. Lo hice con artículos polémicos durante la campaña presidencial de François Mitterrand. Ataqué, propuse, condené, pero eso nada tiene que ver con la creación romántica, en donde lo único que cuenta es mi mundo interior y mi relación con mis personajes.

"Soy un periodista de combate y mis relaciones con el público son directas. Mis palabras son actos. Además de artículos en *Le Monde,* cada semana, desde hace cinco años, escribo el editorial del periódico *Democracia.* Defiendo a la Francia de François Mitterrand."

Habla Pierre Comte: "Rulfo merecía el Nobel más que Albert Camus"

—Acabo de leer "Talpa". Es maravilloso. Daría yo todo Albert Camus por Juan Rulfo.

—¿Entonces no le concede el Premio Nobel a Camus?

—No creo que los premios Nobel estén hechos para los que tienen talento. El Premio Nobel es una institución como la Legión de Honor. ¿A qué personas se les da la Legión de Honor? Obedece a un complicado mecanismo que a veces no tiene nada que ver con el talento. Jamás le dieron el Premio Nobel de Literatura a Jean Genet, y Genet es un autor inmenso. Después de leer a Rulfo, me puse por curiosidad a releer *Les noces,* de Camus, ¿y qué quiere usted que le diga? Prefiero a Rulfo.

Pierre Comte habla con tanta sinceridad que hasta miedo me da apuntar lo que dice. Hace poco llegó a México, después de un viaje por el Caribe, en una carabela, en la que los marineros eran negros, menos el capitán. Naturalmente, había un chango, un loro y un perro. Al reportero Comte no le gustó Venezuela pero Colombia le fascinó, así como el Petén guatemalteco, en el que vivió entre chicleros en las plantaciones de la United Fruit a la que visitó para ver si era cierto que explota a los trabajadores.

—Lo que la prensa francesa publicó sobre la United Fruit me pareció sumamente exagerado, después de comprobarlo en la misma Guatemala. Vi a los obreros mejor pagados e instalados que los demás. También quisiera, aquí en México, hacer un reportaje sobre los chicleros de Campeche, pero hasta ahora no ha sido posible.

—Pero, ¿usted viene a México en calidad de escritor o de reportero?

—Dentro de pronto, el 20 de diciembre, circulará en París mi primera novela, *Marco,* que sucede en Salamanca, editada por Du Noel. Quisiera escribir una serie de cuentos mientras estoy aquí. Un cuento no se hace con un tema, sino con muchos. Lo que yo busco es impregnarme de la vida mexicana para reflejarla. No pienso relatar anécdotas.

Los artistas, condenados al infierno, si no los defiende el reverendo padre M. A. Carré

El reverendo padre Carré no es otro que el confesor y consejero espiritual de los artistas en Francia y el director de la Unión Católica de Teatro y de Música. Este inteligente dominicano conoce desde Jean-Louis Barrault hasta Maurice Chevalier y fue amigo personal de Mistinguette. Habla con las bailarinas del ballet de la Ópera de París, con los miembros de la orquesta, con las extras, con los escritores, las acomodadoras, los autores y los actores teatrales, el velador, el electricista, el plomero, que forman el complejo mundo de los artistas.

Antes, la Iglesia condenaba a los comediantes, pero eso no impide que la de actor sea una vocación tan fuerte como la religiosa. En el Convento del Sagrado Corazón, Eden Hall, muchas compañeras exclamaban: "Cuando sea grande seré monja o actriz". Y es que una buena actriz y una buena monja conocen "todos los trucos del alma".

El reverendo padre Carré ejerce una influencia enorme en el mundo del teatro, no porque convierta a los actores sino porque intenta comprender por qué no se convierten. Creyentes o no, los artistas encuentran en él a un amigo y no un ave de rapiña que quiere llevarlos al cielo a como dé lugar.

Un sinfín de susceptibilidades, vanidades pueriles, increíble fragilidad, tentaciones, exigencias y contradicciones florecen en el mundo del teatro, del cine, de la pintura, de la literatura. El padre Carré hizo suyos los problemas de cada quien, y descubrió que en cada artista hay un religioso que se ignora. Tuve el honor de saludarlo en París, y puso en mis manos un pequeño libro: *El Cristo y los artistas*.

—Padre, los artistas fueron excomulgados en un tiempo; Bossuet los condenó en sus *Máximas y reflexiones acerca de la comedia*.

—Sí, pero los artistas no le guardan rencor. La prueba es que en 1952, con gran espíritu de reconciliación, celebraron una misa para el reposo de su alma. En el origen del teatro (en el Oriente, en Egipto, y en todas las antiguas civilizaciones que recurrieron al teatro) hay manifestaciones religiosas y un fuerte llamado hacia la mística. El teatro griego también tuvo orígenes religiosos, pero la inclinación tanto de los actores como de los espectadores hacia el mal gusto y la facilidad hizo que los romanos llegaran a juegos crueles y obscenos que envilecían la escena. Del siglo II al siglo IV, la Iglesia católica no tuvo más remedio que condenar estos abusos, y en su tiempo, Cicerón, Séneca, Tácito y Tertuliano hicieron lo mismo. San Agustín afirmó: "La Iglesia condena a los comediantes y cree que con eso condena la comedia. A los comediantes se les priva de los sacramentos a la hora de la muerte, si no renuncian a su arte, se les excluye de los sacramentos por infames y como consecuencia infalible se les niega sepultura eclesiástica".

—Inglaterra es el único país que nunca los ha denigrado, ¿verdad, padre Carré?

—Creo que la ilustre bailarina Margot Fonteyn, de Covent Garden, fue nombrada *Doctor Honoris Causa* de la Universidad de Londres. En general, los comediantes han sido bien considerados en Inglaterra, pero en Francia hasta hace poco eran relegados a categorías dudosas. Ni siquiera el dinero facilitaba la boda de hijos de artistas (hasta de los más célebres) con miembros de la burguesía o de la aristocracia. El público creía que eran gitanos entregados a una vida de libertinaje. Sólo en los últimos años, jóvenes de las mejores familias y de los medios más distinguidos se han acercado al teatro.

"Se han dado casos extraordinarios de vocación religiosa en el teatro. Eve Lavallière abandona el Teatro Variedades, se santifica en la pobreza y en el seno de una soledad absoluta. Louis Jouvet también fue un gran religioso. Cuando bajaba del escenario leía a Simone Weil. La vida de los actores está llena de riesgos morales, pero las más grandes vocaciones, las mejores oportunidades de santificación, se encuentran al lado de los mayores riesgos."

"Cada hombre forja su propia moral": Monique Lange

—Yo tenía miedo de escribir. Como trabajo en Gallimard (hago traducciones y propongo libros para que se traduzcan), de tanto ver obras y escritores llegué a convencerme de que era incapaz de escribir. Tenía yo el manuscrito de *Les Poissons-Chats* (Los peces-gato) guardado en mi escritorio. Juan Goytisolo, mi marido, me convenció de que tenía que librarme de él. *Les Poissons-Chats* se publicó en una pequeña colección de Gallimard (Joven Prosa).

—Entonces, ¿escribir es una liberación?

—En mi caso, lo fue. Se me desató algo adentro.

Monique Lange tiene uno de los rostros más acogedores que he visto. Crece de adentro para afuera, ancho, fuerte y tierno a la vez; la sonrisa está siempre respaldada por sus ojos cálidos como de azúcar quemada. Monique Lange es una persona sin poses; conserva ese trato cálido que proviene del buen amor: el amor a sí misma y a los demás. La vida le ha puesto alrededor de los ojos esas pequeñas arrugas —patas de gallo de la felicidad— que se forman cuando uno sabe sonreír y dar gracias.

—¡Para mí, escribir es una felicidad formidable!

—¿No es una responsabilidad?

—Sí, lo es. Pero no me tomo en serio. Déjeme explicarle: mis amigos bromean, y creo que eso es bueno, porque con su actitud impiden que me sienta la gran caca.

"Para los verdaderos escritores, todo lo que no es trabajo resulta irrisorio. Jean Genet, Giacometti, son hombres para quienes lo único que cuenta es el trabajo. El problema es estar contento con él."

—¿Y usted está contenta con su trabajo?

—¿Qué contestarle? Sólo los juicios morales pueden herirme, jamás los literarios.

—¿Pretende que sus novelas sean morales?

—No es eso. *Les Poissons-Chats, Les platanes, La Rue d'Aboukir,* no tratan de introducir moraleja alguna. La moral de la sociedad me es ajena. Lo que más me ha ayudado en la vida es descubrir a Jean Genet (así como otros descubren "la gracia"). Cuando leí *Le journal du voleur* (Diario de un ladrón) comprendí que cada hombre debía forjarse su propia moral. La moral no nos es dada; la moral se crea dentro de uno mismo. Lo que es "moral" para un hombre puede no serlo para otro. ¿No vio usted *Viridiana* de Buñuel? Genet decía de André Gide que era de una amoralidad sospechosa.

—Louis Jouvet leía a Simone Weil.

—Leer a Simone Weil es malsano.

—También yo la leo y la admiro.

—No lo haga, la Weil la llevará al masoquismo.

"Vea usted, Elena, yo creo que en la vida lo único que se lamenta es lo que no se hizo. No digo que hay que hacerlo todo pero a lo largo de la vida puede uno añorar todo aquello que, pudiéndose hacer, no se hizo. La vida es muy generosa, muy amplia; todo cabe en ella y debemos recibirla con los brazos abiertos. Tuve un viejo tío de setenta y ocho años, un hombre muy puro que me dijo en su lecho de muerte: 'Sólo añoro lo que no pude hacer'."

—Pero también están los demás. Uno corre el riesgo de herirlos.

—El riesgo de la vida es hacerle daño a alguien. Personalmente creo que nunca lo he hecho voluntariamente.

—Todos nos herimos los unos a los otros.

LAS VÍCTIMAS DEL DINERO

—Y las cosas también nos hieren. El dinero hiere. Giacometti decía que la llave de la corrupción es el dinero. Hay gente, es cierto, que es imposible corromper. Examinemos a los actores que son, por decirlo así, víctimas del dinero. Marcello Mastroianni, por ejemplo, no deja que se lo trague el dinero. Prefiere regalarlo. Anoche cené con Paco Rabal, y cada vez que salimos varios amigos él paga. Le da dinero a quien quiera recibirlo; piensa que si uno gana más dinero que los demás, uno les debe algo.

—Es cierto. El rico siempre debe. Pero, ¿a qué horas tiene usted tiempo de escribir, entre su trabajo en Gallimard, su hija y Juan Goytisolo?

—Alguna vez, una colega de Gallimard me hizo la misma pregunta. Escribo en las mañanas, media hora, antes de venir al trabajo. A veces tengo ideas y no puedo anotarlas de inmediato. Maduro el libro en la cabeza, antes de escribirlo. Pienso en lo que voy a escribir cuando conduzco camino a Gallimard. Siempre sé cómo voy a terminar mis libros. Cuando le conté a esa compañera que fermento mis libros en el coche, respondió con una pequeña voz: "¡Ah, pero yo no tengo coche!"

—¿Y luego transcribe sus ideas?

—Sí. Antes le enseñaba yo mi manuscrito a todo el mundo, pedía consejos y eliminaba lo que me decían que estaba mal. Hoy sólo se lo enseño a Juan Goytisolo, que es un juez implacable pero atento. Todavía no he logrado levantar personajes masculinos, no sé trazarlos.

—¿En sus novelas relata sus propias experiencias?

—Es la experiencia interior la que cuenta.

—¿Y eso es lo que describe?

—Es difícil decirle lo que hago. El problema es la creación. Creo que el momento de la concepción es doloroso pero la vida también lo es, ¿o no? Mientras el libro se está gestando le pertenece a uno. Después pasa a ser de los demás; son ellos quienes tienen la razón al juzgar la obra.

"Ahora preparo una novela; sí, sí, otra, porque no puedo esperar la inspiración o el momento propicio, sino escribir un poco todos los días. Escribir es un oficio. Me gusta mucho tratar los problemas de las mujeres; por ejemplo, el de la maternidad es un asunto que los hombres sólo pueden entender intelectualmente. Ellos no cargan al hijo. Otro es el amor. ¿Cómo resuelven su vida las mujeres solas? ¿Cómo logran salir adelante las que están sin amor? Hoy, creo, las mujeres ya no permanecen tras los muros de su casa o el biombo de la sala. Se enfrentan a la vida como un hombre. Ya no son flores, son seres activos que entran en el juego. Muchas tratan de ir lo más lejos posible. Si pierden, ni modo.

—¿Y políticamente?

—Para los hombres, la política es más grave. Que una mujer cambie de parecer es menos grave que para un hombre. Históricamente un hombre está más comprometido, pero en la actualidad el hecho de no encontrar respuestas lo deja perplejo. La mujer es más subjetiva, más intuitiva, más terrenal.

—¿Como mujer está uno a la merced de alguien?

—Sí, más o menos.

Monique Lange, la francesa que ama a Juan Goytisolo y a España, inspira confianza. En alguna ocasión escribió: "Las personas capaces de morir por algo siempre tienen la razón". Y uno la siente a ella, dentro de su nobleza, capaz de morir por algo. Habla un español cálido sin erres guturales. Tutea inmediatamente. Se nota a leguas que sabe vivir.

"El buen cine es un encuentro entre el espectador y el autor del argumento": François Moreuil

François Moreuil filmó a los 28 años su primera película: *El recreo,* con la norte-americana Jean Seberg y los franceses Christian Marquand y Françoise Prevost.

Moreuil no pertenece a la *nueva ola* francesa. Para él, el cine no es un puñetazo en la cara del espectador sino la evocación de imágenes que sugieren que la vida puede ser distinta. El cine es también una identificación. El espectador se dice a sí mismo, como lo haría un lector: "Yo ya he pensado en todo esto. Coincido contigo". El cine es entonces un encuentro que nos ayuda a vivir.

—Me gustaría crear una escritura cinematográfica y tener un estilo como el escritor. Quisiera lograr que los objetos que filmo tuvieran vida propia y no fueran inanimados. Puedo conseguirlo mejor con la sensibilidad que con la inteligencia. La inteligencia pura en el cine no produce imágenes.

"Amo a los cineastas capaces de crear un mundo propio. Buñuel tiene su universo; Godard, Resnais, Antonioni, Visconti, Rossellini, Bergman, su estilo. ¿Ha leído usted *Limones ácidos,* de Lawrence Durrel? Él tiene algo que no tiene nadie: el genio que tuvieron Mallarmé y Rimbaud. Me gustaría hacer una película basada en una obra de Durrel."

—Bueno, Lawrence Durrel es el escritor de moda en Europa.

—No es eso lo que me importa. Lawrence Durrel escribe por intuición y me fascinan sus asociaciones poéticas y, sobre todo, el misterio con el que envuelve a sus personajes. Lo importante es lo que no se dice. Todos provenimos del misterio y puede hacerse una película con silencios. No hay que decirlo todo en una obra de arte; nunca hay que ser rotundo.

—Pero ¿no se aleja usted de la lógica?

—En cine, es menos importante la lógica que la sugerencia. Escribo mucho; preparo una novela que a lo mejor nunca publicaré. Es un libro en contra del sentimentalismo, una historia de amor que acaba en blanco. Creo que hay una fuerza oscura en cada día que nos da la posibilidad de recomenzar. Cada mañana volvemos a nacer. Lo que pasó, pasó.

—A mí no me gusta el misterio.

—Gauguin dijo: "¡Ámense, sean misteriosos!"

Con una ceja más corta que la otra y un ojo más pequeño que el otro, François Moreuil, sentado a horcajadas sobre su silla, el pelo enmarañado, hace toda clase de ademanes que subrayan sus palabras o las distorsionan.

—El cine francés está en crisis. Ningún distribuidor de películas puede comprar todas.las que producen los jóvenes. ¡Porque, créame usted, son muchas! ¡A mí me costó un trabajo enorme llegar!

—Pero ¿cómo es posible que en Francia los jóvenes salgan adelante y en México no lo logren?

—No conozco el problema mexicano pero creo que cualquier joven en el mundo, si es tenaz, triunfa. Las dificultades le sirven de aliciente. Claro que ésta no es una generalidad; hay muchos a quienes las circunstancias los vencen.

Sin duda alguna, el más joven de los cineastas es François Moreuil. Se casó con la actriz Jean Seberg, quien no triunfaba en las películas pero cuyo rostro quedaba grabado en la memoria. Estrella de poco éxito, era sin embargo una actriz que intrigaba. Hizo la *Juana de Arco* de Bernard Shaw y conservó para siempre su pelo mutilado; filmó también *Buenos días, tristeza* e influyó en las francesas que querían parecérsele. François Moreuil (que siempre tuvo más pelo que ella) empezó a figurar a su lado en revistas femeninas de gran tiraje. La pequeña Seberg y el joven francés, de espaldas los dos, caminaban enfundados en sus pantalones de mezclilla sobre un sendero de hojas muertas y los lectores se conmovían con este romance *nueva ola,* sencillo y poco glamoroso. "¡How sweet!", pero como ambos eran jóvenes, ella gringa y él francés, y el medio del cine es canijo, el matrimonio duró dos años. Hoy, divorciados, siguen siendo amigos aunque caminen cada uno por su lado en parques umbrosos y solitarios.

Jean Seberg se consagró definitivamente en *Sin aliento (À bout de souffle),* de François Truffaut, al lado de Jean Paul Belmondo, y hoy, Moreuil presenta su película, basada en un cuento de dos páginas de Françoise Sagan, a quien le fascinó el filme.

Debo hacer una aclaración: a diferencia de los jóvenes intelectuales, a

François Moreuil no le gusta *El año pasado en Marienbad,* de Resnais, el auto de fe de cualquier cineasta que se respete y sobre todo que se inicia.

—Me gusta *Cuando pasan las cigüeñas,* de Chukhrai, el de la *Balada de un soldado* y otras películas rusas. Me fascina Jean Renoir, *La sonrisa de una noche de verano* de Ingmar Bergman, Louis Malle y Chabrol, Carné y René Clair. También me atrajo *Sin aliento* y *Jules et Jim* de François Truffaut. Estas películas implican un nuevo orden, ya no sólo estético, sino ético. Me refiero, naturalmente, a la moral.

"Como le dije antes, no soy parte de la *nueva ola* francesa porque no comparto sus ideas ni llevo su vida. Trabajo solo. Me disgusta Resnais y no creo que la *nueva ola* sea una escuela ni mucho menos. Para mí, hay tanta diferencia entre Carné y Chabrol como entre Godard y Malle.

"El origen de la *nouvelle vague (nueva ola)* es un imperativo económico. Se juntaron jóvenes que demostraron que se podían hacer películas buenas y baratas. Yo también hice una película barata. En 1956 fui a Harvard a estudiar leyes en los Estados Unidos pero más que nada me interesaba escribir. Hacía yo guiones y publiqué algunos artículos de cine. Escribí una obra: *El ladrón de gestos* (una sátira de los ademanes), pero antes de entrar como abogado a una firma internacional decidí hacer un último gesto y me lancé al cine."

—En Francia importa mucho la crítica de cine, ¿verdad? Me dicen que Georges Sadoul es un verdadero pontífice.

—Para mí ninguna crítica es importante. Le tengo que rendir cuentas de mi trabajo primero al que me da el dinero, ya sea el productor o el público que paga por ver la película, y segundo, a mí mismo.

"Hacer una película es lo mismo que hacer una silla. El que la hace bien se siente contento; el que edita la película es en cierta forma un artesano. Debe ser capaz como lo es el carpintero que aplica sus conocimientos técnicos.

"Claro que la película debe darle al espectador, además de una obra bien hecha, una visión de su intimidad, y para conocerse a sí mismo nada mejor que la exposición de los sentimientos y las situaciones que los engendran."

EL CINE ES SIEMPRE SUBJETIVO

—La crítica es sólo una parte del público que hace profesión de criticar, pero a mí no me interesa filmar para los críticos, y el público culto y exclusivo me repele. No creo además que la cultura sea patrimonio de unos cuantos y esa clase de cultura no me interesa. ¿No somos todos subjetivos? Para mí, hacer cine es la responsabilidad de subjetivizar el mundo con objetividades. Todos vemos el mundo tal como lo llevamos dentro. Hay que apropiarse de todo.

—Pero al subjetivizar su visión del mundo lo reduce.

—No, porque todos los elementos son objetivos. Por eso le digo que el cine es subjetivo. Yo no tengo más que una mirada. Creo sinceramente que el cine no es un instrumento de persuasión sino el arte de sugerir.

"En la cultura de masas no existe discontinuidad entre el arte y la vida": Edgar Morin

—Señor Edgar Morin, ¿no le parece que el hombre culto ve la cultura de masas con desdén?

—Sí. Todo parece oponer la alta cultura a la cultura de masas.

—¿La creación es un acto individual?

—Se oponen calidad y cantidad, creación y producción, espiritualidad y materialismo, estética y mercancía, elegancia y grosería, el saber a la ignorancia. Antes que nada debemos preguntarnos si la cultura de masas es como la ve el hombre culto. A veces me pregunto si los valores de la alta cultura no son dogmáticos, formales y fetichistas.

Edgar Morin es el autor de *El hombre y la muerte, El año cero de Alemania, Autocrítica, El espíritu del tiempo* (ensayo sobre la cultura de masas) y otras obras que hacen de él un sociólogo muy estimado. En la actualidad trabaja con el doctor Georges Friedmann en el Centro de Estudios sobre los Medios de Comunicación de Masas y la Escuela de Ciencias Políticas lo invita con frecuencia a disertar en la UNAM. Lo entrevisté en Italia, en el Festival Cinematográfico de Sestri Levante. Pausado, de hablar muy lento, con su impermeable sobre los hombros, como si siempre fuera a llover, Morin nunca rehusó escuchar a los jóvenes, discutir las películas, hablar de América Latina y repartir críticas y consejos bien intencionados. Como venía yo de México accedió a responder algunas preguntas. Al festival también asistió el doctor Friedmann, y entre ambos discurrieron públicamente acerca de los cineclubes, las cerradas élites culturales de los países de habla española y la oposición entre la cultura de los cultos y la cultura de masas.

—¿Entonces lo que busca, señor Morin, es exaltar la cultura de masas y quitarle importancia a la "cultura de los cultos"?

—No es eso, señorita. Yo creo en la cultura "culta" que une a Chaplin, al jazz, a las canciones populares. Creo que Chaplin —que tanto cautiva a las masas— es eminentemente culto.

"No creo que se deba exaltar la cultura de masas pero sí que se debe reducir 'la cultura culta', porque nosotros, los intelectuales, contemplamos los problemas de cultura de masas desde un pedestal, y es absurdo. Los intelectuales tienen un concepto aristocrático de la cultura. Además, para ellos, el término 'cultura del siglo XX' evoca no el mundo de la televisión, de la radio, del cine, de las tiras cómicas, del rocanrol, del turismo, del *twist,* de los ocios organizados, sino a Mondrian, Picasso, Stravinsky, Alban Berg, Joyce, Proust, qué sé yo."

—¿El *twist* es parte de la cultura del siglo XX?

—¡Naturalmente! Y lo es el rocanrol y lo son las revistas sobre la vida de las estrellas de cine y las tiras cómicas que desprecian los intelectuales. ¡La labor del sociólogo es estudiar estos fenómenos en vez de contemplarlos desde lo alto!

—En mi país, México, los intelectuales participan en la cultura popular, Monsiváis…

—No me interesan los casos particulares. Lo que quiero decirle es que en la cultura de masas no hay discontinuidad entre el arte y la vida, ni etiquetas, ni ceremonia. La cultura de masas se consume todo el día y los valores artísticos no se diferencian cualitativamente: las sinfonolas ofrecen al mismo tiempo a Louis Armstrong que a Bach, Mozart y Chopin modernizados y hasta ritmos africanos. En la radio, en la televisión, en el cine, existe el mismo eclecticismo. A este universo popular no lo reglamenta la política del gusto, la jerarquía de lo bello, la aduana de la crítica. Las historietas tampoco tienen nada que ver con la crítica "culta" y se consumen igual que las papas fritas o los detergentes. Al producto cultural lo determina su carácter industrial, por una parte, y su carácter de consumo diario, por otra.

—Pero, ¿cuál es el valor supremo de la alta cultura?

-—El Arte, así, con A mayúscula.

—¿Y usted está en contra del Arte con mayúscula?

—Hay que conocer ese mundo para no sentirse como un extraño. Un intelectual no debe extirpar de su vida lo que le parece vulgar o ramplón, sino al contrario, estudiar este fenómeno.

—Usted le aconseja al intelectual que se ponga a ver telenovelas…

—Hoy la cultura de masas está en perpetuo movimiento, va de la técnica al alma humana y del alma humana a la técnica. Debemos seguirla porque es nuestro deber estudiar los fundamentos de la sociedad y del hombre. Claudel decía: "El hombre conoce al mundo no por lo que le quita, sino por lo que le añade".

—¿Qué es eso de comunicación de masas?

—(Contesta el doctor Georges Friedmann.) Son todos los medios: el cine, la radio, la televisión, la prensa, la publicidad. En nuestro centro de estudios examinamos la forma en que se presentó en la prensa francesa el viaje del primer ministro soviético Jrushov, analizamos el contenido de la información, cómo tal o cual periódico orienta al lector. Lo mismo hacemos con los programas de televisión: ¿cuáles son, por ejemplo, los que dejan huella en el televidente? Hoy, los niños están sujetos a la enseñanza no sólo de la escuela sino de la radio, la televisión, los anuncios publicitarios, las revistas para adultos. La formación del niño ya no depende sólo de la escuela y de la familia. Preguntamos: "¿Las escuelas deben seguir ignorando la publicidad? ¿Debemos enseñarles a los niños televidentes a escoger entre lo bueno y lo malo y a que no se traguen todo lo que les dan?" Incluso los adultos no tienen espíritu crítico y aceptan obras vulgares o brutales. El único modo de elevar la producción es atacar el problema desde la niñez. Así como al niño se le enseña a estudiar, es indispensable una pedagogía de la diversión.

—En la escuela, niños y jóvenes padecen a los autores clásicos...

—Sí, porque no hay nada peor que un mal maestro, como no hay nada peor que un mal periódico. En la vida, como en la enseñanza, lo primero es la honestidad. Debe hablárseles a los niños en la escuela de lo que oyen en la calle: las canciones, las películas, los hechos diversos, la política. Un buen maestro interroga, vigila reacciones, sabe de la vida del niño, lo encauza y no se desentiende de él apenas sale de su clase. Enseñarle al niño a escoger es primordial.

Los doctores Georges Friedmann y Edgar Morin fundaron junto con Roland Barthes y Violette Morin una revista: *Comunicaciones,* en la que preguntan cuál es el máximo héroe cinematográfico para el gran público, y tratan temas como el mensaje fotográfico y la literatura popular. "Es necesario un nuevo lenguaje pedagógico", alegan.

Friedmann y Morin se acercan a la cultura popular que los ha enriquecido y que los puede ayudar a comprender el siglo xx.

Auguste Rodin

•

Una tarde parisina de domingo salí del número 3 de la calle Casimir Périer en el 7ème arrondissement y a dos cuadras encontré el Museo Rodin. Fue una visita memorable. Sentí que las estatuas respiraban, que si me descuidaba me abrazarían. Como una poseída, las acaricié con los ojos. Bajo mis pisadas, resonaba la grava y creí que me llamaba. "Todas estas piedritas redondas bajo tus pies también pueden ser carne, linfa, sangre, la misma que la de las esculturas." La tarde era muy bella, seguramente porque el espíritu de Rodin soplaba sobre ella. Los brazos, las piernas, las mejillas de las estatuas tenían la lozanía de mis veinte años. Vi *Los burgueses de Calais* y desde luego *El beso;* tuve la certeza, como la tienen todos, de que Auguste Rodin es la más alta cumbre de la escultura de su tiempo. Su temperamento lo llevó a caminar a contracorriente, tomado de la mano de su rebeldía contra las concepciones clásicas.

Del fondo de la obra de Rodin nace un río de sangre. Las suyas son esculturas vivas.

Sus bronces también son la prueba de lo que el espíritu logra cuando vence a la materia.

Por encima de la simple imitación, la escultura de Rodin es un triunfo sobre la inercia. Sobre *El pensador, Los burgueses de Calais, El amor fugitivo, El monumento a Balzac,* gravita el peso de las tempestades que se desatan en nuestro corazón.

Una invisible espada cruza la carne atormentada en *La cabeza del dolor.* En los labios abiertos tiembla una palabra no dicha y los párpados abatidos cubren una mirada de espanto ante la proximidad de la muerte. Quizá en ninguna de las cabezas esculpidas por Rodin la fuerza humana es más avasalladora y más trágica.

Al salir del museo, siento que Rodin es símbolo y aliento de la existencia humana. Con sus culpas, sus grandes errores, sus mentiras y sus extraordinarias virtudes, sobrevive a todas las contingencias.

Su obra es como la catedral de Nôtre Dame.

La nueva dimensión de la novela: Nathalie Sarraute

Nathalie Sarraute tiene un bello rostro de mujer trabajada por la vida. Se le ve cansada. La traen y la llevan, la interrogan y la hacen firmar autógrafos; la felicitan y ella permanece siempre austera, inteligente, un poco triste, quién sabe por qué. Autora de *Los frutos de oro*, *La era de la sospecha*, *Martereau* y *Tropismos*, Nathalie Sarraute inició en Francia la llamada nueva novela o *nouveau roman,* que habrían de seguir Robbe-Grillet, Butor, Simon y otros escritores. En México también tiene admiradores como nuestra querida Julieta Campos.

En París, Nathalie Sarraute le dijo a Octavio Paz que vendría a México y Octavio rápidamente escribió al director del INBA, José Luis Martínez, para organizar conferencias y mesas redondas acerca del *nouveau roman.* Primero, Nathalie Sarraute y su marido visitaron Yucatán. "¡Qué maravilla! —exclama la señora Sarraute—. No creí que México me conmocionara como lo ha hecho. Chichén Itzá, Uxmal, me causaron una enorme impresión. Y qué decir de Teotihuacan. ¡Qué gran país!" En el Distrito Federal le llovieron entrevistas, comidas ofrecidas por funcionarios de la embajada de Francia y, sobre todo, conferencias.

—El diálogo sostenido en la Facultad de Filosofía y Letras de la UNAM resultó más polémico y más vivo que la mesa redonda en Bellas Artes, porque los jóvenes me hicieron preguntas que denotaban su conocimiento de la literatura actual. Hablamos, naturalmente, de la literatura comprometida, en contra de la antinovela (como la llamó Jean-Paul Sartre). Su nivel me pareció tan elevado como el de cualquier estudiante europeo.

—¿Qué es la nueva novela? ¿La antinovela es un movimiento?

—Puede decirse que es un movimiento, pero no una escuela. Casi nunca veo a Alain Robbe-Grillet o a Michel Butor. No nos reunimos como lo hacían los surrealistas, ni publicamos proclamas para defender nuestras ideas.

Fuimos muy combatidos, eso sí, porque muchos decían que escribíamos para no decir nada.

—¿Y es cierto?

—No lo creo. Lo que pasa es que en la nueva novela no hay intriga, ni personajes en el sentido tradicional de la palabra. Se trata más bien de movimientos interiores; la trama invisible está en la relación íntima del autor con los seres de los que habla. El lenguaje nos importa mucho, ¡quizá sea lo que más importe! Y con el lenguaje transmitimos sensaciones. Mallarmé dijo que él nunca haría una novela porque jamás podría escribir: "La marquesa salió a las cinco". En la nueva novela no tratamos de contarle nada a nadie, ni de convencer a nadie, ni de asombrar; simplemente reflejamos estados interiores.

—¿Anímicos?

—Si así quiere usted llamarle. (Sonríe, cansada, un poco harta de tanta pregunta.)

—Señora Sarraute, ¿y dónde quisiera morir?

—¡Qué pregunta más extraña! ¡Eso nunca me lo habían preguntado!

—¿En dónde quisiera morir?

—¡En ningún lado! ¡No quiero morir para nada! ¡Nunca pienso en morir!

—Pero ¿no está un poco muerta la nueva novela?

—¿Para usted lo está?

—Soy yo la que pregunto, señora Sarraute.

—No, no está muerta. Al menos me pareció muy vivo el interés que vi en México por los autores del *nouveau roman*.

—Pero ¿a dónde se encamina la novela?

—No puede preverse. Nunca pudimos adivinar que Marcel Proust vendría a cambiar la literatura ni que existiría un Joyce, y que su *Ulises* sería un parteaguas. No soy adivina, pero sí creo que el *nouveau roman* hace una aportación valiosa a la literatura francesa.

—¿Entonces la literatura depende de los individuos?

—¿Por qué dice eso?

—Porque usted nombró a Proust y a Joyce, que a su juicio cambiaron la literatura. ¿No depende la literatura de épocas? ¿No refleja su tiempo?

—Claro, a Proust y a Joyce los determina su época.

—Oiga, señora Sarraute, ¿por qué son tan malas gentes los escritores?

—Sí, tiene razón. No suelen ser muy buenas personas. Se encierran en sí mismos y no tienen benevolencia. Me refiero a algunos. Otros se interesan por el hombre y quieren estar en contacto con él.

—¿No le parecen egoístas los escritores modernos?

—No se puede generalizar, pero sí, los escritores actuales tienden a encerrarse y a escudriñar su alma. ¡Pero esto tampoco es malo, porque después de todo lo único que puede darle el escritor al mundo es su experiencia personal!

—¿Y el escritor no tiene que poner su obra al servicio de los más necesitados?

—No, porque la estropea. ¡Que escriba lo que lleva dentro, y si lo desea, que haga cualquier labor social muy distinta a la de su creación literaria!

—¿El escritor debe ir a la guerra?

—Sí, naturalmente, si así lo quiere. Pero no, si esto compromete su creación artística. Hay muchos autores que logran hacer una labor combativa y escriben su obra. Recuerde lo que decía Valéry: "La realidad en el arte es sólo el arte".

—¿Qué escritores mexicanos conoce?

—A Juan Rulfo. Leí *Pedro Páramo* en francés y me pareció muy *nouveau roman,* fantástico pero realista. Octavio Paz es un gran poeta y por él quisiera leer a sor Juana Inés de la Cruz. ¿Qué ensayos sobre ella puede recomendarme? Creo que el lenguaje de sor Juana es nuevo, como el de Juan Rulfo y el de Octavio Paz, cuyo sentido poético me llega muy adentro.

(La señora Nathalie Sarraute cena con su marido en casa de Arnaldo Orfila Reynal, con Laurette Séjourné, Julieta Campos, Enrique González Pedrero, Fernando y Socorro del Paso, Salvador Elizondo y Margo Glantz, quien coordinó la mesa redonda en el INBA. Por eso hay que despedirse, darle las gracias y ver una vez más su noble rostro cubierto por una red infinita de arrugas tejidas por el amor a la vida.)

Régis Debray: "La frustración chilena no puede ser definitiva"

El pelo largo, rubio cenizo, la frente alta enrojecida por el sol, los ojos azules en los que relampaguea la irritación, la camisa azul cielo que hace juego con los ojos, Régis Debray parece un poeta romántico del siglo pasado.

—Mire, quiero ver la entrevista antes de que se publique. ¿Tendría usted inconveniente? Es que me atribuyen tantas cosas. ¿Vio usted lo que le sucedió a la politóloga italiana Rossana Rosanda? En realidad no concedo entrevistas. Con usted sí, porque el doctor Orfila, mi editor en Siglo XXI, me habló de usted. (Sonríe, pero su sonrisa es sólo una fórmula de cortesía.)

—¿Por qué no da entrevistas?

—Porque no creo en el género.

—Pero usted lo ha practicado. Sus conversaciones con Salvador Allende ¿no son entrevistas?

—Más bien se trata de un diálogo de mutua introspección.

EL ABSURDO JUICIO DE RÉGIS DEBRAY

Lo miro con admiración —"este hombre se juega la vida"— y recuerdo su juicio en Bolivia en el que fueron obligados a regresar a su país sus dos editores: Maspero de Francia y Feltrinelli de Italia, quienes comisionaron a Debray en Bolivia (para informar sobre la guerrilla al igual que Herbert Matthews, del *New York Times,* quien acompañó a Fidel Castro en la Sierra Maestra). Paradójicamente, algunos izquierdistas mexicanos como Vicente Lombardo Toledano proclamaron que la mejor manera de defender a la Revolución cubana es desentenderse del caso Debray. Su argumento de peso es que Régis Debray es hijo de una opulenta familia francesa y sus padres son amigos personales del general De Gaulle. Y usted, licenciado Lombardo Toledano, ¿no ha formado una opulenta familia mexicana y ha sido amigo personal de todos los presidentes en turno? Muy buenas las declaraciones de Régis Debray, quien dijo que quería ser juzgado con los guerrilleros. "Si no puedo, desgraciadamente, reclamar el honor de haber sido un combatiente, dejadme al menos el honor de solidarizarme con ellos."

El jueves 12 de octubre de 1967, el gobierno de Bolivia confirmó la muerte del *Che* Guevara e invitó a la población y a varios periodistas de organismos internacionales para que dieran fe de la noticia. La opinión pública mundial pedía una confirmación y a los testigos les tocó ver cómo un cadáver, transportado en helicóptero, era llevado a un local sanitario de Valle Grande.

A nadie se le ocurrió pensar que la presencia de Régis Debray en el lugar de los hechos podría ser reveladora y recordé que solo, en su celda, Régis Debray hizo uno de los documentos morales más conmovedores de nuestro tiempo. Al contrario de lo que muchos creen, dio una de las lecciones de solidaridad que hacen falta en el medio de los intelectuales latinoamericanos.

"La insurrección popular de la que la guerrilla es un ejemplo y una variante, es reconocida como un derecho en la última encíclica del papa Paulo VI y un deber sagrado para todo amante de la justicia.

"Si no participé en ella no es por un privilegio cualquiera o por un derecho de intelectual de no llevar las ideas hasta sus últimas consecuencias, sino por una sencilla cuestión de disciplina y de repartición de tareas revolucionarias.

"Al despedirme del *Che* Guevara, el 20 de abril, sentí esa separación como una dolorosa necesidad: la de cumplir mi deber de militante revolucionario en el exterior y fuera de la zona de combate, como lo pidió él, y ahora que esta separación se ha vuelto definitiva e irreversible, mi mayor dolor, hoy, es no haber muerto con él. Eso es todo, señores oficiales."

Debray puso muy en alto el movimiento guerrillero y concluyó: "Doy gracias por anticipado por el honor que me van a hacer al condenarme a una pena severa".

He venido a ver a Debray con mucha ilusión, alentada por el entusiasmo contagioso del doctor Arnaldo Orfila Reynal, y ahora lo miro desconcertada. En su

cuarto de hotel, sobre la mesa, una canasta de frutas tropicales se pudre lentamente. Debray no se da cuenta. Él no las come. Tomo una manzana: las tres
cuartas partes están negras; también a la entrada un ramo de flores secas aguar-
da el juicio final.

—¿Por qué deja usted morir las cosas?

—¡Hubiera usted venido antes! Si quiere puede llevarse la piña. A ver sus
preguntas.

(Le tiendo mis papelitos.)

—¿Cómo ve el futuro inmediato de América Latina frente a los grandes
cambios en Chile, Bolivia, Argentina, Perú y Uruguay?

—Evidentemente se trata de un futuro de lucha, difícil en la medida en
que hay un retroceso del frente revolucionario en América Latina, lo que implica un redoblamiento de esfuerzos, de rigor en el análisis teórico y de eficacia
en la acción. (Se detiene y mira la punta de su grueso puro entre sus dedos
delgados.) Vivimos un momento muy difícil, después de la instalación del
fascismo en Chile, en Uruguay, en Brasil, en Bolivia. Las dificultades del régimen argentino hacen que la izquierda revolucionaria se encuentre en una posición más complicada que antes.

—Pero ¿no cree usted que lo que sucedió en Chile (el golpe militar contra Salvador Allende) nos retrasó cien años?

—No, no lo pienso. Esa es una visión muy pesimista, catastrófica y hasta cínica.

—Esto fue lo que pensaron muchos intelectuales cuando sucedió la tragedia chilena. Entonces su visión fue aún más desesperada. ¿Se trata de una
gran derrota?

—La resistencia chilena será larga y dura. Es evidente que un sistema de
terror como el implantado en Chile puede romper a corto plazo una fuerza
popular, pero hablar de un siglo de retrocesos me parece exagerado.

—¡Pero si el siglo de retraso lo tiene América Latina en todos los campos!
¡Lo de Chile fue el acabose, el Juicio Final!

—No, no, no estoy de acuerdo con usted. Terminó un periodo histórico
en América Latina, el de la conciliación, el de cierto reformismo. Podríamos
decir que la revolución pacífica aún no ha demostrado su viabilidad.

—¿Es una utopía?

—No lo sé, por el momento la experiencia ha sido negativa —sonríe
fugazmente.

—¿Previó usted de algún modo lo que podía pasar en Chile? ¿Cómo explicaría la caída de Allende?

—Puedo explicarla, pero no en dos palabras; escribí un libro en el que lo intento y usted puede leerlo. En líneas generales creo que hay una dinámica de los acontecimientos que escapó al control de Allende. Cuando subió al poder, Salvador Allende dejó intacto el aparato de Estado y es imposible hacer una revolución socialista con un aparato de Estado burgués. Aparato de Estado (me mira con preocupación como un profesor a su alumna) quiere decir ejército, policía, justicia y administración. Cuando se avanza hacia el socialismo con un aparato de Estado capitalista, éste se rebela y evidentemente es más fuerte que el gobierno. La fuerza es el Estado y Allende no era el Estado.

—Entonces ¿cree que el triunfo de Castro se debió a que acabó con el aparato de Estado anterior?

—El triunfo de Fidel fue posible porque acabó con el ejército de Batista. Desde el momento en que entró a La Habana en 1959, Castro tuvo las armas; la burguesía no contó sino con las de los Estados Unidos, de ahí su intervención. Así que de inmediato se transformó en una lucha nacional, patriótica, en contra de una agresión extranjera: la invasión de Playa Girón. En Chile no sucedió porque las armas estaban en manos de la burguesía.

—¿Cree que Allende debió hacer tabla rasa como lo hizo Castro?

—¡Pero si no dependía de él! Si se pudiera disolver un ejército por decreto estaría muy bien, pero así no sucede.

—Pero ¿por qué le tuvo confianza Allende a los carabineros? ¿La confianza era parte de su carácter?

—Creo que realmente esto debería preguntárselo a sus colaboradores más cercanos; pienso en gente como Garcés. Quizá estaba en él. Allende venía de todo un pasado chileno, republicano, parlamentario; tenía un cierto número de ilusiones sobre la naturaleza del Estado chileno. Segundo, sus ilusiones eran en gran parte diplomáticas. Me pregunto de qué hubiera servido insultar al ejército públicamente. Allende se vio forzado a actuar dentro de las contradicciones internas del ejército chileno y por eso mismo manifestarles una confianza aparente. Pero creo que desconfiaba de algunos generales.

—¿Pinochet?

(Hace un gesto con la mano como si se espantara una mosca de la cara y su boca pequeña bajo un bigote que cuelga lacio sobre su sonrisa, se tuerce.)

—Bueno, señor Debray, ¿rectificó en sus nuevos libros *La crítica de las armas* o *La guerrilla del Che,* publicados en Francia, sus concepciones políticas sobre América Latina?

—No, no las rectifiqué para nada; traté de profundizar en el análisis a partir de una experiencia. Han pasado diez años de lucha armada en América Latina; creí que era bueno intentar un balance crítico de ese periodo de las guerrillas para no repetir los errores cometidos desde 1960. Asimismo hago una autocrítica de lo que llamamos el foco guerrillero, que desemboca en una concepción clásica de la guerra del pueblo, todo a partir de mis experiencias en América Latina.

—¿Por qué se interesó tanto en América Latina?

—Porque a los 17 años leí *El Siglo de las Luces* de Alejo Carpentier.

—Pero ¿por qué fue usted, francés, a Cuba?

—Porque Cuba era para nosotros, estudiantes recién egresados, un lugar en el que se estaba decidiendo la historia del mundo.

—¿La historia del mundo?

—Sí, un sitio en el que las contradicciones de la época se habían concentrado. Si usted quiere, fue el impulso romántico de participar en una lucha. En ese momento, en Francia, el régimen de De Gaulle no nos ofrecía nada; una sociedad capitalista próspera, pocas salidas revolucionarias; un tercermundismo flotante, romántico, que más tarde empezó a cotizarse, eso fue lo que me atrajo.

—A propósito de la palabra *romántico,* que usted ha pronunciado dos veces, en *L'Express* vi que lo llamaban, no sé si como crítica o halago, el nuevo Malraux.

(Describe un círculo en el aire con su puro.)

—Esos son los clichés de la burguesía; siempre quieren ponerle una etiqueta a la gente. Creo que la diferencia entre Malraux y yo es que él es un genio literario y yo no tengo talento.

—¿Un genio?

—¡Absolutamente!

—¿Y usted cómo se considera?

—Yo ni siquiera tengo talento. He aquí la primera diferencia. La segunda es que Malraux no tenía ninguna formación teórica marxista, nunca estuvo interesado en valores de verdad, valores científicos, por lo tanto no tiene ninguna teoría de la historia. Malraux es un individualista que jamás leyó a Marx. Trotsky se lo dijo. ¿Conoce usted la polémica? Trotsky comentó a propósito de su novela *Les conquérants* (Los conquistadores): "¡Este señor necesitaría una buena inoculación de marxismo antes de venir a hablarnos de China!" Bueno, pues Trotsky tenía razón, pero la finalidad de Malraux no era la de hablar de la Revolución china sino de exponer y barajar ciertos conceptos metafísicos personales sobre determinadas situaciones históricas. Lo que le interesaba era su propio ego y digo esto con muchísimo respeto por Malraux y por la gran entereza del personaje... mucho respeto.

—Y a usted, ¿no le interesa su propio ego?

—¡Qué pregunta!

—¿Pero por qué escribe usted, señor Debray, si piensa que no tiene el menor talento literario?

—Hasta ahora he escrito teoría. Me gustaría mucho hacer literatura y voy a hacerla.

En su libro *Escritos de la prisión,* publicado por Siglo XXI Editores, Debray dice en la página 198 a propósito de sí mismo, sus compañeros de generación y su vida de estudiante: "Muchos sabían que les estaba reservado un lugar en la librería del otro lado de la vitrina, del lado bueno. Algunos lo ocupan ya, los otros lo ocuparán mañana. Con una herencia tal, los bienes fructifican solos; basta aguardar su turno". En su libro *Ensayos sobre América Latina,* Debray vuelve al tema: "Malraux ha dicho en alguna parte: 'Un intelectual no es solamente aquel que necesita de los libros, sino todo hombre a quien una sola idea, por elemental que sea, ordene y comprometa su vida'. El valor del intelectual no reside en lo que piensa, sino en la relación entre lo que piensa y hace. En este continente, quien no piensa en la revolución tiene todas las probabilidades de estar pensando poco o nada".

—¿Por qué va a hacer literatura?

—Porque ante todo quisiera tener una vocación de escritor.

Cuando nos despedimos, Régis Debray reitera: "Recuerde que quiero leer la entrevista, no vaya a publicarla antes de enseñármela".

(Por teléfono, Debray se muestra muy atento; su voz dulce me reconcilia con la idea de pasar al hotel a mostrarle el artículo: "Si no le quito demasiado tiempo". "Elena, si no le es difícil." Hoy filmará *Encuentro,* un programa de televisión para el cual fue invitado a México; Miguel Capistrán lo preparó todo.)

Debray es una mezcla rara de irritación y de humildad —mira airado a quienes lo interrogan—; su humor oscila entre estos dos polos. La vez pasada me dijo que no tenía obra y cuando le alegué que en algunos círculos de estudios se decía que él era uno de los grandes teóricos de América Latina, repuso:

—A América Latina le toca y le urge forjar sus propios teóricos.

Ahora le pregunto:

—¿Quién es el intelectual francés que más admira?

—Althusser.

—¿Se considera un romántico?

—No, no, al contrario (ríe); nada, nada, trato de ser un marxista-leninista honrado y consecuente, sobre todo con-se-cuen-te.

—¿Cómo ve el problema de Cuba?

—Con mucha simpatía.

—Bueno, así lo vemos todos.

—Mucha simpatía, admiración y entusiasmo.

—Es que no me dejó terminar la pregunta, ¿cómo ve el problema de Cuba en relación con la OEA, con los Estados Unidos, con el resto de América Latina?

—Pero ¡oiga usted, sobre esto ni hablar! La OEA es un organismo muerto desde hace diez años, un cadáver. ¿Por qué querer revivir un cadáver? ¡No hay ninguna ambigüedad en la postura cubana! Los cubanos no tienen el menor interés en formar parte de un ministerio de los Estados Unidos y lo han dicho siempre. ¡No quieren!

—Sin embargo, el secretario de Relaciones Exteriores de México, Emilio Rabasa, fue justamente a Cuba para obtener el "sí" de los cubanos.

—¡Imposible obtenerlo! La cuestión ni siquiera se plantea. Se puede concebir una organización de los Estados latinoamericanos pero sin la participación de los Estados Unidos, y una vez que los Estados latinoamericanos sean independientes. En este momento ¿cómo quiere usted hacer una comunidad con países como Bolivia, Uruguay o Guatemala? Por esto le digo que la cuestión es falsa, no existe, la OEA no interesa a nadie.

—¿Y qué podría decirnos de la relación de Cuba con los Estados Unidos?

—Todo lo que puede decirse es que es ilógica en el mundo moderno. En un mundo en el que los Estados Unidos reanudan relaciones más o menos normales con el mundo socialista: China y la URSS; pensar que los Estados Unidos tienen una política de amistad con China que les queda a diez mil kilómetros y una política de hostilidad neurótica hacia Cuba que les queda a cien kilómetros, es absurdo. Ahora bien, la historia tendrá que reparar la anomalía de las relaciones cubano-norteamericanas. En cuanto a las condiciones de esta reanudación, creo que la posición cubana ha sido muy clara. Sólo cabe reanudarlas, y sé que Cuba lo hará, sin menoscabo de su dignidad.

—¿No cree que hay una fuerte presión soviética sobre los cubanos?

—Puede haber un intercambio de ideas, de puntos de vista, una colaboración, pero la política cubana se decide en La Habana. Prueba de ello —y más que una prueba creo que es una evidencia— son las condiciones de los cubanos para el restablecimiento de las relaciones diplomáticas.

—Se dice también en México que el restablecimiento de las relaciones cubano-norteamericanas se haría a través de México, que tendría un papel conciliador.

—¡Se dicen muchas cosas y yo no estoy al tanto! Quizá lo esté usted más que yo, siendo mexicana y viviendo aquí.

—¿A quién considera actualmente uno de los mayores latinoamericanos?

—¡Esta es una pregunta trivial, indigna de usted!

ERA EVIDENTE QUE LOS ESTADOS UNIDOS ME NEGARÍAN LA VISA

—Señor Debray, ¿es verdad que le negaron su visa a los Estados Unidos?

—Sí, claro, era evidente que así lo harían. Efectivamente, me negaron el acceso al territorio norteamericano y creo que también los Estados Unidos quisieron presionar al gobierno mexicano para que me negara el acceso a México. Obtuve finalmente la autorización, gracias a la intervención personal del presidente Luis Echeverría.

—¿Se siente en deuda con el presidente de México? ¿No implica esto un compromiso?

—¡Ésa es la pregunta de los 64 000 pesos! No siento ningún compromiso político hacia el régimen mexicano sobre el cual no me toca opinar. Pero ¿cómo no apreciar un gesto de esa calidad?

—Señor Debray ¿qué implica la muerte de Georges Pompidou para el futuro político francés? ¿Actuará usted al lado de Mitterrand y la izquierda francesa?

—Bueno, hay dos maneras de hablar de Mitterrand; primero del personaje Mitterrand y después de su papel histórico. Tengo mucha simpatía y respeto por el hombre Mitterrand y creo que su función política actual es irremplazable. Es el representante de la unión de todas las fuerzas vivas de la izquierda en Francia: la clase obrera, los intelectuales y las capas medias empobrecidas, lo cual constituye ya 45% de los votos. El problema es obtener un poco más.

—¿Y cree usted posible obtenerlo?

(Ríe y levanta los brazos al cielo.)

—En todo caso, creo que jamás se había presentado una coyuntura política tan favorable a la izquierda; o sea, el Partido Socialista, Comunista y Radical tiene un programa común de gobierno, un candidato cuya envergadura como hombre de Estado es reconocida por todos, y tiene frente a sí un régimen en su etapa final, en vías de descomposición, que ya no reacciona más que con los clásicos reflejos irracionales producto del miedo. Por eso afirmo que se trata de un momento histórico muy importante para Francia.

—Entonces ¿hay posibilidades de que Mitterrand salga electo?

—(Me mira con asombro.) ¡Claro! No puedo profetizar, pero puedo asegurar que a la primera vuelta Mitterrand tendrá un número de voces muy superior a Giscard D'Estaing y a Chaban Delmas. Quizá Mitterrand sea menos conocido internacionalmente porque las agencias de prensa están dominadas por los yanquis y por el movimiento oficial francés; por lo tanto Mitterrand, siendo un hombre de oposición, no tiene la misma cobertura en los medios... (Bruscamente se lleva la mano a la frente y se la golpea.) ¡He visto aquí los cables que se publican, sí, sí, en la prensa mexicana, y me dejaron azorado! Lo ponen en el mismo nivel que candidatos folclóricos de la izquierda o de la derecha. Las agencias de prensa no hacen su trabajo.

—¿Qué hará usted cuando regrese a Francia?

—Haré lo que todo el mundo. Espero que la mitad más uno de los franceses (se ríe) actúen en tal forma que la burguesía abandone la plaza y la deje libre para la izquierda. Trataré de colaborar lo más eficazmente posible en el proceso. Como uno más de sus colaboradores, ayudaré a Mitterrand en todo lo que él me pida.

—Usted, aquí, ahora, en América Latina, ¿volvería a ligarse a una guerrilla?

—¡Ah! (Su bigote le cuelga y sus manos también cuelgan en el suelo.)

Oiga usted, pues en este momento me considero por entero francés. Además me he afrancesado mucho en estos últimos años.

—¿Le gusta su afrancesamiento?

—No es un problema de gusto. Es un hecho.

—Pero ¿estaría dispuesto?

—Claro. ¡Seguro que sí, pero no en cualquier parte, con cualquier gente ni en cualquier momento!

—¿Considera que pelear al lado del *Che* fue una buena experiencia?

—Fue muy positiva porque aprendí que hay errores que no debo cometer. En todo caso, quizá no sepa yo lo que debe hacerse, pero sé lo que NO debe hacerse en la lucha.

—¿No cree que las condiciones de la lucha han cambiado?

—Claro que han cambiado.

—¿Cree en la vigencia de la guerrilla?

—Sí, creo que no es una panacea ni una fórmula mágica sino una forma de lucha que conviene a cada vanguardia nacional y a ésta le toca decidir si quiere o no emplearla dentro de una coyuntura dada.

—¿Y qué piensa de los secuestros dentro de la lucha guerrillera?

—No pienso nada.

—¿Cómo que nada?

(Dentro de sus ojos nerviosos, veo gruñir el enojo, listo para dar el zarpazo. Dice que nosotros los mexicanos somos agresivos, irónicos; quizá tenga razón.)

—¿Nada?

—Pienso, Elena, que son las masas las que hacen la historia y que la lucha revolucionaria es algo serio que debe tratarse con gravedad.

—Entonces, ¿condena el secuestro?

—No, todo depende de las condiciones, el momento y el lugar.

—Pero ¿cuando los tupamaros comenzaron a secuestrar?

—Hicieron bien.

—¿Lo cree usted?

—¡Seguro que sí! Pero eran los tupamaros en Uruguay. Cuando un gángster secuestra a una persona o, peor aún, al pariente de una persona, se trata evidentemente de algo muy distinto.

—Y de la exportación de las guerrillas en América Latina, ¿qué piensa usted?

—Pienso que ninguna revolución debe exportarse por la simple razón de que no puede exportarse.

—Pero *el Che* dijo que había que trasplantar guerrillas en América Latina.

—No, *el Che* jamás dijo eso.

—¿Entonces por qué se difunde?

—Porque se dice cualquier cosa.

Como el ruido del tránsito y de los cláxones aumenta nos asomamos a la ventana del hotel. Le cuento a Debray —al ver la calle— que por esta misma avenida la escritora Elena Garro organizó una manifestación en 1967 en favor suyo y nos invitó a marchar. Guillermo Haro entonces me dijo:

—Así es que por un fifí francés protestan. ¿Y por qué no protestan por todos los bolivianos encarcelados?

Debray levanta la vista:

—¡Pues tu marido tenía toda la razón en lo que dijo!

—(Por primera vez me tutea. Lo miro con curiosidad y le pregunto:) ¿Y así como se ha dicho cualquier cosa sobre *el Che* Guevara se dice sobre ti?

—Sí —sonríe—, sí, cualquier cosa.

Madeleine Renaud ●

Bout de Bibi (así le dicen a Madeleine Renaud) y su marido Jean-Louis Barrault, un señor delgado y despeinado con los ojos llenos de fiebre y las manos floridas de abejas diligentes, hacen desfilar ante nuestros ojos la ingenuidad irónica de *Intermezzo* de Giraudoux; *El misántropo* de Molière; el espíritu bohemio y distraído de *El cerezal* de Chéjov; el *Cristóbal Colón* de Claudel, el *Edipo* de Gide y *La repétition où l'amour puni,* de Anouilh.

La compañía Jean-Louis Barrault-Madeleine Renaud había estado en Buenos Aires, Santiago, Montevideo, Río de Janeiro, São Paulo, Bahía y Pernambuco, que los admiraron, así como a los veinte actores y diez técnicos que integran la compañía. En Chile, Barrault visitó a su amigo Pablo Neruda, quien festejaba sus cincuenta años de vida. El actor francés leyó a Neruda en voz alta frente a la gran actriz Margarita Xirgu. En Santiago, rezó sobre la tumba de un artista de la compañía de Louis Jouvet, Romain Bouquet, que falleció en 1942. ¿Y en México? Jean-Louis Barrault pide conocer a nuestros actores, discutir con nuestros escritores (ya que Barrault es también escritor) y entrevistar a autores teatrales como Emilio Carballido y Sergio Magaña.

Madeleine Renaud es quizá la más menuda, la más rubia y aérea de las actrices francesas. Al igual que interpreta distintos papeles en el teatro Marigny, conoce el arte de hacer las mejores mermeladas de frambuesa y de naranja y tomar decisiones inteligentes e irrevocables. Quería ser modista y su mamá andaba tras de un matrimonio brillante para ella. (La mayoría de las madres tienen ese deseo.) Madeleine se casó tres veces y después de hacer una espléndida entrada en la Comedia Francesa y un examen no menos notable en el conservatorio, Bout de Bibi (que quiere decir pedacito de nada) demostró a lo largo de los años que es una actriz admirable.

Al entrar en la Comedia Francesa, se casó con Charles Grandval y tuvo un hijo que ahora forma parte de la compañía. Cuando tenía que actuar, Madeleine lo encargaba a una vecina. Ella misma iba al mercado, cocinaba y sacaba a su hijo al jardín del Paláis Royal. A la muerte de Grandval se casó con otro actor de la Comedia Francesa, Pierre Bertin (uno de los pilares de la compañía de Jean-Louis Barrault-Madeleine Renaud). Un día, un director de cine le anunció a Madeleine: "Descubrí un primer galán, joven, chistoso, feo, serio. Se llama Jean-Louis Barrault y quisiera que fuera tu compañero en la película *Hélène* (de Benoit Levy)". Madeleine Renaud, ya una gran *vedette,* aceptó filmar con un desconocido y se casó con él, el revolucionario, el desnutrido, el debutante, el fantasioso, el entusiasta. Ella la bonita, la sabia, la mujer de experiencia, la actriz consagrada lo escogió porque así lo quiso el dios del teatro, pero hubieran podido odiarse.

Después de la boda, los dos abandonaron la Comedia Francesa para lanzarse a la gran aventura del Teatro Marigny. Ella, que buscaba la estabilidad, siguió a Jean-Louis a través de los inmensos obstáculos de fundar una nueva compañía. Y ahora los dos se encuentran sobre tierra firme y el navío ha anclado en aguas tranquilas.

Nada como la presencia física de Jean-Louis Barrault. Cumple la solicitud de Shakespeare, quien pidió la abolición de la carne: "¡Ah, cuerpo demasiado denso! ¡Oh, si tú pudieras fundirte, evaporarte, disolverte en el rocío!" Jean-Louis Barrault, leve como un papel de china, se eleva por encima de los demás.

Los caballeros de la ilusión, Pierre Bertin, uno de los pilares de la compañía de J.-L. Barrault

Uno de los pilares de la compañía teatral Madeleine Renaud-Jean-Louis Barrault es Pierre Bertin, a quien debemos la entrevista con Jean-Louis Barrault.

Dentro de su camerino del Teatro Marigny, en París, platicamos con Bertin. Gordo, afable, con una vestidora que revoloteaba a su derredor enchinando los bucles blancos de su peluca y múltiples admiradores que esperaban a que saliera para pedirle autógrafos, el actor nos abrió los brazos. Ha escrito varios libros de teatro, entre otros, *Los caballeros de la ilusión,* que lleva un prólogo de Louis Jouvet, quien habla de las amenazas que agobian al teatro.

Mientras polvea su nariz y acicala el bigote que ha de llevar en la obra de Chéjov, *El cerezal,* el actor habla de Barrault. Bertin fue el segundo marido de Madeleine Renaud, hoy esposa de Jean Louis.

—Jean-Louis Barrault es sin duda el hombre de teatro más importante de Francia. Considero que la Compañía Renaud-Barrault ha hecho mucho por el teatro en Francia. La Comedia Francesa es demasiado oficial. Jean Vilar también es muy valioso pero Barrault ha renovado el teatro. Tiene un repertorio de una variedad increíble. Fíjese usted: Claudel, Shakespeare, Chéjov, Molière, Marivaux, Lope de Vega, Anouilh y Giraudoux. Uno de los papeles que prefiero es el del inspector en *Intermezzo.*

"Las obras en las que más me gusta actuar son las de Musset, por sus personajes ligeros, y el papel de Geronte en *Les fourberies de Scapin.* También *La peste* de Camus y *El cerezal,* de Chéjov. (Pierre Bertin sigue maquillándose y cubre ahora su rostro con una espesa pasta rosada.) *El cerezal* es una obra extraordinaria, y mi personaje, el de un viejo de la retaguardia que confronta a la joven revolución. El mundo entero cabe en la obra de Chéjov."

Trucos y magia de Xavier Massé, un actor que conoce el lenguaje misterioso de los niños

Cuando Xavier Massé entra a un cuarto de niños, se le abalanzan: "¡Imítanos a la viejita, haznos el truco de la baraja!", "¿Y el cuento de la aspirina?", "¡Haz desaparecer la moneda! ¡Échate unas machincuepas!" "Quiero un barquito de papel". Xavier Massé, siempre impertinente con la gente grande, complace cada uno de los deseos infantiles. Entretiene, cuenta aventuras terroríficas, enseña las últimas maromas, hace desfilar todo su repertorio de muecas, saca conejos y barajas de sus bolsillos y, finalmente, cuando llega el sueño, persigna a un público agradecido y apaga la luz de la *nursery*.

Después de este relato, ustedes, queridos lectores, van a creer que Massé es un prolífico padre de familia. Pero no, queridas lectoras, se trata de un codiciado soltero dispuesto a casarse. Treinta y tres años de edad, unos ojos azules en los que brilla la malicia francesa, un rostro de adolescente, de esos que conservan durante toda su vida la mirada que tenían de niño; he aquí las características del actor.

—Xavier, pon atención porque vamos a comenzar la entrevista. A ver, dime, ¿cómo empezaste en el teatro?

El actor se ve molesto, y luego, como si se le ocurriera una idea brillante, exclama:

—¡Ah, sí, ya sé! Desde pequeño me encantaba el teatro y cada vez que me daban mi domingo lo ahorraba para poder asistir a una función.

—Pero, Xavier, ¿no se te ocurre otra cosa? Todos, pero todos dicen lo mismo: de niños ahorraron para ir al teatro.

—¡Ah, bueno!, pero entonces, ¿qué digo? Yo no sirvo para hablar de mí mismo. Te puedo contar de mi motoneta, de mis preferencias, de quiénes son los actores que más admiro, las obras que más me jalan, pero de mi vida no sé qué decirte, a menos que te confiese mis pecados. Para mí, los *Diálogos* de

Salvador Novo es uno de los espectáculos más bellos que he visto en México. El texto es de una finura y tiene un sentido del humor fuera de lo común. Creo que en México nadie maneja el idioma como él. ¡Maese Novo! Marilú Elízaga es una gran dama del teatro y ninguna actriz tiene su presencia sobre la escena y ciertos papeles no podrían ser interpretados sino por ella. Pienso en Tovaritch, que Elvira Popesco inmortalizó en París. Carlos López Moctezuma fue para mí una revelación en *Secreto de juventud*. ¿Y qué decir de Carlos Riquelme, actor internacional, que podría llevarse de calle a cualquier europeo, y de Francisco Jambrina, Ignacio López Tarso en el *Moctezuma II* de Sergio Magaña, y de María Douglas en *Medea*? ¿Y los autores teatrales? *Corona de sombras,* de Rodolfo Usigli, es una obra maestra, y el teatro de Carballido me parece excelente, tanto en su diálogo como en la construcción de la obra.

—Bueno, Xavier, pero ahora hablemos de ti.

—¿De mí? Pues todo lo que soy y tengo se lo debo a André Moreau, que considero el mejor director de teatro en México. Con Moreau me hice profesional y debuté en la Sala Molière del IFAL con un misterio medieval: *Adán y Eva.* Hice el papel de Adán.

—¿Por qué no el de la serpiente?

—Porque no había serpiente. Después me convertí en el galán joven o en el primer galán de la compañía de teatro del IFAL e hicimos *Las manos sucias, de Sartre; El sombrero de paja de Italia, Les nouveaux messieurs, No habrá guerra de Troya,* de Giraudoux, y tantas obras más. También filmé una película: *Negro es mi color,* al lado de Marga López, con Tito Davison como director. Luego me cayeron diversos contratos de televisión y giras por la República.

Antes de venir a México, Massé fue comisario de a bordo en Air France. Flotaba como esos seres que parecen formar parte del avión, esos noruegos luminosos que derrochan su simpatía sobre las pasajeras. "¡Ojalá me dé un síncope para bajar del avión en brazos del aeromozo!"

Massé conoce más de medio mundo: toda América del Sur, Shangai, Saigón, El Cairo, Tananarive, Calcuta, Dakar y Casablanca. En Buenos Aires, un hombre de negocios le propuso formar en México una compañía distribuidora de películas. Los dos harían fortuna. Fracasó y, después de la quiebra, le ofreció a Massé un regreso a Europa, en tercera clase en barco, o su permanencia en México bajo su propio riesgo.

Massé escogió a México y se dedicó a las más diversas profesiones. He aquí un ejemplo: "Señorita, por favor pase usted al pizarrón". Profesor de álgebra, descargaba sus baterías sobre la desmantelada posición enemiga, es decir, sobre la ignorancia aritmética. (Massé fue maestro, en el Lycée Franco Mexicain, de Helena, *la Chata* Paz, hija de Octavio Paz y Elena Garro, una alumna que todavía recuerda por su sensibilidad y su inteligencia.) Otra de sus profesiones fue la de vendedor de cognac Martel, que lo hizo viajar por toda la República. (Nuestros políticos son coñaqueros.) En Morelia, Michoacán, Massé iba a la tienda de abarrotes más grande, la de don Tencho: "A ver, don Tencho, le regalo esta muestrecita, ¿cuántas cajas me va a comprar ahora? ¿Nomás cuatro? ¿Pues qué no durmió bien anoche? Si cuatro no le duran ni pa'l arranque, don Tencho. A ver, a ver, póngase ducho". Y Massé, incansable, se salía con la suya.

Éste es un ejemplo de su amor al teatro:

—Fíjate que una compañía de aviación me acaba de ofrecer una chamba de cinco mil pesos.

—¡Qué bárbaro, qué bueno! ¿Cuándo empiezas?

—Les dije que no. Quiero ganar siete mil pesos al mes.

—Pero eso es mucho. ¿Cuánto ganas ahora?

—Nada, sólo lo del teatro.

Por mejor que pague el teatro estamos seguros de que Massé no gana ni por equivocación cinco mil pesos al mes. ¿No es ésta una auténtica prueba de amor al teatro?

Latinoamérica tiene una deuda
con Marcelle Auclair

Si alguien se ha preocupado por dar a conocer la cultura latinoamericana en Francia es Marcelle Auclair. Traductora de la novela *Don Segundo Sombra* de Ricardo Güiraldes, Auclair escribió su primera novela en Chile, en español: *Toya,* que más tarde habría de rehacer en francés para la editorial Gallimard que ha publicado *Anne Fauvert, Nacimiento, Cambiar de estrella.* Pero es en la traducción de varias obras de García Lorca: *Bodas de sangre, Yerma, Así que pasen cinco años, Doña Rosita,* en las obras completas de santa Teresa de Ávila y en las de Gómez de la Serna y *Enriquillo,* de Manuel de J. Galván, que Marcelle Auclair demuestra su devoción por la cultura hispánica y su conocimiento de nuestro idioma.

Invitada a develar en México la estatua de León Felipe en la Casa del Lago del Bosque de Chapultepec, Marcelle Auclair recorrió la ruta de Hernán Cortés: Veracruz, Jalapa, Puebla, y comprobó que Bernal Díaz del Castillo no se había equivocado al hablar de la belleza del Valle de Anáhuac. Regresó a Francia cansada pero enamorada de nuestro país "exuberante, voraz, temible y monumental".

"En mi casa de Etiolles me espera un correo de un metro cúbico (Marcelle Auclair es la escritora que más correspondencia recibe en el mundo), pero tengo una secretaria que me ayuda a responder las cartas."

Fundadora de la revista *Marie Claire,* les dio voz, a través de sus artículos, a miles de mujeres que le enviaban denuncias, peticiones o simplemente querían desahogarse. "Por fin encuentro a alguien con quien hablar." Marcelle Auclair se volvió la confidente de lectoras a quienes no podía ponerles rostro. La revista *Marie Claire,* dirigida a la población femenina, conoció entonces su mejor época.

—*El libro negro del aborto* —dice Marcelle Auclair— se hizo con cartas que me llegaron a la redacción de *Marie Claire,* algunas de ellas terribles. Sin embargo la prensa francesa, que puede ser de una hipocresía sin nombre, no publicó una sola crítica. ¡Esto era en 1960! Se escandalizó por los medios que las mujeres usan para abortar: agujas de tejer, ganchos, cuchillos, sondas, brebajes. También a mí se me pararon los pelos de punta pero lo publiqué.

—Y su libro, ¿no podría volverse a editar?

—Lo mismo me dijo Fayard, mi editor, y le respondí que ahora abundan las píldoras y los anticonceptivos que controlan la natalidad. Hoy en día las mujeres pueden evitar la fecundación para no tener que llegar al horror sin nombre que es el aborto.

"Antes de que se publicara mi libro, abortar era un infierno. Cuando se tradujo al alemán y el editor solicitó recortes de prensa, le indiqué que hiciera la publicidad diciendo: 'El libro del cual la prensa francesa no quiso hablar'. Circuló mucho en Alemania. En Francia, le dije a Fayard: 'Lo único que pido es que entregue un ejemplar de *El libro negro del aborto* a cada uno de los diputados y los senadores'. No se atrevió por temor a represiones políticas."

—Ahora que el aborto se ha legalizado en Francia, ¿se habla de su libro como un pionero?

—De vez en cuando. El problema que provoca ahora la legalización del aborto es que los estadistas franceses sienten vergüenza de no haber pensado en ello antes y por eso silencian mi libro. Durante años, en *Marie Claire* escribí artículos sobre control de la natalidad hasta que llegó un momento en que, dentro del enorme número de cartas de mujeres, algunas escribían en forma tan abierta y dolorosa que tuve que insistir en que no firmaran su carta. En aquella época abortar significaba cárcel. Sin embargo, al firmarlas, alegaron: "La sociedad no puede hacerme más daño del que ya me ha hecho".

"En Francia se habla hoy libremente del aborto pero hubo un tiempo en que hasta las planas pagadas en los periódicos en las que Catherine Deneuve, Simone de Beauvoir, Delphine Seyrig, Françoise Sagan, declaraban: 'Yo aborté', fueron motivo de escándalo. Y de desafío. Llegué a ver autobuses con letreros: 'Vamos a Holanda a abortar'. En mis artículos abordé conflictos sociales y escribí libros como *La felicidad está en usted, La práctica de la felicidad, El libro de la felicidad,* porque creo que es sano enseñarle a la gente lo bueno que trae cada día. Publicado hace más de 20 años, circularon más de 300 000 ejemplares de *El libro negro del aborto,* y se tradujo a 36 idiomas, salvo al inglés, porque a los norteamericanos les pareció *too french* (ríe).

"Si la gente no aspirara a la felicidad, mi libro no hubiera tenido tanta demanda."

—Pero ¿cree que la felicidad se adquiere con recetas?

—Yo no doy recetas. Cuando tomé la dirección de *Marie Claire* y entré en contacto con mujeres, me di cuenta de que necesitaban una especie de arte de vivir y así encaucé los artículos. Le di a *Marie Claire* un sentido de superación personal.

MARCELLE AUCLAIR FUE UNA AUTÉNTICA NIÑA PRODIGIO

Autora de *La vida de santa Teresa de Ávila* y de *La vida de Jean Jaurès* (también santo a su modo), de la biografía de García Lorca ("yo esperé y esperé que alguno de sus amigos la hiciera y empecé a repartir las fotografías que le tomé a Federico hasta que pasaron los años y vi que el libro no salía, entonces decidí sentarme ante la mesa de trabajo y hacerlo"), Marcelle Auclair responde a mis preguntas.

—No, Elena, no. No es cierto que sea chilena; mis progenitores eran franceses; mi padre, arquitecto, quería hacer construcciones a prueba de terremotos y buscó un país en el que temblara para llevar a cabo sus investigaciones sísmicas. En enero de 1906, hubo un sismo en San Francisco y pensó muy seriamente en irse a vivir allá, pero en el mismo mes de agosto de 1906 tembló en Valparaíso y escogió América Latina. Así, permanecí en Chile desde los siete hasta los 23 años. No, no hice grandes estudios, en esa época las mujeres no los hacían; asistí a varios cursos que daban viejas señoritas que no sabían nada de nada y nos contaban cosas sin sentido, hasta que una tarde me atreví y le dije a mi padre que las clases me parecían inútiles y quería asistir al curso de inglés impartido por norteamericanos. Sabía yo que tenían una biblioteca de literatura en inglés estupenda y me pasé leyendo todos los recreos durante cuatro años. Éste fue el sedimento de mi vocación literaria.

—Entonces ¿usted tiene una cultura libresca muy amplia?

—Mi padre era un hombre curioso, inventivo; en mi casa el ambiente era de un alto nivel cultural; se hablaba de ciencias sociales por encontrarnos en un país como Chile, y aunque yo fui educada como las mujeres en el siglo XVIII, me atrajo la literatura y leí en tres idiomas: francés, inglés y español. Mis lecturas me dieron una base que no tienen en la actualidad muchas profesionistas. Leí a Montaigne a los 15 años. Claro que al lado de esto tengo unos huecos espantosos: no sé sumar, cuento con mis dedos, pero no me molesta puesto que puedo declarárselo sin la menor vergüenza.

—¿Y el nivel cultural de Chile era bueno?

—Sí, Elena, como latinoamericana debe usted saber que Chile tiene el nivel cultural más alto en América Latina. No en balde Chile cuenta con dos premios Nobel: Mistral y Neruda. Mis padres dirigían la Alianza Francesa de Santiago e invitaban a personajes importantes que recibíamos en casa.

"Comencé a hacer periodismo en Chile muy joven; recuerdo que di mi primera conferencia a los 14 años, sobre *Juan Cristóbal,* de Romain Rolland, y a los 17 una sobre José María de Heredia. Los periódicos consideraron extraordinario que una chamaca hablara en público sin cohibirse (ríe). Recuerdo que tenía yo mi porra: unos muchachos que rompieron la puerta de la sala en la que di la conferencia para escucharme de pie."

UNA PLANA SEMANAL EN *EL MERCURIO,* DE CHILE

—Primero escribí artículos en un periodiquito y después me dieron una plana semanal en *El Mercurio,* fue el principio de una carrera periodística que todavía dura. Durante dos años colaboré sin fallar una sola semana en *El Mercurio* y un buen día me hice novia de un autor dramático chileno de mal genio. Mi padre no deseaba ese matrimonio y empleó un método que aconsejo a todos los padres de familia. Como mi novio y yo discutíamos y dejábamos de hablarnos, nos dijo: "Les daré permiso de casarse si duran por lo menos tres meses sin pelearse". A los dos meses tuvimos un pleito pavoroso y esto retrasó la boda y mi padre nos dio otros tres meses con la misma condición. De nuevo perdimos, y así pasó un año sin poder casarnos. Intervino hasta el presidente de Chile y, para separarnos, nombró a mi novio cónsul en Buenos Aires. Durante su ausencia escribí en Santiago mi primera novela: *La novela del amor doliente,* muy cursi. Recurrí al mismo tema en la primera novela que publicó Gallimard, *Toya.*

—Señora Auclair, ¿por qué no escribe en español?

—De vez en cuando quisiera hacerlo —esto me ha sucedido sobre todo al escribir las biografías de García Lorca y de santa Teresa de Ávila—, me atrae enormemente, es casi mi idioma materno, pero tengo un pequeño complejo: siento que escribo chileno.

—He oído decir que el español de Chile es el mejor de América Latina.

—Sí, pero empleo expresiones locales. El español me exige una atención mucho mayor que el francés. Siempre estoy cuidándome y por lo tanto no me siento a gusto.

—Pero ¿nunca sintió usted, señora Auclair, el deber de ser parte de América Latina, tan necesitada de gente de primer nivel cuando Europa está ya saturada?

—En mí se produjo un fenómeno contrario. Con *La novela del amor doliente* conocí un éxito tan enorme que empecé a recibir de toda América Latina recortes de prensa alabándome y un buen día García Andini o Andiño (quien después fue ministro de Relaciones Exteriores) escribió en el diario comunista de Santiago: "A la joven Auclair la están ahogando con humo de incienso y la van a echar a perder". Terminaba diciendo que sentía ganas de llorar sobre mi tumba. Unos amigos decidieron romperle la cara: "No hagan nada por el estilo, García Andini tiene razón". Siempre he sido muy lúcida con respecto a mí misma y me di cuenta que esta atmósfera de elogio me sofocaba.

"Me fui a Francia."

—¿Escogió Francia por una exigencia intelectual?

—Sí, felizmente tengo capacidad de lucha. Mi padre me dio una cantidad de cartas de recomendación para amigos y familiares. Cuando zarpó el barco, aventé las cartas al mar porque quería valerme por mí misma. Sólo una quedó tras el espejo de mi *nécéssaire* y esa carta fue la que me abrió la puerta del periódico.

AMIGA Y COMPAÑERA
DE TODA LA GENERACIÓN DEL 27:
LA DE GARCÍA LORCA

Marcelle Auclair es una mujer pequeña, de pelo blanco y voz ronca. Nunca pierde la calma y el cigarro que ensarta de vez en cuando en su boquilla denota que a lo largo de la vida ha aprendido a dominar sus circunstancias porque lo hace con maestría. Amiga de Federico García Lorca, St. John Perse, Alberti, Bergamín, Pedro Salinas, Gerardo Diego, Jorge Guillén, Dámaso Alonso, de la Generación del 27, Marcelle Auclair vivió muchos años en España y recorrió sus caminos de polvo y hoyancos para escribir la vida de santa Teresa de Ávila y la biografía de García Lorca.

Con su nombre de agua de río, porque el nombre de Marcelle Auclair fluye, no se estanca, es una de las escritoras francesas más prolíficas y estimadas. Año tras año aparece una obra suya, corre como su nombre, riega zonas desérticas y se apacigua en los cántaros. En muchos hogares hay un poco de agua de Marcelle, agua fresca de lluvia, una obra que se lee a largos sorbos y que siempre sacia la sed.

Michel del Castillo: "En Cuba se armó al pueblo y se le dio una ideología para defenderse"

Como Tanguy, el niño de su novela, Michel del Castillo nació en Madrid en 1933 y conoció el campo de concentración, el hospicio y la fábrica.

Hijo de padre francés y madre española, Michel del Castillo vive en Francia y escribe en el idioma paterno. Su primera obra, *Tanguy,* lo colocó entre los maestros de la novelística joven; sus otros libros, *La guitarra* y *Le colleur D'Affiches* (El pegacarteles), han sido un éxito. *Tanguy,* el terrible relato de su vida en un campo de concentración en Alemania, se ha traducido a 19 idiomas. Sus juicios sobre la cuestión cubana pueden parecernos los de un viejo demasiado prudente, pero Michel ha conocido el hambre, la crueldad, el horror de la muerte; cuando se sufre de ese modo se envejece prematuramente. Dentro de su cuerpo de 30 años, Michel del Castillo lleva a un hombre de sesenta.

Michel del Castillo vino a América Latina a escribir tres reportajes para la revista francesa *Realités.* Uno sobre Luis Buñuel, otro sobre los braceros y el tercero sobre Cuba.

—Fui a Cuba porque quería ver la oposición a Castro dentro de la isla. (¡La de Miami no me interesa!) Quería descubrir por qué están en contra de Fidel y llegué a la conclusión de que algunos cubanos comenzaron a oponérsele cuando dijo, abruptamente, en noviembre de 1961: "Yo siempre he sido marxista-leninista". En realidad, el comunismo de Fidel data de hace un año...

—Pero los Estados Unidos proclamaban el comunismo de Castro desde que salió Batista.

—¡Es un error! Aún hoy, creo que Castro no es comunista.

—Yo siempre he pensado que el comunismo cubano no obedece a fórmulas anteriores...

—Ése no es el problema, el hecho es que los Estados Unidos han sido torpes con Cuba, sobre todo al ayudar a una oposición que no era interesante: la de Miami.

—¿Y cómo es Cuba ahora?

—En Cuba se está creando un adoctrinamiento obligatorio comunista-marxista-leninista, que es muy curioso. Se forman cuadros que enmarcan a la población cubana. Todos los días, en la televisión, en los periódicos, se habla de la Revolución cubana, de sus amigos y sus enemigos. Los amigos son los rusos; los enemigos, los norteamericanos, y me parece que en esto hay una simplificación errónea.

—Es que cada quien habla según le va en la feria, y a Cuba le ha ido mal con los Estados Unidos. Pero a usted, como escritor y sobre todo como hombre que ha sufrido, ¿le parece importante la Revolución cubana?

—Es importante, no lo dude. Castro había soñado con ser el portavoz de América Latina. Le hubiera gustado convertirse en el árbitro entre las dos potencias, los Estados Unidos y Rusia, y hablar en nombre de una tercera potencia: la de millones de latinoamericanos.

—¿Podría ser el portavoz de América Latina?

—No lo creo porque hay diferencias esenciales entre cada país de América Latina.

—Pero también hay grandes semejanzas.

—Son dos las enfermedades de Latinoamérica: primero, el ejército, y segundo, la corrupción del Estado. Al hablar de corrupción me refiero a que toda ayuda financiera va a parar a los bolsillos de los políticos y esta descomposición envenena hasta la última dependencia burocrática. El abuso se propaga a todo el aparato de Estado. Batista era el símbolo de las dos enfermedades: la corrupción y el ejército.

"El ejército en América Latina está destinado más al uso interno que al externo. Su función es política. Los ejércitos latinoamericanos mantienen el orden dentro de sus países, por eso intervienen en los asuntos internos de su nación. Europa, en cambio, tiene una tradición militar…"

—Dirá una tradición guerrera y colonialista.

—Me refería a que el ejército francés existe desde el siglo xv, el español también y debe usted recordar la mayor victoria de la cristiandad: la batalla de Lepanto. En realidad, los países de Europa están acostumbrados a la guerra. ¿Qué luchas exteriores ha tenido que librar el ejército de Venezuela? ¿Contra qué potencias ha combatido un general del Perú?

—México luchó contra la invasión francesa y contra la norteamericana.

—Lo sé, pero sigo insistiendo en que el ejército en América Latina es más bien un aparato policiaco.

"Otro de los problemas de América Latina es la enorme diferencia entre el campo y la ciudad. Los únicos que se atreven a plantear el problema de la tierra son los izquierdistas. La reforma agraria implica una revolución completa. Aquí, por ejemplo, son los caciques del pueblo quienes recuperan la tierra repartida, porque los indígenas no tienen ni medios, ni dinero, ni maquinaria para cultivarla. El cacique es un problema de Latinoamérica.

"Otro factor que me impresiona es que la ley no tiene fuerza de ley. Tengo la sensación muy clara de que con 100 000 pesos se arregla cualquier cosa. En América Latina los gobiernos se sostienen por medio de la complicidad y la corrupción."

—Uno de los principales méritos de Cuba fue luchar contra la corrupción.

—¡Y lo ha logrado! Castro hizo que la corrupción desapareciera: atacó al ejército y a la policía de Batista. Hoy en Cuba ya no hay ejército con intereses propios; se ha armado al pueblo y se le da una ideología para defenderse. Existen milicias, grupos de hombres, mujeres y jóvenes revolucionarios armados para defender su Revolución.

"Dentro de lo negativo hay muchas cosas positivas. Castro también ha logrado mejorar la situación del campesino. Había pueblos en la sierra que ni siquiera se sabía que existían. La Revolución construyó carreteras y estos pueblos quedaron comunicados. Otra de las grandes victorias de Castro es la enseñanza y el sistema de becarios. Cualquier chico del campo tiene el derecho y la posibilidad de estudiar gratis.

"Pero también está la parte contraria. Eso sí que es el gran problema de América Latina: ¿cómo salir de la dictadura militar sin caer en la dictadura ideológica del comunismo? Castro dijo una frase espantosa: 'Elecciones, ¿para qué?' Y eso me parece grave porque supone el desprecio a toda oposición, a toda libertad de opinión. En Cuba no hay más que una voz: la del comunismo. Para mí, como francés, me parece un crimen en contra de la opinión pública."

—Pero con Batista ni siquiera había opinión pública. Los cubanos no tenían voz ni voto. Además usted mismo dice que fue a Cuba a ver de cerca la oposición anticastrista.

—Sí, pero es una oposición perseguida.

"En Cuba hay técnicos rusos, chinos, checoslovacos, húngaros y alemanes; también hay franceses comunistas que enseñan a los cubanos a industrializarse. Allá estaba Roger Garaudy, el gran teórico del comunismo en Francia, un hombre muy sectario porque los comunistas siempre son así, ¿no lo cree, Elena?"

—A mí siempre me inspiran desconfianza los comunistas que se expatrían, porque les preocupa más su vida, su martirio socialista y radical que la emancipación de las masas.

—Hoy Cuba está repleta de comunistas extranjeros que viven en grandes hoteles… Yo era el único turista que pagaba su cuenta.

—Pero para los pobres de América Latina la Revolución cubana es una esperanza, ¿no lo cree?

—Es una esperanza y debiera ser una lección. ¿Vale la pena salir de un bloque para caer en el otro? El mundo está dividido en dos. Lo importante para América Latina es lograr la independencia total. Las luchas ideológicas entre occidentales y comunistas no conciernen a Latinoamérica; lo importante para ella es llegar a ser una potencia independiente y fuerte, principalmente en el ámbito económico, lo cual por el momento no sucede, incluyendo a Cuba, quien depende de los países del Este.

Ya Raymond Aron, colaborador de *Le Figaro* francés, se preguntaba si los Estados Unidos habían empujado a Cuba al comunismo. Michel del Castillo habla del esfuerzo educativo del gobierno cubano (eliminó casi por completo el analfabetismo), de la nacionalización de la industria y del control del gobierno sobre la radio, la prensa y la televisión del país. Michel coincide con Aron al afirmar que los castristas no debieron romper relaciones con los Estados Unidos, ya que eso ocasionó que el régimen cubano dependiera del mundo soviético tanto como el anterior gobierno dependió de Norteamérica.

Michel del Castillo es un escritor bien conocido en Europa.

—¿Por qué es tan violentamente anticomunista, señor Del Castillo?

—En realidad, Elena, nací con la Guerra Civil de España y toda mi vida ha sido ir de un campo de concentración a otro. En 1940, a los siete años, estuve en un campo de concentración en Francia, en Argelès, y después, de 1942 a 1945, viví en el de Mauthausen, Alemania. A los doce años salí y me mandaron a España. Como ya no encontré a uno solo de mis familiares, me llevaron a un reformatorio para delincuentes.

—¿Por qué estuvo en un campo de concentración?

—Mi madre era republicana. En 1942, los alemanes tomaron en Francia a hombres, mujeres y niños y los llevaron a Alemania. Mi madre y yo estábamos en Francia, porque deseábamos reunirnos con mi padre, quien era francés; pensábamos poder emigrar a México. Mi madre logró regresar a España y yo debía alcanzarla, pero los alemanes decidieron otra cosa. A los nueve años me fui solo, en un furgón lleno de judíos, a Mauthausen, Alemania, donde permanecí hasta los veinte años y después fui a dar al reformatorio. Era más terrible que el campo de concentración. Me escapé con un chico que había matado a su padre. Salté el muro y me recogió un jesuita que tenía un colegio en Andalucía; allí hice mi bachillerato. A los 18 dejé a los jesuitas y trabajé en una fábrica de cemento, cerca de Barcelona: Sitges. Hacía de peón, cargaba costales de cemento, hasta que decidí regresar a Francia clandestinamente. Encontré a unos tíos en París y pude reanudar mis estudios. Hice mis dos bachilleratos franceses y mi licenciatura en letras; luego me puse a escribir mis primeras novelas. Siempre he tenido la facilidad de contar cuentos; en los campos de concentración se los contaba a los prisioneros. En el reformatorio de España, debido a que nos moríamos de hambre, cada uno de los delincuentes me ofrecía un trozo de pan a cambio de un cuento. Y así empecé. Así he escrito: contando.

—¿Y su novela *Tanguy*?

—Es mi autobiografía. La hice para sacar lo que tenía dentro, vaciarme de una vez por todas.

—¿Por qué no escribe en español si su madre es española?

—Me siento francés hasta la médula, pero, curiosamente, España es el país que más quiero en el mundo. Todos mis libros tratan temas españoles. *La guitarra, El pegacarteles, Le manège español,* todos son sobre España. ¡Hombre, España, vaya que la quiero! Pero Francia es el país donde escribo.

—Lo que no entiendo es por qué un hombre como usted, que ha estado en un campo de concentración, no lucha por los pobres.

—Yo estoy con los pobres, pero para estar con ellos no es necesario ser comunista.

—¿Y su actitud política?

—Un verdadero artista no es un hombre político. Un novelista es un señor que tiene una sensibilidad más fuerte que los demás y trata de decir lo que siente y lo que ve.

—¿Su postura anticomunista no es política?

—No, porque soy eminentemente subjetivo y mis juicios son instintivos. Creo en la dignidad del hombre. La multitud triste de los países comunistas no le conviene a mi temperamento.

—¡Sólo está pensando en usted mismo, en lo que le conviene o no a su temperamento! ¿Se siente justo al hablar así?

—Me siento sincero. Justo, no sé.

—¿No cree que con su postura anticomunista usted puede ser utilizado como un instrumento político? ¡Hay tantos que lo son! Tantos instrumentos de los norteamericanos.

—Sí y por eso no me gusta expresar mis juicios políticos. No soy doctrinario. Cuando escribo una novela no quiero que digan que es política. *Los hermanos Karamazov* no es un libro político pero puede llegar a ser un instrumento político.

—¿Y usted no quiere llegar a ser un instrumento político?

—Yo me niego a serlo, pero sé que me utilizarán fatalmente.

—Entonces, ¿prefiere que lo utilicen los reaccionarios?

—No. ¡Ni hablar! En Francia me insultan las derechas y las izquierdas. Nunca están contentos con lo que hago porque no creo en esa división.

—Pero la división existe, cada día nos la restriegan en la cara. No oímos más que dos palabras: capitalismo, comunismo.

—Yo creo mucho más en el hombre que en las etiquetas políticas. Hay hombres de derecha y de izquierda de los que me siento muy cerca. Creo en la maldad y sé que hay hombres malos y buenos en la izquierda y en la derecha. Soy moralista en el sentido antiguo de la palabra; lo que me interesa es la constancia de las pasiones a través de la historia. Si la división política fuese evidente no se podría explicar la posibilidad de hombres que toman el poder por sugestión colectiva y llevan al pueblo a la catástrofe. Esto sucedió en Alemania con Hitler. En cualquier país del mundo, dentro de ciertas circunstancias, pueden fomentarse en los hombres estos mismos instintos animales.

—¿Quiere decir que Hitler es un fenómeno humano y no exclusivamente alemán?

—Lo que sucedió en Alemania podría darse en cualquier parte del mundo. Todo depende de las circunstancias.

—¿Lo que importa son las circunstancias?

—Lo que importa es educar al pueblo. Hay pueblos con alta cultura política: Holanda, Escandinava, Inglaterra. Al hombre le da vértigo la libertad; no sabe qué hacer con ella; por eso se inventan religiones, dogmas, creencias, leyes, para saber qué hacer a cada momento. Esto también es verdad a nivel individual. A una mujer sola o a un hombre solo le cuesta mucho trabajo asumir su libertad. Ha habido pocos pueblos libres. Atenas lo fue en un momento dado. Nietzsche decía: "Atenas creó sus dioses para vivir".

—¿Usted, Michel del Castillo, cree ser libre?

—Es la pregunta más filosófica que pueda hacerse. Creo que soy libre intelectualmente; soy libre de aceptar o no una idea, soy libre de construir mi personalidad como yo la entiendo pero tengo barreras interiores. Sé que hay cosas que no debo hacer. Siento que soy libre mientras no atento contra la libertad del otro.

Debussy y Ravel, su música y su época

Juntos, Debussy y Ravel alzaron la vista hacia los árboles. Hasta ahora, los pesados y solemnes compositores alemanes hacían resonar los troncos; la madera retumbaba grave y ceremoniosa; el árbol, henchido de su importancia, reventaba la tierra y crecía en un proceso lento y cadencioso; ahora los dos franceses, como los impresionistas, se ocupan de las ramas, las hojas y los botones que florean.

Ravel y Debussy lograron que el viento bailara entre las hojas, que sus ráfagas matutinas barrieran con todo ese misticismo trasnochado. Se colgaron de las ramas —las manos llenas de ardillas— y con gran descaro aventaron castañas y nueces al suelo, chiflaron entre la corteza, saltaron en un *Gollygoog's Cake Walk,* en un *Mamá la Oca;* sus notas de piano eran Pulgarcito y Ondina, Martín Pescador y Gaspar de la noche, los grillos y la bella durmiente. Ya no fue posible tomar el papel del tronco tan en serio…

Debussy vino antes. Era un hombre receptivo, impresionable, inconforme y susceptible. Así se lo escribía a mi abuelo Andrés Poniatowski, en febrero de 1893, después de contarle la tristeza que le causaban el *Werther* de Massenet, el *Fausto* estrangulado por Gounod y todos aquellos músicos que con una curiosa maestría se dedicaban a cumplir antojos de un público barato y ramplón: "Se condena a los hombres que con su mejor talento forjan billetes de banco, sin pensar que estos músicos también falsifican con el mismo afán de lucro". Debussy lamenta la obra de Gustavo Charpentier, un musiquillo de moda que compuso la vida de un poeta "al estilo de Berlioz". "La obra huele a pipa y sobre la música se sienten como pelos. El poeta termina su noche de farra en el Moulin Rouge en el que una joven de la vida alegre lo vuelve a la vida con gritos que parecen espasmos." Debussy concluye: "¡Ah, pobre música, en qué lodazal la arrastra esa gente!"

"Naturalmente todos los *snobs,* por temor a pasar como cretinos, gritan que se trata de una obra maestra y la atmósfera resulta asfixiante. Pero, *sapristi,* la música es un sueño al que se le descorren los velos. Ni siquiera es la expresión de un sentimiento. Es el sentimiento mismo. Ellos quisieran que sirviera para contar anécdotas bajas y corrientes, cuando los periódicos cumplen con esta función a las mil maravillas. ¡Ah, le juro que es duro presenciar esas cosas porque es como si al acompañar a una mujer muy bella y muy amada, viera usted llegar del otro lado a un pelado que también la toma del brazo! Es casi un insulto personal. No puedo decir que tengo más talento que esa gente pero pido al menos que se me permita afirmar mi adoración por la música, puesto que sólo se me dan ejemplos de mal comportamiento frente a ella."

Para consolarse, Debussy descubrió que un organista tocaba en una iglesia de St. Gervais a Palestrina y a Vittoria (primitivo español) y llegó a escucharlo todos los domingos.

Ravel era lúcido, ácido, reservado. De baja estatura, se vestía con un rebuscamiento que llevó hasta la ironía. Lan Adomian, organizador de la exposición *Ravel y Debussy* así como de la anterior, me cuenta: "En Nueva York me metí a un ensayo en el inmenso Carnegie Hall en 1930. Tocaban *La Valse* y *Le tombeau de Couperin.* Emocionado, subí al foro para pedir un autógrafo. El héroe resultó ser un hombre menudo, accesible, de facciones muy finas y agradables. Entonces conocí *La pavana para una infanta difunta* y me conmovió más allá de las palabras. (Yo hacía de acomodador para poder escuchar conciertos.) Me tocó también el *Concierto en sol mayor para la mano izquierda* que Ravel compuso para un pianista que perdió el brazo derecho en la guerra: Paul Wittgenstein. Es muy angustioso ese concierto y muy dramático. Sabe usted, Elena, no hay una sola obra de Ravel que no tenga la misma calidad de nitidez; no hay una nota, un acorde, un rasgo orquestal puesto al descuido en el papel".

Lan Adomian, cuya obra *Cantata de la Revolución mexicana* se estrenará en México con la Orquesta Sinfónica Nacional, afirma que no hay quien pueda escribir obras orquestales de gran brillantez sin haber aprendido algo del manejo de los instrumentos que tenía Ravel.

Aunque Debussy era mayor que Ravel, los dos compartieron la época maravillosa en la que vivieron Eric Satie, Stravinsky, Honneger, Darius Milhaud, Francis Poulenc y otros; la época de Picasso y Jean Cocteau influyó en muchos compositores, coreógrafos y bailarines, en el joven Serge Lifar y en Manuel de Falla a quien Ravel enseñó el camino.

Según Andrés Poniatowski, Debussy frecuentaba en casa de Mallarmé a Pierre Louys, Marcel Schwob, Henri de Régnier y Georges Rodenbach, y Ravel visitaba a su amigo e intérprete Ricardo Vinés, a Léon Paul Fargue, a la célebre Colette, con quien hizo *L'enfant et les sortilèges,* a Satie y a Stravinsky. Cada uno tenía su poeta. Debussy tuvo a Baudelaire, Ravel a Mallarmé.

Ravel sentía una gran admiración por Debussy. "Cuando oí por primera vez *L'après midi d'un faune* comprendí lo que era la música." Tocó algunas obras de Debussy e hizo la transcripción para piano a cuatro manos de *El atardecer de un fauno.* Por los rusos, Ravel sentía una admiración enorme. Orquestó en 1922 los *Cuadros de una exposición,* de Mussorgsky, y a petición de Diaghilev, escribió con Stravinsky la versión orquestal de la *Kovanchina,* también de Mussorgsky.

Ravel y Debussy compartían la misma preocupación por las cosas de España. Era tanta la afición de Ravel por la tauromaquia que se tiraba al ruedo (dicen que por el amor de una gitanilla). Su afán amoroso por España se ve en todas sus obras. El solo título basta: *La hora española, Bolero, Alborada del gracioso y Don Quijote a Dulcinea,* la última obra, compuesta en 1932. También Debussy compuso *Iberia.* Afirma Lan Adomian que en la obra de Ravel se ven tres grandes influencias: la antigüedad griega, España y el jazz. "¡Qué angustioso el virtuosismo el de los negros!", exclamaba Ravel.

Inclusive antes de que Gershwin recurriera al jazz y el advenimiento de *Rapsody in Blue,* Darius Milhaud lo había utilizado.

Si hace un mes el cuarteto de Bellas Artes tocó el único cuarteto de Debussy, ahora interpreta el de Ravel. Además de estar en sus notas musicales, la vida de Ravel se entregará a todos por medio de fotografías, cartas y documentos auténticos debidamente presentados. Ravel, tan reservado, Ravel que nunca pareció estar ligado a nadie ni a nada, Ravel pudoroso y frío le ha legado al mundo un costal de ternura irónica. Ningún músico le puso tanto *apassionatos* a su partitura.

Roger Heim, el más grande especialista habla de los hongos alucinantes

Xochi-nanacatl (flor hongo)
Tepexi-nanacatl (hongo de montaña)
Ixtlahuacan-nanacatl (hongo de campo)
Mecahuacan-nanacatl (hongo de los lugares que frecuentan los venados)
Teyuintei-nanacatl (hongo que emborracha)

—Mucho antes de que llegaran los españoles, señorita, los indios consumían hongos alucinantes.

—¿Cómo lo sabe usted, doctor Heim?

El doctor Heim inclina un poco su cabeza sobre el hombro y cruza las manos sobre su vientre. Calvo, gordito, chaparro, el Roger Heim no parece investigador. Con su condecoración en la solapa es más bien un pacífico burócrata. Cada una de sus respiraciones lentas bajo el traje de casimir lo envuelve en una nube de estabilidad. ¿O será una alucinación? Responde a mis preguntas con dulzura. Este chaparrito desempeña uno de los puestos más honrosos en Francia: director del Museum. Fundado en 1635, bajo Luis XIII, en los tiempos de Richelieu, el Museum se considera en Europa el centro más importante para el estudio de historia natural. Asimismo, conserva una biblioteca de 700 000 volúmenes y 5 000 incunables de un valor incalculable. Muchos la consideran la biblioteca más valiosa del mundo. Así como el Collège de France, el Museum es una universidad libre, un centro de investigación para los sabios. Antes de convertirse en Museo de Historia Natural era el jardín del rey —deberíamos recordar aquí al pintor de las rosas: Redouté—. Ahora, el rey es un poco Roger Heim, que tiene bajo su jurisdicción al Musée de L'Homme y a todas las instituciones que se dedican al estudio de la historia natural en Francia. Heim —en sus momentos de asueto— se pasea por las veredas del

Jardín Botánico. Pensándolo bien, si en el rostro de Heim se lee una tranquilidad tan notable es porque sabe cuál savia le da la vida. Jardinero en grande, científico vigilante, estudioso, en sus manos una brizna de hierba adquiere un sentido desconocido para nosotros. En México, su nombre no puede desligarse del de R. Gordon Wasson, con quien escribió *Les Champignons Hallucinogènes du Méxique*.

—¿Y bien, maestro, cómo sabe usted que los indios consumían hongos hace tantos siglos?

—Fíjese qué sorprendente, uno de los primeros cronistas en revelar la práctica de los hongos es un francés: André Thevet, que compuso *La historia de México* antes de 1574. En realidad, su texto es una traducción o una paráfrasis de la obra perdida en 1543 del fraile Andrés de Olmos. En la Biblioteca Nacional de México se encuentra un diccionario otomí, un manuscrito del siglo XVI. Este diccionario muestra el conocimiento profundo que tenían los otomíes de estos hongos, ya que los catalogaron en 24 especies distintas: los que emborrachan y los que embelesan.

—¿Cuántas especies de hongos alucinantes hay en la actualidad, profesor?

—Por lo que a mí se refiere sólo he probado catorce.

Resulta extraño pensar que este profesor ingiera hongos alucinantes y difícil imaginarlo retorciéndose en el suelo preso de las más terribles visiones mientras que la curandera lo contempla impasible. Él mismo aclara:

—No, no, mis reacciones no son agresivas y tampoco me tiro al suelo. Contarle todo lo que he pasado sería demasiado largo. No, no me enfermo, veo visiones de colores y al día siguiente el efecto de los hongos se traduce en una enorme capacidad de trabajo. Nunca sentí mayor lucidez y potencia que después de una noche en Huautla de Jiménez, cerca de Oaxaca, en el jacal de la curandera María Sabina.

—¿La bruja?

—No es una bruja, mírela usted.

(Me muestra la foto de una mujer flaca y huesuda, sentada a ras de tierra, encogida bajo su rebozo. Nada la diferencia de las demás a no ser un maxilar protuberante que avanza hacia la luz. Como la fotografía está tomada desde arriba, la raya que divide en dos su pelo negro es una carretera ancha sobre el cráneo blanco. Por la fotografía deduzco que se trata de una mujer vieja.)

—Dice Fernando Benítez que él probó 24 hongos por pares y que tenían un sabor tan espantoso que, para pasárselos, María Sabina tuvo que darle trozos de chocolate.

—No hay que ingerir cantidades tan grandes sobre todo la primera vez. Los efectos de la *psilocybina* (hongo alucinante) son terribles y pueden llevar hasta el suicidio.

—¡No!

—Sí, creo que hablé en mi conferencia del caso de un norteamericano que después de haber ingerido una fuerte dosis de *psilocybina* salió a caminar por el pueblo de Huautla de Jiménez totalmente desnudo, tropezándose y emitiendo sonidos incoherentes. Lo tuvieron que encerrar. Las reacciones dependen del temperamento de cada quien.

—¿Cuáles son las reacciones de los indígenas?

—Más bien son de angustia, tristeza y desesperación, aunque al principio pueden tener visiones a colores muy agradables. También les entra una risa desternillante, hacen muecas, intentan reproducir las que están viendo. Algunos se sienten satisfechos de sí mismos pero la reacción más común es la de la inquietud y la zozobra. Relata Sahagún que "lloraban, decían que sus lágrimas les lavaban los ojos y el rostro" y en alguna ocasión, al día siguiente del éxtasis, algunos hombres amanecían colgados, ahorcados. A los hongos los llamaban nanacates. Dice Toribio de Benavente...

—¿Quién es?

—Motolinía, señorita. En *Ritos antiguos, sacrificios e idolatrías de los indios de Nueva España y de su conversión a la fe,* publicado en la colección Documentos para la Historia de México, que editó don Joaquín García Icazbalceta, en 1958. "Tenían otra manera de embriaguez que los hacía más crueles; eran con unos hongos o setas pequeñas, que en esta tierra los hay como en Castilla, mas los de esta tierra son de tal calidad que, comidos crudos y por ser amargos, beben tras ellos o comen un poco de miel de abejas; y de allí a poco rato veían mil visiones y en especial culebras, y como salían fuera de todo sentido imaginaban que tenían las piernas y el cuerpo llenos de gusanos que los comían vivos y así medio rabiando se salían fuera de casa, deseando que alguno los matase, y con esta bestial embriaguez y trabajo que sentían acontecía alguna vez ahorcarse y también eran contra los otros más crueles. A estos hongos les llaman en su lengua 'Teunamacatl', que quiere decir carne de Dios o del demonio que ellos adoraban y de la dicha manera con que aquel amargo manjar su cruel Dios los comulgaba..."

—¿Y en qué idioma habla María Sabina?

—En mazatleco, pero también sabe español.

—¿Usted habla español?

—No, pero lo entiendo.

—Oiga, profesor, ¿y la bruja también come hongos con las personas que la consultan?

—Sí, los come para poder ver visiones que respondan a sus preguntas. Los indígenas preguntan quién les robó su mulita, por qué se fue su mujer. En el caso de los mixes, el curandero los come solo siempre en ayunas, y sobre todo sin haber bebido alcohol. En Tenango del Valle, la práctica consiste en comer los hongos por pares: un hombrecito y una mujercita, cada uno de una especie distinta.

—¿Los hongos tienen sexo?

—Sí, el hecho de que su clientela nunca disminuye nos hace creer que la chamana satisface a sus visitantes. Después de una noche en trance amanecen renovados, sintiéndose bien, ligeros como plumas, como si los hubieran limpiado.

—¿Se han confesado durante la noche?

—A veces sí. Se quitan entonces un peso de encima. La ceremonia es nocturna porque la curandera María Sabina prefiere comer los hongos sin ser vista. ¡Qué mejor que la oscuridad de la noche! Si toma los hongos a las nueve de la noche, surten efecto una o dos horas más tarde. El dios hongo comienza a hablar a través de él o de ella.

—Pero a los extranjeros ¿se les inicia fácilmente en esta ceremonia secreta?

—En primer lugar, llega muy poca gente a Huautla de Jiménez. Nosotros, el señor Roger Cailleux, mi asistente, y Pierre Ancrenaz, cineasta científico, hemos ido ya en varias ocasiones desde hace muchos años, desde 1953, fíjese usted. Han venido algunos curiosos pero no se les dan los hongos adecuados y muchas veces se burlan de los visitantes y el número de experimentos hechos por los extranjeros es limitado. Inclusive a mí en las faldas del Popocatépetl me tomaron el pelo dándome un hongo que no era.

—¿En Amecameca?

—Por allí cerca.

—He sabido que algunos europeos dicen haber tenido inclusive visiones de su país de origen…

—Bueno, uno ya va predispuesto a tener visiones a toda costa. El sitio, de una belleza increíble, se presta a las alucinaciones. En la mañana temprano, el pueblo, de unos cuantos miles de habitantes, parece surgir de las tinieblas; la neblina baja casi al nivel de la tierra y rodea los picachos azules de las montañas. Por dondequiera que se mire, surgen esos picos con su cinturón de nubes. La vegetación es casi tropical y por las milpas caminan los indios que casi nunca han usado zapatos. Tampoco duermen en cama, sólo tienen su petate. Los hongos sagrados vienen no se sabe de dónde, "vienen por sí mismos como el viento que viene sin saber de dónde ni por qué".

—De veras, ¿de dónde vienen los hongos?

—Salen durante la época de lluvias como los hongos comunes y corrientes. Algunos nacen en la corteza de los árboles, otros en el estiércol. Dice María Sabina que el *psilocybe-caerulescens* se encuentra en los residuos de la caña de azúcar o sea en el bagazo de la caña. Antes que hubiera caña se buscaba en los lugares donde la tierra se ha derrumbado.

—¿No se venden en los mercados?

—¡No! Como los propios indios lo dicen, éste es un asunto muy delicado. Nunca se venden en el mercado aunque allí puede adquirirse todo lo necesario para la ceremonia: el copal, el cacao, los granos de maíz, los huevos de guajolote, los de gallina. Tampoco es obligatorio que el curandero coseche personalmente los hongos, aunque suele hacerlo. Otros pueden ir a recogerlos por él. Se cortan en la mañana cuando el aire es fresco y la mejor época es la de la luna tierna. El *psilocybe mexicana Heim* es un hongo pequeño, oscuro, que crece en los campos de maíz. Es uno de los más estimados por los curanderos que suelen absorber 15 o 20 pares. Los mazatecos de Huautla que hablan español los llaman "angelitos". En mazateco se llaman "pájaro". Los *psilocybe Wasson* y *Heim* son mujercitas. Cuentan que cuando Nuestro Señor atravesaba el país, allí donde escupía aparecía un hongo, y que el más pequeño de los hongos se levantaba en el lugar donde Jesucristo tropezó bajo el peso de la cruz.

—¿Entonces tiene mucho que ver la religión católica con la práctica de los hongos sagrados?

—Sí, el hongo habla. Con él se ve todo, se ve dónde está Dios también. Algunos hongos tienen más poder que otros. Antes de tomarlos, María Sabina los pone en una jícara a los pies de la Virgen. Los zapotecas también los colocan frente al altar.

—¿No interviene el sacerdote?

—El cura no. Hay una mezcla del rito precortesiano con la fe católica que hace que la ceremonia ritual esté salpicada de escenas católicas. Cuando los españoles llegaron, persiguieron estas ceremonias para suprimirlas y las condenaron con la mayor severidad. Por eso los curanderos siguen escondiéndose. ¿No se ha fijado en los frescos de Teotihuacan? Allí se ve hasta qué punto fue importante el papel de los hongos en la vida de los indios. ¿No ha leído *El paraíso terrenal en Teotihuacan,* de Alfonso Caso? ¿No ha leído a Seler? ¿A Laurette Séjourné? En uno de los muros de Teotihuacan se ve un arroyo bordeado de hongos, unos brujos con hongos frente a su boca. ¿Y qué me dice de las estatuillas, los hongos de barro de Guatemala, de Chiapas o de El Salvador? Hace años, el rito de los hongos era privilegio de los sacerdotes y se concentró en Guatemala, en Tehuantepec, en Veracruz; éste es el punto de partida pero a raíz de los disturbios populares entre los mayas estas prácticas llegaron más al norte y se extendieron entre los mazatecas, los zapotecas y los aztecas. Los españoles quisieron terminar con las reuniones de éxtasis, barrer con los goces divinos.

—Oiga, profesor, ¿los curanderos eran hombres o mujeres?

—Por lo regular mujeres.

—¿Entonces por qué la mayoría de los psiquiatras son hombres?

—¿Quiere usted hablar de la psiquiatría, señorita?

—Es que pensé que si todas las personas que consultan al psiquiatra en México fueran a tomar hongos alucinantes a Oaxaca, a lo mejor ya no necesitarían de sus servicios. ¡Parece que la noche en trance equivale a un electrochoque!

—En Francia ya se cultivan los hongos sagrados, o sea la *psilocybina*. Anne Marie Quetin escribió "La *psilocybina* en psiquiatría química y experimental". En realidad es su tesis para doctorarse pero se trata de un trabajo bien documentado y siempre lo cito. Se publicará este año en la editorial de Armand Colin un pequeño libro de fácil acceso para el gran público: *La toxicología de los hongos,* en el cual le dedico un gran capítulo a los hongos alucinantes de México.

NO HAY PEOR ABISMO
QUE EL DE UNO MISMO

El sabio Heim nos relata lo que puede sentir un hombre después de haber ingerido los hongos y sus cualidades terapéuticas, de los estudios clínicos que han hecho en París de la *psilocybina* los profesores Jean Delay, Pierre Pichot, Thérèse Lemperière, Pierre Nicolas Charles y Anne Marie Quetin, quienes han analizado los efectos somáticos y neurológicos de la droga en sujetos normales y enfermos.

—Después de ingerir los hongos, acostado sobre el petate, sentí que éste se levantaba del suelo y flotaba entre nubes. Al relatarle esto, señorita, le estoy dando en parte mi experiencia personal y las recaudadas por otros comedores de hongos. La primera etapa es de malestar, pero dura poco. Se sienten náuseas, dolor de cabeza, molestias de la digestión. Me sentí muy excitado y tuve una sensación particular de calor en todo el cuerpo. Febril, mi temperatura resultó de 37.5, en vez de mi temperatura normal, 36.4. Mi pulso se aceleró notablemente.

—¿Qué es lo que vio?

—Por lo general, quienes comen hongos ven una cantidad de puntitos que pasan rápidamente y se transforman en colores: rojos, verde esmeralda, formas abstractas (¡Picasso no ha inventado nada!), culebras, tallos de flor, serpentinas zigzagueantes en perpetuo movimiento. Algunos, en los primeros momentos, ven tiras pavorosas, rosas y blancas. Después, saltan a los ojos una multitud de piedras preciosas, de cristales, y uno quisiera proteger sus ojos. Me han relatado visiones de ruinas, de paredes destrozadas, de sierras (no de montaña, sino de carpintería), de animales que se alargan y ensanchan como medusas.

—¿Animales reales?

—Sí, pero se deforman. Los sonidos se amplifican: el zumbido de un mosco parece el de un motor; una pequeña planta se agranda hasta convertirse en una palmera. Las manos se empequeñecen o se agrandan y uno las ve como si no le pertenecieran, en calidad de espectador, como objetos extraños, divertidos. Cada dedo adquiere su independencia, cada vena se vuelve fascinante. La propia naturaleza se amplifica.

—¡Qué bonito!

—No. A veces los miembros se dislocan, se caen o se mutilan. ¡Desaparecen muslos, piernas, brazos, pies y manos! Algunos se aterrorizan, lloran, se estrangulan con sus sollozos. Otros, al contrario, ríen. Las cosas más fútiles, las palabras más anodinas, les provocan la risa más desternillante.

—¿Pueden escribir?

—Llega un momento en que ya no pueden ni hablar. Creen que pronuncian palabras y no emiten sonido alguno. Quisieran comunicar su experiencia, pero sus pensamientos se enlazan unos a otros con una rapidez vertiginosa. Las imágenes también se desplazan. Cuando todavía pueden escribir, la letra comienza a distorsionarse hasta volverse incomprensible. Son incapaces de concentrarse.

—¿Qué les sucede?

—Pueden suceder dos cosas: o el individuo conoce el cielo y se siente perfectamente satisfecho y conserva una enorme euforia o desciende al infierno y se destruye. No tiene conciencia del tiempo; el espacio también se modifica, el mundo exterior le es hostil, pierde el juicio...

—¿Se vuelve loco?

—Hay una desviación del juicio y cae en el delirio.

—¿Nada lo consuela?

—Después del delirio, que dura a veces toda la noche, los objetos familiares —cualquiera que éstos sean—, jícaras o petates, adquieren una gran dulzura.

—¿La bruja también es dulce?

—Maria Sabina suele envolver a sus clientes en cobijas calientes.

—¿Nadie puede ayudarlo a uno en el trance de la destrucción de sí mismo?

—Es difícil. El individuo siente que los demás lo abandonan; no ve la mano tendida para salvarlo. Está solo.

—Es como morirse.

—Morir y volver a nacer.

—¿Caer en el abismo?

—No hay peor abismo que el abismo de uno mismo.

—¿Y la curandera no puede hacer nada?

—La curandera representa un poder estático, cuyas fuerzas, en el momento en que toma los hongos, son supranormales. Por eso adivina el futuro y sabe dónde están las mulitas perdidas o con quién se fue la mujer de Zutano; si se aproxima la muerte de la hija de Mengano. A Gordon Wasson le contó la señorita Eunice V. Pike, misionera protestante que vivió en Huautla de Jiménez desde 1935, que ella, como enfermera y maestra, tenía que luchar contra el poder del hongo alucinante sobre los indígenas. Miss Pike cuidaba a un vecino tuberculoso, quien consultó al hongo, o sea al curandero, y le dijo que iba a morir. El vecino se preparó e hizo a un lado las medicinas, se negó a comer y a las dos semanas murió. Otra familia también consultaba al hongo. El hijo de la familia, de 22 años, cayó enfermo. El hongo dijo que se aliviaría y se alivió. La hija, de 18 años, también se enfermó y el hongo dijo que se curaría y también se salvó. Le tocó el turno a la hija de 10 años. El hongo dijo que moriría, ante el asombro de la familia, porque su enfermedad no era grave. Les dio una gran tristeza a los parientes, pero el hongo les advirtió: "No se inquieten, su alma estará conmigo". Siguiendo las instrucciones de su madre, la niña se puso a rezar: "Si no me curas, llévate mi alma". Dos días más tarde murió.

—¡Dios mío!

—Me contó miss Pike que un joven de 21 años le dijo: "Sé que los extranjeros no usan este hongo, pero Jesucristo nos lo dejó a nosotros, porque somos pobres y no podemos pagarnos un doctor y medicinas costosas".

—Dios está irremediablemente ligado a estas prácticas.

—¡Ya lo ve! El incienso es como el copal.

—¿Y la divulgación del hongo llega ahora hasta el Distrito Federal?

—El acceso a Huautla de Jiménez es todavía difícil.

—¿Son numerosos los que quieren "encontrarse a sí mismos" por medio de la digestión de un hongo?

—Muchos más que en 1953. Antes eran expediciones. Recuerdo que en julio de 1956, fuimos Gordon Wasson, Allan Richardson, James A. Moore y Guy Stresser-Peán; ahora llegan muchos *hippies*.

—Doctor Heim, ¿cree que se avecina la moda de los hongos alucinantes?

—¿Por qué me lo pregunta?

—Es que ahora es muy posible que los turistas vayan a probar los hongos así como visitan los *Xochimilco floating gardens* o las pirámides de Teotihuacan.

—No lo creo. Sin embargo, desde hace ocho años ha aumentado considerablemente el número de personas que los conocen. Recuerde que no sólo en México hay hongos.

—¿En qué otros países hay?

—En Camboya, Tailandia, América del Sur, Asia meridional, China y Japón, las tierras del Pacífico —en Borneo, quizás en Nueva Guinea—, África y Madagascar, Siberia y las tierras del Extremo Norte, participan o participaron en costumbres tenaces y en tradiciones antiguas, en las cuales los hongos alucinantes son a la vez los actores inmóviles y los partícipes eficaces. México es un país mágico y los hongos son parte de su magia.

—¿Hay trabajos de mexicanos acerca de los hongos sagrados?

—Conozco la obra de Gastón Guzmán: *La influencia de la humedad sobre los hongos,* acerca de una especie de hongo de fácil cultivo, que hizo en la Escuela Superior de Ciencias Biológicas. También hay trabajos de norteamericanos y uno de un alemán, Singer, pero no he visto otros libros.

—Me parece que el doctor Gutierre Tibón es un especialista. Sería interesante hablar con algunas personas que han probado hongos aunque no sean estudiosos, ¿no le parece? Según me han dicho, Tibón proclama que para probarlos hay que estar en estado de castidad cinco días antes y quién sabe cuántos después.

—Debería usted leer, señorita, *Las puertas de la percepción,* de Aldous Huxley, así como *Connaissance par les gouffres,* de Henri Michaux, novelista, poeta de vanguardia que ha probado todas las drogas habidas y por haber.

—¿No es lo mismo que su libro *Miserable milagro?*

—No, el *Misérable miracle* se refiere a sus experimentos con otra droga, la mescalina. Michaux, que es un buen amigo mío, describe paso a paso todas sus experiencias y hace de ellas un análisis clínico de una precisión poco común, que nos ha ayudado mucho a los médicos. Michaux toma apuntes hasta que sus dedos sueltan el lápiz. A veces no son más que garabatos. ¿Ha visto usted sus dibujos? ¡Son de llamar la atención!

—Pero Michaux ha visto visiones toda su vida, ¿o no, profesor? Ya en sus libros anteriores: *Plume, Lointain intérieur, La nuit remue,* Michaux baja hasta el fondo de sí mismo y extrae quién sabe cuántas cenizas, estrellas blancas, olas, pesadillas, tigres con ojos de perro, águilas con pezuñas y un elefante que se transforma en una gota de aceite.

—Michaux dice algo importante en su *Connaissance par les gouffres:* "Une drogue c'est quelqu'un. Le problème est celui de la cohabitation. Ou s'aimer, ou se combattre" (Una droga es alguien. El problema es el de la cohabitación. O amarse o combatirse). Michaux es un informante extraordinario. Clasifica sus visiones, jerarquiza las etapas del delirio. Describe su malestar, su angustia, su solemnidad interna, el mundo que se va retirando y todos los ruidos que en el cuarto cobran una densidad casi dolorosa. ¿Qué esperan?

—Es cierto, ¿qué esperan los que toman hongos alucinantes?

—¡Un momentito! No confunda usted. Michaux hizo la experiencia con la droga extraída del hongo en París…

—Perdone que lo interrumpa, doctor, pero ¿cómo se transforma el hongo en droga, en medicina?

—Albert Hofmann lo relata en mi libro *Les champignons hallucinogènes du Méxique*. Léalo usted. A pesar de la desecación de los hongos, su sustancia activa permanece intacta; las fracciones extraídas químicamente de los hongos secos pueden experimentarse en un hombre sin peligro alguno. Tenemos muchas especies de hongos que se cultivan en el Museum. A los doctores Hofmann y Brack se debe la fórmula definitiva, la síntesis de la *psilocybina*.

—¿Se toman en forma de píldoras, como el Equanil?

—Sí, pero estos temas son demasiado especializados para una entrevista.

—Profesor, bajar hasta el fondo de sí mismo significa conocerse, y un hombre que al tomar los hongos se conoce profundamente tiene la oportunidad de renovarse. Es como un segundo nacimiento, ¿o no?

—Los hongos sagrados provocan visiones, pero el cambio profundo de un hombre sólo depende de la voluntad.

—¿El hongo no lo hace ver la esencia de las cosas?

—Si así lo quiere, sí.

—Entonces, a partir de ese momento, puede hacer tabla rasa y volver a empezar.

—Dentro de la vida que lo rodea, señorita.

—¿Los hongos no pueden regenerar?

—Huxley, en *Las puertas de la percepción* y en *El cielo y el infierno* dice que la mescalina "abre el camino de María, pero cierra la puerta sobre el camino de Marta…"

—Marta y María, las dos mujeres del Evangelio, la que sueña y la que trabaja.

—Saca Huxley cuatro conclusiones que también pueden aplicarse a los teonanacatl: 1) la aptitud a *remember and think right* (recordar y pensar bien) no se ve desminuida; 2) las impresiones visuales están considerablemente intensificadas; 3) la voluntad se somete a una modificación profunda, pero en mal; 4) cosas mejores pueden sentirse, allá o acá, al interior o al exterior, simultáneamente o sucesivamente.

—Para mí, el efecto de la *psilocybina* es *la levée du silence* (el fin del silencio). El paciente olvida sus inhibiciones y reconstruye su pasado con mayor facilidad. Una mujer a quien se le administró una dosis habló sin cohibirse de su vida pasada y al final exclamó: "Me ha hecho decir cosas que nunca hubiera dicho". El individuo se libera a sí mismo y de sí mismo.

—Una gran ayuda en psiquiatría.

—Sí, logran que salgan a flote reminiscencias y recuerdos de la infancia que son muy necesarios en el tratamiento del paciente. La marea de los recuerdos se reaviva y sube sin ningún control. El médico puede, entonces, descubrir traumatismos afectivos.

—¿Los complejos de Edipo?

—¿No cree, Elena, que esas son sandeces? Un enfermo, a través de un mal sabor de boca, recordó la compota de ruibarbo que le obligaban a tomar de pequeño.

—¿Dónde está entonces el famoso éxtasis?

—Puede haber un éxtasis tranquilo, en contacto también con el pasado. Se recobra el nivel de la infancia y se siente liberado del juicio de los demás. Dentro de uno se hace el silencio, pero no un silencio vacío, sino el silencio que resulta del exceso.

—¿Exceso de qué?

—Exceso de todo, de sensaciones, de imágenes; la atmósfera es nueva, tranquilizadora.

—Entonces, ¿no es una droga peligrosa?

—No, la *psilocybina* ayuda a las personas a recordar, tanto su infancia como las discusiones que precedieron su caída, o sea su enfermedad mental; así, colaboran en el análisis personal y el médico puede penetrar más fácilmente en el origen y la evolución de la enfermedad. ¡Todo esto después de diez a quince miligramos de *psilocybina*! Es un gran descubrimiento desde el punto de vista terapéutico.

—¿Hay muchos neuróticos en Francia?

—No tantos como en los Estados Unidos.

—¿A qué se debe?

—En un artículo que publiqué en el *Fígaro Littéraire*, hablo de por qué la neurosis se multiplica en los grandes centros inmobiliarios. Siempre se encuentran neuróticos en los multifamiliares porque el ruido los desquicia; los departamentos impiden el aislamiento.

—A los que viven amontonados ¿no les queda más que la prudencia?

—Es aconsejable.

—¿Cuáles son las reacciones de las personas normales a la *psilocybina*?

—Tensión arterial, modificación del humor, euforia o angustia, la incapacidad de fijar el pensamiento, desorientación respecto al tiempo, modificación del espacio (en 63% de los casos las puertas se achican, los muros se agrandan), ilusiones (uno de los voluntarios vio que el rostro de la enfermera se transformaba en una flor roja), movilidad de los objetos ("el colchón respira"), manifestaciones gustativas, amplificación del sonido…

—¿Y las reacciones de los que tienen neurosis?

—Sienten una gran desorientación: "Mi vida ¿es sueño o realidad?", "¿qué están haciendo conmigo?" Otra enferma exclama, al ver los muros blancos de la clínica: "Mis manos están todas rojas, no le he hecho daño a nadie… ¿Por qué no me das tu anillo? No he hecho nada, veo sangre sobre mis piernas, están rojas, estoy bañada en rojo". Otra mujer advierte: "No soy yo la que habla. Es un pequeño espíritu".

—¿Y los recuerdos?

—Las reminiscencias en los enfermos son siempre traumáticas. Los sujetos normales reaccionan mucho más "físicamente" a la *psilocybina* que los neuróticos. Sufren temblor, debilidad, somnolencia, bostezos, malestares estomacales, dolor de cabeza.

—¿Se han dado casos de choques emocionales intensos en los enfermos?

—Sí. Una paciente revivió el nacimiento de su segundo hijo que nació muerto con deformaciones congénitas.

—¡Qué horror! Ya no hablemos de eso; mejor le pregunto cuál es la mayor cualidad de la *psilocybina*. ¡Por favor, profesor, es la última pregunta!

—La *psilocybina* provoca reminiscencias de sucesos traumáticos y quita las reticencias del paciente a hablar libremente. Las neurosis obsesivas reaccionan favorablemente y las modificaciones psíquicas —muchas veces brutales— pueden provocar una reacción positiva de la personalidad, lo que ya ofrece un interés terapéutico.

—¿No ha fallado la *psilocybina*?

—No ha habido un caso desfavorable, ni en el plan somático ni psíquico.

—¿México le ha dado otra nueva medicina al mundo? (Recuerdo la cortisona, la píldora anticonceptiva.)

—Así lo creo.

Dina Verny, la modelo de Arístides Maillol

Sentada en un sofá con la pierna cruzada, una pequeña mujer regordeta con un vestido de pantera responde con voz fuerte a mis preguntas y en la mayoría de sus frases destaca una palabra de argot. No tiene pelos en la lengua; me recuerda a los gendarmes franceses. Mueve los brazos, se arrellana en el sofá y busco en sus piernas gruesas y terribles, en su cuerpo ensanchado, los Maillol que ha inspirado. Todo en ella es abundante, espeso, como lo son *La Isla de Francia, La armonía* y otras obras del escultor. Me asombra pensar que estoy frente a la mujer que se mantuvo desnuda durante horas posando para Maillol. Casi no me atrevo a mirarla por miedo a que se enoje. Creo que lo de pantera no es sólo un vestido, sino su piel volteada hacia afuera.

Gorda, ancha, de piernas cortas, potente y decisiva como una locomotora, Dina Verny me dice nunca cansarse ni enfermarse, y si se entristece, se saca la tristeza a "cabezazos contra la pared".

—Quisiera, señora Verny, que me contara cosas como lo de la mantequilla.

—¿Qué?

—Eso de que cuando Maillol era joven nunca pudo comprar mantequilla y ya viejo y rico tampoco, porque ya no se le antojaba.

—Si viene a que yo le cuente anécdotas, cae usted muy mal. Maillol va mucho más allá; él odiaba lo anecdótico, lo literario. ¡Sepa usted, señorita periodista, que hablamos del más grande escultor francés del siglo xx! ¡Todos descienden de él! ¡Su obra es la cuna de la escultura actual! ¡Es un innovador! El primer escultor del mundo. Rompió con el impresionismo escultórico. Anunció un nuevo camino porque encontró la forma pura, absoluta, del arte plástico.

Dina Verny no es sólo modelo. Fue secretaria de Maillol y hoy organiza exposiciones tan grandes como la del Museo de Arte Moderno de París.

—En su centenario Francia consagra a Maillol. Nada igual había sucedido desde Chateaubriand. Maillol deseaba que lo enterráramos en su casa (yo vivía a cinco kilómetros, en el pueblo, iba a pie a verlo y, cuando estaba bonito el día, caminaba descalza). Él quiso que lo enterráramos en la última montaña antes de llegar a España, en las alturas. Era un pacifista, sabe usted. Para llevar su cuerpo a dicha altura construimos una ruta municipal. La obra tardó 10 años. Una avalancha de agua destruyó la carretera. Pasaron otros seis años, sólo faltaba uno para que se cumpliera el centenario del *grand patron*. Pusimos el cuerpo en el cementerio de su familia, en Banyuls-sur-Mer. Decidimos hacer honras fúnebres nacionales 100 años después de su nacimiento. Como era un hombre que siempre vivió cerca del mar, la marina francesa mandó un gran navío con 30 marineros, un comandante, el prefecto, el ministro y todos los notables del puerto. El alcalde de Banyuls-sur-Mer colocó una placa en la casa natal: "El más grande hijo de Cataluña". Para rematar, las bandas tocaron los himnos que sólo resuenan en honor de los héroes que caen por la patria. ¡Ningún artista ha tenido tanto reconocimiento! El suyo fue un homenaje grandioso que parecía salir de la Antigüedad.

—¿De Grecia? Tanto han dicho que él era griego…

—Amaba Grecia, no a los griegos. Le tenía horror al regionalismo; decía que Praxiteles era el primer gran *pompier* que ha existido.

—Señora, ¿la obra de Maillol se vende?

—Mi propósito es hacer un Museo Maillol en París. ¿Por qué hacer un museo regional para el más grande escultor de su época? ¡Qué chingados! ¡A volar! Ahora, en los meses pasados, comprobé que casi todos los visitantes del Museo del Hombre que dirige Jean Cassou son jóvenes. Cassou fue uno de los primeros en comprar obras de Maillol. Todavía en 1940, cuatro años antes de su muerte, Jean Cassou lo visitó. Maillol empezaba entonces su última estatua: *La armonía*.

—¿Cómo consiguió usted reunir toda su obra?

—Algunas esculturas están en Alemania, otras en los Estados Unidos, unas más en el Museo Puchkin en Rusia, compradas por el coleccionista ruso Morosoff. Nadie me encomendó esta labor gigantesca; la hago por impulso propio. Maillol me legó todos sus derechos y con su hijo Lucien me entiendo como uña y carne.

—¿Qué pensaba Rodin, otro gran escultor, de Maillol?

—Admiraba a Maillol, a pesar de que luchaba contra el romanticismo.

Cuando en 1902 Rodin vio la *Leda* de Maillol en la galería de Berthe Weil, declaró: "No conozco en toda la escultura moderna una pieza tan bella como *Leda*".

—¿Por qué luchaba Maillol contra el romanticismo?

—Porque inventó algo nuevo que excluía el romanticismo. Rodin comprendió el cambio total que se efectuó en la escultura con el advenimiento de Maillol y declaró que era una devastación en la escultura.

—¿Por qué no hubo ese cambio más que en Maillol?

—Todos tenemos una pereza mental; sí, sí, todos somos huevones. La vida de Maillol fue difícil porque antes que él estaba la anécdota. En Rodin la hay. Maillol rompió con la anécdota en la escultura, rompió con las sensaciones, con el sentimentalismo. Es un arquitecto, sus obras son geometría.

—¿Las construía con un armazón triangular, con un alambre, o a base de un rectángulo o cómo?

—Así no, no; la construcción es interna. No había maquetas. Comenzaba con un pie y la estatua crecía como una planta. No tenía ni taller ni obreros. En él todo es interior y misterioso. Su filosofía no es visible. Creo (sonríe) que Maillol hubiera sido feliz de conocer su país, señorita, las pirámides, la civilización precortesiana, porque es interior, como su obra; va de adentro para afuera. Le hubiera atraído mucho. Estoy segura de ello.

—¿Es cierto que Gauguin ayudó mucho a Maillol?

—Gauguin fue un hombre terriblemente malo, cruel, asqueroso, pero Maillol lo adoraba.

—¿Por qué era malo Gauguin?

—Todos lo saben menos usted, por lo visto, pero Gauguin ayudó a Maillol con un artículo, una opinión.

—¿Maillol pintó durante toda su vida?

—Sí, hizo algunos cuadros.

—¿Y los tapices? Me parece que a Gauguin le llamaron mucho la atención los tapices de Maillol.

—Maillol vivió dentro de una gran miseria en París, tanto que le dieron reumas articulares que lo llevaron al hospital, allá por 1889. La única persona que conocía era Gauguin. Tenía un gato llamado Brown; cuando se enfermó le pidió a Gauguin que recogiera a Brown. Gauguin nunca vino, cosa que Maillol recordaba 70 años más tarde. En cambio volvió a encontrar el gato en la rue St. Jacques. Me decía Maillol: "El gato es mejor que Gauguin".

—¡Qué malvado Gauguin!

—Sí, la miseria de Maillol fue indescriptible. Su tía Lucía le daba 20 francos al mes; lo mandó a París con una bolsa de higos secos y un poco de mermelada, de *resiné*. Maillol nunca tuvo ni 25 céntimos suplementarios y se nutría con leche y queso. Dejó Bellas Artes, disgustado por sus enseñanzas, y ya entonces sentía gran admiración por el arte de Gauguin. Se interesó por la tapicería que estudió en el Museo de Cluny. Gauguin lo animó y en Banyuls-sur-Mer puso un taller de tapicería. Dos jóvenes, Angélica y Clotilde Narcisse, trabajaron con él; se casó con Clotilde y de allí su hijo Lucien.

—¿Y las tapicerías?

—Se han esfumado; compré una hace poco, la encontré hecha jirones en una tienda de antigüedades; la restauró la fábrica nacional de Aubussons. Tenemos dos tapices en París y uno en el Museo de Copenhague. Eso es todo.

—La vida de Maillol, sobre todo su juventud, es terriblemente triste.

—Hubiera sido peor de no ser por sus amigos. Se ligó en 1900 con los Nabis, Bonnard, Vuillard, el pintor húngaro Ripple-Ronai, el poeta Marc Lafargue, Maurice Denis y, más tarde, con Henri Matisse. Fueron amigos durante toda su existencia. ¿Sabe lo que es eso? Su amistad duró 50 años. Este género de amistades ya no existe en París y esos amigos convirtieron su trabajo y su amistad en un sacerdocio.

—¿Hoy no hay vocaciones verdaderas?

—Hoy se trabaja por dinero y se cobra por metro cuadrado.

—¿Hasta los mejores pintores son arribistas?

—Sí, la amistad de estos hombres fue tan extraordinaria que Maurice Denis escribió en *Maillol y los Nabis*: "50 años de amistad sin una nube".

—¿La nueva generación no se parece a aquélla?

—No, ellos eran niños, eran puros, eran enternecedores. A mí me conmovían, se rendían homenaje sin decírselo. Por ejemplo, en las pinturas de Bonnard y de Vuillard están incorporadas estatuillas de Maillol. Se enviaban cartas, pensamientos, regalitos. Como modelo, Maillol me prestaba a Bonnard, a Matisse; les enviaba lo que más apreciaba. Encontré en sus amigos el mismo espíritu. Era una comunidad del pensamiento al servicio de una gran idea que iba más allá de la persona, más allá de lo humano. Eran sencillos, a pesar de su gloria. Un día le dije a Bonnard: "Vi en Niza un libro sobre tu obra, con reproducciones. Se me antoja comprártelo". Repuso Bonnard: "No, no lo hagas, porque cuando veo lo que hacía yo antes, me avergüenzo y ya no me dan ganas de pintar".

K. S. Karol: El problema del siglo xx, los países subdesarrollados

K. S. Karol, periodista de origen polaco, es miembro del equipo fundador de *L'Express* junto con Françoise Giroud, Jean Jacques Servan Schreiber, Pierre Vianson Ponté y Serge Lafaurie, así como Christiane Collange ("Madame Express"; ¡qué chistoso sería que nosotros tuviéramos una "Madame México en la Cultura"!) *L'Express* es el mayor semanario político francés y el que más se vende y se discute, junto con el *Paris Match*. Se puede o no estar de acuerdo con *L'Express,* pero ninguno permanece indiferente.

Antes, *L'Express* se parecía al *Time*: lo conformaban artículos colectivos, sin firma, todos con el mismo sello, para imprimirle un carácter uniforme. Desde entonces, K. S. Karol tenía a su cargo la política extranjera. A partir de 1956, los redactores decidieron firmar sus artículos porque en Francia "la gente prefiere conocer a los autores". Brotaron como hongos de la hoja impresa los periodistas *vedettes,* Karol entre ellos. Su inteligencia, su clarividencia, lo hicieron partícipe de las grandes contiendas. Su dominio total del ruso, polaco, alemán, francés e inglés, lo convirtió no sólo en un cronista, sino en un escritor que lanzaba luz nueva sobre los problemas sociales del mundo entero.

Un buen periodista es también un historiador; Karol tiene un claro concepto de la historia. Nació en Lodz, Polonia, en 1924, y permaneció en la URSS de 1939 a 1946. En 1948 viajó a Francia a estudiar letras francesas y literatura en Grenoble, y allí trabajó hasta entrar en *L'Express,* en 1953. Su nacionalidad actual: apátrida; su formación: europea, sobre todo inglesa y francesa.

—Señor Karol, cuando vino André Malraux nos habló de los secuestros de periódicos, de la censura y los números de *L'Express* recogidos por el gobierno en los quioscos.

—El primer embargo se efectuó en la primavera de 1954, porque publicamos el informe secreto de los generales Ely-Salan sobre la situación militar en Indochina. Por primera vez un periódico no comunista era confiscado en Francia.

—¿Qué consecuencias tuvo?

—*L'Express* duplicó su tiraje. Además, fue la prueba de que una izquierda no comunista tenía el valor de decirles la verdad a los franceses. Todos quisieron comprar el siguiente número. Empezaron a colaborar grandes hombres como Pierre Mendès-France, François Mauriac con su "Bloc Notes", François Mitterrand y el Jacques Soustelle de 1954, quien escribió el artículo más antiamericano que hemos publicado, después del derrocamiento de Jacobo Arbenz en Guatemala.

—¿Cómo es posible, señor Karol, que el católico Mauriac haya dejado la *Table Ronde* y *MRT* para colaborar en un periódico de oposición?

—Lo hizo para protestar contra Bidault. Mauriac dijo que prefería "los ateos a la mezcla de palomas con zorras". Al final de la guerra de Indochina, Mauriac declaró que el gobierno de Laniel era "el símbolo de la república con cabeza de buey".

—¿Por qué *L'Express* se interesó tanto en los sucesos cubanos?

—Porque el mundo descubrió, hace poco, que existe un grave problema político en el hemisferio occidental.

—¿Por qué no interesarse en países europeos como Rusia y Polonia, que están más cercanos?

—Fui a Polonia en 1956, regresé cuando Gomulka subió al poder y escribí un libro: *Visa para Polonia*. También fui a la URSS en 1959, con Aneurin Bevan, el ministro inglés, y escribí otro libro: *Jrushov y el Occidente*.

—¿Por qué con Bevan?

—Bevan fue mi gran amigo. Por lo que se refiere a la política, no pertenezco a partido alguno, pero me siento muy cercano a Bevan, o sea al socialismo de izquierda en Europa, que él expresó tan bien en el Labor Party en 1951.

—Pero, señor Karol, inclusive el señor Aneurin Bevan ha dicho que "la izquierda se ha mostrado muy tímida en los países no totalitarios".

—(Sonríe.) Bevan añadía también que, tarde o temprano, esta izquierda tímida ejercería toda su fuerza, todo su coraje frente a una derecha incapaz de resolver sus problemas.

—¿Qué es para usted la planificación?

—Es el establecimiento de cierto número de prioridades que un país debe escoger para desarrollar su economía a favor del mayor número de ciudadanos.

—¿Habló usted con Jrushov?

—Pude acompañarlo en su viaje a los Estados Unidos y eso me dio la oportunidad de hablar con él con frecuencia. En Francia tuvimos algunas pláticas, pero siempre improvisadas.

—¿Cuál es su impresión de Jrushov?

—¡Una pregunta difícil! Es un hombre político notable. No es fácil discutir con él porque tiene muchos conceptos heredados de la época estaliniana en la que se educó. La influencia de Stalin sigue vigente, a pesar de no tener conciencia de ello. También en los Estados Unidos, en 1960, seguí a Kennedy en su campaña electoral y traté a muchos de sus amigos universitarios que trabajaron con él. Hice una gran amistad con el profesor James Burns, quien escribió una biografía de Kennedy.

—¿Y qué piensa de Kennedy?

—Es un hombre ambicioso, muy inteligente, pero no tiene conceptos claros de lo que quiere; heredó una situación política muy difícil.

—Dice Walter Lippmann que el error de Kennedy es el de no dar nunca explicaciones. Del pueblo norteamericano, ¿qué opina, señor Karol?

—Esa pregunta táchela. Es demasiado general.

—Es que nosotros sentimos simpatía por ese pueblo, nos parece noble y generoso.

—Esa pregunta no se la voy a contestar.

—¿Qué me dice del nuevo gabinete norteamericano?

—Hay de todo, hombres muy buenos y otros que hubiéramos preferido ya no ver en el escenario político norteamericano.

—¿Cuáles cree que sean los problemas de América Latina frente a los Estados Unidos?

—A eso vine, se lo diré después. (Ríe.) Tengo que verlos primero.

—¿No podría darnos un pequeño anticipo?

—No se trata de elogiar a la Revolución cubana o de condenar a los Estados Unidos. Quiero ver de modo imparcial lo que pasa en el hemisferio occidental, conocer a fondo sus problemas políticos y económicos. ¿Cuáles son los medios por los que América Latina puede resolverlos? ¿En qué medida la Revolución cubana influye en los demás países de América Latina? Creíamos que en el mes de abril pasado, la invasión de Cuba desencadenaría la guerra mundial. Sin exagerar el peligro, pensamos que el conflicto yacía en el seno mismo de América Latina.

—¿Por qué?

—Porque en Europa, después de la guerra, todos nos dimos cuenta del abismo que separa a los países subdesarrollados de los demás; este abismo es una fuente de anormalidad, y por tanto de explosión. El ministro Bevan fue el primero en decir que el porvenir de los países occidentales —el gran problema del siglo xx— es compartir con los países subdesarrollados que pertenecen al mismo bloque. Antes, cuando hablábamos de esos países pensábamos en África, en Asia; ahora sabemos que los países de América Latina también son subdesarrollados.

—¿Sólo hasta ahora ha surgido para Europa un nuevo continente subdesarrollado?

—Sí. Hemos perdido el tiempo.

—¿Y cómo piensan remediarlo?

—Como periodista, quiero enterarme a fondo de los problemas de América Latina. Por eso estoy en México, después de una larga jornada en Cuba. Quiero saber lo más posible, comprender, escribir.

K. S. Karol es uno de los periodistas más comentados, no sólo en Francia sino en los Estados Unidos. Entrevistó a Kennedy, a Jrushov, a Gomulka, a De Gaulle, a Fidel Castro; sus grandes reportajes en *L'Express* han iluminado a muchos. En la reciente entrevista Kennedy-Jrushov, Karol fue el único en publicar lo que verdaderamente se dijeron y no los chistes: "Soy el hombre que viene a acompañar a Jacquie", y recogió este fragmento de conversación entre los dos K:

"—Nikita, ¿es comunista Castro?

"—No, Kennedy, pero usted va a hacer que lo sea y muy bueno."

Karol previó la invasión cubana durante su estancia en la ONU y en Washington y dio una respuesta muy clara al viraje definitivo de Cuba, república socialista. "Con la última agresión norteamericana —le dijo el *Che* Guevara— comprendimos que no había otro camino para un régimen revolucionario. Cuando atacas las estructuras capitalistas, cuando se destruye la influencia imperialista en un país, se llega necesariamente al socialismo."

—En marzo fui a los Estados Unidos para hacer un "perfil" de la nueva administración. Hablé con los senadores y los congresistas y me impresionaron algunas personalidades que demuestran un verdadero afán por romper con el *statu quo,* el inmovilismo del régimen precedente. Vi también la incomprensión, nerviosidad e intransigencia con que se habla de Fidel Castro, y aunque ninguno me informó oficialmente de la invasión a Cuba, deduje, a raíz de mis conversaciones, que los Estados Unidos liquidarían al régimen cubano por todos los medios, y así lo dije en *L'Express;* escribí que era una gran tragedia porque a pesar de las buenas intenciones de la administración, a pesar de su voluntad de renovar y ligarse a las fuerzas progresistas en el mundo, la invasión de Cuba alejó a los Estados Unidos de la izquierda mundial, y sin esa izquierda ninguna ayuda económica, ninguna retórica liberal, lograría que Norteamérica fuera de nuevo, a los ojos del mundo, protectora de países subdesarrollados.

"El problema del subdesarrollo no es sólo económico, sino social y político. La experiencia nos demuestra que no basta darle dólares a un país para elevar su nivel de vida. La nueva administración norteamericana lo reconoció porque ahora insiste en la necesidad de planificación y dice que sólo dará el dinero para proyectos concretos y a largo plazo. Lo que los Estados Unidos subestiman es que para planificar hay que creer en cierta concepción social que tiene la izquierda."

—Me han dicho que la izquierda en Francia considera a Fidel Castro un gesticulador y no lo toma en serio. Incluso el poeta Aragon lo ve como un producto desaforado de la selva tropical.

—Francia desconoce el significado de la Revolución cubana. Sin embargo, el periodismo europeo, en lo fundamental, tiene una tradición de objetividad. Incluso en periódicos conservadores, como *Le Figaro,* se publicaron artículos positivos. Recuerdo especialmente los de Max Clos. Toda revolución conlleva una parte de arbitrariedades, no todo es perfecto, no hay país maravilloso como no hay país monstruoso.

—¿La Alemania nazi fue un "país monstruo"?

—El sistema, no el país. En los Estados Unidos hay un clima de apasionamiento que impide distinguir lo bueno de lo malo. No se habla más que de la miseria cubana, del fracaso de la reforma agraria cubana, del terror policiaco, la injusticia o la catástrofe económica. La prensa es tan negativa y tan apasionada que los norteamericanos acaban por creerla, sin enterarse de lo que realmente sucede.

—¿Qué opina de los artículos publicados en *Le Figaro* por Raymond Aron?

—Si en los Estados Unidos se publicaran artículos como los de Aron, habría por lo menos el pro y el contra. En Aron hay matices, juicios equilibrados; habla de la economía cubana tipo soviético, pero también relata cómo los Estados Unidos sostuvieron al dictador Batista, inclusive vendiéndole armas.

"En todas las revoluciones la prensa dedica una enorme cantidad de papel a hablar del terrorismo, de asesinatos, asaltos. Ahí está el ejemplo de la Revolución argelina. Hay que comprender que no consiste sólo en un grupo de hombres que deciden matar, significa más que eso…"

—Sin embargo, cuando se leen los relatos de los niños argelinos frente a la guerra, como los publicó *Temps Modernes,* se adquiere conciencia del terrorismo.

—En las revoluciones actuales influye un elemento: el miedo de los ricos ante la rebelión de los pobres. En los propios Estados Unidos, en Harlem, en el Bowery, saltan a la vista casos de gran miseria.

—Pero los pobres de los Estados Unidos son menos pobres que los de cualquier país subdesarrollado. Señor Karol, en la actualidad ¿cómo ve usted el problema argelino?

—En Argelia la insurrección ganó virtualmente la batalla, ya que Francia reconoce el derecho del pueblo argelino a la independencia. Todavía somos testigos de hechos sangrientos, pero si de algo estoy seguro es de que la república de Argel existirá muy pronto a pesar de todos los obstáculos. (Sonríe.) En 1954 parecía increíble que en la Sierra Maestra un grupo de rebeldes tan poco numeroso como el de Castro y sus amigos se lanzara a la insurrección.

—Jrushov le afirmó al gran editorialista Walter Lippmann que Berlín sería el nuevo motivo de guerra porque no es posible la reunificación.

—No creo que haya una guerra mundial a causa de Berlín, como no creo que haya una guerra mundial a causa de Cuba. A nosotros, europeos de izquierda, nos inquieta la situación incendiaria del mundo, en la que las dos potencias se confrontan y en la que por un error de cálculo puede producirse un desenlace inesperado, sin que lo desee ninguno de los dos.

K. S. Karol habla y se mueve lentamente. Acostumbrado a los periodistas mexicanos que van de un desayuno a una conferencia de prensa, Karol da una nueva versión del periodista. Ni corre ni se acongoja. Elude los gritos, los gestos definitivos, las afirmaciones categóricas, da la impresión de contemplar al mundo desde una tribuna en la sombra. Esto no quiere decir que carezca de posturas claras, pero es ante todo un periodista a la europea: priva en él la objetividad y un cierto desencanto; piensa, con razón, que de esta manera sus testimonios son más eficaces y que la ética profesional queda mejor cumplida.

Uno diría que Karol habría de desaparecer en la mesa de café donde lo abordamos. Rodeado de vociferaciones, ruidos de toda clase, réplicas y contrarréplicas ajenas, lo amenazaba un mundo para él desconocido e imprevisto, eso que él llama generalmente el trópico. Sin embargo, Karol aguantó como los buenos. En su propio periódico el ambiente era parecido: "Claro que en esta América Latina tan fabulosa todo lo que sucede es de una naturaleza muy peculiar". Más tarde afirmó, para ser amable: "Me agradan los intelectuales hispanoamericanos por su inconformismo".

Vladimir Kaspé, la destrucción de París   ●

—Señor arquitecto Kaspé, leí que la mayor ilusión de Le Corbusier era tirar el centro de París para construir una ciudad moderna, con edificios verticales, horizontales y espaciosos.

—Sí, es cierto, pero Le Corbusier, cuyas ideas han sido acogidas con tanto entusiasmo en las ciudades ultramodernas, no ha tenido éxito en el país que más le importaba: Francia. Desde hace 30 años acaricia el sueño de edificar en pleno centro *une ville radieuse* (una ciudad radiante). Sin embargo, los consejeros municipales de París tienen una aversión terrible a sus ideas y olvidan que las obras importantes de Francia, las que le dan su rostro actual, fueron imaginadas y luego realizadas por espíritus temerarios.

—Entonces, ¿usted está de acuerdo en que París se tire al suelo?

—Señorita, no me ponga en la boca palabras que no he dicho. La gente va a creer que soy un bárbaro y en el fondo soy un sentimental como usted.

—A mí no me gustaría ni que barrieran el polvo de las mansardas de París. Siempre recuerdo con disgusto a aquel millonario que ofreció 100 000 dólares para que le sacaran brillo a los bronces de París.

—Es usted poco sanitaria. No se puede dejar a París tal como está. Aunque tengamos la idea de que representa la máxima perfección como ciudad, está sujeta a una evolución irremisible. Usted no va a ponerse eternamente el mismo vestido, sólo porque sabe que es bonito. París no puede conservar esa fachada tan grata a los turistas de aquí a la eternidad. Ellos no se dan cuenta de que, bajo esas piedras tan bellamente jaspeadas por el tiempo, mucha gente lleva una vida insalubre y sombría. ¿Ha pensado que en la mayoría de esas románticas buhardillas vive un pobre empleado tuberculoso y anónimo? Yo amo el viejo París, miserable y sentimental, hermoso y lleno de poesía; sí, señorita, yo quiero a ese París tal vez más y mejor que usted, que tanto defiende sus melancólicas bellezas, pero en sus antiguos *quartiers* (colonias) habitan personas que tienen derecho a una vida mejor, proporcionada por edificios prácticos, modernos, sólidos y luminosos, abiertos a los grandes experimentos de la vida.

—Por lo visto, usted cree que el plan presentado por Le Corbusier es realizable.

—Ya le dije que no soy conservador, pero tampoco me gusta lo moderno por lo moderno.

—¿Cree que será aceptado el plan de Le Corbusier?

—Le Corbusier es un poeta y su plan es completamente poético. En él no existe la razón ni el sentido común. La solución de Le Corbusier es demasiado radical para que la aprueben, pero los que no están de acuerdo deberían oponer otros proyectos a su plan, y hasta ahora nadie lo ha hecho. En todo existe la justa medida. De todos modos, si Le Corbusier no cambia París, la vida se encargará de hacerlo. La vida suple al trabajo del hombre, y por eso creo que es mejor acompasar nuestros pasos a los suyos.

—¿Cómo se explica que Le Corbusier haya tenido tanto éxito en Brasil, en la India, en Venezuela y en México? ¿Cómo se explica que ciudades enteras se construyan en su espíritu y que Francia no permita hacer lo que quiere?

—Auguste Perret decía: "Francia se come sus novedades en conserva", frase que se aplica a otros países. En Francia, Le Corbusier es admirado por todos, jóvenes estudiantes de arquitectura esperan su palabra como el maná que cae del cielo. Le Corbusier sólo es inoperante frente a los consejeros municipales, que, como usted debe imaginarse, son conservadores.

—Señor Kaspé, ¿es cierto que Le Corbusier y Auguste Perret estaban peleados?

—En mi conferencia "La gran tradición de la arquitectura francesa del siglo xx. Auguste Perret y su obra", pensé en reconciliar a estos dos supuestos rivales y rendir un homenaje póstumo a la obra y personalidad del gran Perret, quien fue el único maestro de Le Corbusier. Cuando le preguntaban qué le había enseñado, respondía invariablemente: "Le enseñé a montar en bicicleta". Perret construyó ventanas verticales sólo con el propósito de molestar a Le Corbusier. En los últimos tiempos era muy difícil obtener una opinión del uno sobre el otro. Sin embargo, los dos pertenecen a la misma familia de inquietos e imaginativos.

—¿Lo conoció personalmente?

—Sí. En 1938 hice una encuesta entre los grandes arquitectos de Francia, es decir, Perret, Le Corbusier, Roux-Spitz y Baudoin; y Le Corbusier casi no quiso contestarme. Alegó que los periodistas, y más si son arquitectos, son una bola de mentirosos (¿Es usted mentirosa?) Acabó por dictarme sus respuestas en unas cuantas frases lacónicas. Roux-Spitz se cansó a la mitad y me pidió que inventara sus respuestas —"confío en usted", me espetó—, y Baudoin alegó que no tenía tiempo. Perret, en cambio, me trató como un buen padre y en su estudio modesto y misterioso me habló largo tiempo de los grandes problemas de la arquitectura moderna.

"A mis alumnos —sonríe Kaspé— les atraen las formas nuevas y sonrientes, las ideas atrevidas y violentas (es decir, la arquitectura tal como la entienden Le Corbusier, Frank Lloyd Wright o Saarinen). Las prefieren a las formas e ideas sobrias, severas y muy estudiadas de Auguste Perret. Para un profesor es mucho más cómodo y más fácil enseñar lo que provoca entusiasmo inmediato, pero hay que comprender y hacer comprender las ideas de todos los precursores de la arquitectura moderna, cualquiera que sea su país y sus tendencias, a condición de que posean ideas vibrantes y profundas."

Kaspé ha construido muchos edificios en México: el Súper Servicio Lomas y el Liceo Franco Mexicano, y colaboró en casi todas las obras de Ciudad Universitaria.

París: un bálsamo para los solitarios

Dicen que la única ciudad del mundo en donde la infelicidad es tolerable es París. Es cierto. El hombre sale a la calle con su pena a cuestas, y poco a poco el dolor se diluye, vencido por todo lo que de pronto ofrece París con una exuberancia de mujer generosa y distraída. Una joven vendedora emerge entre las violetas y los pensamientos y hace pequeños ramos de a diez centavos. "Divido las flores según su olor." Charla con los transeúntes y su voz es tan fresca que todos sin excepción vuelven a sentirse, por un momento, pigmaliones creativos e indispensables. Más allá está el café con sus comensales apretujados unos contra otros como una familia de hongos al pie del árbol. Desde la acera pueden verse unos jugadores de ajedrez, otros que escriben sobre una hoja o una servilleta de papel una carta de separación definitiva. "Jamás nos volveremos a ver" con letra torcida por la angustia que sabrá enderezarse para ofrecer: "Si quieres, mañana a las cuatro, por última vez…" Otros están allí ausentes y presentes, distraídos y atentos, espectadores de un coloquio solitario. Hay unos que se sientan en los cafés para ver a los famosos y hacerse la ilusión de que los conocen. Y también en los rincones están aquellos que quieren evitar la oscuridad de un cuarto donde la cama es dura y fría y las posibilidades de mejorar son mínimas.

En Les Deux Magots (donde Simone de Beauvoir, Sartre y Camus platicaban del existencialismo) los clientes discuten también la última noticia del día, quién se peleó con quién, qué estreno vale la pena, qué libro ha sido hecho pedazos por la crítica. Es notoria la presencia de alguna de esas mujeres de cabello lacio que fuman de modo afectado, con la misma mirada triste y gris que el asfalto pone en las banquetas.

Es muy fácil llegar a las orillas del Sena y deambular entre los puestos de libros antiguos, litografías, dibujos y enciclopedias, recargados en los costados del río. Allí están los versos de Apollinaire en ediciones únicas, y dibujos de Modigliani, Foujita, Dufy, Derain, que los conocedores se disputan con ojos de ave de rapiña.

Lejos del Sena, una multitud de hombres van a pie, en bicicleta o en coche a cumplir con su deber. En el fondo se yergue la Torre Eiffel como una antena puntiaguda y astuta cubierta de mil ojos que todo lo absorben porque cuando a los niños franceses les piden que retraten la Tierra, pintan una bola redonda con un palito, y si alguien les pregunta qué significa el palito, responden sorprendidos: "Es la Torre Eiffell".

Elena de Rivera de la Souchère

La escritora Elena de Rivera de la Souchère es una de las mejores y más serias comentaristas políticas de Francia. Amiga de Jean-Paul Sartre y de Simone de Beauvoir, destaca como pensadora y ensayista. Su libro *Explicación de España,* publicado por primera vez en Francia por Grasset, es un trabajo "asombroso", como lo han calificado los críticos, "escrito por la mejor especialista del mundo hispánico", que abarca desde Carlos V hasta Francisco Franco y logra la imagen de España que tanto nos hacía falta.

La escritora Elena de Rivera de la Souchère nació en Barcelona, España, y se graduó como licenciada en derecho en la Universidad de París. En Inglaterra, trabajó con el ex ministro de Justicia de la República española, don Manuel de Irurjo. En Argelia atendió a muchos refugiados políticos y se ocupó de quienes salían de los campos de concentración. A partir de 1950 se entregó al periodismo y fue directora de una agencia de noticias. Escribió en el periódico francés socialista *France Observateur;* ahora trabaja en *L'Express* —que la envió a un viaje por América Latina— y en el diario *Liberation.* Colabora en *Les Temps Modernes,* de Jean-Paul Sartre, y en *Esprit,* de Emmanuel Mounier. En América Latina, sus artículos pueden leerse en la revista *Combate* —de Costa Rica—, la *Revista Ibérica* que se hace en Nueva York, en los diarios *Excélsior* y *El Día* de México. Elena tradujo las obras de Ana María Matute y prepara un libro sobre el mundo latinoamericano.

—¿Qué países de América Latina le interesaron más?

—Costa Rica, Venezuela y Brasil, porque en ellos vi ejemplos de revolución. En Brasil encontré una revolución frustrada, en Venezuela una revolución dentro de la ley —según su propia fórmula— y en Costa Rica una revolución paralizada.

—¿Por qué le parece la de Costa Rica una revolución paralizada?

—El doctor Figueres, presidente de la república, inició una serie de reformas: la más importante, la nacionalización de la banca. Otra fue la ley de la reforma agraria, así como una serie de medidas en favor de obreros y campesinos. Pero hoy en día vemos cómo las oligarquías se introducen de nuevo en los bancos.

—¿Y la reforma agraria?

—El esfuerzo es digno de interés, pero es demasiado temprano para apreciar los resultados. El Instituto de la Reforma Agraria inicia ahora la colonización de la costa del Atlántico abandonada por la compañía frutera y en un terreno de 10 000 hectáreas piensa asentar a 600 familias en los próximos dos años.

—¿Esta compañía frutera es la famosa United Fruit?

—Sí. También posee inmensas plantaciones en la zona del Atlántico y en la del Pacífico.

—Elena, ¿podría decirnos por qué considera la revolución en Brasil como un intento frustrado?

—Creo que el derrocamiento del gobierno constitucional fue posible por dos motivos: uno, la desigualdad que existe entre las provincias del norte de Brasil y la zona desarrollada del centro y del sur del país, el famoso triángulo de Rio de Janeiro, São Paulo y Minas Gerais. Otro, la inflación fabulosa de los dos últimos años que perjudicó mucho más a los humildes que a los poderosos. Discutir la situación brasileña con los intelectuales mexicanos es muy difícil porque tienen una verdad prefabricada al respecto.

"Todos vivimos con un fantasma adentro y ese fantasma es lo que quisiéramos ser. ¡Matar al fantasma es como matarse a sí mismo! El intelectual mexicano izquierdista desea tener buena conciencia, pero también vivir bien. Los que he conocido cuentan con su buen departamento y su buen coche. En realidad —y al decir esto no me refiero sólo a México— muchos izquierdistas abnegados son burgueses en todas partes del mundo. Los escritores queremos ser proletarios, pero hablamos de los problemas de China, Cuba, la URSS, desde nuestros cómodos sillones."

—¿Y ser proletario es vivir mal?

—Los intelectuales de izquierda deberían tener más conciencia de lo que son y para tenerla no es indispensable pasarse la vida entre obreros, sino encauzar los actos de nuestra vida hacia una mayor convivencia con los desheredados. Otra de las cosas que me impresionó de los intelectuales mexicanos que

conocí es que no hablan de México. ¡Tuve una fuerte discusión con Pablo
González Casanova!

LA SITUACIÓN DE VENEZUELA

—¿Nos podría hablar de la situación de Venezuela?

—Presenciamos una situación política bastante alentadora en el sentido
de que los antiguos partidos de centro-izquierda se han acercado de nuevo al
gobierno. Fue muy importante el seminario celebrado en Caracas con observadores de la mayoría de los países latinoamericanos acerca del mercado común latinoamericano, ya que Venezuela piensa industrializar productos meta-
lúrgicos e ingresar en el mercado común europeo. La revolución venezolana,
inspirada, por cierto, en la Revolución mexicana, tiene grandes posibilidades
de salir adelante.

—¿No cree que está muy ligada a los Estados Unidos?

—Tiene muchos problemas con los Estados Unidos, fundamentalmente
el del petróleo, pero la Corporación Venezolana de Petróleo, con el ex presidente Rómulo Betancourt a la cabeza, es un organismo que se dedica a pelear
en condiciones adversas contra los grandes monopolios.

—¡Por eso Sartre va a ir a luchar junto a los combatientes venezolanos!

—(Ríe.) ¡Eso es cosa de Sartre!

En memoria de una gran escritora: Louise de Vilmorin

•

Murió en su casa de Verrières Le Buisson (Essonne) la escritora de 67 años, Louise de Vilmorin, autora de *Madame de...*, interpretada por Danielle Darrieux en una película inolvidable. Louise se restablecía de la gripe que azota a casi todos los países del mundo, pero como su convalecencia siguió un curso satisfactorio dejó París y se fue a su casa de Verrières, donde encontró la muerte a causa de una crisis cardiaca. André Malraux la acompañó hasta el último momento.

Louise de Vilmorin hizo con las palabras lo mismo que Paganini con su violín o Casals con su violoncelo. Su instrumento fue la lengua francesa. Conoció sus más sutiles matices y logró alcanzar las notas más finas e irónicas. Su arte consistió en hacer creer al lector que escribir es fácil y que las palabras brotan solas de su pluma.

Jean Cocteau declaró que Louise de Vilmorin no escribe con tinta. La llama "muchacha de las flores" o "muchacha flor", y dice que en su casa de Verrières los muebles crecen como si fueran plantas. Louise posee semillas para sembrar sillones, mesas y libros que explican la increíble fuerza con que resuenan en esa casa la risa, los sueños, los poemas y los oráculos.

Más que leerla, la escuchamos y sus frases cantan en nuestro oído. Se deslizan como río pero esa fluidez es el resultado de horas de trabajo.

Louise de Vilmorin cultiva las palabras como las flores de su jardín y concierta con ellas misteriosas alianzas. La Vilmorin hace listas de palabras que pueden leerse al revés, de las cuales nacieron sus últimos poemas: *El alfabeto de las confesiones (L'Alphabet des aveux)*, un verdadero prodigio de refinamiento literario. Su obra completa consta de *Santa una vez, Julieta, Los bellos amores, La cama de columnas, El regreso de Erika, Madame de..., Noviazgo para reírse* y *El fin de los Villavide*.

En sus libros, Louise de Vilmorin se da toda entera. El primer libro que, según Jean Fayard, nos revela su fantasía es *Santa una vez (Sainte une fois)*. Se la descubre más a fondo en *El regreso de Erika,* en *La cama de las columnas (Le lit a colonnes),* en *Julieta* y en *Madame de...*

Louise de Vilmorin dijo que escribía para divertirse, pero para divertirse también fue poeta, y ¡qué poemas nos dio! Verdaderas proezas ejecutadas por un virtuoso.

Era una mujer bella, alta, con una mirada acuosa y una sonrisa encantadora. Sedujo a quienes se le acercaron. Animaba todas las reuniones con sus comentarios únicos, sus juegos verbales, sus *mots d'esprit* que la hacían irreemplazable.

Dos veces se casó y dos se divorció. Vivía desde hacía tres años con el ministro de Cultura del gabinete de De Gaulle, autor de *La condition humaine, L'espoir* y *Les voix du silence*: André Malraux. Cuando se le preguntaba si iba a casarse, respondía: "En la actualidad, el matrimonio no existe".

Hace años tampoco se casó con otro grande de las letras francesas: Antoine de St. Exupéry, su amigo de infancia, uno de sus primeros enamorados. Se dice que St. Exupéry la recordó cuando escribía *El Principito.*

Su enorme encanto personal hacía que sus huéspedes se sintieran transportados a otro universo y las dificultades materiales se eclipsaran durante algunos días ante la atmósfera de magia que sabía crear a su derredor. Los huéspedes se paseaban en el maravilloso jardín, ya que los Vilmorin son especialistas en granos y semillas y supieron sembrar flores y plantas que no se conocen en ningún otro jardín de Francia.

Louise de Vilmorin, quien supo entretener a los demás con su literatura y los juegos de su mente alerta e inteligentísima, era una mujer profunda que tuvo la sabiduría de no pontificar como suelen hacerlo las maestras normalistas. Por eso, como en *El Principito,* resentimos que un planeta absolutamente femenino llamado Louise no vuelva a encenderse en nuestra galaxia.

Quizá André Malraux, quien tanto la amó, logre darnos una imagen exacta —así como describió la atmósfera de su casa en un pequeño libro de recuerdos— del espíritu superior de Louise de Vilmorin.

Denise Bourdet

Desde México, mamá me previno que Denise Bourdet era la sinceridad misma. "Ve a verla, tiene un modo inteligente e irónico de decir la verdad."

Sobre un gran edificio del Quai D'Orsay una placa anuncia: "Édouard Bourdet, autor dramático, 1887-1945, murió en esta casa". Los parisienses se detienen reverentes o curiosos a leer la distinción a uno de sus grandes autores teatrales pero ignoran que dentro del edificio hay un personaje que le rinde el mejor de los homenajes, una mujer que escribe sobre una mesa de ébano, frente a papeles y libros arreglados con esmero: Denise Bourdet.

Antes de dejarse interrogar sobre sí misma, Denise quiere rendirle culto a su marido y hablar de sus obras, de su papel en el teatro francés y de lo que significó la vida con Édouard Bourdet y sus amigos: Colette, Paul Morand, Jean Cocteau, Jacques de Lacretelle, François Mauriac y tantos otros.

—Mi marido comenzó a escribir mucho antes de conocerme, pero me dejó participar en su obra, ser su crítico y prepararle el material con mis investigaciones. A mí me encantaba esa vida de teatro, la angustia de saber cuál sería la acogida del público. Creo que es inútil decirle que Édouard Bourdet obtuvo grandes éxitos aplicando una técnica nueva a la comedia de costumbres. *Vient de paraitre (Recién publicado)* es una sátira de los medios literarios, *La fleur des pois (Flor de chícharo),* del medio mundano, y *Los tiempos difíciles del mundo,* de los negocios. *El sexo débil* fue una de sus obras de mayor éxito.

"Una de las cualidades de Édouard Bourdet al escribir era no dejarse llevar por las peripecias de la intriga y dar pruebas de una gran solidez y de un espíritu satírico acerbo y mordaz.

"Lo que más admiré en él era su gran probidad ante su oficio. Escribía en el sentido más puro, sin recurrir jamás a trucos efectistas. Quizá su obra más revolucionaria, la que más sensación causó, fue *La prisonnière* (*La prisionera*) —para la cual Courbet le ofreció ese famoso cuadro que simboliza el tema de la obra—, una obra muy bella y de gran sentido humano."

—Ahora, Denise, por favor, hábleme de usted y de la *Revista de París* y de otras publicaciones en las que colabora. Dígame cómo adquirió ese estilo fresco e inconfundible. Para mí, usted es el prototipo de la escritora francesa. ¿Cuál es su método de trabajo?

En efecto, el método de Denise Bourdet está impreso en las paredes de su departamento del Quai D'Orsay. Su cuarto de trabajo es un salón ordenado y perfecto, con un gran canapé y cuadros colgados en su estricto lugar. Hay uno de Tristán Berard, hecho para el estreno de *La prisionera* (pero no tiene semejanza alguna con el de Courbet) y otros paisajitos en marcos dorados que ve uno en las casas refinadas, a los que sólo es necesario echarles una mirada para que no se hundan invariablemente en los laberintos del olvido. La chimenea está prendida y un ramo de flores sabiamente aderezadas ofrece su fragilidad. Imaginamos que una sirvienta uniformada ha de llevarle una taza de té o algo que le permita seguir con su trabajo. Este salón lleva la impronta de la disciplina, la nitidez y la eficacia del espíritu de Bourdet.

Desde México, mi concepto de Denise Bourdet se perdía en un abismo de papeles, libros, desórdenes, lápices mordidos y tinteros a medio voltear. La situaba frente a una mesa, inquieta, despeinada y muy delgada (por comer a las volandas alimentos insustanciales), pero Denise Bourdet me da una lección; pienso en mi mamá, Paulette Amor, quien repite con frecuencia: "El desorden de un cuarto refleja el desorden del alma".

Cuando Denise Bourdet me recibió, ninguno de sus cabellos se hallaba fuera del armonioso orden en que los había peinado; tenía las uñas manicuradas y, al ingresar a su salón, su pluma y su libro quedaron cerrados, los papeles uno encima de otro y todo adquirió un aire de precisión reconfortante y disciplinado. "Esto es el equilibrio", me dije yo, que sólo sé del torbellino.

Para escribir sus "Imágenes de París" en la *Revue de Paris*, de Marcel Thiebaut, Denise asiste a muchas representaciones teatrales, conoce a personajes y se enfrasca en un trabajo de horas y horas, sin contar con los artículos que entrega a otras revistas de prestigio. A "Imágenes de París" entrega una crítica de teatro, una crónica de una exposición, un análisis del libro más reciente, una entrevista con algún personaje... En otras palabras, en Denise Bourdet se reúnen Armando de Maria y Campos, Jorge J. Crespo de la Serna, Emmanuel Carballo y la muy querida Elvira Vargas. Por lo tanto le preguntamos a Denise Bourdet cómo logra salir airosa de tantas ocupaciones.

—No me pierdo un estreno y trato de asistir todas las noches a una función distinta. A veces regreso a verla cuando no estoy segura de lo que voy a decir. Lo que me quita tiempo son las comidas que le parten a uno el día. Por eso prefiero comer en mi casa algo ligero: un yogurt y una ensalada para tener unas buenas horas de trabajo. Creo que las mujeres que trabajan tienen mucho más mérito que los hombres, porque es muy difícil preservar su tiempo entre las obligaciones de la casa, el trabajo y los amigos que lamentan la ausencia a las reuniones: "No te hagas la interesante".

"El espíritu de una mujer que trabaja se ve mil veces desviado por una cantidad de pequeños detalles de los cuales los hombres ni siquiera tienen conciencia. Además del trabajo, tengo que cuidar mi aspecto físico, no puedo presentarme en el teatro donde todos me conocen (y me temen) desgreñada y descompuesta.

"Todos los años salgo de vacaciones a Venecia, Roma o Provenza. En Avignon se organizan festejos magníficos, y en Aix, llega Jean Vilar con su Teatro Nacional Popular para actuar en las plazuelas. El campo y el buen tiempo hacen de esas vacaciones algo extraordinario. No, no soy deportista; a lo más que llego son a los crucigramas del *Figaro,* pero disfruto de los espectáculos al aire libre.

"Cuando ya no tenga la posibilidad de sentarme o de recostarme con un buen libro en la mano, la vida perderá su sentido. Por eso me encanta viajar en tren: durante 56 horas puedo leer sin que me interrumpan.

"¿Que cómo empecé a escribir? Después de la muerte de mi marido recopilé, en un pequeño tomo, una serie de reflexiones acerca de él y del círculo que frecuentábamos. Al leerlo, en 1945, Manuel Thiebaut, director de la *Revue de Paris,* me pidió que entrevistara a Louis Jouvet, recién llegado de su gira por América, y después quiso que mi colaboración fuera regular. Así surgieron las 'Imágenes de París' que me permiten seguir en ese medio literario que tanto amo. Sin mis amigos escritores la vida me parece insípida y monótona. Lo que más me gusta es reunirme con ellos a cenar y a discutir."

—Señora, perdóneme, pero ¿cree que vale la pena que una mujer sacrifique todo por una carrera literaria? ¿Cree que hay grandes pensadoras femeninas?

—¿No se da cuenta de la influencia y del detallismo psicológico de Colette, de la fuerza de Simone de Beauvoir, de la originalidad de Simone Weil?

—Pero Simone de Beauvoir se recrea en la descripción de situaciones horrendas como las de *La invitada.*

—¿Cómo es posible que diga eso? Su último libro, *Los mandarines,* es una obra maestra, henchida de poderoso pensamiento. Yo creo que las mujeres tienen su lugar en la literatura y que cualquier sacrificio para conservarlo es valioso.

—¿No es mucho mejor tener hijos y marido y todo lo demás?

—Se pueden combinar ambas cosas. ¿O en México no se puede? (Denise Bourdet se ríe de buena gana, no sé si de su propia respuesta o de las tonteras que digo.)

—Una última pregunta, querida señora, usted que no pierde ni un detalle de la vida literaria de Francia, ¿podría decirme algo acerca de esos niños y niñas que asombran a París con su precocidad literaria? Me refiero sobre todo a Françoise Sagan.

—La Sagan tiene un talento enorme y un dominio del lenguaje excepcional.

—¿Por qué se preocupan tanto en Francia por el estilo? Todomundo habla de él y nadie del contenido. Pura forma y nada de fondo.

—El escritor debe tener algo qué decir, pero en muchas ocasiones de la forma surge el fondo. En realidad, los franceses amamos profundamente nuestra lengua, y quien la respeta y exalta es admirable y admirada. Un ejemplo de estilo literario femenino perfecto, incomparable y lleno de gracia, es el de Louise de Vilmorin. Lo mismo ocurre con Françoise Sagan, que jamás comete errores de francés, lo cual es bastante raro. En mi opinión, hay otra niña con más talento que la autora de *Buenos días, tristeza:* Françoise Mallet, quien escribió el *Rempart des Béguines.* Nunca he visto una persona tan joven escribir tan bien. Entre los hombres destacan Gabriel Varalty con su precioso *A la memoria de un ángel,* y Roger Nimier, ya consagrado. Pero todavía estoy pensando en lo que me dijo acerca de Simone de Beauvoir; créalo, tiene un gran talento.

"El socialismo europeo ya no es revolucionario": Maurice Duverger   •

Maurice Duverger es el autor de *Los partidos políticos,* director del Instituto de Estudios Políticos de Burdeos y profesor de la Facultad de Derecho y de Ciencias Económicas de la Universidad de París. Duverger asombra por la claridad de su pensamiento y la sencillez con que expone sus ideas. En su conferencia "La evolución de los partidos políticos en Europa occidental", dio un panorama esclarecedor de la compleja maraña de las relaciones políticas.

Según Duverger persisten en Europa occidental desde 1789 dos grandes tendencias: conservadora y liberal. Además de la lucha clases, se oponen dos sistemas filosóficos. Los conservadores piensan que hay estructuras naturales ya existentes y que sería absurdo e imposible cambiarlas. Los liberales piensan que puede construirse una nueva estructura, obra del espíritu. Los partidos fascistas emanan de la derecha y tienen una visión pesimista de la humanidad. El fascismo insiste en valores tradicionales y primitivos: la comunidad de raza, de sangre, de suelo.

Maurice Duverger se extendió sobre el tema de los partidos demócrata-cristianos, que adquirieron fuerza después de la segunda Guerra Mundial y contribuyeron —en especial los de Francia y Alemania— a la unificación de Europa.

Duverger no se limitó al pasado sino que siguió gallardamente adelante y planteó el problema de mayor actualidad: "¿Vamos hacia el comunismo?" La gran oposición capitalista y socialista se atenúa. Hay una evolución sociológica que salta a los ojos de todos, sobre todo en países como Francia e Italia, y por lo tanto no puede haber revoluciones comunistas. Europa occidental no desea el advenimiento de la democracia popular. ¿Que por qué son tan fuertes los partidos comunistas en Francia e Italia? ¿Que por qué tantos votan "comunista"? Porque sus intenciones son más puras y, como partidos, los comunistas están mejor organizados que los demás, pero tampoco desean el cambio hacia la democracia popular que propone Jrushov.

Para el profesor Duverger votar comunista es útil: "Ese voto es el aguijón en el trasero del burro, siendo el burro, con perdón de ustedes, el conjunto de los partidos gubernamentales".

Dice Duverger que "el comunismo puede consolidarse a través de una evolución reformista, no de una revolución. Europa occidental está muy cerca del *consensus* (palabra que tanto usan en los Estados Unidos: consentir, estar de acuerdo, coincidir, consenso). No quieren cambios radicales ni echar todo abajo. Entre socialistas y capitalistas hay ya una coexistencia pacífica interna. Ya nadie quiere la masacre de junio de 1948, todos queremos vivir".

Duverger, quien fue invitado por el PRI para analizar los cambios y las reformas hechas en el partido, dijo que "todo sistema contiene un conjunto de reglas políticas; cualquier ideología se compone de una serie de ritos previamente establecidos. El problema de los partidos políticos europeos es pasar de un vocabulario político revolucionario a un vocabulario realista y actual. ¿No es ése también el caso de los partidos políticos mexicanos? Ya no vivimos en la época de los grandes actos que tanto entusiasman. ¿Qué hombre de izquierda no tiene nostalgia de los *communards,* de los jacobinos, del episodio de Dreyfus? No podemos seguir añorando épocas que nos parecen más emocionantes que la actual. ¡De nada vale agitar grandes palabras revolucionarias! ¡Hay que vivir en la realidad y luchar con armas reales! Las palabras revolucionarias de tan gastadas sólo sirven de arma a los conservadores".

De nuevo, Duverger vuelve a Europa: "¿Revolución europea en pleno siglo XX? No, eso no es posible. El socialismo europeo ya no es revolucionario. No hay fuego ni sangre ni bruscos cambios de estructura en los regímenes existentes. Esto es importante porque demuestra el acercamiento entre la derecha: el capitalismo, y la izquierda: la planificación. En la actualidad el capitalismo europeo tiende a evolucionar hacia un régimen mixto. En la mayoría de los países europeos se han aceptado las grandes líneas de la planificación".

La primavera en flor, prodigiosa exposición de arte

Los efectos de la primavera sobre los parisienses son inauditos. En la rue Octave Feuillet, las recamareras abren grandes las ventanas para dejar entrar el sol y sacuden sobre los transeúntes sábanas, trapeadores y mechudos; los carteros tardan horas en entregar el correo, porque se quedan platicando en la puerta de cada casa y la leche matutina recibe el tratamiento del olvido momentáneo. ¡También el lechero se enamora! Como los vecinos han abierto sus persianas, he descubierto el continuo martilleo de un pianista que practica con gran furia sonatas de Mozart y de Scarlatti, una señora que colecciona gatos y cuadros de valor dudoso y gusto más dudoso aún y un mesero que, aunque entra a las ocho de la noche a su restaurante de lujo, anda de *smoking* a partir de las cuatro de la tarde. Surge una vida nueva y primaveral que pronto dará frutos otoñales porque en París es en el mes de abril que el espíritu creador sopla sobre la materia.

El hecho de ver árboles en flor, cerezos rosas y manzanos blancos, pájaros que revolotean entre las tupidas cúpulas de los árboles, transtorna de tal modo a los parisienses que Francia, tan puntual y cartesiana, pierde la cabeza. Olvida citas y compromisos, y el interior de sus edificios se vacía en Bois de Boulogne y Bois de Vincennes, en el Parc Monçeau. Las francesas de clase alta se pasean en Bagatelle: lucen los nuevos modelos de Dior, de Lanvin y de Fath. Hablan del Grand Prix de Longchamps, del Festival de Cannes, de un sombrero floreado al cual le han echado el ojo, y se convidan mutuamente a tomar té en la Marquise de Sevigné.

Nunca ha habido una ciudad más llena de enamorados que París, pero mientras ellos viven en un mundo aparte, la poderosa máquina de sucesos políticos y religiosos, literarios y sociales sigue en marcha.

PINTURA

En el Museo de L'Orangerie, los norteamericanos le ofrecen a Francia una prodigiosa exposición: "De David a Toulouse Lautrec, Salut a la France". Comprende 55 obras maestras y 40 acuarelas y dibujos de coleccionistas de los Estados Unidos nunca expuestas en Europa. Edward G. Robinson, célebre como actor y coleccionista, envió *La italiana* de Corot, pintada en 1870. Uno de los retratos más antiguos es el de Napoleón de David, pintado en París para el marqués de Douglas, quien más tarde se convirtió en el décimo duque de Hamilton. Cuando Napoleón vio su retrato, le dijo a David: "Usted me ha adivinado, David. Por las noches trabajo para la felicidad de mis súbditos y durante el día para su gloria".

Entre las obras de los románticos y realistas destacan *El entierro*, de Delacroix, y *El loco ladrón de niños*, de Gericault, que pertenece a la serie de retratos de locos que el pintor ejecutó para su amigo el doctor Georget, responsable del asilo de enfermos mentales de la Salpétrière. Hay que citar *El cartero Roulin*, que Van Gogh ejecutó quince días antes de su muerte. A propósito del cartero, Van Gogh escribió: "La semana pasada no sólo hice uno, sino dos retratos de mi cartero, uno de medio cuerpo, con manos y cabeza de tamaño natural. Como el hombre no aceptaba dinero, comió y bebió conmigo".

Entre los dibujos y pinturas de Toulouse Lautrec, se encuentra una de las más célebres escenas nocturnas: *El Moulin Rouge*, prestado por el Art Institute de Chicago. Finalmente, el aduanero Rousseau pone su nota de fantasía en *La gitana dormida*. Picasso fue quien señaló ese cuadro olvidado al gran conocedor newyorkino, John Quinn.

TEATRO

Leslie Caron, protagonista de *Lili*, tuvo que pedirle a la Metro Goldwyn Mayer permiso para seguir representando en Francia a *Orvert*, obra teatral de Jean Renoir. Al terminar regresará a Hollywood para cumplir con su contrato cinematográfico. Jean-Paul Sartre presenta una nueva obra teatral, *Georges Nekrassov*, que critica a la prensa y a los periodistas. Sartre invita a los ensayos para que vean que más que una crítica se trata de una simple constatación. Jean

Marais, escenógrafo y actor de *Pigmalión,* sigue siendo el actor más admirado a pesar de su distanciamiento de Jean Cocteau.

La crítica teatral se reunió sobre una *péniche* del río Sena, para asistir a la gran *première* del Teatro que Flota. Sobre la barca, llena a reventar, renació *El mercader de Venecia,* de Shakespeare.

LITERATURA

Desde hace algunos días, circula entre los académicos de la lengua la noticia de que la propia Academia estaría dispuesta a inscribir el nombre de Sacha Guitry entre los de sus candidatos. Hace mucho se le había propuesto a Guitry: "Le aseguramos el éxito 'académico' si renuncia a aparecer sobre la escena". Sin un instante de vacilación, Guitry respondió: "Muy halagado y algo agradecido pero mi padre fue actor y jamás le haré la afrenta de cambiar mi chaqueta de Pierrot por el traje verde de los académicos". Después de todo —como dijo René Doumic, secretario perpetuo de la Academia Francesa— Molière tampoco perteneció a la Academia.

Juillard, el editor de Françoise Sagan, la autora de *Bonjour, Tristesse, best seller* mundial, recibió alguna vez de la joven autora un cable: "¿Para qué quiere usted que gane yo más dinero, si no me da tiempo para gastarlo?"

Roger Caillois

Roger Caillois, escritor, ensayista, etnólogo y sociólogo, es autor de *El hombre y lo sagrado, Los juegos y los hombres, Ensayo sobre el espíritu de las sectas, Descripción del marxismo, Cuatro ensayos de sociología contemporánea, Poncio Pilato* y quién sabe cuántas obras más. Caillois, además de artista, es un hombre de ciencia. Una sola de sus facetas nos toca muy de cerca: Roger Caillois ha dedicado años de su vida a dar a conocer la literatura latinoamericana en Europa.

—Fue casi una casualidad que yo me interesara en la literatura de su continente —dice Roger Caillois—. Fui invitado por Victoria Ocampo y la revista *Sur* a dar conferencias en Argentina, pero se vino la guerra y allá me quedé. Conocí a Jorge Luis Borges, Adolfo Bioy Casares, Julio Cortázar, Eduardo Mallea, Ernesto Sábato y a muchos más. Comencé también a leer en lengua castellana a autores latinoamericanos y publiqué artículos en revistas del continente, incluso de México, como *Cuadernos Mexicanos* y *El Hijo Pródigo*. Los autores de América Latina me atrajeron cada vez más y me pareció raro que fueran tan desconocidos en Europa; me propuse, al volver a Francia, hacer lo posible por darlos a conocer.

—¿Qué escritores tradujo usted? ¿Por qué los escogió? ¿Con qué criterio?

—Traduzco muy raras veces. Escojo, en cambio, a los traductores. Tengo dos colecciones: la de la UNESCO y la de la editorial Gallimard, que yo mismo fundé: La Cruz del Sur (*La croix du sud*). La colección de la UNESCO es de las llamadas obras clásicas elegidas por la UNESCO y por los países mismos. Así hemos publicado una *Antología de la poesía mexicana,* con introducción de Octavio Paz. Vamos a lanzar los *Comentarios Reales* del Inca Garcilaso, y de literatura mexicana, *El Periquillo Sarniento*. Tradujimos el *Martín Fierro* y *Los últimos días de la colonia en el Alto Perú*, de Gabriel Moreno, y otras obras clásicas. Por lo contrario, en la colección La Cruz del Sur, busco autores contemporáneos, modernos y hasta vanguardistas. He divulgado, no sólo en Francia sino también en Europa (porque es muy frecuente que Alemania, Inglaterra, Italia y otros, publiquen en su idioma a los autores de La Cruz del Sur), cuatro libros: de Jorge Luis Borges, Ernesto Sábato, Julio Cortázar y una pequeña novela de Eduardo Mallea. De Perú, también tradujimos a Ciro Alegría, *El mundo es ancho y ajeno,* y vamos a publicar un libro muy audaz, tanto en la forma como en el contenido, de un nuevo autor: Mario Vargas. Sé que *La Gaceta del Fondo de Cultura Económica* publica muchas noticias acerca de este libro que no es conocido.

—¿Y los mexicanos?

—Publiqué *Pedro Páramo,* de Juan Rulfo; *Balún Canán,* de Rosario Castellanos, y de Martín Luis Guzmán voy a lanzar la versión integral de *El águila y la serpiente,* además de *La sombra del caudillo,* que ya hicimos. *El águila y la serpiente* se dio a conocer en Francia en 1924, pero faltaron muchos capítulos y es necesario que se conozca en su totalidad. Lidia Cabrera, Guillermo Cabrera Infante y la obra casi completa de Alejo Carpentier son otros autores latinoamericanos que mandé traducir. Tengo una enorme admiración por Carpentier y lo considero el más grande novelista de América Latina. También lancé a Rómulo Gallegos, Miguel Ángel Asturias y Mario Monteforte Toledo. La colección de La Cruz del Sur es ya muy importante y los novelistas y cuentistas latinoamericanos consideran un honor estar en ella.

—¿Y los poetas?

—No figuran, porque es mucho más difícil traducir poesía; pero antes de constituir la colección traduje poemas de Gabriela Mistral, Pablo Neruda y Octavio Paz.

—¿Y los escritores que no estén consagrados tienen acceso a las revistas literarias?

—Sí. Publiqué a Juan José Arreola, de México, y a Hernán Téllez, de Colombia.

—Señor Caillois, usted es jurado del Premio Internacional Formentor, que no pocos escritores anhelan.

—Sí, el primer año defendí a Jorge Luis Borges, que obtuvo el premio. Este año defendí a Alejo Carpentier con *El Siglo de las Luces,* pero los demás jurados no compartieron mi opinión.

—En resumidas cuentas, señor Caillois, ¿qué piensa usted de la novela latinoamericana?

—Creo que es la mejor de nuestra época. Pero no hemos mencionado los ensayos publicados. Gallimard editó *Casa grande,* del brasileño Uberto Fraire, que obtuvo un éxito notable en Francia.

—Pero al escoger una novela latinoamericana, ¿qué es lo que busca, señor Caillois?

—Lo que me parece característico de la novela latinoamericana es lo que revela del continente, que el filósofo alemán Keyserling llamaba "el continente del tercer día de la creación", o sea, el continente de fuerzas que ya no existen en Europa, un continente viejo y usado. Por eso lo que me interesa, no sólo en la novela sino también en la poesía y en el ensayo, son las obras que revelan ese aspecto latinoamericano completamente distinto a Europa. Hay libros que me gustan personalmente, pero que no incluyo en La Cruz del Sur, por ejemplo, las excelentes novelas de Eduardo Mallea, *La región más transparente* de Carlos Fuentes, porque podrían escribirlas los europeos. Claro, transcurren en América Latina, pero para mí no revelan el continente del tercer día de la creación.

—Pero los escritores latinoamericanos tienden hacia el universalismo. Ninguno quiere ser exótico.

—A mí tampoco me gusta el exotismo; el costumbrismo por el costumbrismo y el exotismo son deleznables. Pero la transposición en Santiago, en México o en Buenos Aires de una novela, que igual podría suceder en Londres o en París, tampoco me parece universalismo. Así como la novela rusa insufló sangre nueva en los últimos años del siglo XIX, así como después de la guerra la novela norteamericana enriqueció el patrimonio común de la humanidad, creo que ahora le toca su turno a la novela latinoamericana. Es ella quien trae sangre nueva, y su aportación debe estar a la altura y a la medida de su continente. Y esto no es exotismo. Es la revelación de una manera de sentir que sólo pertenece a este continente. No sólo se trata de expresar al continente, sino de enseñar una nueva manera de escribir novela. Hasta en la técnica de la novela, la fuerza de América Latina ha repercutido. Y esto lo lograron escritores como Miguel Ángel Asturias o el ecuatoriano Adalberto Ortiz. Esa nueva manera de expresarse es el regalo que América Latina le hace a la literatura mundial.

Laurence de Lubersac   •

Al ir a ver a Laurence de Lubersac, no imaginaba que conocería a la pintora que tiene las llaves de la puerta de la infancia. Más que con pinceles, desentraña, una tras otra, todas las soledades, los aleteos, las interrogantes, los miedos, la inquietud y la rebeldía que conforman al niño que todavía traemos dentro.

Al decir infancia, no me refiero a la de los baúles, las muñecas muertas, los juegos, los pleitos y las grandes carcajadas, sino a una infancia mucho más subterránea, sorda, que rara vez sale a flote.

En esos niños tiesos que pinta la condesa de Lubersac sobre paneles de madera —como lo hacían los flamencos— está todo lo que los separa de "la gente grande".

El niño es un ser absoluto que no conoce de motivaciones profundas y de compromisos. Los niños pintados no posan, rezongan y luchan por quedarse quietos. Allí está Gael con su uniforme de Marymount en Cuernavaca, sin ver las flores a sus pies; el niño Franco Bassi sentado sobre un cisne, y Marie France que se aburre, mientras un mundo de insectos, flores y pájaros revolotea en torno suyo.

—Laurence, ¿por qué no pinta con ternura?

—¿Con ternura?

—Sí. Uno se imagina siempre que los retratos de niños son rosas y blancos, ángeles regordetes y sonrientes, enmarcados por un halo dorado, como en los anuncios de las revistas norteamericanas.

—No veo a los niños así. Me sorprende al decir que mis cuadros están exentos de ternura. Al pintar a alguien, lo observo más que a nadie en este mundo, lo vigilo en el menor de sus movimientos. El hecho de pintar a un niño me parece un acto de amor.

La condesa De Lubersac ilustró a los 13 años de edad un libro de su vecino el famoso Paul Geraldy —ahora de 82—, *Clindindin*, publicado por Calmann Lévy. Más tarde trabajó en el *atelier* del pintor Soubervie.

—Ahora mi ambición es hacer retratos de adultos, porque los hombres conservan algo de lo que se leía en su mirada de niño, y con ellos puedo ser más objetiva que con las mujeres.

En Europa, Laurence de Lubersac retrató a la escritora Louise de Vilmorin; el niño Pierre Édouard Frèrejean, hijo de Humbert Frèrejean, el director de *Realités, Connaissance des Arts, Enterprise* y *Top*, cuatro de las mejores revistas francesas; la Princesse Murat, ahora Gutzwiller; Beatrice David Weill, Christian, Isabelle Silva Ramoz, y muchos más. En México, tal como le sucedió al pintor Jacques Darcy, quien pintó a "la ciudad entera", la condesa de Lubersac retrató a Franco Bassi, a María Teresa Yturbe, a las hijas de la marquesa Fred de la Roziere, a Valeria Souza y Saldívar y la revista *L'Oeuil* —dedicada al arte— le pidió un reportaje sobre las nuevas casas y las tendencias de los arquitectos mexicanos actuales.

—Primero dibujé para una revista, *La Moda,* en España, pero como me disgusta el medio de la alta costura pronto lo abandoné. En Nueva York comencé a pintar retratos; primero a mis hijos, Anne Victoire y Jean.

—¿Y por qué no se lanzó al abstraccionismo, que es la corriente de moda?

—Considero que hay diez admirables pintores abstractos en el mundo y no más. Picasso, Braque y Villon hicieron la experiencia de descomponer los objetos, y los demás los siguieron como borregos, sin ponerse a pensar que se trataba de una experiencia personal. No es que yo esté en contra del arte abstracto; al contrario, hay catedrales hechas con triángulos de colores que son una maravilla, pero la mayoría de los abstractos no tienen tras de sí todos los años de dibujo al natural, de academia y de apuntes cotidianos de los grandes maestros. No exijo que dibujen como un Ingres o un Da Vinci, pero sí que sepan lo que es el dibujo. Me siento mucho más cerca de los artesanos, de los hombres que durante años se perfeccionan en una sola cosa, que de las *vedettes* que de un día para el otro encuentran el éxito fácil, gracias a las circunstancias y a la publicidad. ¡Ahora, un pintor puede hacer cualquier cosa y si sabe venderse triunfa automáticamente y eso me da mucho coraje! Los hombres no quieren durar, sino brillar, aunque ese brillo sea momentáneo y superficial. Prefiero que mi pintura dure en la memoria de los que la han visto.

"Me interesa Balthus, quien pinta tres cuadros al año. Pinta niñas en la pubertad, niñas puras que pasan por callejones oscuros. Además de Balthus, admiro a Corot por el amor que le tenía a su oficio."

Al despedirnos, volvemos al tema de la infancia.

—Yo siempre me siento mal frente a los niños.

—¿Por qué, Laurence?

—Creo que daría todo lo que tengo para volver a encontrar mis sensaciones de niña.

Jean Farran

Jean Farran, redactor en jefe de la prestigiosa revista *Paris Match,* cuyo tiraje es exorbitante y circula en el mundo entero, es un hombre vulnerable. Viene a México a preparar el viaje del general De Gaulle. "Se trata de que De Gaulle lea el *Match* en el avión de venida." Farran pregunta, titubea, solicita opiniones. Atento a los demás, inquiere después de cada una de sus afirmaciones: "¿O no lo cree usted así?", "¿Está de acuerdo conmigo?" También busca ávidamente la verdad de las cosas. Su actitud está muy lejos de la del editor triunfante, satisfecho de sí mismo, que deja caer sus juicios a diestra y siniestra. Farran quiere saber qué es México, cómo podría llegar al meollo. "¿Cree que los libros de Oscar Lewis estén traducidos al francés? Tengo interés en leerlos." "Gallimard hizo una antología de poesía náhuatl; voy a buscarla." "Leí *El laberinto de la soledad*, de Octavio Paz, pero necesito ir mucho más allá. No basta, no basta."

Además de atender diariamente los problemas de la redacción del *Match,* Jean Farran hace reportajes en el extranjero (todos recuerdan su última entrevista a Ben Bela) y trabaja en lo "suyo": un libro sobre Stendhal.

—Señor Farran, ¿cómo puede conciliar De Gaulle el reconocimiento de la China de Mao Tse-tung con su solidaridad con los alemanes y los norteamericanos? De Gaulle va al entierro del presidente Kennedy y a los dos meses reconoce a la China roja.

—Es una demostración clara de que la política exterior del general De Gaulle no responde a la política clásica de las relaciones exteriores, sobre todo en Europa occidental, en la que si no se es comunista, se vive en la órbita norteamericana, es decir, se alinea uno a sus objetivos: se enoja con Cuba, no reconoce a China, se pregona la libre empresa, etcétera. El general De Gaulle ha roto con estos dogmas, que fueron poderosos bajo la Cuarta República en Francia, cuando nos alineamos a la política norteamericana.

"Hoy las cosas son distintas y el general De Gaulle entabla relaciones con Cuba, envía camiones Berliet a La Habana, reconoce a China comunista y su política internacional incluye a los países que no cuentan con la simpatía de los Estados Unidos."

—¿En qué medida se puede tener una política exterior, no sólo distinta sino opuesta a la de los Estados Unidos, y llamarse miembro de la Alianza del Atlántico? ¿No están los norteamericanos resentidos por la actitud del general De Gaulle? ¿No tomará el presidente Lyndon B. Johnson su revancha?

—Tengo la impresión de que están furiosos, en especial por Cuba y China. Lo de Cuba es menos importante porque se trata de un pequeño intercambio comercial, pero lo de China… ni modo, los Estados Unidos tienen que ajustarse a esta nueva situación.

—Incluso revisar su política hacia China, ¿no?

—Bueno, eso ya es cosa suya. Por lo pronto no se dedican a protestar y hacer campañas en contra nuestra.

—¿No cree, señor Farran, que la política exterior de De Gaulle va a influir en Europa? Hace dos días se publicó que Gran Bretaña le había concedido un crédito importante a Cuba y a Rusia.

—Por una parte, la expansión europea lleva a los países, apenas salidos de las secuelas de la segunda Guerra Mundial, a buscar nuevos campos de acción. Por otra, los Estados Unidos no pueden seguir interfiriendo en los países de América Latina como tampoco puede hacerlo Rusia en Europa. Sabemos que ya existen acuerdos económicos entre Francia, Italia y Alemania y los países latinoamericanos, pero De Gaulle le da un sentido político a sus acuerdos comerciales.

—En el fondo todos los intereses del mundo son económicos y de lo que se trata es de abrir nuevos mercados, ¿verdad?

—La iniciativa francesa demuestra que es indispensable un relevo de la influencia norteamericana y aunque no será total jamás, es importante para los países de América Latina mantener su independencia y tener varios amigos en vez de uno. En México, es evidente que el Tío Sam es una preocupación constante.

—Con esta política, ¿a América Latina ya no lo puede ahorcar un solo país?

—América Latina no puede pertenecer sino a sí misma; ni a los rusos, ni a los norteamericanos, ni a los europeos… Por eso Francia quiere entrar en el juego. De Gaulle es un hombre muy patriota y está convencido de la importancia histórica de Francia. Lo escribió al principio de sus *Memorias:* "No concibo a Francia más que ligada a grandes empresas". Francia tiene una serie de valores imposibles de subestimar y De Gaulle concibe a Europa como una tercera fuerza entre los dos bloques y rechaza la división del mundo entre Jrushov y Lyndon B. Johnson. Protestó contra el Tratado de Yalta que dividió al mundo y lo repartió entre norteamericanos, rusos, y también ingleses. Quienes tomaron las decisiones en Yalta fueron Roosevelt, Churchill y Stalin, y desde hace veinte años De Gaulle rechaza esa división del mundo. Concibe a Europa como la cuna del humanismo, la fuente de pensamiento y quiere que recupere el rango que perdió con la primera y la segunda Guerra Mundial que fueron guerras civiles entre países capitalistas.

¿DE GAULLE, MÁS CERCANO A LOS RUSOS QUE A LOS NORTEAMERICANOS?

—Señor Farran, algunos observadores hacen notar que De Gaulle opta casi siempre por una política ligada a los rusos.

—No lo creo. De Gaulle lucha por una política de libertad completa en sus relaciones diplomáticas. No creo que tenga afinidad con Jrushov, pero mantiene lazos decentes con los rusos. Ha estigmatizado al comunismo en sus discursos en los que habla de la tiranía comunista sobre una parte de Europa central. Espera que se liberen todos los países bajo el control de la URSS.

—Pero si no acepta ni tolera el comunismo, ¿por qué reconoció a China roja?

—En política internacional, De Gaulle busca tener lazos con la URSS y con China porque le permiten hacer prevalecer sus puntos de vista sobre el mundo. ¡Sería imposible abrir nuevos mercados sin China y la URSS!

—¿Cree usted que la ONU va a reconocer a China después de De Gaulle?

—Creo que depende de las antiguas colonias francesas, la del África negra. Si estos países —que son doce— se alinean y siguen la política de De Gaulle y votan en la Asamblea de la ONU, China podrá ser reconocida. Si somos congruentes entonces no podemos reconocer tampoco a otros países comunistas. ¡Rompamos pues relaciones con Bulgaria, Rusia y los países que usted quiera!

—Se dice que Francia quiso reconocer rápidamente a China porque dentro de poco tiempo se convertirá en potencia nuclear.

—Nadie sabe qué tan adelantados estén los chinos en su bomba atómica. Algunos pronostican que tendrá una bomba A en x tiempo, pero no creo que sea una razón para reconocerla. Es mucho más importante tener 700 millones de habitantes a tener una bomba atómica. ¿Cómo puede desconocerse un país gigantesco con una civilización tan antigua? No reconocer a China es ridículo. Hoy, las relaciones entre los pueblos se plantean en términos de civilización. Entre más valores comunes, mayor civilización.

—Algunos ingleses dicen que Mussolini, el fascista, también enfocó sus baterías hacia Asia y se autonombró *Padre del Islamismo*.

—La política ya no se concibe como en tiempos de Mussolini. De Gaulle busca entrar a zonas en las que antes Francia no existía. ¡Nos llama América Latina! ¡Nos llama Oriente! ¿Por qué? Porque los países ya no quieren columpiarse entre los dos colosos: Rusia y los Estados Unidos. En América Latina, Kennedy tomó atribuciones que no le correspondían.

GRAN BRETAÑA SIEMPRE SE ADELANTA

—Gran Bretaña reconoció a China inmediatamente. En política extranjera, Gran Bretaña tiene una tradición de realismo. Su teoría es: "Si esto existe, no puedo ocultarlo". Gran Bretaña tuvo en Asia un papel más importante que Francia. No se puede hacer nada en Asia sin tener lazos con China. Los chinos están en todas partes, tienen un papel importante en países en los que Francia ha intervenido, como Camboya o Vietnam, sus vecinos.

"Inglaterra tiene una política internacional más realista que la nuestra y quiero asegurarle que Francia no tiene ni un gramo de ambición imperialista."

—¡Vamos! Todos los países aspiran al poder.

—No lo creo, Elena. Tenemos distintas nociones del planeta Tierra.

—Señor Farran, la revista *Time* le atribuye a De Gaulle la siguiente declaración: "Los chinos son el único pueblo que camina hacia adelante; los rusos se están aburguesando".

—(Levanta los brazos.) ¡Oh, yo no sé si dijo tal cosa! Es evidente que los chinos han llevado la noción de revolución al extremo y que los rusos, después de una guerra terrible y medio siglo de comunismo, buscan elevar su nivel socio-económico. Quizá se han aburguesado en la medida en que son menos infelices que antes, pero ¿qué no todos nos pasamos la vida aburguesándonos? Creo que esta declaración es desagradable para los rusos y me parece normal que los rusos intenten vivir mejor. Por lo demás, siguen siendo buenos comunistas.

—También escribe la revista *Time* que hace cinco años Francia estaba condenada a ser un país de segunda. ¿Esta política internacional de De Gaulle la ha colocado en primer plano?

—¿Y por qué lee usted tanto la revista *Time*? (Ríe.) Francia llevó a De Gaulle a la presidencia a sabiendas de su aspiración a la grandeza y su voluntad de expansión francesa en el mundo. No creo en categorías. Hay países que no cuentan en el terreno económico y tienen un papel fundamental por el sitio en el que se encuentran. ¡Mire usted a Panamá! Pero si existen las categorías de las que habla *Time,* puede estar segura de que el poderío de los Estados Unidos y de Rusia es mayor que el de Francia. Los franceses aportamos un capital intelectual y moral, una tradición y valores espirituales indispensables a la comunidad internacional.

—Si Francia es tan espiritual, ¿por qué busca tener su propia fuerza atómica y hace pruebas nucleares en el desierto del Sáhara?

—Eso sí, los franceses consideran que un país no es independiente si no tiene los medios para su defensa y por eso Francia quiere formar parte de la fuerza atómica conjunta de Europa. Francia sólo ha colocado la primera piedra en materia atómica.

—Pero si los rusos y los norteamericanos están más adelantados, y la rapidez de los progresos científicos es incalculable, ¿no estará Europa a la zaga de la energía nuclear mundial?

—Lo importante es que Europa tenga su propia defensa atómica. Después de todo, sus intereses no son los mismos que los de otras potencias. El general De Gaulle escandalizó mucho a la gente al decir que Inglaterra es una isla, España una península, América otro continente. Tal parece que cada vez que hace una constatación geográfica, el mundo se enfurece. Sin embargo, la situación de los países sobre el globo terrestre debe tomarse en cuenta. Europa es Europa, una pequeña península en el extremo del continente asiático (como lo dijo Valéry) que se encuentra a miles de kilómetros del continente americano, y por eso la estrategia y la defensa debe concebirse en Europa y deben hacerla los europeos. Por eso tenemos la impresión de que la francesa no es más que el principio de una fuerza atómica europea. Lo único que hace De Gaulle es sentar sus bases.

"Tenemos una inmensa zona de intercambio en la que es evidente que las economías europeas no están en condición de resistir las presiones norteamericanas."

—¿Qué espera De Gaulle de su viaje a nuestro país?

—Francia ya tenía contacto con México. Hoy ha vuelto a trabar lazos comerciales, intelectuales, de todo tipo, que serán benéficos no sólo para nuestros dos países sino para el mundo entero.

—¡Ay, usted está contestando como cualquier diplomático o político que no quiere dar un paso en falso!

—Le pido disculpas por responderle de un modo tan banal, pero es evidente que si después de este viaje salen más negocios entre Francia y México, habrá un mayor intercambio de estudiantes y de turistas, y nuestras relaciones se fortalecerán. En la actualidad México tiene 400 estudiantes becados en Francia. Queremos que vengan más y mandar a los nuestros. Este tipo de acercamiento es importante para el clima pacífico del mundo.

—¿Y por qué escogió De Gaulle a México antes que a cualquier otro país de América Latina?

—Porque lo consideramos el país piloto del continente con sus 40 millones de habitantes. Además, recuerde que su presidente, Adolfo López Mateos, nos visitó el año pasado. México tiene una tradición revolucionaria a la cual Francia es muy sensible.

—La reacción de Lyndon B. Johnson no ha sido muy favorable, ¿o sí?

—Johnson viaja a los países en los que Francia juega un papel importante. De Gaulle no viene a México para hacer una política contra los Estados Unidos; viene para subirse al escenario de la libre competencia de los pueblos.

—Pero los norteamericanos deben pensar que De Gaulle pisa su terreno.

—¡Ah, no! ¡No me haga usted decir que México es su terreno! Esto pudo ser cierto hace diez, veinte años, pero ahora no podemos impedir que un jefe de Estado reciba a otro, sobre todo cuando se trata de naciones que están del mismo lado.

—¿Francia y Estados Unidos están del mismo lado?

—Pues claro. ¡Y también México!

—Sin embargo, señor Farran, parece que De Gaulle viene a comprobar el fracaso norteamericano en América Latina. Tal parece que De Gaulle viene a decir: "Yo voy a tomar el timón y a lo mejor soy un piloto más apto que los Estados Unidos".

—Si dijera eso sería ambicioso (se ríe), y De Gaulle lo es, pero sabe cuáles son sus límites. Francia no puede responder a las necesidades de América Latina ni dice: "Ahora voy a hacer lo que ustedes no supieron hacer", porque no tiene los medios económicos ni los hombres para lograrlo. Es una muy larga y dolorosa empresa hacer de un país subdesarrollado uno desarrollado. Se necesitan generaciones; De Gaulle no tiene una receta mágica pero viene a prestar su ayuda. El subdesarrollo en el mundo es tan grande que el concurso de todos es indispensable y es bueno que vengan franceses, alemanes, ingleses, italianos, rusos. Entre más cooperación internacional, más avance. Además, para una Europa en expansión, África, Asia y América Latina significan nuevos mercados.

Al terminar, Jean Farran se refirió a la tendencia política de la revista *Match*: "En el último número hay dos artículos, uno de Raymond Cartier, el otro mío, que dicen exactamente lo contrario. De semana a semana cada uno expresa ideas divergentes y la revista las recoge sin discriminación. *Match* no tiene color político".

Georges Sadoul

—A los veinte años me metí al surrealismo. Después me apasioné por el cine.

"Soy de la provincia de Nancy, en Lorraine. Desde que tenía diez años me interesó el cine, la pintura, la literatura. Sabe usted, la vida en la provincia es triste. Apenas crecí, organicé conferencias y exposiciones. Entonces conocí a Jean Epstein (el maestro de Buñuel) e hice una exposición de pintura vanguardista.

"A Aragon lo conocí cuando él ya no era médico, sino un hombre de casi treinta años (entonces me pareció viejísimo) y trabajaba en una galería de arte. Él me ayudó a hacer una exposición en Nancy de todos los surrealistas: Miró, Max Ernst, Picasso, Arp. Fue un escándalo pavoroso. Me acusaron de comunista, y protesté violentamente (ríe). Entonces era yo un buen muchacho católico, burgués y nada me parecía más insultante que tildarme de comunista...

"Aragon y yo nos hicimos amigos y después de subirme a un taxi, me llevó a un café, el Cyrano, en Montmartre. Allá en una mesa Éluard, Soupault, André Breton, Aragon, Benjamin Péret discutían. Estaba yo deslumbrado y tremendamente cohibido. Cada día, dos veces al día, en la mañana y a las doce de la noche iba yo al Cyrano..."

—Entonces, ¿eran flojos de café?

—No. Era casi una organización política; una reunión en la que hablábamos de todo lo que sucedía en Francia, de política y literatura. Todo lo tomábamos en serio. Ahora, algunas veces, me encuentro con personas que me dicen: "¡Oh, cómo deben haberse divertido!"... "¡Oh, qué época la suya en que hacían tantas bromas!"... "¡Cómo se burlaban de todo y de todos!"... "¡Qué mundo tan extraordinario el suyo!" Como rompían cuadros y se peleaban entre sí, en realidad el mundo de los surrealistas no era chistoso; era trágico. Todo lo convertíamos en cuestión de vida o muerte. Amar tal o cual libro, tal o cual pintor, escoger ciertos conceptos políticos, enamorarse de una u otra mujer, todo era grande y dramático.

"Teníamos una regla moral muy estricta; una concepción del mundo en la que nos la jugábamos el todo por el todo. Todo lo poníamos en duda. Hasta cuando Breton se ponía a discutir con nosotros si había que tomar café con leche o solo. Si Breton declaraba que ya jamás pondríamos leche en el café —y a mí sí me gustaba—, me sentía como un canalla y tenía grandes remordimientos. ¡Un verdadero canalla!"

—¡Qué pérdida de tiempo!

—No lo creo. Lo que hacíamos era muy grave para nosotros. Yo aprendí mucho con los surrealistas y creo que ése es el caso de cada uno de los que integraban el grupo. ¡Fue un periodo agitado, violento!

—¿Y de quién era usted amigo?

—Fui muy amigo de Breton hasta 1932, año de nuestro pleito. Hace treinta años que no nos vemos, pero lo quiero como hombre, aunque nuestras ideas no concuerden… Fui amigo de Paul Éluard hasta su muerte y de Aragon también. Mi destino está muy ligado al de Aragon. Juntos fuimos a Moscú, juntos decidimos tomar otro camino. En esa época, cada uno de los surrealistas se peleó con su mejor amigo: Aragon con Breton, Thirion conmigo y Buñuel con Dalí.

—¿Cómo un hombre como usted, católico y burgués, pasó del catolicismo al comunismo?

—Era yo católico pero le di mi adhesión al Partido Comunista con todos los demás surrealistas. Era yo además el único ateo de la familia Sadoul.

—Por lo visto, el surrealismo fue un puente hacia el comunismo…

—De hecho sí. Más tarde hubiera sido un obstáculo pero en 1927 no lo fue. Fue un momento en el que los jóvenes de la *intelligentsia* francesa se unieron y se generalizó su interés por ser distinto. Ser surrealista era una corriente casi natural.

—Pero no todos los surrealistas de esa época se volvieron comunistas… Buñuel no es comunista.

—A Buñuel le tocaría contestar a esta pregunta.

—Pero ¿qué puede aportarle el comunismo a un artista?

—Yo no soy artista, soy historiador, pero el comunismo me aportó muchísimo, tanto en el campo intelectual como en el moral.

—Ahora todos hablan del "estalinismo" en el arte y de que el individuo sólo podía expresar lo que el Estado le permitía.

—Por lo que a mí se refiere, siempre dije lo que quería. En el cine, en la URSS, inmediatamente después de la guerra, se hizo una encuesta entre los artistas comunistas y Picasso dijo que su llegada al comunismo fue como abrir la llave del agua de una fuente, y yo respondí: "Antes de ser surrealista me ocupaba de arte y veía yo museos mal organizados en Francia; el estalinismo consiste en poner barreras e imponer castigos a todos los que no se dobleguen totalmente a las normas impuestas por el Estado".

—Volviendo a Buñuel, ¿cómo lo conoció?

—En París hubo varias manifestaciones llamadas "surrealistas". En una ocasión, una alemana, Valeska Gert —que después salió en una película de Pabst: *Die Freudlose Gasse* (1925)—, anunció que bailaba surrealismo en Champs Elysées y que se consideraba la primera bailarina surrealista. Nunca pudo bailar porque nosotros fuimos a verla, y apenas comenzó, chiflamos, pateamos, porque no aceptábamos la impostura.

"Cuando anunciaron *El perro andaluz* en el Studio 28 como un filme surrealista, Breton decidió ir solo primero para que después boicoteáramos todos el filme de Buñuel. Se sentó en una butaca en la sala de Les Ursulines y regresó absolutamente entusiasmado. Inmediatamente Buñuel fue convocado por el gran tribunal al café Le Cyrano y llegó muy intimidado —como yo lo había estado antes— y muy orgulloso de que lo hubieran llamado. No dijo ni tres palabras y lo felicitamos. Después venía al café, como todos nosotros, dos veces al día. Unos meses más tarde, llegó un señor con unos bigotes mucho menos largos de como los tiene ahora: Salvador Dalí. Lo mismo pasó con el cabaret Maldoror de Lautréamont que puso René Char, a quien por poco estrangulamos. El surrealismo fue un movimiento importante que corresponde a una época. Ahora ya no hay movimientos culturales, pero yo tuve la suerte de salir de uno de ellos. Me hice dentro del surrealismo y de ahí salí. Le deseo a usted pertenecer a un movimiento semejante.

—¿Por qué?

—Porque de ahí salieron cosas importantes. Cuando los surrealistas casi en masa nos volvimos comunistas, nos bloquearon en 1927. Ya no encontramos editores que quisieran publicar nuestras obras. ¡Realmente estaba comprometido el futuro de la literatura y del arte!

—Y usted, ¿sufrió cuando se separó del surrealismo?

—Sí. Fue un drama… Además, muy largo; discutimos mucho con Breton. Yo trabajaba en Gallimard, en París. Era secretario en la *Nouvelle Revue Francaise* de la que formó parte mi amigo Moussinac. Me pidieron que fuera yo el crítico literario de la revista *Regards* y que cubriera las fuentes de pintura y de cine. Tenía la suficiente formación para hacer las tres cosas, y de nuevo me apasionó el cine, tal como lo había hecho cuando yo era muy joven y le pedía yo a mis padres diez francos para poder ver una película.

"Durante mi época surrealista, me desinteresé del cine y no podía ver cintas como *Le chapeau de paille de Italie* de René Clair o *Juana de Arco,* y es así como durante diez años fui crítico de pintura y de bellas artes, para dedicarme más tarde sólo a la crítica de cine. Naturalmente, para ser crítico de cine hay que conocer la historia del cine. Leí libros al respecto y me encontré con que todos eran malos o incompletos. Así que en 1937 empecé mi historia del cine, que todavía no termino.

"¿Escribir guiones? Nunca tuve tiempo. Hice un documental con mi amigo Joris Ivens, *El Sena atravesó París,* y algunos otros, pero sólo más tarde me dediqué totalmente al cine."

Lo que Georges Sadoul no dice es que hoy por hoy es considerado el mayor crítico de cine y su *Historia general del cine* es considerada la Biblia del cine mundial.

La Casa de París: el Hotel de Ville guarda las glorias de la milenaria Lutecia

•

Por todo lo que recuerda, contiene y significa, por todo lo que ahí se proyecta y se crea, el Hotel de Ville es la alcaldía simbólica de las comunas de Francia. Tanto en las horas de angustia como en los días jubilosos de fervor civil, la mirada de los parisinos se dirige siempre al campanario, mástil y cabina de mando que señala el rumbo de la historia.

Como en un cofre labrado y precioso, París guarda en el Hotel de Ville sus recuerdos de familia; allí están los retratos de los abuelos, las escrituras y las actas notariales, los edictos y los blasones que narran la gloria de Lutecia, dos veces milenaria.

El 13 de junio de 1882, cincuenta mil parisinos agolpados en la plaza y en las calles vecinas cantaron *La Marsellesa* para saludar al nuevo edificio. La decoración interior del Hotel de Ville traduce las aspiraciones fastuosas del Ottocento y les brinda a las ceremonias cívicas del pueblo de París la majestad a la que aspiran.

En el Hotel de Ville abundan las obras de arte, las esculturas y los muebles de una época desventuradamente neoclásica y cursi que imploran nuestro respeto. Claro, sobresalen algunos mármoles de Houdon, cuadros de Puvis de Chavannes, de vez en cuando un gran bronce de Rodin y muchísimos pero muchísimos Dalou y Cheret y Tattegrain, Bellet y J. P. Laurens. ¿Ustedes saben quiénes son? Yo tampoco. Las manufacturas de Gobelins y de La Savonnerie no se quedaron atrás y cubren las paredes con sus grandiosos esplendores: un laberinto de tapices que narran la historia y los ideales casi mitológicos de una ciudad monumental: París.

Las escaleras, los salones, los patios reviven a Molière, Saint-Simon, Voltaire, Turgot, Lavoisier, Mansard, Gabriel Boucher y Talma. Nos salen al paso, en mármol o en bronce, para decirnos que sus rostros de piedra los conservan para la eternidad, pero que preferirían estar vivos para sentarse a platicar con nosotros.

Si evocáramos los recuerdos ligados al Hotel de Ville tendríamos que repasar toda la historia de Francia. Y para no cometer errores u omisiones, dejamos humildemente la tarea en manos de Michelet y remitimos a los lectores curiosos a sus tomos de pastas rojas y planchas de oro. Allí hallarán las bodas reales, las coronaciones y los bautizos principescos, las recepciones que París ha ofrecido a sus más ilustres huéspedes.

El Hotel de Ville es el gran libro de oro de la historia de París. Al lado de las victorias, traza con sangre y fuego las fechas dolorosas, que hablan de humillación y de muerte. En dos ocasiones (el 24 de febrero de 1848 y el 4 de septiembre de 1870) la República francesa fue proclamada desde el balcón central del Hotel de Ville.

Nuestra condición de turistas apresurados y ávidos cambió cuando nos dieron el título de estudiantes mexicanos y los concejales de París nos agasajaron con el champaña que el señor alcalde reserva a los huéspedes distinguidos. Dos de nosotros, los más enterados y sueltos de lengua, se encargaron de decir nuestra gratitud. Uno de ellos, Mario Salazar Mallén, estuvo verdaderamente asistido por las musas de la elocuencia y se fue por todo lo alto al describir la grandeza de Francia. Nosotros lo seguimos como al primero de la cuerda en ese alarde de alpinismo oratorio y verdaderamente quedamos muy bien. Los franceses se dieron cuenta de que la historia de Francia ha sido para México uno de sus más queridos libros de lectura.

Al salir del Hotel de Ville, nos llevamos la impresión orgullosa de que los señores concejales de París no se arrepintieron de habernos ofrecido la copa.

ÍNDICE

Este *Jardín de Francia,* cultivado por Elena Poniatowska,
fue cuidado en la Gerencia de Producción del FCE.
En su arreglo se usó papel Cultural de 75 gr para interiores,
couché brillante de 300 gr para forros y Torreón de 90 gr para guardas.
De manera por completo automática, la Impresora
y Encuadernadora Progreso, S. A. de C. V. (IEPSA) utilizó por primera vez
el Tren de Encuadernación en Pasta Dura Kolbus.

La edición, que consta de 500 ejemplares empastados y 2 500
en rústica, se terminó en abril de 2008, en la ciudad de México.